C. Northcote Parkinson
Das Kaperschiff

C. Northcote Parkinson

Das Kaperschiff

Roman

Marion von Schröder Verlag
in der Econ-Gruppe

Titel der 1973 bei John Murray (Publishers) Ltd., London,
erschienenen Originalausgabe: *Devil to pay*

Aus dem Englischen übertragen von Waldemar Kabus

1. Auflage 1975

Gesetzt aus 10/12 Punkt Palatino
Gesamtherstellung: Kleins Druck= und Verlagsanstalt, Lengerich (Westf.)

ISBN 3 547 77359 8

Für Jonathan

Inhaltsverzeichnis

Teil I

Teil II

Teil III

Teil IV

Teil I

1. Kapitel

In Verruf

Das »George Inn« von Portsmouth war Schauplatz fieberhaften Treibens. Kutschen fuhren vor und wieder fort, Gepäck versperrte den Eingang, die Bediensteten des Gasthofes eilten umher, und niemand nahm viel Notiz von dem Leutnant, der eben von der Straße hereingekommen war. Man schrieb den 3. Juni 1794, und im Gastzimmer saßen viele höhere Offiziere in Uniformen mit goldenen Litzen. Es waren wetterharte, selbstsichere Männer, die sich alle untereinander kannten und auch den Kellnern vertraut waren. Es dauerte eine ganze Weile, bis Richard Delancey die Aufmerksamkeit eines Kellners auf sich lenken konnte, aber kaum angesprochen war auch der schon wieder fort. »Admiral Macbride, Sir? Dort an der Treppe, da steht sein Adjutant. – Gleich, mein Herr!« Als Delancey dem Blick des Bierkellners folgte, sah er einen ältlichen Offizier mit einer Aktenmappe unterm Arm, der mit einem noch älteren Herrn in Zivil sprach – es hätte ein Werftbeamter sein können. Mit Mühe bahnte sich Delancey einen Weg durch das Menschenknäuel und erreichte den Treppenansatz in just dem Augenblick, als die beiden Männer ihre Unterhaltung beendeten. Ehe der Adjutant nach oben gehen konnte, fragte er ihn, ob er Admiral Macbride sprechen könne. »Und wer sind Sie, Sir?« lautete die kurze Entgegnung. Anstatt seinen Namen zu nennen, überreichte Richard Delancey ein Dokument, den schriftlichen Befehl, den sein Kapitän erst am Morgen von Commodore McTaggart erhalten hatte. Der Adjutant blickte auf das Papier, wandte sich wieder seinem Gegenüber zu. »Gut, Mr. Delancey, der Admiral will Sie also sehen. Bitte folgen Sie mir.« Er ging voraus nach oben, dann einen Korridor entlang und hielt schließlich an der vorletzten Tür inne. »Wenn Sie hier warten wollen, ich werde nachsehen, ob der Admiral beschäftigt ist.« Delancey wartete zehn Minuten in einem Raum, der wahrscheinlich das Schlafzimmer des Adjutanten war, und wurde dann vor den Admiral befohlen.

John Macbride war zu dieser Zeit ein Fünfziger, sah aber älter aus. Zum Konteradmiral war er erst vor kurzem nach einer langen Karriere befördert worden, in der harte Arbeit eine größere Rolle gespielt hatte als ein brillanter Erfolg vor dem Feind. Grauhaarig war der Gewissenhafte und erschöpft; er arbeitete gegenwärtig schwer, denn sein Tisch war mit Papieren bedeckt, seinen Sekretär hatte er neben sich, und ein Angestellter war im Hintergrund mit Band und Siegellack beschäftigt. Er unterzeichnete noch vier Briefe, während Delancey zusah, warf sie einem Fähnrich zu und merkte dann erst, als er aufblickte, daß er einen Besucher hatte. Sein Adjutant beeilte sich zu erklären: »Mr. Delancey, Sir, hat den Befehl, sich bei Ihnen zu melden.« Delancey verbeugte sich steif, den Hut unter dem linken Arm, und nahm Haltung an. Macbride schaute ihn schweigend an und fragte sich, ob er nicht seine Zeit wohl vergeudet hatte, indem er diesen Mann kommen ließ. Der Offizier vor ihm war mittlerer Statur, dunkelhaarig, untersetzt, sonst nicht bemerkenswert. Wenn etwas an ihm auffiel, so war es der Kontrast zwischen dem dunklen Haar und den blauen Augen. Oder war es etwas anderes? Er sah verdrossen aus, was natürlich zu erwarten gewesen war. Könnte er so etwas wie ein Träumer, ein Romantiker sein? Der erste Eindruck von ihm war eigentlich ungünstig, aber man mußte fair bleiben. Und außerdem, wer war denn sonst verfügbar?

»Bitte, nehmen Sie Platz, Mr. Delancey«, sagte der Konteradmiral und nahm ein Schriftstück in die Hand, das ihm eben vorgelegt worden war. Es trug die Aufschrift »Richard Andros Delancey – Offizierspatent seit 1783«, es folgte eine halbe Seite mit Bemerkungen. Als Delancey sich setzte, hatte er ein erbärmliches Gefühl wie vor Gericht. Konnte bei dieser Begegnung etwas herauskommen? Er sagte sich, zu erwarten habe er nichts, am wenigsten Gönnerschaft.

»Mir ist berichtet worden, Mr. Delancey, Sie seien von Guernsey. Ist Ihr Name auf Guernsey heimisch?«

»Ja, Sir.«

»Hat Ihre Familie dort Bedeutung?«

»Nein, Sir. Die Familie Andros – von der Seite meiner Mutter – hat unter König Charles II. hohe Ämter innegehabt, aber ihre Besitzungen inzwischen verloren, und die meisten Verwandten mütterlicherseits haben die Insel verlassen.«

»Wie alt sind Sie?«

»Vierunddreißig, Sir.«

»Und Sie sprechen Französisch wie ein Einheimischer?«

»Etwa so wie jemand von der Küste der Normandie.«

»Einer Ihnen vertrauten Küste?«

»Ja, Sir. Ich pflegte als Junge dort zu fischen.«

»So kennen Sie also ihre für die Navigation riskanten Stellen, die Felsenriffe, den Wechsel der Gezeiten . . . keine bequeme Gegend, nicht einmal bei Tageslicht. Sind Sie vor kurzem wieder einmal auf Guernsey gewesen?«

»Nein, Sir.«

Macbride erhob sich und durchmaß den Raum mit Schritten, als wäre er auf seinem Achterdeck. Schließlich hielt er am Fenster inne und blickte auf den Hafen.

»Ich nehme an, Sie wissen, daß die *Artemis* verlorengegangen ist, bei den Seven Sisters Schiffbruch erlitt?«

»Ja, Sir.«

»Da werden Sie auch gehört haben, daß Kapitän Fletcher unter denen war, die dabei umkamen.«

»So ist es, Sir.«

»Es hat eine offizielle Untersuchung gegeben, und es muß noch ein Kriegsgericht stattfinden. Das ist in diesem Fall eine bloße Formalität, und die Angeklagten werden sicherlich freigesprochen werden. Aber ein Ergebnis dieser Affäre ist, daß sie uns erneut über den verblichenen Kapitän Fletcher hat nachdenken lassen. Einige höhere Offiziere – ich behaupte nicht, alle – meinen, daß das Kriegsgericht vom vergangenen Jahr einen anderen Urteilsspruch hätte fällen sollen. Sie sind nicht der Meinung, auch ich bin es nicht, daß die Handlungsweise der Offiziere von der *Artemis* gerechtfertigt war. Aber mindestens gab es eine Entschuldigung für sie. Und sofern eine Entschuldigung vorgebracht werden kann, muß sie besonders für die jüngeren unter ihnen gelten, für den Vierten Leutnant zum Beispiel. Meiner Ansicht nach sollte man Ihnen noch eine Chance geben. Deshalb habe ich Sie kommen lassen, Mr. Delancey.«

»Danke, Sir.«

»Sie sind seit der Zeit des Kriegsgerichtes auf dem Gastschiff *Grafton* gewesen?«

»Ja, Sir.«

»Es ist Zeit, daß Sie wieder zur See fahren. Ich sehe zwar keine Möglichkeit, Ihnen einen Posten auf einem Linienschiff zu geben, noch weniger auf einer Fregatte. Sie könnten aber mit einem besonderen Dienst betraut werden, und zwar mit einem, für den Sie gut qualifiziert sind. Erfolg dabei könnte zu einer besseren Stellung führen und sogar – wer weiß – zur Beförderung. Doch sind Sie auch der richtige Mann für diesen Zweck? Das ist es, worüber ich zu entscheiden habe, und die Entscheidung hat nicht einmal Zeit bis morgen. Zweierlei muß ich von Anfang an klarmachen. Erstens, ich kann Ihnen nicht befehlen, die Mission anzunehmen, an die ich denke. Zweitens, ich kann Ihnen nicht mehr als eine vorübergehende Stellung bieten, also eine, die wieder endet, wenn der Auftrag ausgeführt ist.«

»Darf ich erfahren, um was es sich handelt, Sir?«

»Erst am Vorabend des Unternehmens.«

»Dann habe ich nur zu sagen, daß ich die Chance ergreifen werde, wenn sie mir geboten wird.«

»Sehr gut, Mr. Delancey. Ich darf Sie nun bitten, im Gastzimmer vielleicht eine Stunde zu warten. Dann werden Sie hören, wie ich entschieden habe.«

Als Delancey gegangen war, wandte sich der Konteradmiral an seinen Adjutanten und fragte bloß: »Nun, Mr. Rymer?« Der Offizier schüttelte den Kopf und antwortete:

»Sir, ich bezweifle, daß er der richtige Mann ist, wie Sie ihn für eine gewiß riskante Mission brauchen. Er hat die letzten acht oder zehn Monate auf der *Grafton* zugebracht, da hätte er genausogut an Land leben können. Und davor – die Artemis-Affäre. Er machte auf mich keinen günstigen Eindruck, Sir. Ich halte ihn nicht für zuverlässig.«

»Und Sie, Wainwright?« fragte Macbride seinen Sekretär.
»Nun, Sir, ich kann seinen Mut nur bewundern. Er erklärte sich bereit, eine Mission zu übernehmen, die Sie – aus Sicherheitsgründen – nicht näher darstellen konnten. Nicht jeder Mann hätte sich darauf eingelassen.«
»Damit haben Sie zweifellos recht. Aber beweist das nicht, daß er ein Verzweifelter ist?«
»Aber wen gibt es sonst?« fragte Wainwright. »Man verlangt, daß Sie einen nicht zu alten Leutnant finden, der Französisch spricht, die feindliche Küste kennt, sich jetzt in Portsmouth befindet und nicht auf einem seetüchtigen Schiff Dienst tut. Sie hatten Glück, Sir, daß wir überhaupt einen gefunden haben, der diese Erfordernisse erfüllt. An einen anderen ist nicht zu denken.«
»Sind wir in unseren Nachforschungen gründlich gewesen?« wollte der Adjutant wissen. »Warum fragen wir nicht bei der Admiralität an?«
»Weil dafür keine Zeit bleibt«, antwortete der Sekretär mit Ungeduld. »Lord Moiras Plan muß unverzüglich ausgeführt werden. Der ausgesuchte Offizier soll noch heute abend abfahren.«
»Sehr richtig«, sagte der Konteradmiral. »Auch ich habe meine Zweifel an Mr. Delancey, aber mir bleiben nur zwei Wege. Entweder schicken wir ihn oder ich unterrichte Lord Moira, daß wir ihm die gewünschte Hilfe nicht gewähren können. Ich will jedoch nicht, daß ein Unternehmen aus Mangel an Aktivität auf unserer Seite unterbleiben muß. Nein, meine Entscheidung ist getroffen. Wainwright, stellen Sie die notwendigen Befehle aus, und Sie, Mr. Rymer, sehen zu, daß Delancey mit der heutigen Abendflut auf der *Cormorant* abreist. Er soll sich in Guernsey sofort bei Kapitän Prinz von Bouillon melden.«
Während die Befehle geschrieben und unterzeichnet wurden, saß Delancey unten im Gastzimmer. Er hatte erwartet, sich unter Fremden zu befinden und mit schiefen Blicken angesehen zu werden, weil er für die Gesellschaft zu jung war. Viele der älteren Offiziere waren seit seinem ersten Betreten des »George« jedoch gegangen, und zu seiner Überraschung traf er einen alten Leutnant, den er flüchtig kannte, einen Mann, der ein Bein ver-

loren hatte. Harris, der Dritter im Kommando auf der *Warspite* war, einem anderen abgetakelten, ständig vor Anker liegenden Schiff, war in seiner Art ein recht brauchbarer Offizier, aber ein Zyniker, ein durch Enttäuschungen verbitterter Mann. Dennoch fühlte Delancey sich erleichtert, jemanden zu finden, der ihm die Wartezeit verkürzen half. Sie begrüßten einander, und Harris bestellte beim Kellner zwei Krüge Porterbier.

»Und was hat Sie hergeführt, Mr. Delancey?«

»Admiral Macbride schickte nach mir. Es besteht eine gewisse Möglichkeit, daß ich wieder zur See fahre.«

»Sie? Die Möglichkeit soll verdammt sein. Mit Ihnen war es aus, als Sie vor dem Kriegsgericht gegen Fletcher aussagten. Kein anderer Kapitän will Sie haben. Sie werden auf der *Grafton* Dienst tun, bis sie sinkt oder der Krieg aus ist, genau wie ich auf der *Warspite*. Könnte schlimmer sein, wissen Sie, könnte schlimmer sein! Auf Ihre Gesundheit, Sir, und auf einen Umsturz bei den Franzosen!«

»Aber ich befinde mich in einer anderen Situation als Sie, Sir. Bei einem in der Schlacht verlorenen Bein haben Sie einen guten Posten, und keiner kann fragen, warum Sie nicht im aktiven Dienst eingesetzt sind.«

»Ich will Ihnen ein Geheimnis anvertrauen, junger Mann, aber erzählen Sie es keinem am Kai. Ich verlor mein Bein achtern im Raum der *Norwich*, wo es von einem Faß mit gesalzenem Schweinefleisch zerschmettert wurde. Ich war nur zweimal im Gefecht – im vorigen Krieg, wohlverstanden – und kam ohne einen Kratzer davon. Aber behalten Sie es für sich.«

»Zu Befehl, Sir.«

»Und ich will Ihnen einen Rat geben. Nehmen Sie keinen Posten an, falls man Ihnen einen anbietet. Wenn Sie für eine Mission ausersehen sind, dann sollten Sie das so verstehen, daß der Admiral keinen anderen dafür finden konnte. Es wird sich um eine Angelegenheit handeln, bei der Sie versagen müssen, ganz gleich, was Sie tun, und alles wird nur noch schlimmer. Gäbe es nämlich eine Aussicht auf Erfolg, hätte man einen Günstling entsendet, den Schwiegersohn des Admirals oder des Commodores jüngeren Bruder. Die Ihnen angebotene Mission wurde bereits – merken Sie sich meine Worte – von all denen abgelehnt, die auf der Liste vor Ihnen rangieren. Das Ende wird nur Tod oder Schande oder beides sein – auf der *Grafton* bleiben Sie wenigstens am Leben.«

»Bis wir auf den Rindsknochen auf Grund geraten, die wir über Bord werfen.«

»Um so sicherer werden Sie sein, da das Schiff bei seinen Vertäuungen nicht einmal sinken kann.«

»Also auf die Gesundheit der Helden von der Hafenwache. Kellner!«

Über eine halbe Stunde verging bei nichtigem Geplauder, und Delancey war froh über die Gesellschaft. Er wußte, daß in Harris' Worten nur allzuviel Wahrheit lag. Es wäre töricht, etwas von der Unterredung zu erwarten, zu der er im oberen Stockwerk erschienen war. Man würde niemals einem Mann eine Chance geben, der im Verdacht stand, nicht loyal zu sein. Kapitän Fletchers Freispruch bedeutete die Verurteilung aller jener, die gegen ihn als Seemann oder Offizier Zeugnis abgelegt hatten. Weil George III Fletcher im Namen der Disziplin gegen seine Leutnants unterstützt hatte, waren noch ein Schiff und das Leben von zweihundert Mann verlorengegangen. Fletcher war ein auf See unerfahrener, gemeiner Kerl gewesen, und seine Offiziere waren alle stellungslos, weil sie die Wahrheit über ihn ausgesagt hatten. Die Wahrheit? Sie hatten nur ein Viertel der Wahrheit ausgesprochen. Doch es hatte genügt, einen jeden von ihnen zu ruinieren. Was für ein Narr war er gewesen! Aber er war damals jünger und zu impulsiv gewesen. Er hatte seine Lektion gelernt, doch jetzt war es zu spät ...

Harris hatte gut reden, er solle auf der *Grafton* bleiben oder die Marine überhaupt verlassen. Was sollte er denn bloß tun? Auf ihn wartete kein Heim, er hatte auch keinen anderen Beruf erlernt, und er besaß kein Geld, um ein Geschäft anzufangen. Sein Vater war beruhigt in dem Glauben gestorben, daß Richard seinen Platz auf dem Achterdeck gefunden hatte. Es war alles und sogar mehr als das, was sich die Familie leisten konnte. Seine Schwester hatte geheiratet und die Insel verlassen, und seine beiden Brüder galten als tot, der ältere bestimmt und der jüngere höchstwahrscheinlich. Es gab Männer auf Guernsey, mit denen er in die Schule gegangen war, aber keinen, den er seinen besonderen Freund hätte nennen können. Ein paar Fischer erinnerten sich wohl noch an ihn, seine Schulkameraden aber hatten ihn für unbeholfen und scheu gehalten und ihn eher gehänselt als gern gehabt.

»Eins steht fest«, Harris unterbrach Delancey in seinen Gedanken. »Ich mache mir nichts vor und glaube nicht, daß ein Admiral ein leichtes Leben hat. Er hat mehr Arbeit als Sie oder ich, und Macbride muß auf alle Fälle schuften wie ein Brauereigaul. Wenn der alle Transporte beisammen und die Truppen eingeschifft hat, wird er wirklich für die ehrenvolle Pensionierung reif sein.«

»Über die Transporte weiß ich Bescheid«, sagte Delancey, »aber wo sind die Truppen?«

»Im Lager bei Netley. Da befinden sich mehrere Regimenter Infanterie, und andere sind unterwegs dorthin, wie ich hörte. Gestern traf Kavallerie ein und am Tag zuvor etwas Artillerie.«

»Und sie sollen eingeschifft werden?«

»Man munkelt, sie seien für Flandern bestimmt. Weiß Gott, ob es die Wahrheit ist, aber man plant eine große Expedition, darauf können Sie sich verlassen. Sehen Sie sich nur die Tonnage an, die Macbride zusammengebracht hat! Es heißt, Lord Moira soll das Kommando übernehmen, aber er scheint fort zu sein, vielleicht wieder in London. Er war letzte Woche in Portsmouth, ich habe ihn nämlich hier mit Macbride gesehen.«

»Vor kurzem hörte ich eine Geschichte, daß auch die Franzosen etwas planen, und zwar mit Truppen, die sie bei Saint Malo zusammenziehen.«

»Du lieber Gott – nie davon gehört. Sie werden ihre Begeisterung verlieren, wenn sie in See stechen und feststellen, daß Lord Howe auf sie wartet!«

An diesem Punkt unterbrach Leutnant Rymer die Unterhaltung, der eilig von der Treppe her zu ihnen herüberkam.

»Mr. Delancey, ich habe Befehle für Sie. Holen Sie Ihre Sachen von der *Grafton*, und gehen Sie an Bord der Schaluppe *Cormorant*, die nun in Spithead liegt, aber mit der heutigen Abendflut auslaufen soll. Sie werden dort überzählig sein, nur auf Überfahrt nach Guernsey, wo Sie sich bei Kapitän Prinz von Bouillon melden werden. Hier sind Ihre diesbezüglichen Befehle mit einem erklärenden Brief an den Hafenadmiral. Hier ist ein Brief an den Kapitän der *Grafton* und ein weiterer an den Kapitän der *Cormorant.* Beide benötigen die Unterschrift des Hafenadmirals. Fragen Sie in seinem Büro nach Leutnant Watkins, und geben Sie ihm diese Notiz mit meiner Empfehlung. Und hier als letztes ein Brief an Seine Hoheit, den Sie persönlich überreichen werden. Ist Ihnen klar, was Sie zu tun haben?«

»Zu Befehl, Sir.«

»Leben Sie also wohl – und viel Glück!« Der Adjutant war innerhalb einer Minute wieder fort und ließ einen Harris zurück, der Delancey vor Überraschung ungläubig anstarrte.

»Es gibt doch immer noch Wunder! Sie gehen also zur See! Aber denken Sie an das, was ich gesagt habe. Halten Sie Ausschau nach Böen! Wenn sich bei Ihrer Mission etwas machen ließe, hätte sie sicher ein anderer bekommen. Halten Sie deshalb scharf Ausschau! Seien Sie bereit abzuhauen!«

Delancey war vor Sonnenuntergang an Bord der *Cormorant,* äußerlich ruhig, insgeheim aber erregt, weil er wieder zur See fuhr und im aktiven Dienst war.

Die Schaluppe war wie ein richtiges Schiff getakelt, hatte achtzehn Kanonen und war ein Schwesterschiff der *Amazon.* Ein schmuckes Schiff mit weißen Decks, frischem Anstrich und jedem Tau an seinem Ort. Alle Anzeichen deuteten darauf hin, daß der Kapitän in seiner Art ein Künstler war, denn er gab sogar Geld für Blattgold bei Verzierungen aus. Die Brise sang in der Takelung, und das Schiff war unter ihm lebendig wie ein Rennpferd, das ungeduldig den Start erwartet. Diese Überfahrt nach Guernsey, seinem Geburtsort, war an sich nichts Besonderes, aber sie konnte eine Fahrt ins Glück werden. Was Harris gesagt hatte, war nichts weiter als Neid. Verdammter Kerl! Es mochte etwas an seinem verwünschten Argwohn dran sein, aber er schob den Gedanken beiseite. Er war ein Offizier, den man für eine Sondermission ausgesucht hatte, und noch dazu für eine Aufgabe, die seine Rehabilitierung bedeuten würde. So konnte es sein – nein, so mußte es sein! Es war die große Chance seines Lebens, der Wendepunkt seiner Karriere. Nachdem er sich darum gekümmert hatte, daß in der ihm überlassenen Kabine eine Hängematte ausgespannt wurde, kehrte er an Deck zurück, um sich zum Dienst zu melden. Er ging gerade zur Leeseite des Achterdecks hinüber, als Kapitän Bastable erschien. Er fragte sich, welcher Dienst an Bord wohl von ihm erwartet werden mochte.

»Guten Abend, Mr. Delancey.«

»Guten Abend, Sir.«

»Willkommen an Bord. Ich nehme an, Sie haben sich bei Philip d'Auvergne zu melden. Sie werden ihn in St. Peter Port an Land finden. Wenn der Wind hält, werden wir morgen noch vor Mittag dort sein. Ich will nicht verlangen, daß Sie Wache halten, aber Sie werden wahrscheinlich das Schiff in Fahrt sehen wollen.«

»Zu Befehl, Sir.«

Delancey war insgeheim erleichtert. Er hatte gefürchtet, daß er an Deck Befehl übernehmen sollte, und er war nach fast einem Jahr im Hafen außer Übung. Aber Bastable hatte an seinen eigenen Ruf zu denken und wollte keine Panne in Spithead, nicht einmal bei hereinbrechender Dunkelheit. Er führte selbst das Schiff auf die See hinaus.

Delancey merkte, wie die Erinnerung an die Reihenfolge der Befehle beim Ankerlichten und beim Setzen der Segel zurückkehrte.

»Alle Mann Anker hoch! Klar dort vorn? Anker lichten! Schritt halten – stampfen und gehen!« Dann hörte man das Ächzen des Gangspills, das Geräusch der zugleich aufstampfenden Füße und schließlich den Ausruf: »Anker ist senkrecht, Sir!«

Als nächstes hieß es Segel setzen, und Delancey konnte sehen, daß die Männer entlang den Rahen der Marssegel klar waren.

»Laßt fallen!« kam der Befehl. Die großen Segel fielen herab, und es hörte sich wie Kanonendonner an, als sie sich jäh füllten. Sobald sie ihre klassische Wölbung angenommen hatten, herrschte plötzlich Stille.

»Schot an die richtige Stelle! Hissen! Brasse nach vorn!«

Der Anker befand sich nun festgehakt am Kranbalken, und der

Kapitän gab dem Offizier am Ruder seinen Kurs: »Süd-West zu West – stetig!« Die Fahrt hatte begonnen, der Kapitän schickte die Backbordwache nach unten und überließ das Deck Leutnant Saunders. Das Schiff lehnte sich in der Brise über, die Bugwelle schäumte am Vordersteven, und die Sterne blinkten zwischen der Takelung. Delancey war wieder Seemann. Er blieb oben, um den Mondaufgang zu betrachten, und schritt mit Saunders auf dem Achterdeck auf und ab.

»Sind Sie vor kurzem in St. Peter Port gewesen?« fragte er.

»Vor drei Wochen.«

»Können Sie mir etwas über den Prinzen von Bouillon sagen? Ist er ein französischer Emigrant?«

»Nein, Mr. Delancey. Er kommt aus einer auf Jersey wohlbekannten Familie. Er trat in die Marine ein und erhielt während des Krieges mit den amerikanischen Kolonien sein Offizierspatent. Als die *Arethusa* in der Nähe von Ushant im Jahre 1778 Schiffbruch erlitt, geriet d'Auvergne in Gefangenschaft und blieb bis zu seinem Austausch in Frankreich.«

»Um als *Prinz* zurückzukommen?«

»D'Auvergne war der Familienname der Herzöge von Bouillon, und der verstorbene Herzog – er verschied vor zwei Jahren – hatte keinen eigenen Erben. Er adoptierte diesen britischen Offizier als seinen Sohn.«

»Waren die beiden tatsächlich miteinander verwandt?«

»O ja, aber nur entfernt. So behaupten die Kenner.«

»Und das Herzogtum von Bouillon? Ist es oder war es ein unabhängiges Fürstentum?«

»Mehr oder weniger. Aber die d'Auvergnes haben, oder besser hatten, einen noch größeren Besitz in Frankreich. Seinen Mittelpunkt bildet das Schloß von Navarra in der Nähe von Evreux. Marschall Turenne war ihr großer Mann, lang ist's her, unter Ludwig XIV.«

»Was für ein Glück, daß Sie so gut informiert sind.«

»D'Auvergne ist das Tagesgespräch von Guernsey gewesen. Alles, was ich erzählt habe, könnten Sie dort auf dem Marktplatz hören.«

»Und was für Schiffe kommandiert d'Auvergne?«

»Das kann ich nicht sagen. Er verfügt über einige kleine Kähne und Kanonenboote, die er für die Spionage einsetzt, aber auch, um französischen Emigranten zu helfen. D'Auvergne selbst ist an Land zu finden.«

»Ich bin Ihnen sehr dankbar, Sir. Nun gehe ich wohl am besten zu Bett. Ich bin ganz gespannt auf die morgige Begegnung mit dem Prinzen.«

»Gute Nacht, Mr. Delancey.«

Der nächste Morgen war bei einer steifen Brise aus Ost sonnig. Alderney wurde gesichtet, und die *Cormorant* lief unter vollen Segeln in Russel ein. Vom Achterdeck aus sah Delancey, wie die Küste von Guernsey in Sicht kam, zuerst das flache Land nördlich der Brücke bei St. Sampsons, die abgetrennte Insel Vale. Vale Castle mit der Flagge über seinen Batterien war als nächstes zu sehen, und schließlich erreichte die Schaluppe die Höhe von Castle Cornet und salutierte.

Als das Echo des Kanonendonners von den Klippen zurückgeworfen wurde und die kreischenden Möwen weckte, erblickte Delancey wieder die Stadt, in der er geboren war. Im Vordergrund sichtete er die Wellenbrecher, die den Hafen umschlossen, hinter diesen an der Küste die Reihen der Bürgerhäuser mit den roten Dächern und dahinter die Dächer, die zum Hügel von Hauteville emporstiegen, dem höheren und neueren Teil der Stadt. Da war der Turm der Stadtkirche, und weiter nach Norden konnte er sogar das Fenster der Dachstube herausfinden, die er mit seinen beiden Brüdern Matthew und Michael geteilt hatte (Rachels Raum war auf der anderen Seite gewesen und ging nach der Straße hinaus). Ja, er war wieder daheim, und ihm wurde warm ums Herz beim Wiedererkennen und bei den Erinnerungen an die Kindheit. Von seiner Familie war niemand mehr auf Guernsey. Man würde sich hier kaum an ihren Namen erinnern, und doch war dies alles seine Heimat. Da lagen dieselben Fischerboote im Hafen wie einst, es war derselbe Sonnenschein auf den granitnen Mauern, und jetzt plötzlich erscholl von links herüber die dröhnende Erwiderung der salutierenden Batterie bei der Burg. Als die Möwen ihre Protestschreie beendet hatten, lag die Schaluppe bereits auf der Reede von St. Peter Port vor Anker, mit festgemachten Segeln und hinabgelassenem Gig. Die *Cormorant* blieb nur so lange, bis ihre Passagiere an Land gegangen waren. Sobald das Gig zurückgekehrt war, wollte sie nach Falmouth auslaufen. Delancey blickte sich um und stellte fest, daß der Betrieb in St. Peter Port inzwischen doppelt so groß war, wie er ihn früher je erlebt hatte. Es lagen viele Schiffe im Hafen, noch mehr auf der Reede. Zwischen ihnen fuhren Boote hin und her. Drüben wurden Waren in Lagerhäuser gekarrt. Ein Hafenarbeiter packte dann Delanceys Sachen auf seinen Karren und ging vor ihm her zum Wachthaus, wo man seine Habseligkeiten sicher zurücklassen konnte. Er erkundigte sich nach dem Aufenthalt des Prinzen, und man zeigte ihm ein Lagerhaus an der Hafenfront. Als Delancey an der Stadtkirche vorbeikam, marschierte eine Kolonne Infanterie die High Street hinauf. Guernsey befand sich offensichtlich im Kriegszustand.

Das Hauptquartier des Prinzen von Bouillon war nur an dem Posten zu erkennen, der am Eingang Wache stand. Delancey wurde eine Leiter gezeigt, über die er ins erste Stockwerk gelangte und zwar direkt vor eine Tür, die zu einem provisorischen Büro führte. Die Luke über dem Kai, durch die normalerweise Ballen und Tonnen hochgezogen wurden, hatte man roh verschalt und nur ein Behelfsfenster freigelassen, das einen Blick auf den Hafen gestattete. Davor saß an einem Küchentisch ein junger Offizier, der den gleichen Rang hatte wie er. Ein paar Stühle mehr standen im Raum, und an die Wand hatte man eine Landkarte geheftet. Sonst gab es da weiter nichts, abgesehen von Papier und Tinte auf dem Tisch und einem Teleskop, das auf einer Tonne lag. Delancey verbeugte sich und stellte sich vor. »Ich habe hier einen Brief für Seine Hoheit«, meldete er förmlich, »und ich muß ihn persönlich überbringen.« Der Stabsoffizier des Prinzen hieß Bassett, er schien ein heiterer junger Mann zu sein. »Der Prinz muß in den nächsten Minuten hier sein«, versicherte er seinem Besucher. »Bitte, nehmen Sie Platz und erzählen Sie mir, was Sie herführt.«

»Ich würde es mit Vergnügen tun, wenn man es mir selbst erklärt hätte«, sagte Delancey. »Mein Befehl lautet nur, mich hier zu melden.«

»Ich vermute«, sagte Bassett, »daß Sie das zeitweilige Kommando auf dem Kutter *Royalist* haben sollen. Ist meine Annahme richtig, Sir, daß Sie französisch sprechen und mit den Gewässern hier vertraut sind?«

»Ich bin von Guernsey, Sir, also hier kein Fremder.«

»Dann sind Sie der Mann, den wir brauchen. Wenn Sie zum Fenster kommen wollen, werde ich Ihnen das Schiff zeigen, das Sie befehligen sollen.« Der Kutter lag am Kai und schien der Mittelpunkt fieberhafter Tätigkeit zu sein.

»Er müßte morgen zum Auslaufen bereit sein, getakelt, bewaffnet und mit Vorräten für einen Monat versorgt. Sie werden einen Obermaat, einen Bootsmann, zwei Fähnriche, Koch und Zimmermannsmaat sowie einen Korporal mit Marinesoldaten befehligen. Samt und sonders ausgesuchte Männer, wie Sie sich denken können, die keineswegs zur üblichen Mannschaft des Kutters gehören.«

»Und was habe ich zu tun?«

»Der Kapitän wird Ihnen das lieber selbst sagen. Er wird gleich hier sein. Morgen soll eine Besprechung stattfinden, bei der Sie, nebenbei gesagt, zugegen sein müssen. Der Gouverneur selbst wird dabei sein – General Small – und mit ihm General Lord Moira.«

»Lord Moira? Hier?«

»Er traf vorgestern ein.«

»In Verkleidung?«

»Nein, er wird morgen bei der Parade anwesend sein.«

»Eine Parade?«

»Ja, zum Geburtstag Seiner Majestät.«

»Richtig. Ich hatte es vergessen. Damit wird alle Welt (Robespierre eingeschlossen) wissen, daß Lord Moira hier ist. Könnten die Franzosen nicht daraus schließen, daß irgend etwas geplant ist?«

»Mutmaßen mögen sie immerhin, aber sie werden nicht wissen, was für ein Plan es ist. Das Geheimnis ist gut gewahrt worden.« Im unteren Stockwerk gab es Bewegung, und Bassett setzte hinzu: »Ich glaube, das wird der Kapitän sein.« Eine Minute später standen er und Delancey in Haltung da, als d'Auvergne eintrat.

»Leutnant Delancey meldet sich zum Dienst«, sagte Bassett, und Delancey überreichte dem Kapitän seinen versiegelten Brief aus Portsmouth. D'Auvergne setzte sich an den Tisch, erbrach das Siegel und überflog rasch den Inhalt. Er war im mittleren Alter, aber kräftig, mit gutgeformten Gesichtszügen, strengem Ausdruck und dem unduldsamen Blick eines Fanatikers.

»Setzen Sie sich, Mr. Delancey«, sagte d'Auvergne. »Und willkommen in meinem Geschwader. Ich freue mich, Sie an Bord zu haben.« Er lächelte kurz, wobei er einen Augenblick lang menschlicher wirkte, und fragte dann: »Kennen Sie die französische Küste, und würden Sie es wagen, sich ihr nach Einbruch der Dunkelheit zu nähern?«

»Ja, Hoheit.«

»Das ist die Mission, für die Sie ausersehen sind.«

»Zu Befehl, Sir.«

»Sie werden zeitweilig den Befehl über den Kutter *Royalist* erhalten. Mit ihm werden Sie in einen kleinen französischen Hafen einlaufen, den vorher unsere Freunde eingenommen haben werden, und dort einen britischen Agenten an Land bringen. Doch mehr darüber morgen. Zunächst einmal werden Sie das Kommando der *Royalist* übernehmen. Ich werde ein paar Worte zu der Mannschaft sprechen und ihr sagen, daß Sie das Kommando für eine Sonderaufgabe erhalten haben. Mr. Fairhurst, der Obermaat, wird uns an Bord mit einer Liste der Seeleute und Marinesoldaten und einer Aufstellung über die Vorräte empfangen. Wo ist Ihre eigene Seekiste?«

»Im Wachthaus, Sir.«

»Gut. Mr. Bassett, Sie werden sich darum kümmern, daß Mr. Delanceys Sachen an Bord der *Royalist* geschickt werden.«

»Zu Befehl, Sir.«

»Noch etwas, Mr. Delancey. Wenn Sie Ihre erste Arbeit erledigt haben, würde ich gern mit Ihnen im ›Golden Lion‹ speisen. Wir müssen ein paar Dinge besprechen, und ich möchte auch, daß Sie einige weitere Offiziere kennenlernen. Um zwei Uhr im Gasthaus also. Morgen mittag müssen Sie hier an der Besprechung teilnehmen, bei der Einzelheiten festgelegt werden sollen. Danach werden Ihnen ein paar Tage bleiben, um Ihre Mannschaft auszubilden. In künftigen Zeiten kann das Unternehmen durchaus als der Wendepunkt des Krieges bezeichnet werden. Die Rolle, die Sie spielen sollen, ist von höchster Bedeutung und kann über Sieg oder Niederlage entscheiden. Sie werden es schaffen, Mr. Delancey, dessen bin ich gewiß.«

2. Kapitel

Auf der *Royalist*

Das Diner in einem Privatraum des »Golden Lion« war ein angenehmer, festlicher Anlaß. Die anderen Gäste waren Major Moncrieff vom 7. Regiment, Leutnant Bassett und ein französischer Emigrant, der Vicomte Pierre de Mortemart. Einmal fragte Moncrieff den Prinzen nach seinem Besitz in Frankreich. Es folgte eine Beschreibung des Schlosses von Navarra und von dem ihn umgebenden Wald von Evreux, hunderttausend Morgen Waldland mit großen Seen, Inseln und exotischen Vögeln. D'Auvergne sprach auch vom Elysium, einem Garten, der rings um eine einzige Statue angelegt war, einen meisterhaften Akt der Göttin der Jugend. Er beschrieb auch die Szene, als er adoptiert und zum Erben erklärt wurde, den Augenblick, als er mit dem Schwert Turennes gegürtet wurde, die Trompeten eine Fanfare bliesen und Kanonen ihre Salutschüsse von der Terrasse aus abfeuerten. Damals sei ihm alles so wirklich erschienen! Jetzt, im Rückblick, komme es ihm wie ein Märchen vor. Wenn es sich dennoch zugetragen habe, so erzähle er bestimmt von einer anderen und vergangenen Welt. Aller Wahrscheinlichkeit nach existierten das Schloß und sein zauberhafter Garten nicht mehr. Der Prinz selbst war ein Mann, wie Delancey keinem je begegnet war. Zu seiner autoritären Persönlichkeit paßte das Ungewöhnliche, eine Aura von Romantik, und seine Zuhörer waren von seinen Worten wie gebannt. Delancey erschütterte der Gedanke, daß die Revolution dem Prinzen sein Erbe wahrscheinlich für Jahre und möglicherweise für immer genommen habe. Dann enthüllte eine Wende der Unterhaltung den Prinzen in einer anderen Rolle, nämlich als den Retter französischer Aristokraten, als den Mittelpunkt eines Nachrichtendienstes. Irgendwie focht er auf komplizierte Weise seinen eigenen Krieg aus, einen Krieg mit Kopf statt mit Kanonen, einen Krieg, der nicht mit einem britischen Sieg, sondern erst mit der Wiederherstellung der Monarchie in Frankreich enden würde.

Als Delancey in dieser Nacht wieder auf der *Royalist* war und einzuschlafen versuchte, dachte er über die Unterhaltung beim Essen nach. Wie fremd ihm alles vorkam! Doch sogar St. Peter Port war nicht mehr so, wie er den Ort in seinen jüngeren Tagen gekannt hatte. Jetzt herrschte hier geschäftiges Leben, Truppen und Seeleute überall, Edelleute und Priester, die aus Frankreich geflohen waren, Konzerte und Gesellschaftsbälle – ja, sogar ein Theater. Als Spionagezentrum zur Ermittlung von Nachrichten aus Frankreich ließ sich kaum Idealeres denken. Die kleine Stadt mußte allerdings umgekehrt für die Franzosen genauso nützlich sein, um Informationen aus England zu erhalten. Aber waren diese französisch sprechenden Insulaner wirklich Georg III. gegenüber loyal? Es war schwer zu sagen. Viel leichter war dagegen ihre Einstellung zu Robespierre einzuschätzen. Viele Guernsey-Leute waren ergebene Anhänger von Mr. John Wesley. Sie mochten mit dem Feinde Handel treiben, aber sie würden nichts direkt unternehmen, um die Sache des Gotteslästerers zu unterstützen.

Nach einer unruhigen Nacht erwachte Richard Delancey durch das morgendliche Trompetensignal. Er nahm an, daß die Hörner vom Castle Cornet her ertönten und die Garnison bei Tagesanbruch geweckt würde. Es war noch dunkel, als er an Deck kam, aber es blitzte am Himmel hinter der Insel Herm. Er erinnerte sich daran, daß heute der Geburtstag des Königs war und eine Parade stattfinden sollte. Hinterher würde man ihm sagen, was er zu tun hatte ... Er fröstelte, nicht nur wegen der Kälte, und fragte sich, ob die letzte Woche seines Lebens angebrochen sei. Sollte er sein Testament machen? Er verwarf den Gedanken, denn er hatte praktisch nichts zu hinterlassen. Man hatte mit ihm für eine gefährliche Mission den Richtigen gefunden, denn ihn würde keiner vermissen. Er bezweifelte, ob man dasselbe von Moncrieff sagen könnte, einem rothaarigen Schotten, der wohl aus einer vornehmen Familie stammte. Er mochte Moncrieff gern und beneidete ihn um seine entschlossene und sorglose Art. Was er nicht begreifen konnte, war die Wahl von Vicomte de Mortemart für eine offensichtlich gefährliche Mission. Dieser junge Mann war ihm nervös vorgekommen. Gewiß fühlte der sich in seiner Haut nicht wohl und wartete nur sehnsüchtig darauf, daß das Unternehmen abgeblasen würde. Er selber mochte das gleiche Gefühl haben, aber er hatte sich, jedenfalls hoffte er es, nicht erlaubt, seine Gefühle so offensichtlich zu zeigen. Das hatte er schon als Fähnrich, oder sogar vorher in der Schule, gelernt. Er schritt an Deck auf und ab, bis es fast taghell war, und ging dann hinunter, um in seiner Kabine zu frühstücken. Er hatte zum erstenmal im Leben das Kommando über ein Schiff, das nicht nur die Größe eines Bootes hatte, und er war entschlossen, das möglichst zu genießen. Er hatte wenigstens das Privileg, allein zu frühstücken.

Es blieb ihm nun Muße, die *Royalist* vom Vordersteven bis zum Heck zu inspizieren. Sie war ein hübsches, im Jahre 1778 in Dover erbautes Schiff, hieß ursprünglich *Diligent*, war aber umgetauft worden – vermutlich vom Prinzen. Sie hatte 151 Tonnen, zehn Sechspfünder und war für fünfundfünfzig Mann Besatzung eingerichtet. Sie hatte hübsche Linien, ihr Mast hing in schnittigem Winkel über, ihr Anstrich war in Schwarz und Creme gehalten, ihre Segel fast so weiß, als ob sie neu wären. Sie hatte nahezu das Aussehen eines Paketbootes – das gewisse Etwas eines Vollblüters –, und ihr einziger Fehler war, nach den Worten des Bootsmanns, daß sie etwas zuviel luvwärts steuerte. Nach der Angabe des Zimmermanns leckte sie kaum. Als Delancey das Deck entlangschaute und die Kanonen genau in Linie sah, befiel ihn das erregende Gefühl, daß er der Kapitän war. An der Randleiste einer Luke war Farbe abgeblättert. Er wies den Zimmermann an, sich darum zu kümmern. Die Gösch hatte sich um den Göschstab gewickelt, und er schickte einen Jungen hin, um sie zu entwirren. Er überprüfte die richtige Lage des Kutters von der anderen Hafenseite aus und notierte sich in Gedanken, daß er nach dem Rumpf sehen wolle, wenn der Hafen ausgetrocknet war. Der Erfolg einer künftigen Unternehmung – und das Überleben aller seiner Männer – konnte von dem abhängen, was er tat (oder vergaß), während der Kutter noch im Hafen lag. Es gab viel zu tun und, wie er vermutete, allzuwenig Zeit, um es zu erledigen.

Die Uhr der Stadtkirche schlug zwölf, als Delancey das Büro d'Auvergnes betrat, von dem aus man den Hafen übersah. Bassett, Moncrieff und Mortemart waren bereits da, und d'Auvergne kam bald darauf, begleitet von einem schlechtgekleideten Zivilisten mit einem Mausgesicht, den er als Mr. A. vorstellte. Ohne Umschweife forderte er die Anwesenden auf, sich zu setzen, während er eine Karte von Frankreich aufrollte, die an der Wand hing. Im Gegensatz zu seiner Rolle am Vortage war er jetzt ganz ein Kapitän der Kriegsmarine mit dem strengen Ton eines Offiziers im Dienst.

»Was ich Ihnen zu sagen habe, meine Herren, ist streng geheim und darf keiner lebendigen Seele außerhalb dieses Raumes enthüllt werden. Die republikanischen Franzosen haben eine Armee von etwa zwanzigtausend Mann bei Saint Malo zusammengezogen, für einen Angriff auf Jersey, wie wir annehmen. Lord Moira hat neuntausend Mann hier, ebenso viele bei Portsmouth, mit einer Transportflotte unter Admiral Macbride. Die königstreuen französischen Truppen nördlich der Loire – Männer der Resistance, wie wir sie nennen könnten – sollen etwa fünfundfünfzigtausend Mann ausmachen, der größte Teil in der Nachbarschaft von Angers . . .« (Er zeigte das Gebiet auf der Karte.) ». . . Sie wären noch stärker, wenn sie nicht im vergangenen Dezember bei Saveney besiegt worden wären. Nun, unsere Feinde könnten erwarten, daß wir die Garnison von Jersey verstärken, schon allein deswegen, weil die Insel den Franzosen während des letzten Krieges beinahe in die Hände gefallen wäre. Aber unsere Minister haben sich statt dessen zu einem kühneren Streich entschlossen – natürlich mit Seiner Majestät Billigung. Ihr Plan ist es, Cherbourg mit Hilfe der Aufständischen einzunehmen. Wenn dieser Hafen erst in unseren Händen ist, können wir dort die von den Königstreuen benötigten Kanonen, Musketen, Pulver und Geschosse an Land bringen. Wenn sich ihre Truppen mit unseren vereinigen, sagen wir hunderttausend Mann insgesamt ausmachen, werden wir in der Lage sein, Frankreich zu erobern und die Monarchie wieder einzusetzen. Der Erfolg dieses Geniestreichs – und um nichts weniger handelt es sich – muß in erster Linie von uns abhängen, von den Männern in diesem Raum. Wir haben zwei Aufgaben durchzuführen, und jede ist ungeheuer wichtig. Erstens müssen wir Kontakt mit den französischen Royalisten aufnehmen und uns mit ihnen wegen der Einnahme von Cherbourg verständigen. Diese Aufgabe wird Ihnen zufallen, Major Moncrieff. Zweitens müssen wir den Vormarsch der feindlichen Armee von Saint Malo verhindern, und wir wissen genau, daß sie sich dort aufhält – eine Streitmacht, die, wie wir annehmen wollen, zur Rückeroberung von Cherbourg entsandt werden wird. Wir überlassen diese Aufgabe unseren Freunden in der Nähe von Saint Malo, die dann bereits die notwendigen Waffen und Sprengstoff erhalten haben. Es wird Ihre Sache sein, M. de Mortemart, ihnen mitzuteilen, was sie wann auszuführen haben. Am verabredeten Tag werden sie die Brücken in die Luft sprengen, Bäume fällen und damit die Straße verbarrikadieren und den Feind engagieren, so oft es nur geht. Ein Marsch, der ohne Widerstand zehn Tage benötigt, wird drei Wochen oder mehr beanspruchen. Bis dahin wird unser Stützpunkt in Cherbourg gesichert sein.«

»Dürfen wir erfahren, Sir«, fragte Moncrieff, »für welchen Tag die Landung geplant ist?«

»Für den 12. Juni. Ich erzähle Ihnen das, meine Herren, unter strengster Geheimhaltungspflicht.«

»So besteht meine Aufgabe also darin«, fragte Moncrieff, »sicherzustellen, daß die Aufständischen Cherbourg vor dem 12. Juni einnehmen?«

»In der Nacht zum 11. Juni, um ganz genau zu sein. Sie werden diese Botschaft hier überbringen«, sagte d'Auvergne und händigte sie ihm aus, »und zwar einem monarchistischen Führer namens C., und Sie werden die Bedeutung des Angriffes vom nächsten Tag erklären. Sie werden bei den monarchistischen Truppen bleiben und mit Mr. Delancey Kontakt halten, der zwischen Ihnen und mir die Verbindung garantiert.«

»Und ich vermute«, sagte Pierre de Mortemart, »daß ich in der Nähe von Saint Malo landen soll?«

»Ja«, erwiderte d'Auvergne. »Sie werden sich auf dem Schoner

Daphne nach Jersey begeben. Sie und Mr. A. werden dann ein kleineres Fahrzeug für die eigentliche Landung benutzen. Sie werden diese Botschaft hier einem königstreuen Führer, der sich B. nennt, übergeben. Beide Landungsstellen werden von unseren royalistischen Freunden gehalten werden, die bereits ihre Instruktionen von Mr. A. bekommen haben.«

»Darf ich wissen«, fragte Delancey, »welche Landungsstellen benutzt werden sollen?«

»Sie werden Major Moncrieff bei La Gravelle an Land bringen, einer Bucht auf halbem Wege zwischen Carteret und Pointe du Rozel. Mr. A. wird Ihnen noch genauere Angaben machen. Noch weitere Fragen?« meinte d'Auvergne.

Nach einer Pause fuhr er fort: »Gut also. Die *Daphne* wird mit der heutigen Abendflut auslaufen, und Mr. A. wird seine Vorbereitungen vervollständigen, sobald er Jersey erreicht. Die *Royalist* wird morgen nach Alderney segeln, wo der andere Teil der Operation geprobt werden wird.«

Man verbrachte eine halbe Stunde über Landkarten, Seekarten und Zeichnungen mit eingetragenen Signalen und Kennworten. Bei der Ankunft des Gouverneurs, des Generalmajors John Small und des Generalmajors Lord Moira wurde abgebrochen. Die beiden bildeten einen schroffen Kontrast; Small, ein alter Soldat, geradeheraus, wohlwollend und beliebt; Moira ein junger Mann, scharfsinnig und hochmütig, ein geborener Aristokrat, ebenso Politiker wie Soldat. Abgespannt von der Parade der Garnison, hatte Small außer ein paar ermutigenden Worten wenig zu sagen. Moira fügte einige Sätze hinzu und versicherte den Anwesenden, daß nach dem Erfolg von Moncrieffs Mission am 12. Juni die Landung mit voller Stärke folgen würde. Die Operation würde von einem Fregattengeschwader in der Nähe der Küste gedeckt werden, kommandiert von James Sausmarez, einem Mann aus Guernsey, der mit der Küste vertraut sei. Sir James kreuze bereits zwischen Guernsey und Jersey. Lord Moira forderte dann zu weiteren Fragen auf.

»Ich hätte noch eine, Mylord«, sagte Moncrieff. »Was werden Sie tun, wenn ich die Aufständischen nicht erreiche – wenn wir feststellen, daß der Landeplatz in der Hand des Feindes ist?«

»Ich werde das ganze Unternehmen abblasen«, sagte Lord Moira. »Um Erfolg zu haben, brauchen wir unbedingt einen Seehafen. Wenn unsere Freunde in der Normandie uns Cherbourg nicht geben können, werden wir ihnen nicht geben können, was sie am meisten brauchen – Artillerie. Gott weiß, wir haben selbst genug Kummer gehabt mit unseren Feldstücken und Kanonieren. Wir besitzen kaum genügend für unseren Zweck. Ich würde nie versuchen, sie an offenem Strand an Land zu bringen.«

Mit diesem Hinweis schloß die Konferenz, aber Lord Moira bemerkte noch beim Hinausgehen, daß er einen allgemeinen Überblick über seine Pläne beim kommenden Bankett geben werde. D'Auvergne protestierte wegen dieser Gefährdung der Sicherheit, wurde aber damit beruhigt, daß nur höhere Offiziere zugegen sein würden und die seien kategorisch aufgefordert, die Information für sich zu behalten. Der Prinz schien über diese Wendung keineswegs sehr glücklich, sagte aber nichts mehr. Die Versammlung löste sich auf. Major Moncrieff und Delancey gingen gemeinsam zum Kai hinunter, angeblich, um noch einmal die *Royalist* zu besichtigen. In Wirklichkeit wollten sie die Gelegenheit nutzen, um miteinander zu sprechen.

»An dieser Sache ist etwas, was ich nicht verstehe«, sagte Moncrieff. »Warum wurde dieser Bursche Mortemart für eine so gefährliche Mission ausgewählt? Er ist ganz deutlich verängstigt. Warum erzählt man bei einem Bankett Geheimnisse mit dem Risiko, daß sie als Gerüchte verbreitet werden, noch ehe die Offiziere wieder nüchtern sind?«

»Ja, warum?« stimmte Delancey zu. »Und warum sollten wir einem Mr. A. vertrauen? Für mich ist er ein zweifelhaft aussehender Kerl, der ebenso für wie gegen uns sein kann. Alle Abmachungen hängen von ihm ab, aber ich habe selten jemanden gesehen, für den ich auf den ersten Blick mehr Abneigung empfunden hätte.«

»Ich würde ihm nicht über den Weg trauen«, antwortete Moncrieff, »doch ich mag d'Auvergne gern. Ich hätte ihn als Offizier für zu gut gehalten, um an Land eingesetzt zu werden.«

»Er scheint eine ideale Wahl für die Aufgabe zu sein, die er zu erfüllen hat.«

»Das stimmt allerdings. Und ich bin froh, daß wir zusammenarbeiten, Sie und ich. Wir werden in La Gravelle Erfolg haben, auch wenn Mortemart aufgibt oder von Mr. A. verraten wird.«
Delancey stimmte von Herzen zu und dachte daran, daß er vom ersten Argenblick an für Moncrieff Sympathie empfunden hatte. Er spürte instinktiv, daß beide sich aufeinander verlassen konnten.
»Sie sagten eben, Major«, äußerte Delancey, »daß Sie irgend etwas an der Operation nicht begreifen. Ich wollte gerade fast mit den gleichen Worten dasselbe aussprechen. Ich wünschte bei Gott, die ganze Sache wäre vorüber und geschafft.«
»Das tue ich in gewisser Weise auch. Aber es ist eine Chance, uns einen Namen zu machen. Sie haben dabei zweifellos mehr Glück, aber ich bin noch nie im Gefecht gewesen.«
»Es wird keinen Kampf geben, vorausgesetzt, daß alles glatt geht. Wenn der Plan mißlingt, wird man uns beide gefangennehmen und als Spione hinrichten.«
»Aber doch nicht in Uniform?«
»Seien Sie dessen nicht allzu sicher, Sir.«
»Jedenfalls wird es ein Abenteuer sein.«
»Nun zur Übung«, sagte Delancey. »Ich denke, wir müßten sie mindestens dreimal vornehmen, einmal bei Tageslicht und zweimal im Dunkeln . . .«
Delancey führte die *Royalist* mit einer Vorsicht auf die See hinaus, die wohl kaum die von der Mole aus zusehenden Fachleute beeindruckt haben konnte. Er lief mit dem Beginn der Ebbe aus, passierte den Pier allein unter seinem Klüver, hißte das Großsegel einige Minuten später und ließ das Topsegel erst fallen, als er auf der Reede war. Der Kutter benahm sich gut, und Delancey bekam bald Vertrauen zu ihm. Bei leichter Brise segelte er langsam an Herm vorüber und nahm Kurs auf das wegen des Nebels noch unsichtbare Alderney. Als sich der Nebel später hob, vermochte er dann Kurs nach der Westseite der Insel zu nehmen, Swinge zu vermeiden und sich von Coque Lihou und Noire Roque fernzuhalten. Bei abflauendem Wind brachte er den Kutter in die Longy Bay und ankert dort – erst danach war er mit sich einigermaßen zufrieden. Er konnte sich noch recht gut an diese

Gewässer erinnern, fand er, und er hatte den überhängenden »Rock« mit einem Blick wiedererkannt. Hätte er das aber in einer mondlosen Nacht fertiggebracht? Vielleicht, aber er war sich dessen nicht sicher.
Nach gebührender Warnung an die Garnison von Fort Essex und Raz Island führte Delancey ein Manöver bei der Nunnery durch. Bei der zweiten Übung bei Tageslicht setzte er voraus, daß der Feind gewarnt worden war und einen Hinterhalt gelegt hatte. Die Übung berücksichtigte die Möglichkeit eines Rückzugs unter feindlichem Feuer, und Delancey ließ deshalb am Bug des Beibootes einen Dreipfünder aufstellen. Er befahl eine besondere Geschützübung, bei der diese Kanone abgefeuert wurde, nachdem das Boot vom Heck aus fortgerudert worden war. Dann wurde die Übung noch einmal wiederholt, aber so, daß ein Haufen kleiner Kugeln bei halber Pulverladung abgeschossen wurde. Den Feind stellten dabei ein paar leere Tonnen dar. Als letzte Phase wurde die Übung nachts wiederholt, und Posten an Land sollten über jeden Laut berichten, den sie gehört hatten. »Alles muß in völliger Stille geschehen«, ermahnte Delancey. »Unser Leben hängt davon ab!« Er und Moncrieff waren kaum zufriedenzustellen, aber es kam doch der Augenblick, bei dem sie sich schließlich mit der Leistung begnügten. Delancey merkte, daß er als Führer allmählich Vertrauen gewann. Während er seine Männer davon zu überzeugen suchte, daß diese Übungen für sie lebenswichtig seien, hatte er überhaupt nicht darauf geachtet, was sie von ihm hielten. Moncrief war ein Fels der Stärke bei jeder Gelegenheit, mit rascher Auffassungsgabe, Selbstsicherheit und klarem Urteilsvermögen, immer beherrscht und niemals wütend. Delancey sagte sich, er habe mit seinem militärischen Kollegen Glück. Er hatte es auch darin, daß er im Kommando unabhängig blieb. Wäre ein älterer Offizier zugegen gewesen oder einer, der von Delancey keine gute Meinung hatte, so hätte er bereits vor der Nacht der eigentlichen Landung versagen können. Wie die Dinge lagen, wurde er von einem Tag zum anderen resoluter. Weil Moncrieff an ihn glaubte, begann er an sich selbst zu glauben. Er hatte auch den Obermaat Burrows, den Bootsmann Rankin und den Fähnrich Warren von seiner Autorität überzeugt.

Zum erstenmal in seinem Leben hatte er das Gefühl, daß er wirklich eine Sache im Griff hatte.

Am Abend des 7. Juni wurden die letzten Vorbereitungen getroffen, Waffen inspiziert und Vorräte überprüft. Dann sagte Delancey seinen Männern, was sie zu tun hatten. »Unsere Aufgabe ist es, Major Moncrieff in einem kleinen französischen Hafen namens La Gravelle an Land zu setzen. Der Ort sollte in den Händen loyaler Franzosen sein, die unsere Freunde sind und uns erwarten. Wenn alles gut geht, werden wir nicht unter Feuerbechuß kommen. Aber wir können uns nicht darauf verlassen. Wenn unsere Boote in den Hafen einlaufen, werden deshalb unsere Kanonen bereitstehen, ihre Rückkehr zu decken, und wir selbst werden gefaßt sein, uns zu verteidigen. Schießt jedoch nicht ohne Befehl! Unser Plan hängt davon ab, daß wir das, was wir zu tun haben, still tun, und daß wir dort vor Tagesanbruch wieder verschwunden sind.« Alle Mann bekamen nun eine doppelte Rumzuteilung, und nach Einbruch der Dunkelheit wurde das Gangspill bemannt und Befehl gegeben, Anker zu lichten. Sobald der Anker hochgezogen war, rief Delancey aus: »Hißt das Großsegel!« Die Männer plagten sich an den Falls, und das große Segel hob und füllte sich. »Hißt den Klüver!« lautete der nächste Befehl, gleich gefolgt von einem Ruf an die Männer am Bramsegel: »Laßt fallen! Schot an die richtige Stelle!« Das Bramsegel füllte sich nun, der Kutter gehorchte dem Ruder und glitt aus der Bucht, an deren felsigen Ufern sich die Wogen brachen. Alderney verschwand in Minuten aus der Sicht, und sie waren allein in der Dunkelheit. In glatter Fahrt bei leichter Brise glitt die *Royalist*, das Beiboot im Schlepptau, ruhig durch das Wasser. Es war stockdunkel, und Delancey ließ die Männer mit dem Senkblei arbeiten, sobald sie Alderney aus der Sicht verloren hatten. Bei der Annäherung an die feindliche Küste hätte er eigentlich nervös werden sollen, aber die Kompliziertheit seiner Aufgabe hielt ihn davon ab, an etwas anderes als an die Gefahren der Navigation zu denken. Er hatte etwa dreiundzwanzig Meilen zurückzulegen, und er kalkulierte, daß Westwind und Flut es ihm ermöglichten, gegen zwei Uhr morgens an Land zu gehen. Die Brise flaute gewöhnlich vor Mitternacht ab, um später dann wieder aufzufrischen. Bald darauf meldete der Auslug am Bug, daß Land in Sicht sei. Es dauerte noch eine halbe Stunde, bis Delancey selbst etwas erspähen konnte. Die Konturen des Landes sahen in der Dunkelheit aus ganz wie erhofft, und das Wasser wurde, wie erwartet, allmählich seichter. Das war La Gravelle – ganz gewiß –, und das dann tiefer werdende Wasser zeigte die Hafenrinne an. »Wellenbrecher voraus!« rief der Auslug, und Delancey gab Befehl, den Anker hinabzulassen. Diese Prozedur war unvermeidlich geräuschvoll, und sie konnte von jedem an Land gehört werden, der wach war. Darum befahl Delancey dem Mann mit der Laterne (bis dahin war sie verdeckt), das verabredete Zeichen zu geben. Doch die Antwort blieb aus. Andererseits erfolgte auch keinerlei Alarm. Es hätten Leuchtkugeln abgeschossen werden können, um das Ziel zu beleuchten, oder eine Salve aus leichten Waffen. Delancey erwartete kein Artilleriefeuer, weil das Dorf an keiner richtigen Straße lag. Nach spannenden fünf Minuten gab er Befehl, das Beiboot zu bemannen. Es geschah rasch und geräuschlos mit sechs Seeleuten an den Rudern und zwei vorn beim Dreipfünder. Vier Marinesoldaten fuhren mit, zwei von ihnen vorn. Am Heck befanden sich Delancey selbst, Major Moncrieff und – im Befehl über das Boot – Mr. Warren. Mit umwickelten Rudern näherte sich das Boot leise der Mole, glitt an ihrer Landeseite entlang und fand die Stufen genau an der Stelle, wo sie Mr. A. in seiner Zeichnung vermerkt hatte.

In diesem Augenblick erfolgte ein Anruf – keinerlei Herausforderung – von der Mole her. Ein Mann dort gab sich als Freund aus. »Vive le roi«, fügte er hinzu, um über seine Einstellung keinen Zweifel zu lassen. Delancey gab die Losung »Navarra«, aber sie wurde nicht korrekt wiederholt. Mit unbehaglichem Gefühl ging Delancey darum an Land voraus, gefolgt von Major Moncrieff und zwei Marinesoldaten. Er befahl noch Mr. Warren, abzulegen und das Boot drei Faden von der Mole entfernt zu halten. Der Franzose erklärte indessen Moncrieff, seine Landung werde erwartet. Er erwähnte Lord Moira beim Namen und erklärte, er wolle sie zu ihren versammelten Freunden führen. Licht war nirgends zu sehen, aber die Gruppe erreichte ohne Zwischenfall das Ende der Mole und betrat einen Pfad, der landeinwärts führte. Nach etwa hundert Metern machte dieser eine Biegung nach links und fiel zu einer Steinbrücke ab, die offensichtlich einen Wasserlauf in einiger Entfernung oberhalb des Hafens kreuzte, in dem dieser wohl mündete. Der Pfad führte an der gegenüberliegenden, von Bäumen umrandeten Seite hügelaufwärts, und der Führer ging zu einer Hütte hinauf, die ganz allein auf der rechten Seite des Pfades stand. Er klopfte an die Tür, das Zeichen war offensichtlich verabredet (tap – tap – tap), und wartete dann regungslos und schweigend. In diesem Augenblick hörte Delancey, wie jemand über einen Stein stolperte. Das Geräusch kam nicht von der Hütte, sondern von der Brücke her, die sie eben überquert hatten. Delancey ahnte sofort, daß er mit seiner Gruppe in eine Falle geraten war. Es gab also kein Zurück. In aller Stille war man ihnen gefolgt, und nun war der Rückweg abgeschnitten. Oder war seine Furcht grundlos? Er und Moncrieff zogen die Pistolen und spannten sie.

Die Tür der Hütte öffnete sich, Lichtschein fiel auf den Pfad. Ihr Führer forderte sie auf einzutreten, sie gingen hinein, aber Delancey hielt einen Augenblick an, um den beiden Marinesoldaten leise zu befehlen, draußen zu bleiben. Das Innere der Hütte wurde von einer Kerze erhellt. Sie wurden von einem Dutzend Männer, bewaffnet und in feindlicher Uniform, erwartet. Einer in ihrer Mitte, offensichtlich der Kommandierende, richtete seine Pistole auf sie und sagte: »Engländer, Sie sind Gefangene«, als Moncrieff ihn auch schon erschoß. Delancey, der noch auf der Türschwelle stand, drehte sich zu ihrem Führer um, erschoß ihn aus kurzer Entfernung und sah ihn fallen. Es schien darum zu gehen, sie gefangenzunehmen, denn das Feuer wurde nicht sofort erwidert. Mehrere Stimmen riefen, sie sollten sich ergeben, aber Moncrieff schrie: »Ergebt ihr euch doch!« Er feuerte seine zweite Pistole ab und zog dann seinen Degen, wobei er Delancey zurief: »Fort!« Delancey hatte gleichzeitig seinen Degen gezogen, aber Moncrieff war gefallen, ehe er ihm helfen konnte. Beide Marinesoldaten feuerten in den Raum und ermöglichten es dadurch Delancey, im Pulverrauch mit ihnen zu entkommen. »Mir nach«, schrie er und rannte den Pfad hinab. Er verließ ihn jedoch, um die Brücke zu vermeiden, wich nach links aus (stromaufwärts) und rannte zwischen den Bäumen hindurch, die beiden Marinesoldaten auf seinen Fersen. Geräusche von Verfolgern, Schritte ertönten auf dem Pfad, und Befehle wurden laut, aber solche Geräusche wurden erstickt durch Musketenschüsse – wahrscheinlich waren auf der Brücke die Männer aus der Hütte in ihren eigenen Hinterhalt gerannt. Delancey patschte durch den Wasserlauf, den Hügel hinauf durch einige Büsche, bog dann nach rechts ab und nahm Richtung auf die Mole. Bei der Brücke war die Verwirrung so groß, daß es ihm möglich war, noch vor dem Feind anzukommen. Er fand das Beiboot längsseits und Mr. Warren mit der Hälfte der Bootsmannschaft an Land. Sie feuerten eine Salve ab, mit der sie die Verfolger aufhielten, bis sie alle sicher ins Boot gelangten. Das Beiboot fuhr mit dem Heck voraus ab, als Schüsse von der Mole her krachten, die einen Marinesoldaten töteten und drei Seeleute verwundeten. Der Dreipfünder antwortete mit seiner Kleinkugelladung und fegte damit die Mole leer. Das Beiboot geriet nicht nochmals unter Feuer, aber ein Lugger im Hafen richtete seine drehbaren Kanonen auf die *Royalist,* als sie Segel setzte, richtete einigen Schaden in ihrer Takelung an und verwundete Mr. Burrows schlimm. Kurz nach Tagesanbruch umfuhr der Kutter Casquets und nahm Kurs auf Russel. Als er auf der Reede vor Anker ging, waren Mr. Burrows und einer der verwundeten Seeleute tot. Delancey fuhr mit der Gig an Land und bemerkte unterwegs, daß die *Daphne* bereits zurückgekehrt und an der Mole vertäut war. Er meldete sich sofort in Kapitän d'Auvergnes Hauptquartier. »Der Kapitän wird in einer Minute hier sein«, sagte Bassett.

»Was ist geschehen?«

»Der Feind erwartete uns. Major Moncrieff ist leider gefallen, ich hatte das Glück zu entkommen. Wir haben noch drei Tote und zwei Verwundete.«

»Ich fürchtete es schon, als ich in Ihrem Großsegel die Schußlöcher bemerkte!«

»Wie ich sehe, ist die *Daphne* zurück . . .?«

»Ihr erging es nicht besser. M. de Mortemart wurde bei der Landung gefangengenommen, wie uns Mr. A. erzählte.«

»Und wird dem Feind alles erzählen, was er weiß.«

»Man hat auch seine Depesche. Mr. A. informiert uns darüber, daß die französischen Truppen bei Saint Malo marschieren, um Cherbourg zu retten. Lord Moira hat seine Befehle zur Landung widerrufen.«

»Dann ist unser Fehlschlag vollkommen.«

»So vollkommen, daß die Franzosen bereits zurückgeschlagen haben. Ein Fregattengeschwader ist hierher unterwegs, und Sir James Sausmarez ist ihm zahlenmäßig unterlegen.«

In dem Augenblick trat d'Auvergnes raschen Schrittes ein, und die anderen nahmen Haltung an.

»Ich bin froh, Sie in Sicherheit zu wissen, Mr. Delancey. Was ist geschehen?«

»Wir gerieten in eine Falle, Hoheit. Die Hütte, in der wir unsere Freunde treffen sollten, war vom Feind besetzt. Major Moncrieff wollte sich nicht ergeben und ist gefallen. Vorher tötete er zwei Feinde – erschoß den einen und durchbohrte den anderen. Wir haben noch mehr Verluste, drei Tote und zwei Verwundete. Wir hatten Glück, daß wir den Kutter selbst behielten.«

»Und die Depeschen?«

»Der Feind hat sie.«

»Sie glauben, daß man Sie erwartet hat?«

»O ja, Sir.«

»Aber wie könnte man es erfahren haben? Unbegreiflich, ich kann es kaum glauben. Jetzt genug davon. Sie sehen erschöpft aus.«

»Ich bin seit achtundvierzig Stunden auf den Beinen, Sir.«

»Ruhen Sie sich jetzt etwas aus. Melden Sie sich zu Mittag wieder. Lord Moira wird dann hier sein und die Geschichte von Ihnen selbst hören wollen.«

Als Delancey gegangen war, fragte d'Auvergne Bassett: »Wie wurden wir verraten?«

»Vielleicht in London, Sir.«

»Aber die Einzelheiten des Planes waren nicht einmal in London bekannt.«

»Oder dann Verrat in La Gravelle. Irgendeiner bekam Angst und verriet die übrigen.«

»Könnte so etwas an *beiden* Stellen und zur gleichen Zeit geschehen?«
»Nicht sehr wahrscheinlich, Sir, wie mir scheinen will. Da bleibt nur eine Alternative. Wir wurden hier verraten.«
»Wo der Plan nur Lord Moira, dem Gouverneur, Ihnen und mir, Moncrieff und Delancey, Mr. A. und dem Vicomte de Mortemart bekannt war. Von diesen acht Männern muß also einer der Verräter sein.«
»Halten Sie es für möglich, daß Mr. A. ein Doppelagent ist?«
»Es wäre eine Katastrophe, wenn das stimmt. Er gehört zum Kern unseres Nachrichtensystems. Er weiß alles – er weiß mehr als ich.«
»Ich kann mir eigentlich keinen der anderen sieben als Verräter denken. Ich will zugeben, daß beim Bankett unvorsichtig geredet wurde.«
»Ja, aber nicht in allen Einzelheiten.«
»Da muß es also Mr. A. sein.«
»Ich fürchte, Sie haben recht. Wir haben gespielt und verloren. Der Einsatz war hoch. Es bleibt nur herauszufinden, wie es zu dem falschen Würfel kam.«
Mittags fand eine Zusammenkunft in kleinerem Kreis statt, als Delancey erwartet hatte. Lord Moira war da, d'Auvergne und er selbst – sonst niemand. Der Graf nahm es sehr leicht und war nur schwach an dem Bericht interessiert.
»Damit haben die Franzosen also beide Depeschen?« fragte er schließlich.
»Ich fürchte, ja, my Lord«, sagte d'Auvergne.
»Und ihre Armee befindet sich auf dem Gewaltmarsch von Saint Malo nach Cherbourg?«
»Wir haben darüber einen zuverlässigen Bericht.«
»Und ich höre eben, daß Sir James Sausmarez nur ein Teilgefecht mit französischen Fregatten hatte, wobei er seine Ortskenntnisse benutzte und sie überlistete. Sie wurden zuletzt auf ihrer Rückfahrt nach Saint Malo gesehen und wirkten dabei ziemlich albern.«
»Verstanden, my Lord.«
»Auf unserer Seite verloren wir Alan Moncrieff, einen tüchtigen

jungen Offizier. Ich werde an seinen Vater schreiben. Ein Jammer, daß Sie ihn nicht retten konnten, Mr. Delancey. Ich bezweifle nicht, daß Sie ihr Bestes taten.«

»Ich war an seiner Seite, my Lord, und hätte es gern verhindert, daß die Depeschen in die Hände des Feindes fielen. Aber ich war auch verantwortlich für die Sicherheit der *Royalist*. Ich tat das, was mir am besten schien, my Lord, und ich bin nur betrübt darüber, daß meine Mission fehlgeschlagen ist.«

»Ihre Mission ist nicht fehlgeschlagen, Mr. Delancey.« Es herrschte eine Minute lang Schweigen, unterbrochen von d'Auvergne.

»Eure Lordschaft können doch nicht meinen, daß wir erfolgreich waren?«

»Hören Sie, meine Herren. Was ich Ihnen jetzt erzählen werde, ist allein für Ihre Ohren bestimmt. Kein anderer wird es erfahren, nicht einmal der Gouverneur. Erstens schulde ich Ihnen beiden demütige Abbitte. Es ist meine Pflicht gewesen, Sie von Anfang an zu täuschen. Es gab niemals den ernsthaften Plan, eine Armee in der Nähe von Cherbourg zu landen. Dem Gerücht nach, das man in Portsmouth hörte, waren meine Truppen für Flandern bestimmt. Nun, das ist in der Tat die Wahrheit. Dorthin werden sie gehen.«

»Warum, my Lord«, fragte d'Auvergne. »Warum, um Himmels willen, kamen Sie dann überhaupt hierher?«

»Um zu verhindern, daß die Franzosen Jersey einnahmen. Die Gefahr war echt. Unsere Erwiderung bestand in einer Scheinaktion gegen Cherbourg. Als deren Ergebnis setzte sich der Feind in Marsch, um seinen Hafen zu schützen, den wir nicht im Traume angreifen wollten.«

»Jetzt verstehe ich alles . . .«, stöhnte d'Auvergne.

»Ich möchte, daß auch Sie es begreifen, Mr. Delancey. Sie haben nun das Gefühl, Sie hätten Ihr Leben für nichts riskiert – daß der Feind auch auf irgendeine andere Weise hätte hintergangen werden können. Aber ich möchte, daß Sie jetzt eine der ersten Kriegsregeln lernen. Und zwar ist das folgende: Wir glauben nur der Nachricht, die wir mit Schwierigkeit durch unsere eigene Anstrengung erlangt haben. Das abgefangene Dokument überzeugt uns. Auch die Nachricht, die wir einem Gefangenen unter Androhung der Exekution entreißen. Ich gab Moncrieff eine Depesche mit, die an einen wirklichen Führer der Aufständischen adressiert war, aber mit der Gewißheit, daß sie in die Hände des Feindes fallen würde. Ich gab Pierre de Mortemart mündlich die Pläne für die Invasion bekannt, die er mit Gewißheit verraten mußte, falls er verhört würde. Es war wesentlich, daß Moncrieff und Mortemart an die Invasion glaubten, und genauso wichtig war es, Kapitän d'Auvergne, daß Sie selbst auch daran glaubten. Nur so ergab es sich mit Sicherheit, daß alle feindlichen Agenten in Guernsey dieselbe Geschichte erzählen würden.«

»Aber wie konnte der Feind im voraus von unseren beiden Missionen wissen? Wer warnte ihn, my Lord?«

»Haben Sie keine Vermutung, Kapitän d'Auvergne?«

»Es war Mr. A., nehme ich an.«

»Ganz genau, Jean Prigent von Saint Helier, ein Doppelagent von Anfang an.«

»Hoffentlich sehe ich ihn noch am Galgen!«

»Sachte, Kapitän! Wir werden Prigent nicht hängen. Wir werden ihn benutzen. Und wenn er nicht mehr nützlich ist, werden wir ihn an die Franzosen verraten, die ihn vor ein Hinrichtungskommando stellen werden. Also Geduld. Es wird erst in Jahren geschehen.«

Nachdem Lord Moira gegangen war, ließ sich d'Auvergne völlig niedergeschlagen am Tisch nieder.

»Das ist das Ende unseres Invasionsversuches in Frankreich!« sagte er bitter. »Der Plan ist aufgegeben, mehr noch, er hat nie bestanden. Es war alles Finte, eine Geste, eine vorübergehende Phase des Krieges, ein Zwischenfall, zu klein, als daß er in einem Geschichtsbuch erwähnt zu werden verdiente. Man hat uns benutzt, Sie und mich, und dann beiseite geschoben.«

»Ist das nicht die Natur des Krieges, Sir?«

D'Auvergne gab keine Antwort, er erhob sich und blickte auf die Landkarte an der Wand, an der er seinen Feldzug erklärt hatte. Er starrte eine Minute lang darauf, als ob das Schloß von Navarra tatsächlich zu sehen wäre. Seinem Blick folgend fragte Delancey: »Soll ich die Karte herunternehmen, Sir?«

»Ja«, sagte d'Auvergne. »Nehmen Sie sie fort. Zerreißen Sie sie! Verbrennen Sie sie! Wir werden sie nicht mehr brauchen. Unsere Chance ist dahin!«

3. Kapitel

Wahl der Waffen

Die Landung bei La Gravelle hatte zur Folge, daß Delancey tagelang beschäftigt war: es gab Reparaturen an der *Royalist*, die Bestattung der Toten, schriftliche Mitteilung an die Verwandten der Gefallenen, die Sorge um die Verwundeten und die Rückgabe der geliehenen Ausrüstung an das Lagerhaus. Als er Bassett darüber Bericht erstattete, hörte er zum erstenmal von einer Auswirkung der Geschichte, die er niemals erwartet hätte.

»Ich fühle mich verpflichtet, Sie zu warnen«, sagte Bassett, »man redet hier unter dem Militär über Moncrieffs Tod. Einige Offiziere behaupten, er hätte gerettet werden können – er sei von der Marine seinem Schicksal überlassen worden, sie habe sein Leben auf dem Gewissen.«

»Es wurde vergeudet, das muß ich zugeben. Aber er war nicht zu retten – ich sah doch, wie er umkam.«

»Ich weiß, daß Sie völlig recht haben, und ich habe es auch einem Offizier der Zweiundvierziger erklärt, der mir von der Wut berichtete, die sich in der Offiziersmesse verbreitet hätte.«

»Aber Moncrieff gehörte zum 7. Fußregiment.«

»Ja, aber er zählte zu Lord Moiras Stab. Da er von seinem eigenen Regiment abkommandiert war, speiste er in der Messe der Zweiundvierziger. Er war dort sehr populär und mit den Offizieren dieser Einheit verbrüdert.«

»Das überrascht mich nicht. Er war wohl bei jedem beliebt.«

»Das scheint wirklich so gewesen zu sein. Und deshalb sind harte Worte über Sie gesagt worden.«

»Weiß Kapitän d'Auvergne davon?«

»Ja, und er hat mit Major Simmons gesprochen, der augenblicklich die Zweiundvierziger kommandiert, deren Oberst gegenwärtig nicht auf der Insel weilt, und Simmons ist noch zu jung, um sich durchzusetzen. Hoheit bezweifelt, ob Simmons viel Autorität bei seinen Hauptleuten hat, von denen mehrere älter als er und im Gefecht gewesen sind.«

»Ich verstehe«, erwiderte Delancey langsam. »Wie seltsam erscheint mir jetzt der Gedanke, daß Moncrieff vielleicht mein bester Freund geworden wäre, wenn er noch lebte. Unser Vorgehen hätte nicht besser abgesprochen sein können, und jetzt denkt man von mir, ich hätte ihn im Stich gelassen.«

»Die Anschuldigung ist absurd – ich weiß es.«

»Ich hätte noch mehr Männer landen und dem Feind Schaden zufügen können, aber das wahrscheinliche Ergebnis wäre der Verlust der *Royalist* gewesen. Und meine Befehle waren eindeutig, wie Sie wissen – vor Tagesanbruch mußte ich dort wieder weg sein.«

»Das ist vollkommen richtig. Ich halte es geradezu für eine Schande, daß man solche Geschichten erfindet.«

»Ich danke Ihnen für die Warnung. Wir werden uns wohl heute abend treffen?«

»Im ›Golden Lion‹? Ja, ich bin dort, und soviel ich weiß, werden Kapitän Bastable und noch ein Gast beim Abendessen des Prinzen sein. Die *Cormorant* ist wieder von Jersey zurück und wird morgen nachmittag nach Portsmouth auslaufen.«

Beim Abendessen war der Prinz von Bouillon immer noch über das Ende all seiner Hoffnungen bedrückt. Ohne über den geheimen Aspekt seiner Tätigkeit zu sprechen, redete er ganz allgemein über die Lage in Frankreich.

»Ich zweifle inzwischen daran, ob die Monarchie jemals restauriert werden wird. Eine Gesellschaft ist an ihren Wurzeln ausgerissen worden. Kann sie jemals wieder eingepflanzt werden und von neuem Wurzeln schlagen? Aber welcher Unfug wird künftigen Generationen gelehrt werden! Man wird ihnen erzählen, wie arme Bauern sich gegen ein tyrannisches Regime erhoben hätten. Wer wird sich an die Tausende armer Leute erinnern, die für die Rettung dieses Regimes kämpften und starben? Es hat königstreue Armeen mit über hunderttausend Soldaten im Feld gegeben. Die Republikaner sind in einer Schlacht nach der anderen besiegt worden. Keiner wird sich in den kommenden Jahren daran erinnern. Ich wünschte, ich könnte noch daran glauben, daß sie gewinnen. Ich würde alles tun, was in meiner Macht stünde, um ihnen zu helfen.«

Das Gespräch wandte sich den Eigentümlichkeiten Guernseys zu, der Fähigkeit seiner Bewohner, Schmuggel mit Religion zu vereinbaren. D'Auvergne, als Mann von Jersey, interessierte sich für die Antipathie, die zwischen den Inseln bestand, konnte sie aber nicht erklären.

Bei dieser Unterhaltung fiel Delancey nebenbei in der äußersten Ecke des Gastzimmers eine ziemlich geräuschvolle Gruppe auf. Es schimmerte dort scharlachrot, und er schloß daraus, daß es hauptsächlich Armeeoffiziere waren und daß sie, dem Lärm nach, im Rang noch ziemlich niedrig waren. Als er in ihre Richtung blickte, und irgendwie damit rechnete, daß sich etwas tat, sah er, daß ein junger Fähnrich aufstand und mit unsicheren Schritten auf ihn zukam. Es war ein blondhaariger Jüngling, höchstens neunzehn, mit roten Wangen und Schweißperlen auf der Stirn. Er blieb schwankend bei den Seeoffizieren stehen und machte so etwas wie eine Verbeugung, die d'Auvergne ziemlich kühl erwiderte.

»Fähnrich Watkins, meine Herren«, sagte er, »zu Ihren Diensten.« Er hielt unsicher inne, wischte sich die Stirn ab und setzte hinzu: »Vom 42. Infanterie-Regiment.« Während einer Minute des Schweigens (die andere Gesellschaft drüben war jetzt still und hörte zu) schien es, als ob in diesen Worten seine ganze Botschaft läge. Dann erinnerte er sich an seine nächsten Richtlinien, gab sich einen Ruck und fuhr fort: »Habe – habe – habe – ich die Ehre mi – mi – mit Leutnant – De – Delancey?«

»Die haben Sie«, sagte Delancey kurz und erhob sich.

»Dann, Sir, habe ich weiterhin die E – Ehre Ihnen zu – sagen, Sir, daß Sie ein Feigling sind!«

Delancey hatte so etwas erwartet und antwortete laut, damit ihn auch die anderen Offiziere hörten:

»Und Sie, Mr. Watkins, sind betrunken, ein unnützer Schnösel, weniger wert für Ihr Regiment als der jüngste Rekrut, eine Schande für Ihre Uniform und der Kummer Ihrer Eltern. Gehen

Sie heim zu Ihrem Kindermädchen, und lernen Sie, wie man sich die Nase putzt!«

»Ich kann mit einer Pistole genausogut umgehen wie Sie!«

»Ich bezweifle, ob Sie einen Nachttopf benutzen können.«

»Das ist eine Beleidigung!« tobte der Fähnrich.

»Vielleicht«, erwiderte Delancey, »aber Sie haben mich als Sir anzureden.«

»Ich verlange Genugtuung, Sir!«

»Sehr gut. Wählen Sie Ihre Sekundanten, und bitten Sie diese, die Angelegenheit mit Mr. Bassett zu regeln. Ich hoffe, Sie werden es doch für mich tun, Sir?« Bassett nickte, und Delancey setzte sich wieder, wandte sich d'Auvergne zu und führte die Unterhaltung an der Stelle fort, wo sie unterbrochen worden war. »Ich habe immer gedacht, Hoheit, daß Guernsey mit seinem Hafen glücklicher dran ist als Jersey.«

»Sehr richtig, Mr. Delancey. Es kommt die Zeit, wo St. Peter Port zu klein wird ...«

Während man dieses Thema fortführte, bat Bassett die anderen, ihn für eine Minute zu entschuldigen. Da Delancey seine Absicht kannte, sagte er ruhig zu ihm: »Er ist der Herausforderer. Ich wähle – Degen.« Bassett nickte und ging zu der anderen Gruppe hinüber.

»... aber St. Peter Port hat den Vorteil mit seiner Reede, die durch Herm gegen den Ostwind und von Guernsey selbst gegen den Westwind geschützt wird.«

»Ganz Ihrer Meinung, Hoheit. Der Hafen von St. Helier liegt auf der falschen Seite der Insel.«

Bassett kam zurück und sagte nebenher zu Delancey: »Morgen bei Tagesanbruch – auf der Wiese in der Nähe der Kasernen.«

Die Unterhaltung wurde wieder aufgenommen, aber Delancey trank nichts mehr. Seinem Benehmen nach hätte jeder Anwesende glauben können, er sei ein erfahrener Duellant und ein Mann von großem Mut. Tatsächlich war er aber keines von beidem, er hatte niemals einen Ehrenhandel ausgefochten und besaß nur mäßige Entschlossenheit. Sein Herz hatte einen Schlag lang ausgesetzt, als er merkte, daß er gefordert werden würde, und er fürchtete sogar die Begegnung, die nun unvermeidlich war. Wäre Mr. Watkins Zivilist gewesen, hätte er vielleicht seine Gesinnung geändert, wenn er wieder nüchtern war, und eine Art Entschuldigung vorgebracht. Täte er das als Offizier, hätte er auf sein Patent verzichten müssen. Es gab keine Zukunft in einem Linienregiment (oder in der Marine) für einen Mann, der einer Herausforderung auswich. Wenn Delancey auch nervös gewesen sein mochte, so hatte er doch Geistesgegenwart gezeigt. Er hatte bemerkt, daß Watkins von Pistolen sprach. Für ihn war es ein Hinweis gewesen. Er hatte Watkins die Forderung aussprechen lassen, um für sich selbst die Wahl der Waffen zu beanspruchen. Er hatte prompt Degen gewählt, da er vermutete, daß die Fechtkunst seines Gegners nur sehr unvollkommen sei. Wenn er auch selbst kein Meister darin war, so hatte er doch in seiner Jugend Unterricht genommen und konnte sich wenigstens daran erinnern, wie man sich deckte, wie man Ausfälle machte, wie man eine Finte oder einen Vorstoß machte und parierte. Wäre Watkins ein Zivilist gewesen, so hätten seine Sekundanten dagegen Einspruch erhoben, ihr Auftraggeber könne mit den gewählten Waffen nicht Genugtuung geben. Aber sie konnten diesen Einwand nicht erheben, weil er Offizier war. Wenn er einen Degen nicht gebrauchen konnte, so durfte er auch keinen tragen. Falls Watkins noch keinen Fechtunterricht gehabt hatte – was wahrscheinlich genug war –, so würde er ihn jetzt nehmen müssen. Delanceys zweiter Sekundant sollte Leutnant Saunders von der *Cormorant* sein, den sie nach dem Abendessen in der Nähe der Stadtkirche trafen. Er ging mit Bassett fort, um alle Einzelheiten vorzubereiten – einen Arzt zu finden und die Degen auszumessen –, während d'Auvergne und Bastable mit Delancey hinab zum Hafen gingen.

»Mir gefällt die Sache nicht«, sagte d'Auvergne. »Dieser unselige Junge wurde von den anderen Offizieren zu dieser Torheit getrieben. Ich frage mich, ob er sich vielleicht zu einer Entschuldigung überreden ließe?«

»Ich hoffe, Sie geben mir nicht die Schuld, Hoheit!«

»Sie konnten nichts anderes tun. Aber ich bin bekümmert wegen der morgigen Begegnung und wegen ihrer möglichen Folgen. Wenn der Kommandeur des 42. Regiments hier wäre, würde er den jungen Watkins für die nächsten Monate auf Wache einteilen – und damit wäre es getan.«

»Ich werde ihn nicht umbringen, Sir, und ich bezweifle, ob er überhaupt weiß, wie er mich verletzen kann.«

»Angenommen, es geht so aus, wie Sie erwarten, so wird doch eine unselige Angelegenheit daraus. Sie werden keine Ehre für sich gewinnen, wenn Sie dieses Kind strafen, und die Männer vom 42. Regiment werden Sie weiterhin durch Gerede in Mißkredit bringen. Wenn Sie verwundet werden sollten, ist es noch schlimmer – dann sind Sie nicht einmal als Partner für einen Schuljungen tauglich. Die Begegnung mit einem Offizier Ihres eigenen Alters hätte wenigstens der Angelegenheit ein Ende gesetzt.«

»Sehr richtig, Sir.«

»Ich würde die Begegnung verhindern, wenn ich es könnte. Sehen Sie – ich werde Kapitän Bastable bitten, zugegen zu sein und als höherer Offizier den beiden Duellanten nahezulegen, ihre Degen gegen die Franzosen zu gebrauchen. Wenn Watkins seinen Degen zurückziehen will, werden Sie den Ihren auch zurückziehen?«

»Gewiß, Sir.«

»Gut also. Werden Sie Ihren Einfluß benutzen, Kapitän? Ich wäre Ihnen sehr dankbar dafür.«

»Ich werde mein Bestes tun, Sir«, sagte Bastable, »aber ich bin hinsichtlich des Erfolges nicht sehr zuversichtlich. Es wäre aussichtsreicher, wenn der junge Watkins bereits in mehreren Schlachten gekämpft hätte. Alle wären sich dann einig, daß es für seinen Mut keines Beweises bedürfe. Ich vermute hingegen, daß er erst jüngst einberufen worden ist und noch kein Pulver gerochen hat. Er muß sich noch beweisen. Dazu hätte er keine Gelegenheit, wenn er jetzt eine Entschuldigung vorbrächte.«

»Tun Sie trotzdem Ihr Bestes«, meinte d'Auvergne, und Bastable sagte es nochmals zu.

»Gute Nacht – und viel Glück!« sprach d'Auvergne, als sie sich trennten. Delancey dankte ihm und ging an Bord der *Royalist*. Er schlief schlecht in dieser Nacht und war bereits munter als sein Bursche ihn um vier Uhr wecken kam.

Die Infanteriekasernen, in denen das 42. Regiment sein Quartier hatte, standen auf der Höhe nördlich von St. Peter Port. An einem hübschen Sommermorgen war es nicht beschwerlich, den Weg hinauf zu der Wiese zu nehmen, an der sich die Kasernen erhoben. Eine Viertelstunde brauchten sie zu der Verabredung unter den Bäumen nahe dem Ende der Allee, das der See zugekehrt war. Bei Tagesanbruch waren beide Parteien dort, und Kapitän Bastable rief die vier Sekundanten zusammen, während die beiden Duellpartner abseits standen und außer Hörweite waren.

»Als ranghöchster Offizier unter den Anwesenden möchte ich Ihnen, meine Herren, dringend nahelegen, unsere Differenzen zu bereinigen, ohne zu den Waffen zu greifen. Es kursiert da eine Geschichte, Mr. Delancey habe Major Moncrieff im Stich gelassen, der umgekommen sein soll, während er selbst sein Leben durch Flucht rettete und seinen Kameraden opferte. Ich möchte, daß Sie alle es begreifen: diese Geschichte ist völlig falsch. Mr. Delancey gehorchte den Befehlen, die er von Kapitän d'Auvergne erhalten hatte. Der Kapitän läßt Ihnen durch mich versichern, daß Mr. Delancey den Kutter zurückbrachte, daß kein anderer fähiger Steuermann verfügbar war und der Kutter ohne ihn höchstwahrscheinlich verlorengegangen wäre. Ich muß auch klarstellen, daß Mr. Delancey erst vor den Franzosen geflohen ist, als der Major bereits im Kampf gefallen war. Wenn Mr. Watkins eine Geschichte glaubte, die von Mr. Delancey als einem Feigling handelte, so ist er völlig getäuscht worden. Sie müssen mein Wort dafür annehmen. Ich komme nun auf die Ereignisse des gestrigen Abends zurück. Mr. Watkins glaubte diese Geschichte und hatte getrunken, mehr als er zu trinken gewohnt war, möchte ich meinen, und so bezichtigte er Mr. Delancey öffentlich der Feigheit. Worte wurden im Zorn gewechselt, und das Ergebnis war die Herausforderung, die uns hierher geführt hat. Was ich sagen will, ist folgendes: Wenn Mr. Watkins in der Erkenntnis, daß er irregeführt war und übereilt handelte als er alles andere als nüchtern war, seine Beschuldigung zurücknehmen sollte, so kann ich Ihnen versichern, daß seine Erklärung angenommen werden wird. Darf ich noch hinzufügen, daß keiner von uns schlecht von ihm denken würde. Er wird mit unbeflecktem Ruf von diesem Feld gehen, und wir sollten alle darin einig sein, daß er wie ein Offizier und Gentleman gehandelt hat.«

Mr. Watkins' Sekundanten waren Hauptmann Henderson und ein Leutnant, der Ehrenwerte John Huntley. Henderson, der ältere der beiden, antwortete: »Wir akzeptieren alles was Sie sagen, Kapitän Bastable, aber es hilft dem Offizier nicht, den wir hier zu vertreten haben. Wenn er sich jetzt entschuldigte, würde er auf sein Offizierspatent verzichten müssen und für immer als Feigling gebrandmarkt sein. Nein, Sir, wir können es ihm nicht raten, sich bei dem Stand der Dinge zurückzuziehen. Sind Sie derselben Meinung, Mr. Huntley?«

»Keine Frage, bei Gott, Sir! Mr. Watkins muß zu seinem Wort stehen oder aus der Armee ausscheiden.«

»Aber denken Sie bitte daran, meine Herren, daß er in einem Alter ist, in dem man sich leicht irreführen läßt und in dem man noch leichter mehr sagt, als man wollte. Ich wäre anderer Ansicht, wenn Mr. Delancey von einem Offizier seines Alters gefordert worden wäre, von einem Mann, der bereits im Gefecht gewesen ist.«

»Sein nächster Gegner«, sagte Mr. Huntley, »wird ein Mann sein, wie Sie ihn beschreiben – nämlich Hauptmann Hilliard.«

»Sein nächster Gegner? Wie meinen Sie das?«

»Mr. Huntley redet voreilig«, sagte Mr. Henderson und runzelte die Stirn. »Wie dem auch sei, der Schaden ist getan. Unsere gesamte Messe, wir sind dreiundzwanzig, war dafür, den Tod des armen Moncrieff zu rächen. Alle wollten wir der Reihe nach mit Mr. Delancey kämpfen, und wir zogen Lose, um die Reihenfolge zu entscheiden, in der wir ihn herausfordern würden. Watkins wurde erster, und Hilliard ist zweiter. Ich selbst bin der dritte.«

»Aber das ist ja ein Mordplan! Wer kann denn erwarten, daß er dreiundzwanzig Duelle überlebt?«

»Es wird nicht dazu kommen. Er wird das zweite nicht überleben. Hilliard ist unser Fechtlehrer, und er ist auch ein todsicherer Schütze mit der Pistole. Er wird seinen Gegner auf die eine oder andere Weise gewiß töten.«

»Sie sehen also«, sagte Huntley, »warum sich Watkins nicht zurückziehen kann. Er forderte Delancey nicht heraus, weil er betrunken war, sondern weil wir gelost hatten, wobei er verlor – ich will sagen, gewann.«

»Gut also, meine Herren. Über die Tatsache der weiteren Duelle werde ich meinem vorgesetzten Offizier berichten. Darf ich also annehmen, daß die Sekundanten einverstanden sind und von keiner der beiden Seiten eine Entschuldigung erfolgt?«

»Keine Entschuldigung, Sir«, sagte Henderson.

»Keine Entschuldigung«, echote Bassett.

»In Ordnung. Sie können handeln.«

Der Himmel wurde heller, ging von Grau zu Rosa über, da wählten die Sekundanten eine ebene Stelle, prüften noch einmal die Degen und kamen überein, daß von den beiden Fechtern einer mit dem Gesicht nach Norden, der andere mit dem Gesicht nach Süden stehen sollte. Kapitän Bastable, der Arzt und sein Assistent stellten sich etwas zurück unter einem Baum auf. Delancey und Watkins zogen sodann ihren Rock aus und übergaben ihn ihren Sekundanten, nahmen die Degen, die man ihnen reichte und wurden zu ihren fünf Meter auseinanderliegenden Positionen geführt.

Delancey zitterte leicht und hoffte nur, daß es keiner bemerkte. Dann blickte er hinüber auf seinen Gegner. Watkins war bleich, zitterte und sah unvorstellbar elend aus. Hatte er vielleicht Kopfschmerzen von der Nacht zuvor? Oder hatte er den Tag damit begonnen, daß er Zuflucht bei der Flasche suchte? Delanceys eigene Ängste vergingen, und er empfand Mitleid mit dem jammervollen Jungen, gegen den er kämpfen sollte. Es war Watkins' Pech, daß es doch noch zu dem Duell kommen sollte. Da war diese Diskussion zwischen den Sekundanten und Kapitän Bastable gewesen – es hatte ausgesehen, als ob Abbitte geleistet werden und die Angelegenheit unblutig enden würde. Aber das war genaugenommen nicht möglich, da alle Sekundanten hätten zustimmen müssen. Er mußte seine Ehre verteidigen! Aber wie? Wenn man diesen jämmerlichen, dummen Schuljungen tötete oder verwundete? Warum hatte wohl der Narr durchaus Streit gesucht? Warum stritt er nicht mit einem anderen? Endlich waren die Vorbereitungen getroffen, zwei der Sekundanten zogen sich zurück, und die beiden mit höherem Rang postierten sich zwischen den Fechtern. »Vorrücken!« befahl Hauptmann Henderson, und die Duellanten schritten aufeinander zu, bis Bassett die beiden Degenspitzen fassen und in Berührung miteinander bringen konnte. »In Deckung!« sagte Henderson, und die beiden Spitzen trennten sich wieder. »Los!« sagte Henderson, und der Zweikampf begann. Die Klingen stießen vorsichtig zusammen, und Delancey begann seinen Gegner zu testen. Es war sofort augenscheinlich, daß der Junge kein Fechter war. Er hatte gelernt, in Stellung zu gehen, und man hatte ihm gesagt, wie er zustoßen sollte. Das war wohl alles, was er konnte, und es würde ihm nichts helfen. Gefahr drohte nur, falls Watkins aus Verzweiflung in einer wilden Attacke Zuflucht suchen solllte ... Delancey berührte die gegnerische Klinge, schob sie beiseite und machte eine Finte, wobei er merkte, wie plump sein Gegner parierte und sich dabei auf der anderen Seite eine Blöße gab. Er versuchte, sich an den entwaffnenden Hieb zu erinnern, den scharfen Gegenschlag mit dem stärkeren Teil der Klinge gegen den schwachen zwischen Mitte und Spitze des Degens beim Gegner. Er würde es aber für später aufheben. Was würde der Junge in der Zwischenzeit probieren? Hatte er sich überhaupt so etwas wie einen Plan zurechtgelegt? Dem schien nicht so, denn das ziellose Spiel setzte sich unverändert fort. Delancey blickte ins Gesicht seines Gegners und versuchte zu erraten, was sein gequälter Ausdruck ankündigte. Ja, die Grimassen ließen wohl an einen verzweifelten Entschluß denken. Er war im Begriff, einen Ausfall zu machen! Ein paar Sekunden später gab es eine plumpe Finte, einen Augenblick des Zögerns und dann den krampfhaften Angriff, der das Ziel weit verfehlte und den Jungen aus dem Gleichgewicht brachte. Delancey zog seinen linken Fuß an den rechten heran, straffte den Arm, der den Degen hielt, und zielte auf die rechte Schulter seines Gegners. Bei diesem elementaren Stoß verhält der Fechter sich gänzlich defensiv, ein unvorsichtiger Partner aber kann sich dabei selbst aufspießen. Wie Delancey so in steifer Haltung dastand, spürte er einen leichten Stoß am rechten Arm, und damit war seine Degenspitze etwa zwei Zoll tief direkt unter dem Schlüsselbein in das Fleisch seines Gegners eingedrungen. Watkins' Ausdruck änderte sich, seine wütende Grimasse verwandelte sich in kindliche Überraschung. Er blickte auf den roten Fleck hinab, der sich auf seinem Hemd ausbreitete. Eine Sekunde später ließ er den Degen fallen und brach ohnmächtig zusammen. Der Arzt rannte herbei, kniete sich hin und legte Watte und eine Binde an. Die Sekundanten traten vor. Bassett nahm Delancey den Degen ab. Das Duell war vorüber. Es hatte etwa anderthalb Minuten gedauert.

»Ich hatte nicht die Absicht, den Jungen zu verletzen«, sagte Delancey zum Arzt, als wäre das Ganze ein Unglücksfall gewesen.

»Es steht nicht schlimm um ihn«, antwortete dieser gelassen. »Sie haben die richtige Stelle für eine Fleischwunde gewählt.«

»Sauber gemacht«, meinte Saunders.

»Das war schnell vorbei«, sagte Bassett.

Im Hintergrund äußerte Henderson leise zu Huntley: »Watkins wußte kaum, wie er einen Degen halten sollte – viel weniger noch, ihn zu gebrauchen. Ich wette, er hat in seinem Leben nie Fechtunterricht gehabt.«

»Sie würden Ihre Wette verlieren, Sir, Hilliard gab Watkins heute morgen eine Lektion. Ich will zugeben, es war seine erste.«

»Er hat Glück, daß er noch am Leben ist. Mit Pistolen hätte er eine Chance gehabt.«

»Ja, er übte von dem Augenblick an, als er das As aus dem Kartenstoß gezogen hatte. Hilliard nahm ihn mit nach L'Ancresse hinaus und sagte hinterher, er habe recht gut geschossen.«

»Ich hörte davon. Aber es ist doch etwas anderes, wenn man auf vierzig Schritt Entfernung in die Mündung der Pistole des Gegners blickt.«

»Das stimmt, Sir.«

In dem Augenblick kam Kapitän Bastable herbei und sagte: »Auf ein Wort noch, Hauptmann Henderson. Kein Gerede mehr über weitere Konsequenzen ... das ist ein Befehl. Ich werde seiner Hoheit Bericht erstatten und –« Bastable führte Henderson und Huntley von dem Verletzten fort, so daß Delancey

nichts mehr von der Unterhaltung hörte. Er begriff, daß er auch nichts davon hören sollte.
»Gehen wir frühstücken?« fragte ihn Bassett, vielleicht nicht zum erstenmal.
»Ich hätte vorher gern noch ein Wort mit Watkins gewechselt.«
»Das können Sie nicht«, sagte Saunders ziemlich eindringlich. »Er ist noch nicht bei Bewußtsein. Ich glaube, wir sollten jetzt gehen.«
Die Ordonnanz des Arztes war zu den Kasernen geschickt worden und kam mit vier anderen Soldaten und einer Decke zurück.
»Gut«, sagte Delancey. »Gehen wir.«

4. Kapitel

Schiffbruch

Später am Morgen erstattete Richard Delancey Kapitän d'Auvergne Bericht. Das Duell habe stattgefunden, und sein Gegner sei verwundet worden. Es war für d'Auvergne keine Neuigkeit, denn man hatte ihm bereits alles erzählt, aber er hörte dennoch geduldig zu.

»Mr. Watkins schwebt nicht in Gefahr«, sagte Delancey schließlich. »Er hat eine Fleischwunde, von der er in zwei oder drei Wochen genesen sein wird.«

»Es ist alles höchst unglücklich«, bemerkte d'Auvergne. »Dabei trifft Sie keinerlei Schuld. Ich würde sogar sagen, Sie haben sich sehr gut aufgeführt; allein schon deshalb, weil Sie den rauflustigen Mr. Watkins schonten. Ich glaube kaum, daß Sie sich in dieser unseligen Affäre passender hätten verhalten können. Aber es bleibt Tatsache, daß die Offfziere des 42. Regiments in übler Laune sind. Auch werden sie keineswegs Genugtuung über den Ausgang des Duells am heutigen Morgen empfinden. Ich muß tun, was ich kann, um hier die Beziehungen zwischen den beiden Truppenteilen zu verbessern . . .«

Es entstand eine Pause. D'Auvergne erhob sich und ging eine Weile auf und ab, ehe er fortfuhr:

»Es war Ihnen bekannt, Mr. Delancey, als Sie die Mission übernahmen, daß eigentlich ein anderer Offizier die *Royalist* befehligt. Ein etwas älterer Mann, der große Diensterfahrung hat, aber meiner Meinung nach nicht der Richtige war, um in der Dunkelheit an der französischen Küste zu landen. Ich schickte ihn mit einem speziellen Auftrag nach Jersey und übergab Ihnen vorläufig das Kommando. Sie machten Ihre Sache sehr gut, und Lord Moira hat bestätigt, daß Ihre Mission ein Erfolg war. Die Franzosen machen große Anstrengungen, um die Verteidigung von Cherbourg zu stärken. Jersey ist nicht länger bedroht, und der Sommer wird vorbeigehen, ehe sie eine neue Gefahr für unser Gebiet werden können. Ich hatte gehofft, Sie für Ihren hervorragenden Dienst belohnen zu können, und hatte vor, Ihnen auf einem anderen Schiff meines Geschwaders einen Posten zu geben. Das ist nicht mehr ratsam, auch wäre es nicht in Ihrem eigensten Interesse. Ich werde Jersey als Basis für meine Schiffe wählen müssen, und ich soll mein Hauptquartier nach dort verlegen. Unglücklicherweise befindet sich eine Kompanie des 42. Regiments auf Jersey, so daß es wohl zu den gleichen bösen Spannungen wie hier kommen würde.«

D'Auvergne setzte sich wieder an den Tisch und blickte Delancey fast entschuldigend an, als er zur Sache kam: »Meine Befehle lauten, daß Sie auf der Schaluppe *Cormorant* nach Portsmouth zurückkehren sollen. Sie segelt heute nachmittag ab. Sie werden sofort an Bord gehen – das ist ein Befehl –, und Bassett wird Ihre Seekiste und Ihre anderen Sachen von der *Royalist* hinüberschicken. Sie werden an Bord der *Cormorant* bleiben, bis sie ausläuft. Ich werde Ihnen einen Empfehlungsbrief an Admiral Macbride mitgeben – er liegt hier vor mir. Sie haben mehr Pech gehabt, als Sie verdienen, Mr. Delancey, aber es ist meine Überzeugung, daß Sie in der Dienstkarriere noch Erfolg haben werden. Ich wünsche Ihnen auf Ihrem nächsten Schiff mehr Glück.«

D'Auvergne unterschrieb den Brief und rief Bassett herbei, der ihn versiegelte. Delancey sah, daß d'Auvergne bereits seine Aufmerksamkeit dem nächsten Problem zugewandt hatte und daß er seine Anwesenheit über einem gerade eingetroffenen Bericht bald vergessen haben würde. Nachdem Delancey sein Zeugnis in die Tasche gesteckt hatte, machte er seine Verbeugung und zog sich zurück. Bassett begleitete ihn an den Kai und zum Boot der *Cormorant*, das auf ihn wartete. »Viel Glück!« sagte Bassett noch, und der Bootsmann fuhr ab.

Als das Gig von der Treppe fortruderte und auf die See zuhielt, fuhr sie in der Nähe der südlichen Pierspitze vorbei, wo sich, wie man an einem so schönen Morgen erwarten konnte, die üblichen Müßiggänger aufhielten. Unweit von Hafenarbeitern stand eine kleine Gruppe von Damen herum, die hier ihren Bummel machten, und bei ihnen erblickte Delancey das Scharlachrot von Militäruniformen. Als das Gig näherzog, erkannte er Hauptmann Hilliard und Mr. Huntley. Einen Augenblick später hatten auch sie ihn entdeckt. Sie wandten sich einander mit deutlicher Belustigung zu. Sie waren zu weit weg, so daß Delancey nicht hören konnte, was sie sagten, aber ihre Gesten waren eindeutig. Man glaubte, daß er davonlief! Die Geschichte würde bis Mittag in St. Peter Port die Runde machen, bis zum Abend rund um die Insel und in Jersey sein und in zwei oder drei Tagen das Festland erreichen. In Wirklichkeit hatte er noch keine zweite Forderung erhalten, aber das Gerücht würde behaupten, er habe das Duell verweigert. Es gab nur ein Heilmittel: er mußte wieder an Land gehen und vor aller Öffentlichkeit im ›Golden Lion‹ erscheinen. Es wäre wohl am besten, Kapitän Bastable zum Essen einzuladen, ehe das Schiff auslief. Der Gedanke an die wahrscheinlichen Folgen verursachte ihm zwar ein leichtes Gefühl der Übelkeit, aber ihm blieb kein anderer Weg. Dieses Mal würden es Pistolen sein müssen . . .

Delancey wurde am Fallreep von Saunders mit den Worten begrüßt: »Willkommen an Bord.«

Entschlossen, das Richtige zu tun, ehe ihm der Mut dazu fehlte, bat Delancey, den Kapitän sprechen zu dürfen. Er wurde hinuntergeführt, und Bastable begrüßte ihn freundlich. Delancey bat unverzüglich um ein Boot, das ihn an Land bringen sollte. Er habe noch den einen oder anderen Besuch zu machen, Schulden zu bezahlen, seine Wäsche abzuholen.

»Unglücklicherweise, Mr. Delancey, habe ich strengen Befehl, Sie hier an Bord festzuhalten, bis wir auslaufen.«

»Aber ich habe an Land zu tun und hoffte eigentlich, daß Sie mir die Ehre geben würden, mit mir zu speisen.«

»Sie können einen Fähnrich schicken, damit er Ihre Angelegenheiten in St. Peter Port erledigt, und ich will ihm das Gig dafür zur Verfügung stellen. Was Ihre freundliche Einladung anbelangt, so bin ich nicht völlig frei; denn wenn ich mit Ihnen an Land ginge, geriete ich in Konflikt mit den Befehlen, die ich erhalten habe.«

»Aber ich bin sicher, Sir, daß Kapitän d'Auvergne eine geringfügige Abweichung vom Buchstaben seines Befehls verzeihen würde. Er hätte Verständnis für einen dringlichen Fall.«

»Er würde es vollkommen verstehen. Falls Sie aber meinen Befehl mißachten, soll ich Sie in strengen Arrest nehmen. Ist das völlig klar? Ich hoffe, Sie werden mir Scherereien ersparen und mich nicht in Verlegenheit bringen.«

»Zu Befehl, Sir.«

»Habe ich also Ihr Wort, daß Sie keinen Versuch machen werden, an Land zu gehen?«

»Ja, Sir.«

»Nach Erledigung dieses Punktes ist es nun mein Privileg, Sie einzuladen, mit mir an Bord dieses Schiffes zu speisen. Die Kost mag nicht jener gleichwertig sein, die wir im ›Golden Lion‹ haben könnten, aber sie wird besser sein, als ich sie Ihnen nach drei Monaten auf hoher See bieten könnte.«

»Mit Vergnügen, Sir.«

Das Mittagessen war hervorragend, und Bastable ergriff die Gelegenheit, auf das Wohl seines Gastes zu trinken. »Auf einen bemerkenswerten Fechter!« Delancey verneigte sich, protestierte aber: »Der Toast hätte auf den wenig befähigten Fechtlehrer meines Gegners ausgesprochen werden müssen.« Es blieb die einzige Anspielung auf die Affäre vom Morgen, und das Essen endete in sehr freundschaftlicher Atmosphäre.

Das Schiff stach bald darauf in See, und Delancey bewunderte die Art, in der es geschah. Eben hatte die Schaluppe noch vor Anker gelegen, im Augenblick darauf war sie bereits unter Segel und auf dem richtigen Kurs. Der Wind nahm zu und damit auch der Seegang. Die *Cormorant* lief fast gegen den Wind, und Gischt brach sich über ihrem Vorderdeck. Guernsey glitt auf die Luvseite, aber die erkennbaren Einzelheiten verloren sich bald im Dunst, als die Schaluppe wieder auf Portsmouth zulief. Wie auf der Herfahrt schritt Delancey mit Leutnant Saunders an Deck auf und ab.

»Was werden Sie nun tun? Werden Sie auf die *Grafton* zurückgehen?«

»Ich habe weder auf ihr noch auf einem anderen Schiff einen

Posten. Ich war hier vorübergehend abkommandiert. Alles, was ich jetzt habe, ist ein Empfehlungsbrief an Admiral Macbride.«

»Aber wissen Sie es denn nicht? Er ist nicht mehr in Portsmouth. Wie ich hörte, hat er in Übersee ein Amt als Werftoffizier übernommen.«

»Wenn es so ist, dann steht vor Ihnen ein Leutnant mit halbem Sold. Wo stationiert? Am Strand.«

»Ihr Schicksal wird sich wenden, ganz bestimmt.«

»Bei dem Ruf eines Mannes, der eine Herausforderung abgelehnt hat?«

»Aber das ist doch Unfug. Sie haben gefochten, und ich war Ihr Sekundant. Kapitän Bastable war Zeuge des Duells, und Sie wurden nicht nochmals gefordert.«

»Es war noch ein Offizier bereit, mich zu fordern, und das ist allgemein bekannt.«

»Sie erhielten aber keine Forderung, und Sie verließen die Insel unter dem Befehl eines höheren Offiziers.«

»Das alles stimmt, aber werden die Soldaten es glauben? Sie wissen so gut wie ich, was für eine Geschichte man in Umlauf setzen wird.«

In dieser Nacht fragte sich Delancey in seiner Kabine, was er falsch gemacht hatte. Hätte er in La Gravelle mehr aus dem Gefecht machen sollen? Hätte er fürs Duell mit dem jungen Watkins Pistole wählen sollen? Hätte er den Bootsführer der *Cormorant* veranlassen sollen, ihn mit dem Gig wieder an Land zu bringen? Es mochte ungerecht sein, aber der Fleck auf seinem Ruf würde für immer bleiben. War es wirklich ganz und gar ungerecht? D'Auvergne hatte ihm den Befehl erteilt, Guernsey sofort zu verlassen, doch es war ein Akt der Liebenswürdigkeit gewesen. Er wußte, daß Delancey es wünschte. Gott weiß, er hatte den Befehl mit einem Seufzer der Erleichterung befolgt; wer hätte es auch nicht getan? Aber die wirkliche Probe hatte er noch vor sich, und er wußte, daß er sie nicht bestehen würde. Wenn er sich bei Macbride zurückgemeldet hatte – nein, bei dem jetzigen Hafenadmiral –, würde in seiner Lage ein wirklicher Held wieder das nächste Paketboot nach Guernsey nehmen. Er würde dann ein Leutnant mit halbem Sold sein und nicht länger unter d'Auvergnes' Befehl stehen. Ein wirklicher Held würde wieder zum ›Golden Lion‹ gehen, bereit sein, sich von Hauptmann Hilliard beleidigen zu lassen, wieder auf der Wiese zu fechten und schließlich im Ruf großer Tapferkeit zu sterben. Aber Delancey wußte, daß er so etwas nicht wollte. Er würde lieber am Leben bleiben und seinen Mut in Frage stellen lassen. Es konnte sein, daß er die Marine verlassen mußte, aber was war dann? Es gab andere Wege, seinen Lebensunterhalt zu verdienen. Er dachte noch über die Alternativen nach, als er einschlief.

Am nächsten Morgen lief die *Cormorant* in Spithead ein, nachdem sie die Isle of Wight umfahren hatte. Eine Flotte von Handelsschiffen lag da und wartete auf einen Geleitzug, schmucke Westindienfahrer fielen vor allem auf, sodann aber Sklavenschiffe, die schnittig und schnell aussahen. Es lagen Schiffe jeder Art vor Anker, aber das Schiff, das Delancey anzog, war der Kutter des Postdienstes, fast ein Zwillingsschiff der *Royalist*, seines ersten Kommandos – und vielleicht seines letzten. Er kam vom Ankerplatz her und fuhr vorbei seewärts, Sonnenlicht auf den Segeln und weißer Gischt am Vordersteven. Ja, genauso hatte die *Royalist* ausgesehen. Er hätte gern ein Bild von ihr gehabt, vielleicht ein Aquarell. Hätte er Zeit dafür gehabt, so hätte er selbst eine Zeichnung von ihr anfertigen können, denn er hatte sich selbst beigebracht, wie man den Pinsel gebraucht, und er glaubte, daß die Fähigkeit, wiederzugeben, was er gesehen hatte, zu seiner Berufung gehörte. Nur hatte es ihm dazu bisher an Muße gefehlt, und er ertappte sich bei dem Wunsche, daß die ganze Episode mit der *Royalist* noch vor ihm sein möge. Wie hätte er aber anders handeln können? Er fragte sich immer noch, was er hätte tun können, als er seinen Freunden an Bord der *Cormorant* Lebewohl sagte, und wurde, bald nachdem das Schiff vor Anker gegangen war, an Land gerudert. Er nahm ein Zimmer im »Star und Garter« für die Nacht und ließ seine Sachen dort, ehe er sich bei Konteradmiral Hewett meldete. Der Hafenadmiral war nicht in seinem Büro, aber der Empfehlungsbrief des Prinzen wurde ohne Umstände von seinem Adjutanten geöffnet, einem barschen jungen Mann namens Fothergill.

»Kapitän d'Auvergne spricht in den höchsten Tönen von Ihnen«,

bemerkte er, als er den Brief zurückgab. »Ich fragte mich nur, warum er Sie nicht bei seinem Stab behielt.«
»Es gab eine gewisse Verstimmung in der Armee, Sir, als Folge unserer Landung in Frankreich.«
»Ich verstehe. Welchen Posten hatten Sie zuletzt auf hoher See, ehe Sie diese Mission übernahmen?«
»Ich war Vierter auf der *Artemis*, Sir.«
»Auf der *Artemis*? Unter Kapitän Fletcher?«
»Ja, Sir.«
»Ich verstehe. Ich erinnere mich jetzt ... nun, ich halte es fürs Beste, wenn Sie sich auf die übliche Weise bei der Admiralität bewerben. Ihre freie Stelle auf der *Grafton* ist besetzt worden, und es gibt gegenwärtig auf dieser Station keinen anderen Posten.«
Ohne große Hoffnung auf Erfolg machte sich Delancey mit der Kutsche nach London auf. Er war zuvor schon bei der Admiralität gewesen und fand ohne Schwierigkeiten seinen Weg zum Warteraum rechts vom Zugang zur Haupttreppe. Am zweiten Tag, nachdem er seinen Antrag eingereicht hatte, erklärte ihm nach kurzem Gespräch ein ältlicher Sekretär ziemlich überdrüssig, er werde es ihn wissen lassen, wenn sich eine Möglichkeit bieten sollte. Am meisten deprimierte ihn bei diesem Besuch der Anblick der anderen Bewerber. Das Land befand sich im Krieg, Schiffe wurden jede Woche in Dienst gestellt und Offiziere jeden Tag ernannt. Jene, die noch die Admiralität aufsuchten, waren Versager, Trunkenbolde, Blinde, Hinkende und Lahme, und er hätte weinen können bei dem Gedanken, daß er einer von ihnen war. Wieder zurück in Portsmouth fand er ein Mansardenzimmer in der Ropewalk Lane. Das Haus gehörte einem Schiffszimmermann namens Finch, dessen Frau das Zimmer sauber hielt und dessen kleiner Junge Ned ihm das heiße Wasser zum Rasieren brachte. Portsmouth war der richtige Ort für einen Leutnant mit halbem Sold, fast der einzige Platz, an dem er nicht zu erklären brauchte, wer er war und was er tat.
Nach ein paar Tagen in der Stadt der Werften begegnete Delancey wieder Harris von der *Warspite*, der ihn ins ›George‹ bat, wo Kapitäne mißtrauisch auf die beiden Leutnants blickten, die dort nichts zu suchen hatten.

»Nun?« fragte Harris, »wie ist es Ihnen bei der geheimen Mission ergangen? Habe ich recht gehabt, he?«
»Sie hatten ganz recht, Sir, ›Fehlschlag‹ lautete von Anfang an die Überschrift. Ich habe Glück, daß ich noch am Leben bin.«
»Oder waren Sie vorsichtig, he? Ich habe letztens etwas über Sie gehört. Was war es doch? Irgendein Armeehauptmann forderte Sie, aber Sie haben die Herausforderung abgelehnt. Ich tadele Sie deswegen nicht! Ich hätte es genauso gemacht.«
»So ist es nicht gewesen, Mr. Harris. Ich duellierte mich mit einem von ihnen und verwundete ihn, aber ich will gestehen, daß ich nicht darauf eingerichtet war, mit ihnen allen zu kämpfen.«
»Sie hätten sie alle mit einer Stange vom Gangspill bedienen sollen. Kellner!«
In den folgenden Wochen beschäftigte sich Delancey in Gedanken ständig mit seiner Karriere. Noch ein Jahr an Land, und er würde kein Seemann mehr sein. Aber sein Geschick konnte sich ändern. Es konnte eine Schlacht mit schweren Verlusten und danach leere Kojen geben. Er konnte noch befördert werden. Aber selbst unter diesen Umständen erschien es ihm unwahrscheinlich. Er war aktiver Offizier in Kriegszeiten, und doch ohne jede Aussicht. Zu der Geschichte, daß er sich fast der Meuterei schuldig gemacht habe, kam nun noch eine andere hinzu – nicht gänzlich falsch –, er besitze keinen Mut, wie sich inzwischen herausgestellt habe. Als die Nachricht von Lord Howes Sieg eintraf, belebten sich seine Hoffnungen für einige Wochen, aber solche durch eine Schlacht freigewordene Posten füllte man lieber durch die Beförderung jüngerer Offiziere auf, als daß man an Land nach Anwärtern suchte, deren Wert längst feststand. Schon die Dauer von Delanceys Aufenthalt an Land würde eindeutig gegen ihn sprechen.
Unter anderen Umständen wäre Delancey versucht gewesen, seine Marinekarriere aufzugeben und nach Guernsey zurückzukehren. Doch diese Tür war durch die dortige Anwesenheit des 42. Regiments verschlossen. Er beschloß also, abzuwarten, bis sich sein Geschick wendete, und wurde in diesem Entschluß durch die zufällige Begegnung mit einem alten Offizier namens Fan-

shawe ermutigt, dem Veteran einer kleinen Gruppe von Whistspielern. »Studieren Sie die Biographie großer Admirale«, sagte Fanshawe. »Lesen Sie Bücher über Schiffsbau und Seetaktik. Lernen Sie ständig, was Sie lernen können«, betonte er immer wieder, »und lesen Sie die amtlichen Bekanntmachungen, hören Sie sich den Klatsch an, und studieren Sie die Nachrichten. Seien Sie bereit, ihre Chance zu ergreifen, wenn sie sich bietet.« Delancey befolgte seinen Rat, lieh sich Bücher, beschäftigte sich mit technischen Problemen und kannte den Namen jedes Schiffes im Hafen. Er wurde auch Vierter beim Whist, wenn er gebeten wurde mitzuspielen, und fand zu seiner Überraschung, daß das Spiel einen gewissen Reiz hatte. Es kam der Tag, an dem Fanshawe zugeben mußte, daß er ein ebenso guter Spieler sei wie jeder andere aus seinem Kreis.

Für Delancey war es eine Sache der Konzentration und des Gedächtnisses, und er konnte sich vorstellen, daß die gleichen geistigen Eigenschaften oft von hohen Offizieren benötigt wurden. Zu dieser Zeit entwickelte er auch sein kleines Talent für Aquarellmalerei. Er begann damit, die Illustrationen, die er in Reisebüchern fand, mit dem Bleistift zu kopieren. Dann ging er dazu über, sie zu kolorieren und die Umrisse mit Feder und Tinte nachzuziehen. Wenn das Wetter sich besserte, wollte er draußen nach der Natur schaffen. Indessen zeichnete er mehrere Bilder der *Royalist* aus dem Gedächtnis. Um diese Zeit ging er dazu über, Zivilkleidung zu tragen, so daß seine Uniform repräsentabel bleiben würde. An schönen Tagen spazierte er am Kai entlang, betrachtete die Schiffe im Hafen und brachte alles über sie in Erfahrung, was er konnte. Es gab merkwürdige Tage in diesem Winter, an denen er sich zuversichtlich, ja fast heiter fühlte und ohne jeden Grund davon überzeugt war, daß der Erfolg ihm doch noch gehören werde. An anderen Tagen – an Tagen, die immer häufiger wurden, als die Monate vergingen – hatte er das Empfinden, sein Fall sei hoffnungslos. Er war länger an Land, als ihm lieb sein konnte. Es sah aus, als würde es für immer so bleiben.

Teil II

5. Kapitel

Der Zollkutter

Eine schnittige Fregatte verließ den Hafen von Portsmouth, beobachtet von einer kleinen Gruppe von Müßiggängern, die sich am Point versammelt hatte. Einer von diesen, ein gutgekleideter älterer Herr, hatte sich von einem neben ihm stehenden Seemann mit nur einem Bein ein Teleskop geliehen und sah nun zu, wie die Segel gesetzt wurden. »Ein prächtiger Anblick!« rief er schließlich aus und reichte das Teleskop seinem Besitzer zurück. »Aber ein übliches Schauspiel in Kriegszeiten, wie ich vermute.« Die Umstehenden bestätigten ihm nur zu gern, daß der Hafen recht belebt sei. Während sie zusahen, krängte die Fregatte in der steifen Brise mit Gischt an ihrem Vordersteven, und ihr Wimpel flatterte leewärts. Ein flüchtiger Strahl winterlicher Sonne beleuchtete für einen Augenblick ihr Segeltuch, als sie am Block House Fort vorbeifuhr. Ein paar Minuten später verschwand sie aus der Sicht, und die fröstelnden Zuschauer begannen sich zu zerstreuen. Es war ein kalter Nachmittag im Februar, dem eine noch kältere und stürmischere Nacht folgen sollte.

»Was für ein Schiff war das?« fragte der ältere Herr, aber der einbeinige Seemann war fort. Seine Frage wurde statt dessen von einem viel jüngeren Mann in Zivilkleidung beantwortet, dessen Blicke der Fregatte bis jetzt gefolgt waren.

»Es ist die *Thalia* mit sechsunddreißig Kanonen, kommandiert von Kapitän Manley; 1782 in Bursledon von Stapel gelaufen.«

»Mit welcher Bestimmung?« fragte der ältere Herr, als sie vom Point fortgingen.

»Für Jamaica, Sir, soviel ich weiß.«

Da war etwas an der Erscheinung des jüngeren Mannes und vor allem an seinen Manieren – er wirkte schneidig, entschieden und

präzis –, wodurch das Interesse des älteren Herrn geweckt wurde.
»Sie scheinen in Marinesachen gut informiert zu sein, Sir.«
»Ich habe ein Offizierspatent, Sir.«
»Aber Sie sind gewiß außer Dienst?« Delanceys grimmiger Ausdruck war Antwort genug, und der alte Herr versuchte alles wiedergutzumachen, indem er rasch hinzufügte: »Keine Beleidigung, Sir – ich wollte nicht neugierig sein – entschuldigen Sie meine Plumpheit –, aber ich verstehe etwas davon durch meinen Neffen. Beförderung ist in Ihrem Beruf oft schwer zu erreichen, ganz besonders für Leute ohne Beziehungen.« Delancey pflichtete ihm kurz bei, und sein Gesprächspartner betrachtete ihn genauer. Was er sah, machte ihn neugierig. Der junge Mann war von durchschnittlicher Größe, dunkelhaarig mit dunkelblauen Augen und schaute ziemlich melancholisch drein. Er mochte ungefähr dreißig bis fünfunddreißig Jahre alt sein. Er war ziemlich mager und recht schäbig gekleidet, sein Mantel bestand aus gewöhnlichem Tuch, seine Schuhe waren gut geputzt, aber sehr abgetragen, seine Krawatte ausgefranst und gelb am Saum. Der ältere Mann kam impulsiv zu dem Entschluß, sich selbst vorzustellen.
»Mein Name ist Grindall, Sir, Weinkaufmann aus Southampton. Mein Neffe wird sich mit mir zum Mittagessen im ›Star and Garter‹ treffen. Würden Sie mir die Ehre geben und uns Gesellschaft leisten?« Einen Augenblick schien es, als wirkte die Einladung wie eine Beleidigung, und Mr. Grindall redete rasch weiter, um einer abschlägigen Antwort zuvorzukommen.
»Ich will ganz offen sein, Sir, und Ihnen erklären, was ich im Sinne habe. Meinem Neffen ist ein Posten auf einem Zollkutter angeboten worden, und nun erhebt sich die Frage, ob er annehmen soll. Die Offerte kam durch mich zustande – der Zolleinnehmer in Southampton ist ein alter Freund von mir. Wir kennen uns seit Kindheitstagen. Sein freundliches Angebot ist sehr anständig, tatsächlich sehr anständig, aber ich fürchte, daß Henry dadurch die bessere Chance versäumen könnte, in Übersee zu dienen. Ihr Rat, wenn Sie ihn geben wollten, kann von größtem Wert sein und wird mich zutiefst zu Ihrem Schuldner machen.

Kommen Sie, Sir, ich möchte keine abschlägige Antwort erhalten!« Ob die Bitte um Information nun ernst gemeint oder nur ein Vorwand war, sie tat die gewünschte Wirkung. Mr. Grindalls Takt hatte die Skrupel des Marineoffiziers überwunden, seine freundliche Einladung anzunehmen.
»In diesem Fall, Sir«, erwiderte er, »kann ich nur sagen, daß ich ganz und gar zu Ihrer Verfügung stehe und Ihre gütige Einladung mit dem größten Vergnügen annehmen werde. Mein Name ist Delancey, und mein letzter Einsatz war auf dem Kutter *Royalist*.«
Mr. Grindall hatte auf Umwegen bald heraus, daß sein erster Eindruck richtig gewesen war. Delancey war ein Leutnant ohne Dienst mit halbem Sold, der weder Beziehungen noch private Mittel hatte; er war aus Gründen an Land, die er nicht darlegen wollte. Über den Rest der Geschichte konnte er nur mutmaßen; aber es war ein kalter Winter für einen Mann gewesen, der vielleicht Hunger litt. Mr. Grindall fand andere Gesprächsthemen: die schlimme Krankheit und den Tod des früheren Kapitäns der *Thalia* und den Skandal über die Marineverträge in Plymouth. Ob Delancey glaubte, daß aus dem jüngsten Wechsel in der Admiralität Gutes kommen könnte? So plauderten sie leichthin, bis sie das Gasthaus erreichten, wo sie sich vor dem Feuer des Schankraumes erwärmen konnten. Ohne Mantel sah Delancey mit seinen fadenscheinigen Ellbogen und Ärmelaufschlägen noch schäbiger aus als zuvor. Ihm wurde warm bei der Freundlichkeit des Gastgebers, und er war froh, in einem gemütlichen Raum zu sein. Noch vor Nachteinbruch werde es schneien, sagte er voraus. Vier oder fünf andere Herren im Zimmer stimmten alle darin überein, daß das Wetter für diese Jahreszeit außergewöhnlich schlecht sei. Schließlich sei es der 13. Februar 1795, und ihrer aller Meinung nach halte der Winter schon lange genug an. Mr. Grindall bestellte Essen für drei und nahm sich bei der Weinkarte Zeit. Er hatte kaum den Claret gewählt, da erblickte er seinen Neffen draußen auf der Straße und lief ihm entgegen. Nach ein paar Minuten kehrte er mit Henry zurück, den er vor sich herschob und dabei ausrief: »Hier ist er endlich! Mr. Delancey, gestatten Sie mir, daß ich Ihnen meinen Neffen, den Fähnrich

Fowler, vorstelle. Henry, ich mache dich mit Mr. Delancey bekannt, bis vor kurzem Leutnant der *Royalist*!« Er blickte strahlend von einem zum anderen.

Einen Augenblick lang herrschte gedehntes Schweigen, das Gespräch erstarb. Es war fast, als ob zwei tödliche Feinde sich plötzlich gegenüberstünden, bis Delancey die Situation rettete, indem er ruhig sagte: »In diesem Falle ist eine Vorstellung nicht mehr nötig, Mr. Grindall. Mr. Fowler und ich sind alte Schiffskameraden. Wir dienten zusammen auf der *Artemis*.«

»Wie geht es Ihnen, Sir?« fragte Fowler, und sein Onkel machte rasch eine Bemerkung über die seltsame Fügung eines neuen Wiedersehens der beiden.

»Wenn ich nicht mit Ihnen ins Gespräch gekommen wäre, Mr. Delancey, wäre es meinem Neffen kaum vergönnt gewesen, Sie zu sehen. Wie schade wäre das gewesen!« Der gütige alte Mann führte sie in den Speiseraum und setzte seine Gäste links und rechts neben sich ans Tischende. Der junge Fowler war zuerst verlegen und schweigsam, und Delancey konnte im Gespräch mit seinem Gastgeber das Äußere des jungen Mannes studieren. Es war fast zwei Jahre her, seit Fowler sich auf der *Artemis* im Jahre 1793 als Freiwilliger gemeldet hatte. Wie alt war er damals gewesen? Fünfzehn, vielleicht. Er würde jetzt siebzehn sein, vielleicht fast achtzehn, höchstwahrscheinlich ohne Beschäftigung, seit die *Artemis* gestrandet war. Seine Familie hatte keinerlei Verbindungen, wie Delancey sich erinnern konnte, und er vermutete, daß die Eltern des jungen Mannes tot waren. Dafür sprach auch, daß sein Onkel als Vormund handelte. Fowler war jetzt ein junger Mann, keineswegs mehr ein Schuljunge, und wirkte ganz ansehnlich. »Man redet nicht gern schlecht von Toten«, sagte Mr. Grindall, »aber ich habe immer gedacht, daß Kapitän Fletchers Untergang mit seinem Schiff ein Akt der göttlichen Vorsehung war. Henry hat mir einige Sachen erzählt, Mr. Delancey, die dieser arme Verrückte gesagt und getan hat. Es muß für Sie und die anderen Offiziere eine schreckliche Situation gewesen sein. Soviel ich weiß, befand sich die *Artemis* im schlimmsten Zustand der Undiszipliniertheit, der Unordnung und des Terrors. Sie war ein Schiff, das der Kata-

strophe entgegenfuhr, bis es tatsächlich endlich verlorenging. Seltsam sind die Wege der Vorsehung, Mr. Delancey. Aber als das Schiff damals auf Grund lief, hätten Sie und Henry ertrinken können. Ich bin davon überzeugt, daß Sie beide durch göttliche Hilfe gerettet wurden, durch die Wirkung des Gebets.«
Fowler war mit Messer und Gabel beschäftigt, aber Delancey erwiderte, ohne die Augen aufzuschlagen: »Sie haben recht, Sir, von meinen ehemaligen Schiffskameraden würden mehrere mit Ihnen übereinstimmen.«
Der junge Mann sah von seinem Teller auf und begegnete Delanceys Augen. Sie wechselten einen Blick, aber das Gesicht des älteren Mannes war ausdruckslos. Einen Augenblick herrschte Schweigen, dann brachte Mr. Grindall einen Toast auf den König aus. Diesem Akt der Loyalität folgte ein Toast auf die Flotte und dann, einem Vorschlag Delanceys gemäß, auf den Weinhandel. Der junge Fowler brachte einen auf langen Krieg und schnelle Beförderung aus, aber darüber dachte sein Onkel anders.
»Dir zuliebe trinke ich mit – schließlich ist das etwas, was sich jeder Seeoffizier wünscht – nicht zuletzt auch Sie, Mr. Delancey. Aber für uns Weinhändler sieht's anders aus, unseren Interessen dient der Krieg nicht. Verbleiben wir im Krieg mit Frankreich, schneidet man uns von unserer nächsten und besten Versorgungsquelle ab. Französische Weine und Kognak sind so gut wie nicht erhältlich, und sogar deutsche Weine werden bald durch Fracht und Versicherung zu kostspielig werden. Portwein mögen wir noch haben, und Madeira mag reichlich vorhanden sein, aber unser übriger Handel droht zu schwinden. Wir hatten Vorräte angelegt, gewiß, aber sehen Sie sich an, was für Abgaben wir zahlen mußten!«
»Zölle, die gewisse Leute zu vermeiden suchen«, sagte Delancey.
»Richtig«, erwiderte Mr. Grindall, »aber ich gehöre nicht zu ihnen. Ich bin als alteingesessener Weinimporteur und ehrlicher Kaufmann bekannt. Ich habe vielleicht keine weitreichenden Verbindungen, aber zu meinen Freunden gehören der Bürgermeister von Southampton, der Zolleinnehmer, der Sheriff und

sein Stellvertreter und ein Dutzend Friedensrichter. Andere können sich mit dem Freihandel befassen, wie man ihn nennt, aber ich kann es nicht. Und das stellt mich vor die Frage, für die ich Ihren Rat erbitte. Ich kann meinem Neffen eine Stellung auf einem Southamptoner Zollkutter anbieten, aber wäre es klug von ihm, sie anzunehmen?«

»Sagen Sie mir zuerst, was für Verbindungen Sie haben«, bat Delancey. »Haben Sie einen Verwandten, der Admiral oder Kapitän ist? Haben Sie eine Stimme als Deputierter in Southampton? Was können Sie tun, um Mr. Fowler eine Offiziersstellung zu verschaffen?«

»Die Wahrheit ist, Mr. Delancey, daß ich für Henry nichts tun kann, wie er durch Erfahrung sehr wohl weiß. Als der Krieg begann, hatte ich ausreichende Beziehungen, um ihn aufs Achterdeck zu bringen. Mehr kann ich nicht tun.«

»Unter diesen Umständen ist Mr. Fowler auf See besser dran als an Land. Er kann weitere Erfahrungen sammeln – wer weiß? – er kann zu Geld kommen. Der Verkauf geschmuggelter Waren ist wohl einträglich für diejenigen, die sie aufgebracht haben. Wozu haben Sie selbst sich entschlossen, Mr. Fowler?«

»Ich bin ganz Ihrer Meinung, Sir. Ich habe wenig zu verlieren, wenn ich auf einem Zollkutter Dienst tue, und wenig Hoffnung auf Beförderung, wäre ich bei der Flotte.«

Während des Tischgespräches stellte sich heraus, daß der junge Fowler bei Verwandten in Portsmouth wohnte und versucht hatte, eine Stellung auf einer Fregatte zu erhalten, bis jetzt ohne Erfolg. Sein Onkel war von Southampton gekommen, um ihn über die freie Stelle an Bord des Zollkutters *Rapid* zu unterrichten. Aber das sei nicht die einzige Möglichkeit, wie er jetzt darlegte.

»Zufällig ist noch ein anderer Kutter in diesen Gewässern, die *Rose*, die in Cowes beheimatet ist. Sie wurde für Mr. William Agnew erbaut, Zolleinnehmer auf der Isle of Wight, der gegenwärtig in London weilt. Sein Stellvertreter ist Mr. John Payne, den ich niemals gesehen habe. Ich bin aber ein wenig mit Mr. Ryder bekannt, der die *Rose* befehligt, ein guter Seemann und ein Ehrenmann. Ich weiß nicht, ob er eine freie Stelle hat, doch ich habe ihn brieflich gebeten, sich mit uns heute nachmittag hier zu treffen. Falls er kommen kann, sollte sein Rat uns von Nutzen sein.«

Mr. Grindall wußte eine Menge über die Zollabgaben und über die Art und Weise zu sagen, wie der Zoll betrogen werden konnte. Er sei daran nicht uninteressiert, wie er zugeben müsse, denn seine eigenen Waren ständen im Wettbewerb mit dem Schmuggelgut. Wie könnte man von ihm erwarten, daß er sie zum gleichen Preis verkaufte? Zum Beispiel den Rotwein, den sie tranken. Die Leute vom Freihandel konnten denselben Wein für zwei Drittel des Preises anbieten, aber an der Hintertür gekauft und nicht am Ladentisch. Die Zollkutter taten ihr Bestes, aber auch ihre Wachsamkeit konnte den Schmuggel nicht verhindern. Sie konnten höchstens dazu beitragen, die Unkosten der Schmuggler zu vergrößern und damit den Unterschied zwischen den üblichen Preisen und den unter der Hand verlangten zu reduzieren. Als sie nach der Mahlzeit den Käse kommen ließen, fragte sich Mr. Grindall, ob sich Mr. Ryder wenigstens noch zu einem Glas Madeira einfinden würde. Delancey bemerkte, es schneie bereits, was Mr. Grindalls Gast entmutigt haben könnte, zumal er von weither kommen müßte. Sie blickten hinaus, ein dichtes Schneetreiben hatte eingesetzt, stob herüber, Wagen und Fußgänger bewegten sich als undeutliche Schatten darin. »Ein Tag, an dem man am besten im Zimmer bleibt!« sagte Mr. Grindall, reichte die zweite Runde Madeira und rief dem Jungen zu, das Feuer zu schüren. »Ein Wohl auf den Zolldienst!« Sogar der junge Fowler war aufgeheitert und sprach sich erfreut über den Besuch im ›Star and Garter‹ aus. Er hätte es nie gewagt, hierher in Uniform zu kommen – es sei das Lokal des Leutnants. »›The Blue Posts‹ ist es, wo ich wirklich hingehöre!«

Während der junge Fowler sprach, erscholl von der Straße her ein wirrer Lärm. Eine Kutsche war vorgefahren, das Klappern der Pferdehufe wurde durch den Schnee gedämpft. Laute Stimmen ließen sich vernehmen, eine von ihnen rief wiederholt nach einem Arzt. Vom Fenster aus konnte man nicht viel sehen, aber ein Kellner kam von der Eingangshalle herein, und Mr. Grindall fragte ihn, was sich zugetragen habe.

»Da ist ein Herr von Straßenräubern überfallen worden, und sie haben ihn schlimm verletzt an der Straße liegen lassen. Er wurde anscheinend von der Kutsche aus Chichester aufgelesen. Er wäre sonst bei diesem Wetter umgekommen, Sir, ganz bestimmt.«

Der Kellner eilte mit einer Flasche Kognak wieder hinaus, während Mr. Grindall seine Überraschung ausdrückte:

»Straßenräuber in der Umgebung von Portsmouth! Ich habe nie dergleichen gehört.«

»Ich auch nicht, Sir«, erwiderte Delancey, »es hört sich eher nach einer Schlägerei in einer Kneipe an.«

»Geh hinaus und erkundige dich, Henry«, sagte Mr. Grindall, »vielleicht können wir irgendeine Hilfe anbieten.« Sein Neffe eilte hinaus und blieb eine Weile fort.

»Man darf damit rechnen, bald ein Märchen über Straßenräuber zu hören! Es gibt wohl noch ein paar, aber nicht in der Nähe einer Garnison. Der Kellner muß sich verhört haben, man kann sich nicht darauf verlassen.«

»Ich bin ganz und gar Ihrer Meinung, Sir«, sagte Delancey und kehrte zum Platz am Feuer zurück, wo der junge Fowler sich plötzlich wieder zu ihnen gesellte.

»Ich habe jetzt die wahre Geschichte erfahren«, sagte er. »Vier Seeleute, die kürzlich abgelohnt worden waren, hielten diesen Herrn irrtümlich für den Schiffsprofoß der *Royal Sovereign*, der einer der unbeliebtesten Männer in der Flotte ist.«

»Ich habe davon gehört«, sagte Delancey, »und ihr Kapitän ist ein Leuteschinder.«

»Der Herr wurde übel zugerichtet, ehe die Männer ihren Irrtum entdeckten und davonrannten. Einer von ihnen hielt die Kutsche an und erklärte dem Fahrer, wo der Verletzte liege. Er hat Glück, mit dem Leben davongekommen zu sein.«

»Wohin bringt man ihn denn?« fragte Mr. Grindall.

»Der Gastwirt läßt ihn hereinschaffen.«

Als Mr. Grindall das hörte, eilte er zur Eingangstür, zu der Passanten, darunter Passagiere der Kutsche, das Opfer gebracht hatten. Sie bekundeten laut ihre Sympathie und ihr Mitleid.

»Ich würd' drauf schwören, daß er ein gebrochenes Bein hat.«

»Und eine Rippe auch, was mich nicht überraschen würde.«
»Am besten schicken wir nach Mr. Cartwright.«
»Er ist nicht in der Stadt, hörte ich.«
»Dann zu Mr. Winthrop.«
»Ja – jemand soll Mr. Winthrop holen!«
»Sagt, es handelt sich um ein gebrochenes Bein.«
»Und wahrscheinlich auch um eine Rippe.«
Der Verletzte wurde hereingetragen und auf eine Bank gelegt, während man nach dem Apotheker schickte. Die Gruppe der Mitleidigen wich einen Augenblick zurück und ließ dabei eine Lücke frei, so daß Mr. Grindall sehen konnte, wer der Verletzte war.
»Ach, das ist ja Mr. Ryder!« Was er sonst noch zu sagen wußte, ging in dem neuerlichen Stimmengewirr unter.
Mr. Grindall bestand nun darauf, daß Mr. Ryder ein Zimmer im Gasthaus erhielt. Es komme gar nicht in Frage, ihn in sein Heim nach Cowes zu bringen. Er fühle sich mitverantwortlich für den Unfall, erklärte er, da Mr. Ryder auf seine Einladung hergekommen sei. Der Wirt war damit einverstanden, und der Verletzte wurde vorsichtig die Treppen hinaufgetragen. Man hatte kaum damit begonnen, als Delancey sich unerwartet verabschiedete.
»Es tut mir leid, Sir, Sie jetzt verlassen zu müssen, aber ich habe noch eine Angelegenheit zu erledigen. Ich danke Ihnen für Ihre Gastfreundschaft und hoffe, daß wir uns wiedersehen werden. Ich bin sicher, daß Mr. Ryder in guten Händen ist.« Mit ein paar hastigen Abschiedsworten war Delancey gegangen. Mr. Grindall wunderte sich ein wenig über den plötzlichen Aufbruch seines Gastes. »Seltsam, daß er uns so plötzlich verließ. Ein Leutnant mit halbem Sold hat doch nicht viel zu tun!« Aber seine weiteren Überlegungen wurden unterbrochen durch die Ankunft des Apothekers Mr. Winthrop, eines kleinen Mannes mit unglücksschwangerem Gehabe. Er sprach sich schließlich dahingehend aus, daß Mr. Ryder sowohl eine Rippe als auch ein Bein gebrochen habe, mehrere Monate keinen Dienst tun könnte und Glück gehabt habe, daß er überhaupt noch am Leben sei.

Vom ›Star and Garter‹ eilte Delancey zum Sally Port und hielt nach einem Boot Ausschau. Es war keines da, weil das Wetter zu entmutigend war. Er ging zurück zum Point. Dieses Mal hatte er Glück. Das Beiboot eines Kriegsschiffes hielt an der Mole, und ein Offizier war gerade im Begriff einzusteigen. Leutnant Bentley von der *Venerable* war betrunken, denn er hatte an Land mit dem Militär gespeist und gezecht, aber er war in liebenswürdiger Laune und nahm Delancey brüderlich als Offizier auf. Die *Venerable* lag in Spithead, und er sah keinen hinderlichen Grund dafür, warum das Beiboot Delancey nicht in Ryde an Land bringen sollte. Cowes kam bei dem Ostwind nicht in Frage – das Boot würde nicht vor dem nächsten Tag zurück sein – aber Ryde lag dem Ankerplatz der *Venerable* fast gegenüber.

Das Boot stieß ab, und der Bootsführer steuerte bei bewegter See in die Dunkelheit hinein, die nur durch weißen Schaum an den Kämmen der Wellen unterbrochen wurde. Der Schneesturm war vorbei, aber bei jedem Ruderschlag spritzte Gischt über den Bug, klatschte auf die Persenning und bildete einen Tümpel unter den Bodenbrettern. Die Ruderer zogen gut durch, und Delancey landete ordnungsgemäß in Ryde. Sein Glück hielt weiter an, denn er fand einen Bauern, der ihn nach Cowes fahren konnte. Vor zehn Uhr nachts klopfte er an die Tür von Mr. John Paynes Haus. Eine ungeduldige Stimme fragte von einem Fenster im ersten Stock aus, was er wünsche.

»Mr. Ryder ist bei einem Straßenunfall schlimm verletzt worden«, sagte Delancey kurz. »Ich bin Seeoffizier und hergekommen, um Ihnen meine Dienste als zeitweiliger Kommandant der *Rose* anzubieten.«

Mr. Payne benötigte einige Minuten, um seine Frau zu beruhigen, einen Mantel über sein Nachthemd zu ziehen, eine Kerze anzuzünden und seinen Diener zu wecken. Schließlich wurde die Kette von innen gelöst und der Riegel beiseitegeschoben. In der sich öffnenden Tür erschien der stellvertretende Zolleinnehmer mit der Pistole in der Hand, unterstützt von einem ältlichen Diener, der mit dem Feuerhaken bewaffnet war. Als sich Mr. Payne endlich über die Ehrlichkeit seines Besuchers vergewissert hatte, führte er Delancey ins Arbeitszimmer und befahl seinem Diener, er solle das verglühende Feuer anfachen, während er selber eine Karaffe und ein paar Gläser brachte. Er hörte sich die Einzelheiten des Unfalls ohne Kommentar an und seufzte tief, ehe er wieder am Portwein nippte. »Sie haben eine rauhe Überfahrt gehabt, Sir, eine kalte Reise. Warum konnten Sie es nicht bis morgen ruhen lassen?« »Weil«, sagte Delancey, »ein Mann, der die Dinge bis morgen läßt, nicht der ideale Kommandant für die *Rose* wäre.« Mr. Payne lächelte kurz, nickte vor sich hin und schwieg eine Minute, ehe er erwiderte: »Die *Rose* hat noch nie einen idealen Kommandanten gehabt, seit sie erbaut worden ist. William Ryder ist nicht von dem gleichen Kaliber wie der einstige Kommandant Francis Buckley.«

»Mr. Buckley befehligte den früheren Kutter gleichen Namens?«

»Ja, Sir, und mit großem Erfolg. Willis arbeitete nahezu genausogut mit einem kleineren Kutter, mit der *Nancy*. Sie beide brachten den Schmuggel in der Nachbarschaft fast zum Erliegen. Buckley wurde in einem Gefecht mit einem französischen Freibeuter im Jahre 1793 getötet, und Ryder ist kürzlich Methodist geworden. Seitdem blüht der Schmuggel, Sir. Nicht gerade um die Isle of Wight, sondern entlang der Küste. Vermögen werden durch Schmuggelware gemacht, und wir haben in den vergangenen Monaten keinen dabei gefaßt.«

»Aber welchen Vorteil sollen denn die Schmuggler davon haben, daß Ryder Methodist geworden ist? Ich hätte gedacht, Sir, daß er dadurch ein nur noch fanatischerer Gegner des Alkoholhandels geworden wäre.«

»Gegner ist er bestimmt, aber gerade deshalb bringt er nichts in Erfahrung. Mr. Buckley war oft in der ›Rose and Crown‹ – manchmal sogar im ›Pig and Whistle‹. Er traf sich mit bekannten Schmugglern an Land und redete mit ihnen. Er war manchmal zugegen, wenn sie bis zum Exzeß getrunken hatten. Er kannte ein Dutzend Informanten, üble Typen und Zuträger. Er faßte seine Pläne je nach dem Geschwätz, das er gehört hatte. Seit seiner Bekehrung will sich Ryder in den Schlupfwinkeln der Sünde nicht sehen lassen. Er hindert sogar seine Männer

daran, ins Bierhaus zu gehen, in dem die Schmuggler verkehren. Was die Frauen der Stadt anbelangt, so will er mit ihnen nichts zu tun haben, und das war zu Buckleys Zeiten anders. Der wußte, woran er war.«
»Gut«, sagte Delancey, »wollen Sie mich für die Zeit von Ryders Abwesenheit zum Kommandanten ernennen? Die Schmuggler werden damit rechnen, daß die Luft an der Küste rein ist, die *Rose* im Hafen liegt und alles zu ihren Gunsten steht. Das wird mir die Chance geben, sie zu überraschen.«
»Aber wie wollen Sie es anstellen?«
»Indem ich als Fremder in die ›Rose and Crown‹ gehe. Kein Mensch in Cowes hat mich je zuvor gesehen. Keiner erblickte mich, als ich heute nacht Ihr Haus betrat. Man wird mich für einen ihresgleichen halten, für einen Kontaktmann aus England.«
»Soweit ist Ihr Plan möglich . . . er scheint Ihnen tatsächlich gewisse Aussichten auf Erfolg zu bieten. Nun gut, Sir, die Ernennung geht in Ordnung. Sie werden als stellvertretender Kommandant vereidigt werden, ehe die *Rose* in See sticht. Stellen Sie indessen Ihre Nachforschungen an, und zögern Sie unsere erste offizielle Begegnung hinaus bis – sagen wir – nächsten Montag. Ich werde den Maat, Mr. Thomas Lane, anweisen, den Kutter seefertig zu machen, während ich allgemein bekanntgebe, daß der Kutter während Mr. Ryders Abwesenheit nicht auslaufen wird.«
Es folgte die Erörterung der Arbeitsbedingungen, bis Delancey schließlich sagte: »Danke, Sir. Ich werde mein Bestes tun, um zu zeigen, daß ich Ihr Vertrauen verdiene. Darf ich Sie noch um eine Hilfe bitten, ehe ich gehe? Können Sie mir den Namen eines Freihändlers nennen, der auf dem Festland einigermaßen bekannt ist – einen Mann, dessen Agent ich sein könnte?«
»Wenigstens das ist leicht. Ihr Mann wäre John Early von Milton Abbas in der Nähe von Dorchester.«
»Danke. Kennt man ihn als Händler?«
»Nein, Sir. Er ist Rechtsanwalt.«
»Können Sie mir den Namen eines seiner Männer angeben – den Schiffsherrn, der tatsächlich mit der Ladung umgeht?«
»Ja – Jack Rattenbury von Lyme Regis. Er hatte einen Lugger

namens *The Friends*, bis dieser von der *Nancy* gekapert wurde.«
»Und wo kann ich die Nacht verbringen, ehe ich mich denen anschließe, die am Morgen mit dem Fährboot in Portsmouth an Land gehen?«
»An Ihrer Stelle würde ich an Bord des Kutters *Nancy* Obdach suchen, der am Zollkai liegt. Man ist dabei, ihn abzuwracken, aber sein Deck kann immer noch als Obdach dienen.«
»Gut. Eine letzte Gefälligkeit noch, Sir. Mir fehlt jetzt nichts mehr als eine Flasche Kognak.«
»Die sollen Sie haben, und zwar von der besten Qualität, kostet nicht weniger als neun Schilling die Gallone im Zollverkaufshaus.«
Mr. Payne holte die Flasche und geleitete Delancey zur Tür. Eine Minute später erklärte er seiner Frau, was sich zugetragen und ihn vom Bett ferngehalten hatte. »Ein seltsamer Mann, meine Liebe, der hergekommen ist, um mir zu berichten, daß Mr. Ryder von einigen Raufbolden überfallen und ernsthaft verletzt worden ist: ein trauriger Fall, es sieht so aus, als ob er einige Zeit an Land bleiben müßte. Das wird den Schmugglern die beste Gelegenheit seit Jahren geben.«
»Woher weißt du, daß dieser Mann nicht selber ein Schmuggler ist?«
»Nun, ich weiß nur, daß er keiner ist. Er hätte nichts davon, mich über den armen Ryder zu täuschen, denn ich werde sowieso morgen mehr darüber hören. Ich halte ihn für einen Ehrenmann. Er bietet sich an, ohne Bezahlung Dienst zu tun, um nicht dem armen Ryder seinen Lebensunterhalt zu nehmen.«
Während Mr. Payne zu Bett ging, lief Delancey zum Hafen hinab. Schon früh am Abend hatte es aufgehört zu schneien, aber der Wind war noch kalt und unfreundlich. Er hatte über vieles nachzudenken, und ihm fiel unterwegs ein, wie wenig er doch vom Schmuggelgewerbe wußte. Er hatte einiges über die Schmuggler rings um Guernsey gewußt, aber er vermutete, daß die Guernseyleute wohl gänzlich andere Praktiken pflegten als die Männer von Hampshire und Dorset. Die Aufgabe hatte gewöhnlich darin bestanden, Waren von Frankreich nach Guernsey zu bringen – ein Handel, der nicht einmal illegal war, bis

der Krieg begann und so etwas zum Geschäft mit dem Feind wurde. Der Schmuggel zwischen Guernsey und England aber war etwas anderes. Er erinnerte sich, gehört zu haben, daß einige Freihändler aus Dorset – »Mondlichter« wurden sie doch genannt? Nein, »Mondharker« (was immer es bedeuten mochte) – große und gut bewaffnete Fahrzeuge benutzten und nach Roscoff ausfuhren. Sie waren mit Spirituosen und Tabak beladen, ihre Fracht wurde ins Inland geschafft und von einer geeigneten Stadt aus verteilt – daher hatte Mr. Early seinen Wohnsitz in der Nähe von Dorchester. Wahrscheinlich war er ebenso Grundbesitzer wie Anwalt, Freund des niederen Adels und vielleicht sogar Friedensrichter. Gegen einen solchen Mann vorzugehen, hieße jemanden überreden wollen, gegen den König auszusagen. Das wäre nur einem Beamten möglich, der die Kniffe des Schmuggels durch und durch kannte, mit Kenntnissen, wie sie der verstorbene Mr. Buckley besessen hatte. Delancey verwünschte sich selbst wegen seiner Unwissenheit, weil er merkte, daß er die Hälfte von dem vergessen haben mußte, was man ihm über Schmuggler erzählt hatte. An eine Tatsache aber erinnerte er sich, daß nämlich die Schmuggler zu den besten Seeleuten des Landes gehörten. Sie waren an schlechtes Wetter und dunkle Nächte gewöhnt. Die Männer auf den Zollkuttern waren vermutlich genauso, aber über sie wußte er so gut wie nichts. Sie waren vom Kriegsdienst ausgenommen, wie ihm bei mancher Musterung erklärt worden war, aber das war auch fast alles, was er über sie gehört hatte. Bekannt war ihm außerdem nur, daß sie vorzugsweise rote Flanellhemden und blaue Hosen trugen . . . Es war noch bitterlich kalt, aber die Wolken hatten sich verzogen, und er sah im Sternenlicht die Straßen der Stadt, durch die er seinen Weg zum Ufer nahm. Ein paar Lichter waren zu sehen, und aus der Ferne hörte man Lärm aus einer der Seemannskneipen, wahrscheinlich vom »Pig and Whistle«. Er schritt tüchtig aus und konnte plötzlich das Zollhaus erkennen. Er zerbrach sich immer noch den Kopf, um sich an die Tatsachen zu erinnern, die er vom Schmuggel gewußt hatte. Es gab jetzt kein Geschäft mit Tee, dachte er, da er in Kriegszeiten nicht erhältlich war, höchstens durch die East India Company selbst. Es war auch nichts mit Seiden zu machen, denn der Zoll darauf war gesenkt worden. Der Schmuggel beschränkte sich demnach wohl auf Alkohol und Tabak, wobei der Alkohol oft bis zu 40 Prozent stärker war als der Normalgehalt. Delancey erinnerte sich undeutlich daran, daß er Geschichten über die wilde Hawkhurst-Bande gehört hatte, die vor langer Zeit ihr Unwesen getrieben hatte. Die jetzigen Schmuggler vermieden den Kampf, war ihm gesagt worden, weil es in Kriegszeiten überall Militär gab. Heutzutage benutzten sie List statt Gewalt, versenkten ihre Ladung, wenn sie verfolgt wurden, und kehrten zu ihr zurück, wenn die Zolleute fort waren. Es wurde auch noch von einem anderen Trick gesprochen, der etwas mit Fässern zu tun hatte, die man unter dem Kiel des Luggers befestigte. Die Leute vom Zoll mußten klug sein, da der größte Teil ihres Verdienstes aus Prozenten von dem stammte, was sie gekapert hatten. Wie lange würde es dauern, bis er das Geschäft erlernt hatte? Während er noch darüber nachgrübelte, erkannte er den Kai des Zollhauses, an dem ein abgetakelter Kutter lag, offensichtlich die *Nancy*. Es war still am Kai. Man hatte eine Laufplanke angebracht. Auf Zehenspitzen begab sich Delancey, um kein Geräusch zu machen, an Bord des Kutters. Langsam und leise nahm er seinen Weg nach achtern, bis er schließlich zur Mannschaftsleiter kam. Er blieb dort eine oder zwei Minuten stehen, lauschte und stieg dann hinab. Er wunderte sich darüber, daß die Luke offen war, erinnerte sich aber daran, daß der Kutter ausgeschlachtet wurde. Es befand sich also nichts an Bord, das zu stehlen sich lohnte. Nicht einmal Kabelgarn oder ein Stück alte Leinwand, um sich darauf hinzulegen. Er hielt am Fuß der Leiter an, damit sich seine Augen an die Dunkelheit gewöhnten. Durch die Luke konnte er den Schein der Sterne über sich sehen. Als er nach achtern schaute, erwartete er einen Lichtschein durch ein Heckfenster zu sehen, aber alles war dunkel. Vielleicht gab es gar kein Heckfenster auf einem Kutter dieser Tonnage, der weit kleiner war als die Schiffe, welche sonst für den Zoll gebaut wurden. Dennoch hätte achtern mindestens eine Springluke sein müssen, oder wenigstens eine Stückpforte, die man ins Deck eingelassen hatte. Es war kein besonders günstiger Platz, um hier zu schlafen, aber er war nicht schlechter als andere, die er schon kennengelernt hatte. Er fragte sich, ob es Ratten geben könnte. Oder waren sie an Land gezogen, als sie spürten, daß das Schiff abgebrochen wurde? Vorsichtig begann er sich nach achtern zu tasten. Sein Schuh stieß gegen einen kleinen Ringbolzen, und in diesem Augenblick wurden ihm die Arme plötzlich mit mächtigem Griff an die Seiten gedrückt. »Bleib still«, sagte eine rauhe Stimme. »Sag nur ein Wort, und ich schlitze dir die Kehle auf.« Die Drohung wurde durch die Kühle des Stahls bekräftigt, und Delancey tat klugerweise, wie ihm gesagt wurde. Zwei Männer waren es, wie er merkte. Einer, der ihn von hinten umfaßt hatte, der andere (mit dem Messer) vor ihm. Während dessen Spitze noch an seiner Kehle lag, zog man seine Handgelenke nach hinten und band sie mit einem Seilstück zusammen. Erst dann nahm man das Messer weg, so daß der Mann Feuerstein und Stahl benutzen konnte. Eine Laterne wurde angezündet und so hoch gehoben, daß der Lichtschein auf Delanceys Gesicht fiel.

»Wer ist es, Dan?« sagte die Stimme hinter ihm.

»Verdammt, wenn ich es wüßte«, sagte der andere. »Ich glaube, wir schneiden ihm am besten die Kehle durch.«

6. Kapitel

Tricks der Zunft

Delancey erblickte ein schäbiges Individuum, das offensichtlich eine Landratte war. Den anderen Mann, den er nicht sehen konnte, hielt er für einen Fischer oder Bootsmann. Das Rattengesicht – oder Dan, wie der andere ihn nannte – mochte einst ein Angestellter oder Ladengehilfe gewesen sein, der aber seit längerer Zeit entlassen war, wahrscheinlich wegen kleiner Diebereien oder Trunksucht oder beidem. Er mochte sich wie ein Meisterverbrecher vorkommen, hatte aber sichtlich nicht das Zeug zum Mörder. Selbst wenn böse Absicht vorlag, fehlte es ihm doch an Mut.

»Wenn ihr mich umbringt«, sagte Delancey, »so bringt ihr euch um die Chance, das Gold zu finden.«

»Was für Gold?« fragte Rattengesicht mit plötzlichem Interesse.

»Soll verdammt sein, das Gold«, sagte der andere, »laß dich von dem nicht verulken!«

»Ich meine das Gold, das an Bord der *The Friends* war. Jack hat mir davon erzählt. Buckleys Männer versteckten es und sagten dem Zoll nie etwas davon.«

»Wer hat dir das erzählt?«

»Jack Rattenbury.«

»Du kennst Jack?«

»Und ob.«

»Und er hat gesagt, hier an Bord gibt's Gold?«

»Früher bestimmt mal. Sucht ihr nicht danach?«

»Nein. Aber wir haben das hier gefunden!« Rattengesicht zeigte auf ein Fäßchen, das auf einem Schrank stand und das Oberlicht im Achterschiff verdeckte. »Wir waren gerade dabei, es zu öffnen, als du an Bord gestolpert kamst. Wenn es hier Gold gäbe, hätten wir es längst gefunden.«

»Auch wenn es am Kiel festgebunden wäre?«

»Dieser Ankerplatz trocknet bei Ebbe aus.« Bei diesen Worten schlugen sie ein Loch ins Faß, und Rattengesicht konnte endlich den Inhalt kosten, nachdem er sich etwas davon auf die Handfläche gegossen hatte. Er spie es sofort mit einem Fluch wieder aus. »Stinkibus!«

»Verdorben, nicht wahr?« fragte Delancey, der diesen Ausdruck nie zuvor gehört hatte.

»Stinkibus, das ist es. Es hat seit Monaten im Salzwasser gelegen, vielleicht seit Jahren. Stinkibus!«

»Ich kann euch etwas Besseres geben.«

»Schön, wo ist es?«

»Bindet mich erst los. Könnt ihr denn nicht sehen, daß ich auch ein Mondharker bin?«

»Bloß weil du Jack kennst? Das ist gar nichts. Jeder könnte ihn kennen, der in Christchurch lebt.«

»Ich kenne noch jemand anderen.«

»Wen denn?«

»Ich kenne John Early.« Plötzlich war die Atmosphäre verändert, und Delancey wußte, daß er großen Eindruck gemacht hatte.

»So, Sie kennen also John Early? Warum haben Sie es nicht gleich gesagt? Wir wollen den Friedensrichter von Milton Abbas nicht beleidigen! Auf keinen Fall! Binde seine Handgelenke los, Will. Dieser Herr ist vom Fach und segelt mit Mondschein. Ich will wetten, wir können ihm vertrauen.«

Will tat, wie geheißen, und wollte durchaus Delanceys Hände zum Beweis dafür schütteln, daß er nichts nachtrug. Er war ein großer Mann, stark wie ein Pferd, aber ohne Hirn im Kopf.

»Schön, wo ist das Zeug?« fragte Rattengesicht. Delancey holte die Flasche aus seiner Manteltasche und reichte sie ihm hin. »Ich will auch meinen Teil, paßt auf!« Das war aber zuviel verlangt, denn Will war von Geburt aus durstig, und Dan wollte (sagte er) den Geschmack vom Stinkibus loswerden. Sie tranken miteinander die Flasche aus und legten sich dann auf dem Kabinenboden zum Schlafen nieder.

Am nächsten Tag sah Delancey, unrasiert wie er war, fast so

schäbig aus wie Rattengesicht selbst. Er fiel in keiner Weise auf, als sie am Morgen zur ›Rose and Crown‹ gingen, um eine Anzahl Freunde zu treffen. Deren Anführer schien ein einäugiger Kerl namens Henry Stevens zu sein. Aber man redete in der Sprache des Gewerbes, die so mit Spitznamen und örtlichen Anspielungen gespickt war, daß Delancey dabei so gut wie nichts erfuhr. Henry war anscheinend durch den Rückzug eines früheren Kollegen namens Isaac Hartley enttäuscht. Er kam immer wieder auf dieses Thema zurück und bedauerte, daß Ike Methodist geworden sei – ausgerechnet er von allen – und den Handel aufgegeben habe. Geschichten folgten, wie Ike die Männer vom Zoll zum Narren gehalten hatte. Keiner, so schien es, war in jeder Beziehung patenter gewesen – Stevens mußte es selbst zugeben –, und keiner hatte einen verborgeneren Keller gehabt. Alles kam nur davon, daß er Hannah geheiratet hatte, die Tochter von David Mercer. Dave war so etwas wie ein Laienprediger – verdammter Bursche! –, und Hannah war in dieser choralsingenden Schar erzogen worden. Henry sprach von Ikes Bekehrung mit der gleichen Sorge, mit der Kirchgänger von jenen reden, die vom Glauben abgefallen sind. »Eins muß ich von ihm sagen«, erklärte Henry. »Er hat nie seine ehemaligen Freunde hochgehen lassen. Er versprach mir, er würde es nie tun, und er hat es auch nie getan.« Aus den anschließenden Bemerkungen wurde deutlich, daß Ikes Schweigen sehr ratsam war. »Womit verdient Ike jetzt seinen Lebensunterhalt?« fragte Delancey Dan. »Er ist Schiffslieferant mit einem Geschäft in Hog Lane«, kam die Antwort. Aber Henry beklagte immer noch den Verlust eines Freundes. »Warum, fragte ich, warum muß er gehen und Prediger werden? Eher würde ich Sanitäter oder Franzmann! Ich werde nie mehr mit ihm reden, mit diesem Quasselkopf!« Wieder wurde Bier bestellt, und alle stimmten darin überein, daß Ike nicht loyal, ja undankbar, gewesen sei und es verdiene, mit dieser blaßgesichtigen Hannah verheiratet zu sein.

Alles, was Delancey in der frohen Runde herausbekommen konnte, war, daß Henrys Bande verhältnismäßig unbedeutend war, daß ihre Tätigkeit sich jedoch um die gelegentlichen Besuche eines Mannes drehte, den sie Sam nannten. Wahrscheinlich war er vom Festland. Er schloß aus dem Gehörten, daß Isaac Hartley eine nützliche Quelle allgemeiner Information sein würde, und von Sam (seinen Nachnamen erwähnte keiner) wurde gesagt, daß er an einem Mädchen des Ortes namens Molly Brown interessiert sei. Indem Delancey vorgab, er habe noch etwas zu erledigen, wolle aber seine Freunde am Abend wieder im ›Pig and Whistle‹ treffen, entschlüpfte er ihnen, während Henry gerade mitten in einer neuen Schmährede gegen alle Prediger war. Zuallererst ging er zum Barbier, um sich rasieren zu lassen, und erhielt dessen Rat, wo er speisen könnte. Ihm wurde gesagt, daß er im Speisehaus von Hog Lane gut bedient würde. So war es dann auch, und Delancey fühlte sich nach seinem Irish Stew und Kohl wohler. Er fand in der Nähe das Schild »ISAAC HARTLEY, SCHIFFSLIEFERANT«, betrat kühn den Laden und fragte, was für Bootshaken man auf Lager habe. Isaac war offensichtlich ein Kleinhändler, der hauptsächlich Fischer versorgte. Sein Laden wurde wahrscheinlich von seinen alten Genossen gemieden. Er war kein ernsthafter Rivale für George Ratsey, der bereits als Segelmacher gut bekannt gewesen war. Also hatte er Zeit zum Schwatzen, und Delancey stellte sich als einer der Erlösten vor, der in der Sonntagsschule erzogen, später aber durch Händler mit Schmuggelware in sehr große Versuchung geraten sei. Er fragte Mr. Hartley, ob er Schmuggel tatsächlich als sündig betrachte? Isaac nutzte diese Gelegenheit aus. Er ließ seinen Jungen im Laden allein und nahm Delancey mit hinauf auf den Dachboden, wo Kabelgarn und Seilenden, Talg und Pech lagerten. Während er auf einem Pakken Segeltuch saß, erklärte er lang und breit, daß Schmuggel tatsächlich eine Sünde sei. Da er wohl bezweifelte, daß seine Argumente überzeugend genug gewirkt hatten, behauptete er obendrein, daß er sich nicht einmal auszahle. Vermögen könnten in Hampshire gemacht werden, wenigstens von den Männern, die den Handel finanzierten (mit dem Höllenfeuer als schließlicher Belohnung), aber hier auf der Insel Wight sei das Spiel nicht der Mühe wert. Auf ehrliche Weise ließe sich mehr machen, und die Erlösung sei der Lohn.

Delancey lernte an diesem Nachmittag eine Menge. Er entdeckte dabei, daß Isaac viel weniger ein Prediger war, als seine früheren Kameraden annehmen mochten. Er stand sehr unter Hannahs Pantoffel, und ihre Ansichten waren offensichtlich streng – wenn er von seinem alten Gewerbe sprach, so schwang doch ein Ton von Wehmut in seiner Stimme mit. Damals hatte er seine besten Tage gesehen! Getreu seinem Versprechen, wollte er Namen nicht nennen, war aber nicht abgeneigt, den Handel ganz allgemein zu beschreiben. Die vermögenden Männer, von denen die Unternehmungen finanziert wurden, waren um Dorchester herum zu finden; der wichtigste Mann war wohl der Gutsbesitzer John Early. Die Landestellen – einige Buchten von Bridport bis Portland und von dort bis Christchurch. Abgesehen von Christchurch selbst waren die wichtigsten Schmuggelzentren Abbotsbury und Poole. Isaacs Informationen betrafen im einzelnen die Gegend von Poole; dort hatten Schmuggelschiffe ihren Heimathafen, die hauptsächlich mit Alderney handelten. Wenige von ihnen kamen nahe an die Isle of Wight heran, denn der dortige Zolleinnehmer hatte zwei bewaffnete Boote, eines bei Yarmouth, um Schiffe zu überprüfen, die an den Needles vorüberkamen, das andere bei St. Helens, um die Schiffe zu kontrollieren, die Spithead passierten. Waren für die Insel wurden gewöhnlich in Sandown Bay von Schiffen versenkt, die nach Poole fuhren. Ein Fahrzeug tat es regelmäßig (Sams Lugger, dachte Delancey), und die Fässer wurden von einigen Leuten des Ortes abgeholt (Henrys Bande, sagte sich Delancey), die nur Ruderboote von Shanklin aus benutzten. Der Lugger legte dann in Cowes an, um das Geld für die Ware zu kassieren; das geschah bei der nächsten Ausfahrt, wenn der Laderaum leer war. »Wußte der verstorbene Mr. Buckley davon?« fragte Delancey, und Isaac antwortete, er müsse es gewußt haben. Was er aber niemals mit Sicherheit wissen konnte, war die Nacht, in der die Fahrt stattfinden sollte. Es gab natürlich viele andere heimliche Unternehmungen, und der Bereich, in dem die *Rose* kreuzte, erstreckte sich von Lyme Regis bis Beachy Head. Delancey fragte, ob Sam jemals vor den beabsichtigten Fahrten der *Rose* gewarnt worden sei, aber darüber wußte Isaac nichts; es war schon einige Jahre her, seit er ein wahrer Christ geworden war. Es konnte aber sein, daß Zollbeamte von den Schmugglern bestochen wurden. Solche Fälle waren bekannt, und soweit man zurückdenken konnte, war in Sandown Bay keine Beschlagnahme vorgekommen. Nach langer Unterhaltung, unterbrochen von vielen frommen Sprüchen, dankte Delancey Isaac Hartley für seinen Rat und versprach, ein ehrliches Leben zu führen.

An diesem Abend war Delancey im ›Pig and Whistle‹. Er hatte ursprünglich angenommen, daß dort nur niedere Decksleute, nicht aber maßgebliche Schmuggler verkehrten. Er mußte feststellen, daß seine Vermutung falsch war. Er begegnete den gleichen Leuten wieder, die er in der ›Rose and Crown‹ angetroffen hatte, aber in anderer Stimmung und zu anderer Stunde. In der ›Rose and Crown‹ waren die Männer ganz unter sich und vertieften sich in ernsthafte Gespräche über die Art und Weise, wie der Zoll zu hintergehen war. Wenn sie aber das ›Pig and Whistle‹ erreichten, neigten sie mehr zu amourösen Dingen. Es waren Frauen dort, die der Gastwirt seine Töchter und Nichten nannte, und die Unterhaltung im Schankraum war eher zotig als zünftig. Stimmen erhoben sich zu mißtönendem Gesang; es gab lärmende Auseinandersetzungen. Mädchen erschienen kichernd und verschwanden jeweils für eine halbe Stunde. Molly Brown war zuerst nicht dabei, und Delancey hatte keine Lust, seine Zeit mit den anderen zu vergeuden. Er hörte stundenlang Dan, Will und Henry zu, hielt Runde um Runde durch mit fast allem, was ihm geblieben war, aber er erfuhr nichts von Interesse. Zwar sahen sie ihn als ihresgleichen an, doch war dies weder die Zeit noch der Ort für geschäftliche Absprachen. Sie erzählten Geschichten, machten Späße auf Kosten Wills, dessen Dummheit ihn zur natürlichen Zielscheibe der anderen machte. Als Molly Brown erschien, folgte ihr ein alter Mann mit einer Fiedel. Sie sang zu deren Begleitung ein ziemlich sentimentales Lied von einem Mädchen, das aus Liebe starb. Der Applaus war mechanisch, und sie ging mit einem Gefühl für die Stimmung des Augenblicks sofort zu einer Ballade über mit dem Titel »Die überfließende Kanne«. Es war eine populäre Weise, und Molly illustrierte die Worte mit treffenden skizzenhaften Gesten, die zeigten, wie das Blei gehoben und das Segel gerefft wird. Jeder Vers endete mit einem Kehrreim, in den alle einstimmten:

Wir singen ein wenig, wir lachen ein wenig,
Schuften ein bißchen und fluchen ein wenig
Und leeren die volle Kanne!

Wie Molly beim Singen so auf einer Bank stand, hatte sie eine auffallende Figur. Sie war dunkelhaarig und helläugig, von üppiger Gestalt, hatte weiße Haut, zählte fünfundzwanzig Jahre oder weniger. Bei lebhafter Tätigkeit, wie alle Mann an Deck das Wrack reinigen, stellte sie sich vorteilhaft zur Schau und weckte riesige Begeisterung mit dem letzten Vers:

Aber glaubt nicht, unser Los sei hart,
Wenn auch die Stürme uns bedroh'n,
denn kehr'n wir heim, ein süßer Lohn:
uns grüßt das Lächeln unserer Liebsten!
Jetzt trinken wir den heißen Grog,
und stoßen an,
Lieb' will der Mann,
Und singen froh und lachen:
Wir rollen die prächt'gen Segel ein,
Und alle Mädchen stell'n uns fein,
Den Unterrock zur Schau;
Wir räumen das Deck
Dann dreimal Hurra:
Seh'n wir da tolle Sachen.

Die letzte Zeile wurde besonders betont, und die anwesende Gesellschaft hatte das Privileg, etwas mehr von Molly zu sehen, ehe alle in den Schlußchor einfielen:

Und macht der Grog die Runde,
So tönt's aus aller Munde:
Vor Gefahr fürcht' sich kein Mann!
Wir singen ein wenig, lachen ein wenig,
Schuften ein bißchen und fluchen ein wenig
Und leeren die volle Kanne!

Glühend vor Erregung, fast atemlos sprang Molly von der Bank, hauchte ihren Bewunderern einen Kuß zu und verschwand. Delancey, der Freund guter Musik war, hielt den mißtönenden Gesang nur mühsam aus und war froh, als er zu Ende war. Alle anderen waren glücklich bei dem Gedanken, daß Molly später nochmals singen und dabei noch viel losgelöster sein würde. Einige Minuten nach Mollys Auftritt brachte Delancey eine Entschuldigung vor, um den Raum zu verlassen. Als er, von seinem Abstecher im Hinterhof zurückkehrend, dann versuchte, die Treppen zu erklimmen, fand er den Weg durch eine abschreckende Matrone versperrt, die ihn fragte, wohin er denn wolle. »Ich habe eine Botschaft für Miß Molly«, erklärte er, »ich nehme doch an, daß sie oben ihr Zimmer hat.«

»Vielleicht stimmt das wirklich«, sagte sie stirnrunzelnd. »Und vielleicht ist es auch nicht so. Aber ich werde ihr jede Nachricht übergeben, die für sie geeignet ist.« Das war der Augenblick, wie Delancey wußte, wo eine halbe Guinee das Problem gelöst hätte. Sein Vermögen zählte jetzt aber nur noch nach Pennies, die ihm gar nichts helfen konnten.

»Ich bin hier im Auftrag meines Herrn und Gebieters«, erklärte er. »Ein Herr mit großem Vermögen und Besitz. Er möchte Miß Molly seine Hochachtung erweisen und fragt an, ob ein Tag in der nächsten Woche dafür in Frage käme.«

Delancey begegnete einem deutlich ungläubigen Blick und ging darum hastig zu weiteren Einzelheiten über, indem er aus seinem Herrn einen Baron und Oberst machte, seinen Besitz noch vergrößerte und ihm ein Stadthaus und sogar einen eigenen Rennstall in Newmarket verlieh. Wie schade, daß ein so feiner Herr noch Junggeselle sein mußte! All dies wäre wohl vergebliche Liebesmühe gewesen, hätte es allein von der Wirtin abgehangen, aber Delanceys Stimme war auf dem oberen Flur gehört worden. Molly erschien auf dem Treppenabsatz und fragte, was der Lärm solle. »Hier ist ein Mann, Miß, dessen Herr, so sagt er, Sie nächste Woche sehen will. Ich bin gerade dabei, ihn fortzuschicken, denn ich glaube ihm kein Wort.« »Aber warte doch, Kusine«, sagte Molly, »es kann ein Herr sein, der schon zuvor hier gewesen ist.« »Leider nein«, sagte Delancey, »Sir Edward hat noch nicht das Vergnügen Ihrer Bekanntschaft gehabt. Er möchte sich Ihnen selbst vorstellen.« Man redete noch etwas hin und her, doch Molly ließ sich leichter überzeugen. »Sehr gut«, sagte sie endlich. »Ich will Sir Edward am Donnerstag um vier Uhr nachmittags empfangen.« Diese Ankündigung alarmierte die ältere

Frau. Sie eilte nach oben, nachdem sie Delancey gebeten hatte zu warten. Als sie zurückkam, sagte sie nur, daß Donnerstag und Freitag nicht in Frage kämen, daß aber das Fräulein am kommenden Montag für Sir Edward frei wäre. Jeder Tag in der vergangenen Woche wäre passend gewesen, und übrigens auch in der Woche zuvor, aber in der kommenden Woche sei es schwieriger. Delancey nahm die Verabredung an und kehrte zu seinen Freunden in den Schankraum zurück. Es wurde ein ausgelassener Abend mit viel Gesang, und Delancey, der keinen Sinn für solche Orgien hatte, wurde schlecht, noch ehe der Rummel zu Ende war. Er schlief in dieser Nacht auf dem Fußboden des Schankraumes.

Nach der Sünde kommt die Zeit der Reue, und der nächste Tag, ein Sonntag, war dafür recht geeignet. Die Kirchenglocken läuteten zur Morgenandacht in der Kapelle – Cowes war zu dieser Zeit nicht mehr als ein Ableger der Pfarrei von Carisbrooke. Ein paar Kutschen fuhren in dieser Richtung. Leute, die mehr durch ihre Frömmigkeit als durch ihre hohe Stellung auffielen, legten ihren Weg zu Fuß zu der einen oder anderen der beiden freikirchlichen Kapellen zurück, eine für die Unabhängigen und die andere für die Methodisten. Für Delancey war die Wahl bereits getroffen, denn Hartley war ein Anhänger Wesleys, und nach dem Gottesdienst der Methodisten hoffte Delancey, ihn wieder zu treffen. Die Atmosphäre dieses Gotteshauses war höchst förderlich für die Buße, und Delancey, der einen Kater vom vorhergehenden Abend hatte, sah sogar bußfertiger aus, als er war. Die Predigt war lang und inbrünstig und wurde mitunter durch Stöhnen der Sünder unterbrochen, die sich an vergangene Missetaten erinnerten. Auf einem der freien Kirchenstühle hinten in der Kapelle sitzend, richtete Delancey seine eigene Bußfertigkeit nach der eines ältlichen Mannes, der vielleicht einmal ein Hehler gestohlener Güter gewesen war. Laut seufzend und – wie er hoffte – im richtigen Augenblick ausrufend »Ach das Licht erblickt zu haben!« oder »Welch ein Segen, gerettet zu sein!«, brachte Delancey es fertig, sein Empfinden für Sünde und Erlösung zum Ausdruck zu bringen. Er wurde darum hinterher von mehreren Angehörigen der Gemeinde gütig angesprochen. Nach einer Unterhaltung mit Hannah, die ihm eindringliche Fragen stellte, luden ihn die Hartleys schließlich zum Essen ein. Hungrig und pennylos, nahm er die Einladung freudig an, und das mehr als aus einem Grund. Später fragte er sich allerdings, ob jemals eine Information mit so hohem Preis erkauft worden sei.

Das Mittagessen bei den Hartleys begann mit einem langatmigen Dankgebet, dann wurde er nach allen Einzelheiten seiner religiösen Einstellung befragt, und schließlich endete es mit mehreren Gebeten und einem Choral. Erst hinterher, bei der Besichtigung des Gartens, war es Delancey möglich, Isaac wieder Fragen zu stellen. Noch einmal gestand er, daß er einen Rat benötige. Unter der Voraussetzung, daß Schmuggeln eine Sünde war – wovon er nun überzeugt sei – frage er sich, ob es Sünde sei, die Freihändler indirekt zu unterstützen. Er stehe unter dem Druck einiger Freunde, erklärte er, die von ihm verlangten, er solle nach Einbruch der Dunkelheit Laternen in bestimmter Position aufhängen, sie um eine bestimmte Stunde anzünden und sie vor Tagesanbruch wieder löschen. Sie seien nichts weiter als Hilfen für die Navigation, betonte er, eine Hilfe für den Seemann auf der Heimfahrt. Er könne sich nicht vorstellen, daß etwas Ungesetzliches daran sein könnte, wenn er nichts weiter tue, als eine Laterne an einem Tor, eine andere an einem Felsen, eine dritte unter einem Baum und eine vierte neben einer Brücke anzubringen. Konnte denn das Sünde sein? Es war doch schließlich nichts weiter, als Leben auf See zu retten. Es mochte sich dabei um Schmuggler handeln, aber diese konnten genauso ertrinken wie jeder andere, wobei ihnen nicht einmal Zeit blieb zu bereuen.

Das nun folgende Gespräch war weithin theologisch, aber Isaac wußte genau, wie Peilungshilfen benutzt werden konnten, um eine Position auf See zu kennzeichnen. Er war nicht der Ansicht, daß so etwas mit der Sicherheit des Seemannes zu tun habe. Das geschehe doch bloß, behauptete er, um Schmuggelgut zu verbergen. Dabei eine Rolle zu spielen, hieße eine Sünde begehen, und im übrigen sogar ein Verbrechen. »Was würden Sie sagen«, fragte er, »wenn ein berittener Zollbeamter herausfände, daß Sie eine Laterne auf Wroxhall Hill oder Culver Cliff anbrächten?«
»Dort würde ich sie also aufstellen müssen?« fragte Delancey

unschuldig. Isaac erläuterte, es gäbe eine brauchbare Sandbank in der Sandown Bay. Sie liege auf einer Peilung zwischen Wroxhall und Culver, und die andere Peilung sei zwischen Lake und Newchurch. »Diese Laternen aufzustellen und anzuzünden, sie zu versorgen und sie wieder fortzuschaffen, würde Sie von Mitternacht bis fünf Uhr früh beschäftigen, und wofür dies alles?« Delancey war diesmal hartnäckiger, indem er fragte, wie er denn eine halbe Guinee auf andere Weise verdienen könnte und schließlich befänden sich doch auch keine Dragoner auf der Insel. »Es kommt auf das an, was Gott sieht!« sagte Isaac schließlich, und Delancey mußte zugeben, daß die Gottheit das letzte Wort haben müsse. Er versprach, sich davor zu hüten, auch nur am Rande mit dem Verbrechen zu tun zu haben. Als einem vom Feuer Gebrannten wurde ihm erlaubt, in dieser Nacht im Schuppen der Hartleys zu schlafen, und er wurde sogar mit einer Matratze und einer Decke versorgt.

Am Montag empfing ihn Mr. Payne höflich und hörte sich interessiert Delanceys Spionagegeschichte an.

»Ja«, sagte er schließlich. »Sie kennen etwas vom Geschäft und haben bestimmt keine Zeit vergeudet. Alles, was ich dazu sagen kann, ist nur: der Mann, den sie Sam nennen, ist fast mit Sicherheit Samuel Carter, ein notorischer Schmuggler, und er kommt aus einer wohlhabenden Schmugglerfamilie in Cornwall. Er wohnt jetzt in Poole und besitzt ein Schiff namens *Dove* von fast zweihundert Tonnen, den schnellsten Lugger weit und breit.«

»Ich werde mein Bestes tun, Sir, ihn vor den Richter zu bringen.«

»Dessen bin ich gewiß. Ich lasse nur die Frage offen, ob es Ihnen gelingen wird.«

»Wieso, Mr. Payne?«

»Weil Sam Carter mehr vom Schmuggel versteht als Sie. Ihn interessiert ja auch nichts anderes. Also wird das Geschäft weitergehen, vermute ich, solange Waren schwer besteuert werden.«

»Wenn Sie mir drei gut bemannte Kutter gäben, Sir, würde ich mich verpflichten, den Umschlag von Schmuggelware in diesem Hafen zu verhindern.«

»Ich wage zu sagen, daß Sie es könnten. Dann würde eben der Handel nach Osten und Westen verlegt werden.«

»Doch nicht, wenn andere ebenso wachsam sind?«

»Sie sind ein Neuling in diesem Wachdienst, Mr. Delancey. Es gibt da noch viel für Sie zu lernen.« Mr. Payne hielt inne und nahm eine Prise Schnupftabak, als müßte er sich entscheiden, wo er beginnen solle oder was er enthüllen dürfe. Als er schließlich wieder sprach, geschah es mit deutlichem Widerstreben.

»Was ich jetzt sagen werde, ist völlig inoffiziell und nur unter uns gesprochen. Sie müssen eins verstehen. Zollwächter, ob nun Seeleute, ob Bootsmänner oder berittene Beamte, sie alle müssen ihren Lebensunterhalt erwerben und haben Familienangehörige zu versorgen. Ihr Einkommen ist bescheiden, aber es wird von Zeit zu Zeit durch ihren Anteil an dem Schmuggelgut erhöht, das sie gekapert haben. Ihr Interesse liegt also im Abfangen geschmuggelter Ladungen, nicht aber in der völligen Unterdrükkung des unerlaubten Handels. Wie sollten sie auch ihren Lebensunterhalt erwerben, wenn Schmuggeln ausgeschaltet würde? Sie hätten nur ihre tägliche Entlohnung, und auch die nur so lange, bis ihre Dienste sich als überflüssig herausstellten.«

»Wir könnten die Leute in der Flotte gebrauchen, Sir.«

»Was – in Friedenszeiten?«

»Das nicht, Sir. In Kriegszeiten jedoch –«

»In Kriegszeit, Mr. Delancey, beruht der Hauptreiz des Zolldienstes darin, daß seine Männer nicht zum Militärdienst eingezogen werden. Wir können die Männer nicht auspeitschen, Sir, wegen Frechheit oder Vernachlässigung ihrer Pflicht, aber wir können ihnen damit drohen, daß wir sie entlassen und einem Kriegsschiff überstellen. Und das allein ist es – verzeihen Sie, wenn ich das sage –, was sie fürchten. Der Gedanke, daß der Schmuggel unterdrückt werden sollte, ist ihnen nie in den Sinn gekommen, aber die Aussicht – das sei vermerkt – würde sie mit Unbehagen erfüllen.«

»Ich begreife, Sir. Sie erwarten, daß der Handel fortdauert, aber sie verlangen ihren Anteil am Profit.«

»Nein, nein, Mr. Delancey. Das ist eine zu rohe Umschreibung einer Angelegenheit, die sich seit langem eingespielt hat und ziemlich verwickelt ist. Ich bin durch mein Amt verpflichtet, den unerlaubten Handel zu mißbilligen und jeden zu verfolgen, der den Zoll umgeht. Der Himmel lasse es nicht zu, daß ich in meiner Pflicht versage! Meine Beamten und Männer – denken Sie daran, daß ich in strengem Vertrauen zu Ihnen spreche – betrachten ihre Tätigkeit als eine Art Spiel, etwa wie Kricket; sie hoffen, dabei zu gewinnen, ohne aber die Gegenpartei zu vernichten. Männer wie Sie, Mr. Delancey, hängen für ihre Dienste von den Franzosen ab. Sie befinden sich sofort auf der Straße – verzeihen Sie meine plumpe Andeutung –, wenn die Franzosen das Spiel nicht mehr mitmachen. In der gleichen Art hängen alle Zollwächter für ihren Lebensunterhalt von den Schmugglern ab.«

»Sind Ihre Leute da nicht versucht, einen unmittelbaren Vertrag mit denen zu schließen, so daß sie einen regelmäßigen Anteil von den Schmugglern erhalten und sie sonst ungeschoren lassen?«

Mr. Payne war über diese Andeutung aufrichtig bestürzt und trug seine Antwort in Ausdrücken peinlicher Überraschung vor: »Wahrhaftig, Sir, ich hoffe es nicht, aber Sie betrachten doch die Männer vom Zolldienst nicht etwa als unehrenhaft? Ich habe nie davon gehört, daß eine so infame Abmachung getroffen oder auch nur vorgeschlagen worden ist. Ich möchte Sie wissen lassen, Sir, daß unsere Männer ein strenges Pflichtgefühl besitzen. Sie stechen in See, und sei es selbst in den Rachen des Sturmes. Sie greifen bei ihren Gegnern mit Entschiedenheit durch. Viele sind im Gefecht getötet worden, und andere, die glücklicher waren, haben überlebt, um das Lob der Behörde für ihre Loyalität und ihren Mut zu verdienen. Ich habe guten Grund, Sir, stolz auf die Männer zu sein, die von dem Zollbeauftragten beschäftigt werden.«

Delancey beeilte sich, Mr. Payne zu versichern, daß er voller Bewunderung für die Männer des Zolls sei und daß er sich darauf freue, mit ihnen Dienst tun zu können. Er stellte fest, daß sie einen harten und gefährlichen Dienst hätten, der obendrein von großer Bedeutung für das Königreich sei. Mr. Payne war sofort besänftigt und leitete zu den Einzelheiten der Praxis über. Delancey wurde gleich vereidigt, der Anwalt war zu diesem Zweck zugegen. Man kam überein, daß er das Kommando mittags übernehmen und eine Vorauszahlung von zwanzig Guineen erhalten sollte; immerhin genug, um sich mit Kabinenvorräten versorgen zu können. Es wurde ferner festgelegt, daß er unverzüglich nach Portsmouth segeln sollte, um seine Ausrüstung zu holen und sein Logis aufzugeben. Danach würde er mit dem Kutter auf die See hinausfahren und in Richtung auf Beachy Head kreuzen.

Delancey enthüllte seine Pläne nicht in Einzelheiten, nicht einmal vor dem Zolleinnehmer. Nachdem er sich beim Barbier hatte rasieren lassen, hielt er eine Verabredung ein, die Mr. Payne mit ihm bei Mr. Robert Edgell, dem Inspektor der berittenen Beamten, vereinbart hatte. Der verdienstvolle Mann war einst ein Korporal der Dragonergardisten gewesen. Er war zuerst bärbeißig, dann aber, bei dem Gedanken, Geld zu machen, sprang er an. Delancey erzählte ihm nicht mehr als notwendig, aber er sprach ganz offen über seine Informationsquellen. »Sie haben sehr richtig gehandelt, Sir, wenn ich so sagen darf«, äußerte Edgell schließlich. »Sie erinnern mich an Mr. Buckley, der immer wußte, was los war. Aber wie wollen Sie an Bord des Kutters gelangen, ohne daß Sie jemand sieht?« Delancey hatte dieses Problem übersehen, konnte sich aber denken, daß sein Plan fehlschlagen würde, falls Harry Stevens merkte, daß sein munterer Kumpel in der Nacht vom Samstag am Montagmittag der Kommandant der *Rose* war. Es bliebe noch Zeit genug, an Sam Carter eine Warnung ergehen zu lassen, so daß er seine Fahrt auf eine andere Nacht, an einen anderen Ort verlegen könnte. Edgell löste das Problem, indem er Delancey die Aufmachung eines reitenden Beamten zur Verfügung stellte: einen dunklen Mantel, Reitstiefel mit Sporen und einen flachen Hut, der tief in die Stirn gezogen wurde. Sie gingen hinunter zum Kai, wobei Delancey seinen eigenen Mantel als Paket trug und für alle Welt wie einer von Edgells Männern aussah. Am Zollhauskai brachte Mr. Edgell Delancey sicher zum Boot, und als Mr. Payne erschien, ein wenig spät, führte er ihn zum Heckplatz des Bootes. Es legte ab und ruderte den Hafen entlang zu der Stelle, wo die *Rose*, versorgt für drei Wochen und bereit fürs Meer, an einem einzigen Anker lag.

Mr. Payne bestieg die *Rose* mit Würde und wurde von dem Maat, Mr. Tom Lane, empfangen, während die Mannschaft an

Deck Aufstellung genommen hatte. Delancey folgte gleich darauf, nachdem er den geborgten Mantel im Boot zurückgelassen hatte. Er blieb bescheiden im Hintergrund, während Mr. Payne eine Rede an die Mannschaft hielt.

»Ihr alle wißt, Männer, daß Mr. Ryder bei einem Unfall verletzt worden ist und für einige Zeit seinen Dienst nicht ausüben kann. Ich habe deshalb beschlossen, einen zeitweiligen Kommandanten zu ernennen. Er übernimmt den Kutter heute, und ich stelle ihn euch vor: Leutnant Richard Andros Delancey von der Königlichen Marine, ein Offizier mit großer Erfahrung, der zuletzt den Kutter *Royalist* befehligt hat. Gehorcht streng seinen Befehlen, und die nächste Kreuzfahrt wird euch Erfolg bringen.«

Da die Männer von der *Rose* völlig unvorbereitet waren, waren sie überrascht, und der Maat Lane schien sogar beleidigt zu sein. Delancey beschloß, keine Zeit zu vergeuden. »Männer an Gangspill und Falls!« rief er. »Klar zum Setzen der Segel.« Nachdem er Mr. Lane befohlen hatte, das Deck zu übernehmen, begleitete er Mr. Payne zum Bordrand und sagte ihm Lebewohl. Als das Kabel eingeholt und Großsegel und Klüver gesetzt wurden, spürte er in sich ein starkes Freudengefühl. Das Deck wurde unter seinen Füßen lebendig. Der Wind sang in der Takelung. Er war wieder auf See! Es herrschte eine starke Brise aus West, und es war kalt, nahe dem Gefrierpunkt, aber er merkte sogar kaum die Gischt im Gesicht. Er wußte nur zu gut, daß das Schiff neu für ihn war und daß er zum Zaudern und zu Schnitzern neigte. Wenn die Mannschaft seine Unkenntnis merkte, würde sie von Anfang an das Vertrauen zu ihm verlieren. »Legen Sie Kurs auf Portsmouth, Steuermann«, sagte er zu dem Mann am Rad. »Kommen Sie hinunter, Mr. Lane, und zeigen Sie mir die Seekarte.« In der Kabine holte der Maat die Karte, aber Delancey blickte kaum darauf. »Nun sagen Sie mir rasch, Maat, was für eine Tonnage, was für einen Tiefgang, was für eine Bewaffnung und was für eine Mannschaft haben wir?«

Es stellte sich heraus, daß die *Rose* hundertvierundfünfzig Tonnen hatte, mit zwölf Vierpfündern und zwei Neunpfündern bestückt war, eine Kiste mit Handwaffen mitführte und von zweiundzwanzig Mann der Besatzung, einschließlich des Kommandanten, des Obermaats, des zweiten Maats und zweier abkommandierter Seesoldaten bemannt war. »Sehr gut«, sagte Delancey. »Wer ist der zweite Maat? John Torrin? Und die beiden anderen? Netley und Wansbrough? Richtig. Wer ist der Mann mit dem roten Haar und jener, der schielt, der Mann am Rad, der Mann am Auslug?«

Innerhalb von Sekunden war Delancey wieder an Deck und gab dem Steuermann den genauen Kurs, um Gilkicker Point zu passieren. »Richtig, Wilkins, stetig, wie das Schiff läuft. Was ist das für ein Fahrzeug, Miller – hart Steuerbord? Die Falls herunter, Jackson und Field!« Er vermochte den Eindruck zu erwecken, als kenne er jeden Mann beim Namen, sogar als er Mr. Torrin nach den Namen der übrigen fragte. Er setzte das viereckige Großsegel für die Fahrt leewärts und strich es wieder, als sie sich Portsmouth näherten. Die Männer waren offensichtlich auf Draht und wollten einem Marineoffizier zeigen, daß sie richtige Seeleute und besser als die Matrosen auf den Fregatten waren. Sie waren gewiß geringer an Zahl im Vergleich zur Mannschaft eines Marinefahrzeugs gleicher Tonnage. Sie waren auch nicht so zackig, wie Delancey das von der Marine her kannte, verrichteten jedoch ihre Arbeit rasch und wendig. Es gab nicht diesen Singsang, über den sich Marineoffiziere beklagten, auch nicht das Gebrüll, das man in der Regel auf einem Handelsschiff hören konnte. Wie würden sie sich im Einsatz benehmen? Er entschloß sich, diese Probe bis morgen aufzuschieben. Im Augenblick genügte es, Portsmouth bei Flut anzulaufen, zu ankern und ein Boot herabzulassen. Die Dämmerung brach schon an, als er an Land schritt, gefolgt von Davis, der ihm als Steward dienen sollte. Er orderte einen Hafenarbeiter mit Karren herbei und machte mit ihm als Bezahlung für seine Dienste einen Schilling aus. Delancey fröstelte ein wenig in seinem schäbigen Mantel, und er ging rasch zu seinem Logis in der Ropewalk Lane.

Von seinem Zimmer aus schickte Delancey das Gepäck an Bord der *Rose* und sagte dem Bootsmann, er solle um vier Uhr am Hard sein. Er hielt es für seine Pflicht, Mr. Ryder zu besuchen.

Soviel hatte sich zugetragen, seit Delancey zuletzt im ›Star and Garter‹ gewesen war, daß er fast überrascht war, als er hörte,

Mr. Ryder sei immer noch dort und nicht transportfähig. Delancey wurde ohne Zögern oder weitere Erörterung zum Krankenzimmer geführt. Ryder sah blaß und alles andere als gut aus, dankte jedoch dem Besucher für sein Kommen und war froh, Nachrichten von der *Rose* zu hören. Er hatte von Delanceys zeitweiliger Ernennung durch einen Brief Mr. Paynes erfahren. »Ich bin Ihnen für die Übernahme des Kommandos ohne Bezahlung sehr verpflichtet, Sir. Diese fünfzig Pfund im Jahre sind alles, was ich habe, aber Sie werden nun nichts erhalten, bis Sie etwas beschlagnahmen können. Ich habe auf diese Weise nur wenig verdient, aber ich werde darum beten, daß Sie mehr Erfolg haben. Es gibt genug Schmuggler auf dem Meer. Es ist nur ein Problem, sie zu finden!«

»Wann werden Sie nach Hause zurückkehren können?«

»Nächste Woche, sagte Mr. Winthrop.«

»Gewiß werden Sie sich dann schneller erholen. Es könnte indessen für mich von Wert sein, wenn Sie mir etwas über die Männer unter meinem Kommando sagen könnten. Erzählen Sie mir etwas über Mr. Lane.«

»Bob hat sein ganzes Leben lang im Zolldienst verbracht. Er ist ein guter, zuverlässiger Seemann und hat uns kaum eine zerbrochene Spiere gekostet. Er kennt das Gesetz und kann ein Fahrzeug selbst in der dunkelsten Nacht ausmachen. Es fehlt ihm aber an Unternehmungsgeist, und darum ist Obermaat die höchste Stufe, die er erreichen sollte.«

»Und John Torrin?«

»Ein nicht so sorgfältiger Mann wie Lane, aber besser im Einsatz. Er wird eines Tages einen Kutter befehligen.«

»Was ist ein abkommandierter Seesoldat?«

»Ein Seemann, der als stellvertretender Zollbeamter vereidigt ist. Es muß auf jedem Boot einen geben, und für gewöhnlich ist's der Steuermann.«

»Ich verstehe. Sind alle Männer zuverlässig?«

»Wir würden sie nicht beschäftigen, wenn ihre Loyalität fragwürdig wäre.«

»Lassen Sie mich diese Frage in anderen Worten ausdrücken. Falls einer von Ihrer Mannschaft Nachrichten an die Schmuggler weiterleiten sollte – wer könnte das sein?«

»Lieber Sir! Ich hasse es, auch nur von einem Seemann unter meinem Kommando schlecht zu denken. Es besteht kein eigentlicher Grund, jemand zu verdächtigen.«

»Aber angenommen, Sam Carter hätte Nachricht von Ihren Plänen erhalten? Angenommen, die Tatsachen seien bekannt und könnten ohne den Schatten eines Zweifels bewiesen werden?«

»Wahrhaftig, Sir, Sie bringen mich in Verlegenheit . . . Mit großem Widerstreben – wenn Sie durchaus darauf bestehen – würde ich zuerst Mike Williams in Frage stellen.«

»Den Mann, der einen Finger verloren hat? Warum?«

»Seine Schwester ist mit Nick O'Brian verheiratet, und Nick ist ein Vetter von Dan Palmer.«

»Ich verstehe.«

»Aber bitte, mißverstehen Sie mich nicht. Ich sage nichts gegen Mike Williams, und ich habe auch nichts über ihn gehört, was gegen ihn spräche.«

»Ich bin froh, es zu hören, und ich hoffe, dasselbe von Mike sagen zu können.«

Delancey blickte sich mit schnellem Blick im Zimmer um und fragte, ob die Bedienung im Gasthaus gut sei.

»Sehr gut, ich danke Ihnen«, sagte Mr. Ryder. »Und ich habe viele Besucher gehabt. Mr. Grindall hätte nicht gütiger sein können, und ich erwarte jeden Augenblick den Besuch seines Neffen. Er ist als zweiter Maat auf dem Kutter *Rapid* eingetreten, sein Heimathafen ist Southampton. Der Kutter liegt in Spithead, und ich weiß, daß der junge Mr. Fowler etwas für Mr. Madden an Land zu erledigen hat. Er wird gern ein Glas Wein mit uns trinken.«

Gerade als Delancey erklärte, sein Besuch müsse kurz sein, trat Fowler ein. Sie begrüßten einander, wieder mit Zurückhaltung auf Fowlers Seite, doch schließlich gingen sie gemeinsam weg. Delancey sah dies als eine Gelegenheit an, Fowler zu bitten, eine Nachricht an Mr. Madden zu überbringen. Als sie zum Hard hinabgingen, entwickelte er kurz seine Pläne und meinte am Schluß:

»Das alles in strengstem Vertrauen. Heute ist Montag, und ich erwarte, daß der Lugger *Dove* in der Nacht vom Mittwoch oder Donnerstag eine Fahrt macht. Wenn die *Rapid* in einer der beiden Nächte zwischen Foreland und Nab kreuzt, wird sie in der Lage sein, die *Dove* abzufangen. Sie sollte sich von der Isle of Wight aus bei Tageslicht nicht sehen lassen. Prisengeld zu gleichen Teilen.«

»Was ist aber, wenn sie die andere Richtung einschlägt, Sir?«

»Dann behalten wir die Beute. Sie können Mr. Madden darlegen, daß ich ja die Nachricht liefere, auf der unser Plan fußt.«

»Sehr gut, Sir. Ich werde es ihm sagen. Ich denke, er wird einverstanden sein.«

Sie gingen eine Weile schweigend weiter, und dann sprach Fowler von dem, was ihn beschäftigte.

»Seltsam, Sir, unsere Wiederbegegnung. Es gibt Dinge, die ich gern vergessen möchte. Ich habe nachts Alpdrücken, wache schweißgebadet auf und denke, ich bin wieder auf der *Artemis* oder stehe als Zeuge vor dem Kriegsgericht.«

Delancey blickte den jungen Mann fest an und fragte ihn ziemlich scharf: »Reden Sie auch im Schlaf?«

»Wie soll ich das wissen, Sir? Keiner hat es mir bisher bestätigt.«

»Haben Sie eine Kabine allein?«

»Eine kleine, Sir.«

»Es ist jedenfalls besser so. Aber es wäre vielleicht noch besser, wenn Sie an Land blieben, fern von den Szenen, von der Umwelt, die Sie an Erlebnisse erinnert, die Sie lieber vergessen sollten.«

»Wie soll ich das anfangen, Sir? Ich bin nur für diesen Beruf erzogen worden.«

»Da wären Sie an Bord eines Handelsschiffes besser aufgehoben.«

»Sogar in Kriegszeiten, Sir?«

»Hören Sie, junger Mann. Sie haben Alpdrücken von den Erlebnissen auf der *Artemis*, und die waren wirklich qualvoll, das will ich zugeben. Aber unser Beruf ist nichts für Empfindsame. Wenn der Gedanke an die vergangenen Ereignisse mich nicht einschlafen ließe, würde ich als Offizier nichts taugen. In der Flotte ist unsere Aufgabe schlicht der Krieg. Sollten Sie also länger in diesem Beruf bleiben? Ich bitte Sie, sich diese Frage zu stellen. Sie würden im Geschäftsleben glücklicher sein.«

»Ich wäre an Land wirklich glücklicher – ich weiß es. Ich danke Ihnen für Ihren Rat, Sir.«

Sie kamen zum Hard, wo Delanceys Boot bereits wartete, vielleicht zehn Minuten eher, als er befohlen hatte. Die Helligkeit war an jenem Wintertag selbst zu dieser Stunde schwach, und Delancey hatte es eilig, an Bord zu kommen. Dem jungen Fowler, dessen Boot man herannahen sah, sagte er Lebewohl. Delancey stieg in das Gig der *Rose* und befahl den Männern abzustoßen.

»Verzeihung, Sir«, sagte der Bootsmann, »einer der Männer ist noch Pfeffer für den Koch holen gegangen. Sie sind etwas eher gekommen, als wir erwartet hatten, Sir.«

»Sie kamen aber auch eher an, als ich befohlen hatte. Wer ist an Land gegangen?«

»Williams, Sir.«

»Ich verstehe. Ich werde ihm fünf Minuten Zeit lassen.«

Delancey stieg aus dem Gig und schritt am Kai auf und ab. Er mußte sich entscheiden, was er bei diesem Bruch der Disziplin zu tun gedachte. Er war hier keineswegs bei der Marine. Er konnte nicht den pünktlichen Gehorsam erwarten, auf den er gewöhnlich bestand. Er wußte auch nicht, an welches Maß von Disziplin die Männer vom Zoll gewöhnt waren. Er entschloß sich, höchstens ein mahnendes Wort zu gebrauchen. Seltsam, daß es gerade Williams war. Wie leicht war es doch, übermäßig mißtrauisch zu sein; wie leicht, über ein Nichts viel Aufhebens zu machen ... Mehr als fünf Minuten waren vergangen, als eilige Schritte vernehmbar wurden. Der fehlende Mann, noch ganz außer Atem, stand seinem neuen Kapitän, der für ihn immer noch eine unbekannte Größe war, von Angesicht zu Angesicht gegenüber. Er entschloß sich kurzerhand, sich herauszuschwindeln.

»Nun?« fragte Delancey kühl.

»Verzeihung, Sir, ich hatte noch einen Botengang für den Koch. Ich nahm mir nicht viel Zeit und bin auf dem Rückweg meistens gerannt.«

»Worin bestand Ihr Auftrag, Williams?«
»Etwas Pfeffer zu holen.«
»Und der Koch hat es von Ihnen verlangt?«
»Ja.«
»Haben Sie sonst noch etwas getan?«
»O nein, Sir.«
»Sehr gut, ins Boot; und lassen Sie so etwas nicht wieder zu, Bootsmann. Die Boots-Crew muß im Boot bleiben. Stoßen Sie ab, Watson.«
Als das Gig längs der *Rose* lag, hieß Delancey die Bootsmannschaft im Boot zu bleiben. Er ging an Deck, ließ den Koch kommen und fragte ihn, ob er knapp mit Pfeffer sei.
»Nein, Sir.«
»Sie haben auch niemanden deswegen an Land geschickt?«
»Nein, Sir.«
»Haben Sie Williams einen anderen Auftrag erteilt?«
»Nein, Sir.«
Dann erst ließ Delancey die Bootsmannschaft an Deck kommen und hielt eine Ansprache: »Ich weiß nicht, welches Maß an Disziplin Sie an Bord dieses Kutters bisher gekannt haben. Es mag für Sie ganz und gar neu sein, daß Sie zu gehorchen haben. Es ist bestimmt ein neuer Gedanke für einige von Ihnen, daß Sie die Wahrheit sagen sollten. Was Sie aber wissen müssen und woran ich Sie erinnere, ist dies: Ihre Aussicht, Prisengeld zu machen, hängt davon ab, ob Sie genau das tun, was Ihnen gesagt wird. Ich will nicht näher nachforschen, worin Williams' Botengang bestand, aber ich will so etwas nicht wieder erleben. Sie haben Ihre Pflicht zu tun, und ich die meine. Stellen Sie Ankerwache, Mr. Lane. Der Rest kann schlafen gehen. Wir werden noch vor Tageslicht auslaufen.«
Delancey war sich tatsächlich darüber nicht klar, welche Strafe (und ob überhaupt eine) er verhängen sollte. In jedem Fall war es besser, aus Williams' Pflichtverletzung keine große Sache zu machen. Sie hatte aller Wahrscheinlichkeit nach nichts zu bedeuten (etwas Tabak oder vielleicht ein Mädchen), aber selbst das Schlimmste einmal angenommen, wäre es besser, Williams in Sicherheit zu wiegen. Bis jetzt lag nichts gegen ihn vor, und

welche Information hätte er überhaupt verkaufen sollen? Er konnte Carter warnen, daß die *Rose* einen Feuerfresser von der Flotte als neuen Kapitän hatte, aber das war an sich gar nichts. Was würde dieser typische Leutnant schon vom Freihandel verstehen? Bei dem Gedanken erkannte Delancey fast mit Bestürzung, daß er eben kein typischer Leutnant mehr war. Er war dazu übergegangen, von sich selbst mehr als von jedem anderen zu erwarten. Aber wie denn? Er kam zu dem Schluß, daß die meisten Männer dachten, eine gewisse Anstrengung, ob körperlich oder geistig, genüge vollständig. Die Frage, die er sich zu stellen gelernt hatte, war anders. »Hätte *noch* mehr getan werden können?« »Ließe sich in diesem Augenblick vielleicht noch weiteres tun?« Es mußte etwas geschehen, um Sam Carter von seiner Wachsamkeit abzubringen. Wie? Indem man ihn wissen ließ, die *Rose* würde am Donnerstag und Freitag auf der Höhe von Beachy Head sein. Müßte man es nicht in Portsmouth am Tage vor der Abfahrt der *Dove* von Poole bekanntmachen? Dafür blieb nicht mehr Zeit genug, und die *Dove* müßte sowieso bereits nach Alderney ausgelaufen sein ... Delancey rollte die Seekarte auf und begann auf einem Stück Papier Rechnungen aufzustellen, indem er die Gezeitentabelle neben sich legte. Dann zerriß er seine Berechnungen, denn er merkte, daß er eine grundlegende Tatsache vergessen hatte: Die *Dove* würde nach Einbruch der Dunkelheit auslaufen. Er begann wieder von neuem und nahm an, daß sie Alderney am Dienstag bei Tageslicht erreichen und dort den nächsten Tag mit der Verladung ihrer Fracht verbringen würde, um bei Nachteinbruch am Mittwoch abzufahren und auf der Höhe der Sandown Bay anzukommen am ... Aber das war zu spät! Sam sollte Molly am Donnerstag oder Freitag besuchen, was bedeutete, daß er seine Fracht nahe bei Poole in der Nacht vom Mittwoch ausladen müßte, nachdem er vorher in der Sandown Bay gewesen war. Das wiederum hieße, er müßte Poole eher am Sonntag (gestern) als heute verlassen ... Jeder Plan, ihn zu täuschen, würde auf ein anderes Mal warten müssen. Jetzt ließ sich nichts tun.

Durch die Ankunft von Mr. Lane und Mr. Torrin, die sich zum Abendessen bei ihm einfanden, wurden seine weiteren Berechnungen unterbrochen. Er merkte nun, daß der Kommandant eines Kutters nicht für sich allein leben konnte wie der Kapitän eines Kriegsschiffes. Wenn es auch eine unwillkommene Entdeckung war, so wurde sie doch gemildert durch die Feststellung, daß die Nahrung frisch war ... und es gab Brot statt hartem Schiffszwieback und außerdem Bier statt Grog. Die Mahlzeit war einfach, aber Delancey konnte seinen Maaten hinterher ein Glas Wein anbieten. Sie tranken auf das Wohl des Königs und auf »Erfolg der *Rose*!« Dann unterhielten sie sich über die Beschaffenheit der Segel des Kutters, seine Takelung und Bewaffnung. Eine Tatsache stellte sich dabei sehr bald heraus, nämlich die, daß die Mannschaft nie Zielschießen exerziert hatte. Für diesen Zweck wurden vom Schatzamt keine Gelder bereitgestellt, so daß der Geschützdrill, der mindestens wöchentlich hätte ausgeführt werden sollen, zu kurz kam. Delancey war über diese Entdeckung bestürzt, denn sie benachteiligte in erschreckendem Maße die Männer vom Zoll. Mr. Lane bestritt das, weil Schmuggler mit noch weniger Wahrscheinlichkeit Pulver und Kugeln für eine bloße Übung ausgeben würden; sie wünschten außerdem alles andere als Lärm. »Abgesehen davon«, sagte Mr. Torrin, »die Schmuggler von heute sind nicht Männer, wie sie vor einem Menschenalter zur Hawkhurst-Bande gehörten. Sie begehen keinen Mord aus Lust am Töten. Sie kämpfen überhaupt nicht, wenn sie es vermeiden können. Wie übrigens auch uns, geht es Ihnen nur um Geld. Also rechnen wir weder mit einem Gefecht noch mit Mord, jedenfalls nicht in der üblichen Weise. Es ist Krieg, wie wir wissen, und damit besteht die Möglichkeit, daß wir auf einen französischen Freibeuter stoßen können, so haben wir schließlich Mr. Buckley verloren. Aber er hätte es auch nicht nötig gehabt, sich darauf einzulassen. Er war eben immer ein Kämpfer, der Mr. Buckley, und kümmerte sich nie darum, ob er gute oder schlechte Chancen hatte.« Dann erzählte man sich Anekdoten über andere Zollboote, aber Delancey brachte die Unterhaltung auf das Thema Zielübung zurück. »Wir dürfen doch Warnschüsse vor den Bug eines jeden Fahrzeugs abschießen, das uns verdächtig erscheint?«

»Ja«, sagte Mr. Lane, »aber die Kanonen sind nicht immer wirklich geladen.«

»Manchmal aber doch? Ich kann also Pulver und Kugelladung auf dieses Konto verbuchen?«
»Nun ja, ich weiß, daß es geschehen ist und keine Rückfrage kam.«
»Gut. Wir werden für morgen eine Geschützübung ansetzen. Ich habe meinen Plan geändert, während der Morgenwache auszulaufen. Nach nochmaligem Überlegen hätte ich es lieber, man sähe uns nach Osten segeln.«
»Worin soll der Vorteil liegen?« fragte Mr. Torrin.
»Wenn wir einen Haken schlagen, können wir um so überraschender auftauchen.«
Mehr wollte Delancey über das Thema nicht sagen, aber das Wort machte die Runde, daß der Skipper irgend etwas vorhabe. Er mochte ein scharfer Kerl sein, die Anzeichen sprachen jedenfalls dafür. Das war allen ziemlich gleichgültig, Hauptsache, sie kaperten ein oder zwei Schiffe. Wie ihre Gegner waren die Männer vom Zoll eben hauptsächlich auf Geld aus.

7. Kapitel

Als flögen sie davon

»Feuer!« befahl Delancey, und das Jagdgeschütz der *Rose* auf der Steuerbordseite des Bugs schickte eine neunpfündige Kugelladung hinüber zu dem schwimmenden Faß, das als Ziel diente. Der Schuß ging weit daneben, und Delancey zeigte auf das Geschütz achtern vom Bug und befahl: »Feuer!« Wieder wurde das Ziel verfehlt. Der Schuß war zu kurz und lag weit ab. Mr. Lane wurde befohlen, näher heranzufahren. Es war ein strahlender, sonniger Morgen – kalt, aber heiter. Erschrockene Seevögel kreisten oben. Die Schießkunst der Mannschaft war fürchterlich, und die Fischerboote, die sich zwischen der *Rose* und der Küste von Sussex gruppierten, hatten allen Grund zur Beunruhigung. Die bloße Tatsache, daß sie nicht das Ziel bildeten, war noch keine Garantie dafür, daß sie sich noch in Sicherheit befanden. Sie hätten sich nicht wohler gefühlt, wenn sie gewußt hätten, daß sie im Logbuch des Kutters als verdächtige Schiffe bezeichnet wurden, die sich geweigert hatten beizudrehen, bis man Schüsse vor ihren Bug feuerte. Sie waren als Schiffe von Shoreham bei ganz legaler Tätigkeit identifiziert worden, aber sie hatten Delancey den benötigten Vorwand geliefert. Das Zielfaß war unbeschädigt, und er segelte näher heran, um seine Männer mit leichten Waffen üben zu lassen. Durch dieses Manöver näherte er sich noch mehr den Fischerfahrzeugen, deren Netze ausgeworfen waren und für die es deshalb kein Entweichen gab. Hätte ein Kapitän dieser Fahrzeuge ein schlechtes Gewissen gehabt, so wäre ihm das Verhalten der *Rose* als vorsichtiges Manöver erschienen, um ihn durch Überraschung zu kapern.

Es traf sich, daß auf einem der Schiffe in eben dieser Gruppe tatsächlich ein solcher Kapitän mit Schuldgefühlen war. Sein dreimastiger Lugger hatte sich zwischen den anderen versteckt, immer mit einem anderen Fahrzeug zwischen sich und der *Rose.* Schließlich verlor er die Nerven und befahl seinen Männern, Segel zu setzen. Er floh bei südlicher Brise nach Osten, und Delancey befahl sofort seine Verfolgung. Lane ging mit einem Fernglas nach vorn, und Delancey trat zu ihm an den Bug.

»Ja«, sagte Lane schließlich, »das ist die *Four Brothers* aus Shoreham, befehligt von Jonathan Battersby. Der geschmuggelte Alkohol muß an Bord sein, sonst hätte er sich nicht so davongemacht. Er hatte wahrscheinlich vor, in Rottingdean zu landen, und wartete nur auf die Dunkelheit.«

»Sind wir schnell genug, um ihn zu kapern?«

»Nicht bei dem Wind querab, Sir. Wir werden uns selbst kaum behaupten. Vor dem Wind können wir es besser schaffen, mit dem viereckigen Groß- und dem Marssegel, denn dann haben wir mehr Leinwand im Wind als er. Wir würden ihn einholen, Sir, wenn der Wind sich wieder drehte.«

»Es ist nicht wahrscheinlich. Mit Ostwind hätten wir ihn gegen das Festland in der Falle.«

»Sie meinen, Sir, er könnte bei diesem Lavieren Beachy Head nicht umfahren?«

»Darin besteht die beste Aussicht für uns, Mr. Lane.«

Im Verlauf der Jagd drehte die Brise mehr nach Osten, und beide Schiffe, Verfolger und Verfolgter, kamen so dicht wie möglich an den Wind. Sie waren etwa eine Meile auseinander, und die Entfernung zwischen ihnen schien sich sogar noch zu vergrößern. Am Nachmittag konnte man Beachy Head sehen, und damit bot sich wahrscheinlich die letzte Chance, einen Fang zu machen. Der Wind blies nun von Südosten und ging noch zurück, so daß die Segel des Luggers lose flatterten, als er versuchte, seinen Kurs zu halten. Endlich kam der Augenblick, an dem er völlig zurückblieb, während die *Rose* weiter seewärts sich am Wind hielt und aufzuholen begann. Lavieren hätte den Lugger quer zum Bug des Verfolgers gebracht, ein gutes Ziel für die Kanonen. Statt dessen wandte sich die *Four Brothers* geschickt dem Land zu und nahm Kurs auf West, mit dem Wind fast achtern. Dadurch fiel die *Rose* zurück, und sie verlor noch mehr Fahrt durch das Setzen ihres viereckigen Großsegels. Delancey wußte, daß er das Marssegel hätte setzen müssen, meinte aber, daß dafür keine Zeit sei. Er steuerte einen konvergierenden Kurs unter viereckigem Großsegel und Gaffel-Bramsegel und war froh, als er sah, daß Lane recht hatte. Vor dem Wind war sein Fahrzeug doch schneller, und bald lag weniger als eine halbe Meile zwischen den beiden. Delancey befahl seinen Männern, die Bugkanone und die Steuerbordbatterie zu bemannen. Wenn sie nur bessere Kanoniere wären! Er befand sich nun tatsächlich in Schußweite, aber Delancey war gewiß, daß das Ziel für eine Mannschaft, wie er sie hatte, noch zu entfernt war. Er wollte auch ein Schiff nicht beschädigen, das er bereits als seine Beute betrachtete.

Plötzlich lavierte der Lugger, nahm wieder Kurs nach Osten und kam dabei in günstige Position. Die *Rose* stürzte sich schäumend auf ihre Beute. Delancey wagte aber nicht zu lavieren, während sich die Entfernung verringerte.

»Sehen Sie, Sir!« sagte Torrin. »Sie werfen die Ladung über Bord!« Er reichte Delancey das Teleskop, der im Nu begriff, was vorging. Er sah sich gezwungen, sofort eine Entscheidung zu treffen. Wenn er seinen Kurs beibehielt, könnte er die Ware aufnehmen, die zu schwimmen schien. Wenn er lavierte, könnte er den Schmuggler kapern, hätte dann aber keinen Beweis, daß er geschmuggelt hatte. Seine einzige Chance, sowohl den Gesetzesbrecher als auch die Ladung sicherzustellen, bestand darin, den Lugger zu beschädigen, ehe er entwischte. Delancey änderte leicht den Kurs, damit er eine Breitseite abfeuern konnte, und befahl dann Torrin, das Feuer zu eröffnen. »Hoch zielen!« rief er. »Holt einen Mast herunter!« Die Idee war gut, aber die Aussicht auf Erfolg gering. Entfernung und Richtung änderten sich ständig, die See war bewegt und das Ziel nur von mäßiger Größe. Die erste verstreute Breitseite riß Löcher in die Segel des Luggers, und eine oder zwei Wanten waren dahin. Sechs Kanonen waren schußbereit, aber die nächste Breitseite war kaum wirksamer, obwohl drei Kanonen von Torrin und die drei anderen von Delancey selbst gerichtet worden waren. Dieses Mal wurde das Besansegel des Luggers ziemlich durchlöchert, der Mast aber nur geringfügig beschädigt. Die Entfernung hatte sich vergrößert, ehe sie wieder Feuer geben konnten, und das Gefecht endete mit einigen letzten wirkungslosen Schüssen aus den Kanonen. Als die schwimmenden Fässer aufgefangen wurden – die Männer vom Zoll waren darin geübt –, verschwand die *Four Brothers* um Beachy Head. Delancey war seine Beute entgangen.

»Verzeihung, Sir«, sagte Lane. »Sie hatten ganz recht, daß sie den Kognak dem Lugger vorzogen. Auf diese Weise haben wir wenigstens etwas. Sonst hätten wir gar nichts gehabt.« Delancey schätzte derartige Kommentare gar nicht, aber er konnte die Frage nicht unterdrücken, die ihn beschäftigte.

»Warum feuerten sie nicht zurück?«

»Wozu hätte das gut sein sollen?« fragte Lane. »Das Spiel war aus. Uns zu beschädigen, hätte nichts geändert – wir konnten die Jagd nicht fortsetzen, nicht bei dem Haufen Fässer die da herumtrieben, und es hätte uns auch nichts eingebracht, wenn wir es getan hätten.«

»Was aber, wenn wir in sie hineingefeuert hätten?«

»Sie hätten das Feuer erwidern müssen, um uns beim Zielen zu verwirren. Wie aber die Dinge lagen, wurde keiner verletzt, und das ist gut so. Sie haben auf dieser Fahrt keinen Profit gemacht, und wir haben wenigstens etwas zu teilen.«

»Gut so, Sir!« sagte auch Torrin, der zur Ablösung heraufkam. »Die Männer fragen alle, wieso Sie wußten, daß der Lugger hier war.«

Delancey sagte sich, daß sein Ansehen schneller wachsen würde, wenn sie weiterhin im Unklaren blieben. »Ich bin doch nicht von gestern, Mr. Torrin.«

Gleich nachdem das letzte Faß an Bord geholt worden war, nahm Delancey Kurs Südwest zu West und erklärte, daß er die Sandown Bay bei Sonnenuntergang aufsuchen wolle. Bei diesem Wind konnten sie es leicht schaffen und sich dabei von der englischen Küste fernhalten. »In Hampshire soll man ruhig annehmen, daß wir noch auf der Höhe von Beachy Head sind.«

Am späten Nachmittag beendete die *Rose* ihre herrliche Sechzig-

Meilen-Fahrt vor dem Wind, drehte schließlich bei und ankerte auf der Höhe von Shanklin. Sie befand sich direkt über einer Sandbank, genannt Shanklin Chine, und die bereits verwunderte Mannschaft der *Rose* war noch überraschter, als ihr exzentrischer Kommandant ein Faß schwimmen ließ und einen Wettbewerb zwischen den beiden Mannschaften an den Bugkanonen ankündigte. Jede sollte darauf einen Schuß aus zweihundert Meter Entfernung abgeben, und die Gewinner sollten einen Preis erhalten. Keine der Mannschaften traf jedoch. Dann zielte Delancey selbst mit der Steuerbordkanone und zerschmetterte das Faß zu Treibholz. Offensichtlich befriedigt über dieses Ergebnis nahm Delancey einige Peilungen mit seinem Sextanten vor und segelte eine halbe Stunde später wieder nach Westen, mit einem Kurs zur Umsegelung von Portland Bill. Am nächsten Tag war er auf der Höhe von Lyme Regis und Bridport und kreuzte langsam an der Chesil Bank entlang. An diesem Abend, es war Mittwoch, nahm er Kurs auf St. Catherine's Point von St. Alban's Head. Der Wind war wieder westlich und wärmer, die Nacht war dunkel, aber sternenklar. Es genügte, um die Needles ausmachen zu können.

Delancey schritt an Deck auf und ab und fragte sich, ob seine Berechnungen korrekt gewesen seien. Wenn sie stimmten, so steuerte Sam Carters Lugger, die *Dove*, gleichzeitig auf Sandown Bay zu. Wenn Madden Delanceys Vorschlag angenommen hatte, näherte sich die *Rapid* von Osten her und brachte die *Dove* in eine Falle. Was aber, wenn die Berechnung nicht stimmte? Alles beruhte auf seiner Entdeckung, daß Molly Brown am kommenden Donnerstag und Freitag nicht zu sprechen war. Er hatte angenommen, daß diese Tage für Sam Carter freigehalten wurden, Donnerstag als der Tag nach der Fahrt und Freitag für den Fall, daß sich die Fahrt verzögerte. Er hatte weiter angenommen, daß eine Teilladung am Mittwoch vor Mitternacht in der Sandown Bay versenkt werden würde, so daß die hauptsächliche Fracht in den frühen Stunden in Poole ausgeliefert werden konnte. Es würde nicht in Poole selbst geschehen, wie er wußte, sondern in irgendeiner Mündung in der Nähe (und es gab eine ganze Reihe davon, der Karte nach zu urteilen). Das würde aber den zeitlichen Ablauf nicht beeinflussen. Die Schwäche seines Planes lag vielmehr in den kühnen Mutmaßungen, auf denen er basierte. Was geschah, wenn Molly den Donnerstag für irgendeinen anderen freihielt? Was, wenn Sam Carter seinen Plan änderte, indem er zuerst nach Poole fuhr und hinterher in die Sandown Bay? Was, wenn er dadurch alarmiert worden war, daß er von der Tätigkeit der *Rose* gehört hatte? Es gab eine ganze Reihe von Möglichkeiten, durch die der Kommandant der *Rose* zum Narren gestempelt werden konnte. In einer Hinsicht hatte er aber vernünftig gehandelt – er hatte von seinen Plänen Torrin oder Lane nichts gesagt. Sein Versuch konnte fehlschlagen, ohne daß seine Mannschaft wußte, was er beabsichtigt hatte. Darin lag ein gewisser Trost ... Langsam und ruhig näherte sich die *Rose* Sandown Bay. Sie war gefechtsbereit mit geladenen und vorgeschobenen Kanonen. Leuchtkugeln waren bereit zum Einsatz.

»Dort auf der Höhe von Shanklin liegt ein Schiff vor Anker, Sir.« Torrins Stimme war heiser vor Erregung, und Delancey atmete auf. Vielleicht hatte das Spiel sich doch gelohnt! Zuerst konnte er selbst außer Lichtern drüben an Land im Dorf nichts sehen. Sie verschwanden wieder aus dem Blick, als die Peilung wechselte. Zwischen dem Land und den stillen Beobachtern auf dem Zollkutter war ein ungewisser Schatten zu erkennen. Hoch über den Lichtern des Dorfes gab es landeinwärts noch einige verstreute Lichter, aber weiter nach Osten. Vier davon glühten rot, und Torrin, dem es auffiel, hatte keine Erklärung dafür.

»Sieht wie ein Signal aus, Sir. Es ist doch seltsam, daß gerade dort ein Schiff vor Anker liegt – so weit südlich vom üblichen Anlegeplatz. Übrigens liegt es dicht bei der Stelle, wo wir erst gestern unsere Zielübungen gemacht haben.«

Delancey bestätigte, es sei wahrhaftig seltsam. Er strich dann die Segel der *Rose*, ließ sie treiben und wartete ab, was das andere Schiff tun würde. Schließlich erschollen die unmißverständlichen Geräusche eines Schiffes, dessen Anker hochgezogen wird. Es schickte sich an weiterzufahren, und die *Rose* hatte sich unbemerkt bis auf eine halbe Meile herangepirscht. Es war Zeit, das fremde Schiff zu identifizieren – und zwar mit Hilfe einer blauen Leuchtkugel. Dabei wurde für den Bruchteil einer Sekunde jede Einzelheit sichtbar. Es genügte, denn Lane rief sofort vom Bug her, das Schiff setze Segel und sei die *Dove* aus Poole.

Sie steuerte nach Osten und Süden davon, und die *Rose* folgte ihr mit vollen Segeln. Dem Verlauf der Küste folgend, nahm dann die *Dove* Kurs auf die Gegend, wo die *Rapid* sie erwarten mußte. Delancey schoß Leuchtkugel auf Leuchtkugel ab, damit Madden die Silhouette der *Dove* erkennen konnte. Endlich erhielt er Antwort durch ein Lichtsignal von Norden und wußte, daß der Schmuggler zwischen den zwei Kuttern und dem Land in der Falle saß. Die *Dove* lag landwärts an, segelte bequem nach Bembridge und drehte schließlich bei, während *Rose* und *Rapid* sich ihrer Beute näherten. Nach kurzem Zögern zog Delancey seine Marineuniform an, ehe er im Gig hinüberruderte, wobei er Torrin mitnahm und Lane befahl, die Breitseite der *Rose* auf den Lugger zu richten. Streng genommen, hätte er eigentlich Lane schicken und selbst an Bord zurückbleiben müssen, aber er wollte die *Dove* und ihren Kapitän kennenlernen. Eine Reihe von Laternen spendeten Licht genug, so daß er beide gut sehen konnte.

Sam Carter bewillkommnete sie an Bord der *Dove* mit feiner Ironie. Er war klein und untersetzt, hatte ergrauendes Haar, eine sanfte Stimme und eine Spur von Akzent aus Cornwall.

»Guten Abend, Mr. Torrin, ich hoffe, es geht Ihnen gut? Und das ist Ihr neuer Kapitän? Freut mich, Ihre Bekanntschaft zu machen, Sir! Ich wußte nicht, daß wir durch den Anblick der königlichen Uniform geehrt werden sollten. Kapitän Delancey, nicht wahr? Ihr Diener, Sir. Würden Sie sich vielleicht mit mir in die Kabine begeben? Mr. Torrin hat im Laderaum zu tun, wie ich mir denken kann. Warum sollen wir ihn nicht bei seiner Durchsuchung lassen, während wir ein Glas Grog trinken? Hier entlang, Kapitän, und achten Sie auf Ihren Kopf, wenn wir hinuntergehen. Auf diesem Lugger sind die Räume zwischen den Decks sehr niedrig.«

Die Kabine war klein, aber sauber und ordentlich. Gläser standen auf dem Tisch, Zitrone, Zucker, eine Kognakflasche und ein

dampfender Krug. Delancey bekam einen Stuhl angeboten, und sein Gastgeber machte die Honneurs mit glatter Förmlichkeit.
»Beim Einschenken muß ich daran erinnern, daß dieser Alkohol mehr Prozente als normalerweise hat; natürlich bei der Versteigerung im Zollhaus gekauft. Nehmen Sie Zucker, Sir ... Etwas Zitrone? Nun der Toast ... Sollen wir auf die Genesung von Käpt'n Ryder trinken?«
Delancey nippte kaum an dem Getränk, sah aber den anderen interessiert an. Das war nicht das Piratenschiff aus einer Ballade oder Geschichte. Hier war alles zu bedrückend normal.
»Ich war höchst erleichtert«, fuhr Carter fort, »als ich die *Rose* erkannte. Zuerst fürchtete ich nämlich, Sie seien ein französischer Kaperer. Deswegen versuchte ich zu entkommen. Sie werden mich vielleicht für töricht halten? Ich bin ein wenig nervös, muß ich gestehen, aber ich bin zu oft und manchmal irrtümlich beschossen worden. Ja, Sir, ich habe Sie fast für den Feind gehalten.«
»So waren Sie natürlich erleichtert darüber, daß Sie sich unter Freunden und Nachbarn befanden. Ich nehme an, Mr. Torrin wird nichts finden?«
»Wir segelten leider mit Ballast.«
»Von Alderney?«
»Von Alderney, ja. Ich hatte eine Ladung Seetang erhofft, wurde aber enttäuscht.«
»Seetang?«
»Ja. Er ist, wie mir gesagt wurde, von Wert für die Farmer.«
»Auch für die an der Sandown Bay?«
»Ich suchte diese Gegend aus Gefälligkeit auf. Ein Freund von mir war in Sorge über die Gesundheit seines Vaters, der in Alderney wohnt. Ich konnte ihm schriftlich Nachricht geben, daß der alte Mann auf dem Wege der Besserung ist.«
»So segeln Sie also jetzt nach Poole?«
»Nein, nach Cowes.«
»Und vielleicht zurück nach Alderney?«
»Das hängt von der Ladung ab, die mir angeboten wird.«
»Zweifellos. Erlauben Sie jetzt mir, einen Toast vorzuschlagen. Auf die *Dove*! Möge sie mit ihrer Mannschaft alles Gute erleben, das sie verdient!«

»Auf die *Dove*! Darauf kann ich bestimmt trinken. Und ein besseres Geschick wäre uns willkommen, denn die jetzige Fahrt wird uns kaum etwas einbringen.«

»Es tut mir leid, vor allem deshalb, weil ich annehmen muß, daß Sie den Weg umsonst gemacht haben.«

»Sagen Sie das nicht, Sir. Ich habe mir immerhin die Dankbarkeit meines Freundes auf der Isle of Wight verdient.«

»Ein Gedanke, der Ihnen Ehre macht, Käpt'n. Und hier kommt wohl Mr. Torrin.«

Man vernahm Schritte auf der Mannschaftsleiter. Torrin setzte sich zu ihnen und nahm ein Glas Grog an, wobei er sich wegen der Störung entschuldigte. Er berichtete Delancey, der Laderaum der *Dove* sei leer.

»Sie werden begreifen, Sir, daß ich meine Pflicht tun muß«, schloß er, »auch dann, wenn uns das Schiff wohlbekannt ist.« Carter beteuerte, es gäbe deswegen keine Verstimmung, und rief seinen Obermaat herein, um ihnen Gesellschaft zu leisten. Es stellte sich heraus, daß dieser ein schmächtiger dunkler Mann namens Evans war, der wenig sprach. Dann brach man auf. Torrin leerte sein Becherglas, aber Delancey ließ seines fast unberührt auf dem Kabinentisch stehen. Als sie an Deck gingen, sagte Carter, er hoffe, sie würden sich wieder einmal begegnen – vielleicht an Land, in Cowes.

Es war seltsam genug, aber Delancey hatte das Empfinden, daß die Einladung ehrlich gemeint sei. Carter war ein Mann, für den er so etwas wie instinktive Sympathie empfand, und er spürte, daß sie erwidert wurde. Delancey hatte das erste Spiel gewonnen, aber es war teilweise darauf zurückzuführen, daß er völlig unerwartet einen schlechten Spieler ersetzt und die Karten aufgenommen hatte, ehe man seine eigene Geschicklichkeit einschätzen konnte. Auch hatte er in die Karten der Gegner geblickt, ehe sie überhaupt wußten, daß er mitspielte. Mit dem Vorteil der Überraschung war es nun vorbei. Die nächste Runde würde für alle Partner unter gleichen Bedingungen stattfinden, und Delancey erinnerte sich an das, was Mr. Payne gesagt hatte – es werde ihm niemals gelingen, Sam Carter vor den Richter zu bringen.

Am nächsten Morgen war die *Rose* erneut in der Sandown Bay. Nachdem Delancey wiederholt sorgfältige Peilungen mit dem Sextanten vorgenommen hatte, ließ er den Kutter genau an der Stelle von Shanklin Chine ankern, wo die *Dove* in der Nacht zuvor zuerst gesichtet worden war. »Lassen Sie die Boote hinab, Mr. Lane, und suchen Sie den Grund mit Enterhaken ab!« Da fühlte sich der Obermaat zu einem Protest verpflichtet.

»Verzeihung, Sir, aber wozu soll das gut sein? Die Leute von Sandown werden mit den Booten herausgekommen sein, während wir die *Dove* jagten. Sie werden sich herangeschlichen haben, während wir auf der Höhe von Bembridge waren.«

Delancey spürte den versteckten Tadel. Hätte er Lanes Prinzip befolgt, so wäre er auf die Kognakladung ausgegangen und hätte den Lugger fahren lassen. Der hätte sowieso den Rest der Fracht über Bord geworfen, ehe er gefaßt werden konnte. Das war dann tatsächlich geschehen, und man schüttelte den Kopf im Mannschaftslogis über die Unwissenheit eines Mannes von der Flotte.

Delancey blieb fest. »Suchen Sie dennoch alles sorgfältig ab. Sie werden bei etwa sechs Faden Grund finden.«

Ungefähr eine Stunde lang suchte man mühsam. Die Boote ruderten hin und her, und die Seeleute murrten über die vergebliche Anstrengung. Sie blieben aber doch bei der Arbeit, und die Maate merkten rasch, wenn die Leistung nachließ. Da erscholl plötzlich von einem der Boote her ein Ruf. »Enterhaken festgehakt!« Es gab viel Aufhebens und Fluchen, denn sie glaubten, daß sie einen alten Anker am Haken hätten, aber Delancey befahl, sie sollten zum Kutter rudern und ihre Leine an Bord bringen. Von dieser stabileren Plattform aus wurde die Leine mit Hilfe des Gangspills eingezogen, und das erste Faß kam zum Vorschein. Es gab einen Freudenschrei auf den Booten. Das nächste Faß erschien und dann eines nach dem anderen, zusammengebunden und mit Steinen beschwert. So wurden vierzig Stück an Bord geholt, und damit war die Suche beendet. Die Boote wurden hochgezogen, der Anker gelichtet und Kurs auf die Needles genommen, und damit zurück zum Hafen. Delanceys Ansehen war gesichert.

Beim Mittagessen in der Kabine drückten Lane und Torrin ihre Überraschung zugleich mit den Glückwünschen aus. »Kann es nicht begreifen, Sir«, sagte Lane. »Die Sandown-Bande hatte die ganze Nacht Zeit, um die Fässer zu finden, und am Morgen waren sie noch da!«

»Vielleicht haben sie an der falschen Stelle nachgesehen«, bemerkte Delancey unschuldig und beschäftigte sich mit seinem Essen.

»Aber die Stelle muß doch vorher ausgemacht worden sein. Sie bringen Zeichen bei Tageslicht an, dann plazieren sie dort bei Nacht Lampen an der Küste, die bei der Peilung den ganz genauen Punkt ergeben. Es ist fürs Schiff nur eine Frage des Kreuzens, bis die Lichter in einer Linie sind, zwei und zwei. Ein Kind brächte das fertig, und das hier sind Männer, die seit Jahren kaum etwas anderes getan haben.«

»Wie enttäuschend für sie«, bemerkte Delancey. »Die Erbsensuppe ist ausgezeichnet.«

»Aber wir haben doch die Laternen gesehen!« wandte Torrin ein. »Sie hatten sogar rote Lichter dabei, um Verwechslung mit Lampen oder Kerzen in den Fenstern der Hütten und Häuser zu vermeiden.«

»Es würde die Lage natürlich ändern«, meinte Delancey nachdenklich, »wenn jemand die Lichter an eine andere Stelle geschafft hätte.«

»Aber wer könnte es getan haben?«

»Nun, das weiß man nie. Der Gedanke könnte meinem Freund Mr. Edgell gekommen sein.«

»Dem berittenen Beamten? Aber wie sollte er gewußt haben, wo er sie anbringen mußte?«

»Nehmen wir an, daß er an einem bestimmten Nachmittag mit seinem Hund auf den Hügeln hinter Shanklin spazierenging. Von dort hätte er zu seiner Überraschung die *Rose* in der Sandown Bay gesehen. Da sie drei Kanonen abfeuerte – als sollte es ein Zeichen sein –, könnte er (mit Hilfe eines Freundes) vier weiße Pflöcke eingeschlagen haben, die im Dunkeln sichtbar blieben.«

»Allmächtiger Gott!« sagte Torrin. »Und alles, was er und seine Freunde in der vergangenen Nacht zu tun hatten, war, die Laternen von ihren Plätzen dorthin zu schaffen, wo er seine Pflöcke eingeschlagen hatte!«

»Das könnte er getan haben«, gab Delancey zu. »Vorausgesetzt, daß er nach Einbruch der Dunkelheit auf einem Spaziergang war. Er geht manchmal aus, wenn er nicht schlafen kann, ist mir gesagt worden. Es muß sehr ärgerlich für seine Frau sein.«

Zweifellos genoß Delancey diese kleine Szene, die sein Ansehen im Zolldienst festigte. Aber er verachtete sich hinterher selbst, weil er für die Galerie gespielt hatte. Wie leicht war es doch, von diesen einfachen Männern als Held verehrt zu werden! Er hatte nur die wenigen Karten ausgespielt, die er in der Hand hatte, und sie hielten ihn für einen Zauberer. Beim nächsten Mal würde es nicht so leicht sein. Er dachte wütend daran, daß er seine eigentliche Karriere in der Marine machen wollte und daß seine wirklichen Feinde die Franzosen sein sollten. Dort hatte er es mit Gegnern von ganz anderem Kaliber zu tun, die genauso erbarmungslos wie listig waren. Krieg mit den Schmugglern war bloß ein Spiel, eine Gedankenübung. Beim Kampf gegen die Franzosen focht er jedoch um sein Leben. Die ganze Atmosphäre des Krieges wandelte sich. Es hatte eine Zeit gegeben, in der noch Sinn für Ritterlichkeit vorhanden war. Er konnte sich daran erinnern, daß er während des letzten Krieges mit Offizieren gesprochen hatte – oder besser, sie hatte reden hören –, die in den Franzosen würdige Gegner sahen, Gentlemen, die zufällig auf der anderen Seite standen. In jenen Tagen mußte auch der alte Lord Howe dem Feind gegenüber ritterlich gewesen sein, und Lord Rodney vielleicht in noch stärkerem Maße. Sogar Sir Edward Pellow neigte dazu, hieß es, aber es gab jetzt jüngere Leute, die anders dachten. Für sie war es ein Krieg auf Leben und Tod. Man könne mit Revolutionären nicht vernünftig reden. Man könne auch nicht mit ihnen wieder Freund werden, wenn der Krieg vorüber sei. Sie seien Leute, die getötet werden müßten. Im Vergleich dazu waren diese Schmuggler geradezu unschuldig, nichts weiter als Gesetzesübertreter. Mehr noch, sie waren wahrscheinlich im letzten Winkel ihres Herzens Patrioten. Ein Mann wie Sam Carter würde niemals ein wirklicher Verräter werden. Es wäre kaum befriedigend, wenn man ihn ins Gefängnis brächte. Man würde ihn eines Tages sogar brauchen, sicher in der Marine, wo er bei seinem Eintritt zum Obermaat befördert werden würde, und man würde ihm vielleicht innerhalb eines Jahres ein Kommando geben. Sam war ein Mann, den man auf seiner Seite haben mußte.

Delancey schritt an Deck des Kutters auf und ab – nur wenige Schritte blieben ihm in jeder Richtung – und tadelte sich wegen seiner Selbstzufriedenheit. Wie leicht war es doch, schon nach dem kleinsten Erfolg übertriebenes Selbstvertrauen zu entwikkeln! Er war bereits wieder in gemäßigter Stimmung, als er in Cowes an Land ging, und fast schüchtern, als er am Freitag dem Einnehmer Bericht erstattete.

»Sie haben Ihre Sache gut gemacht«, sagte Mr. Payne schließlich. »Ich glaube, Sie sollten für Ihre Aktivität und Ihren Unternehmungsgeist höchlichst empfohlen werden. Was haben Sie als nächstes vor?«

»Ich hatte daran gedacht, Sir, in Poole einen Besuch abzustatten.«

»Ich verstehe ... Vielleicht sollte ich Ihnen in diesem Falle erzählen, daß es da jüngst einen Zwischenfall gegeben hat, der mir Grund zum Nachdenken lieferte. Ein Schmuggler, der hier im vergangenen Monat festgenommen wurde, trug (ich kann mir nicht denken, warum) einen Brief bei sich, der von einem Mr. James Weston an Mr. John Early gerichtet war. Earlys Name ist allen bekannt, aber es gibt keinen Mr. Weston in dieser Gegend. Andererseits ähnelt die Handschrift in diesem Brief ein wenig der von Mr. Elisha Withers, dem Kontrolleur von Poole. Der Brief enthielt informative Einzelheiten über das Militär, das in Dorset zur Unterdrückung des unerlaubten Handels stationiert ist. Es mag sein, daß es dafür irgendeine Erklärung gibt. Mr. Withers könnte vielleicht erklären, wie er dazu kam, einen derartig unklugen Brief zu schreiben – falls er das wirklich tat. Seien Sie indessen auf der Hut. Selbst im Zollhaus von Poole ist man vielleicht nicht auf Ihrer Seite. Der Einnehmer dort, Mr. Edward Rogers, ist ein Freund von mir, aber ich fürchte, er ist für die Arbeit zu alt. Er muß wohl die Dinge anderen überlassen.«

»Ich danke Ihnen für die Warnung, Sir. Wenn die Schmuggler ihre Spione und Informanten sogar innerhalb des Zolldienstes haben, ist es ein großer Nachteil, daß wir offenbar keine Agenten innerhalb der Schmugglerorganisation haben. Ein gut plazierter Spion, ein Mann von großem Geschick, würde fünfzig Zollwächter und berittene Beamte wert sein. Wenn wir einen Geheimdienst hätten, würden wir es doch schaffen, Mr. Early vor ein Geschworenengericht zu bringen.«

»Wir haben manchmal Informanten. Sie kommen zu uns, nachdem es unter den Schmugglern selbst Streit gegeben hat. Aus Eifersucht wegen der Führerschaft, oder vielleicht wegen einer Frau. Aber diese Informanten sind keineswegs die Intelligentesten der Bande, und ihr Leben ist in der Regel recht kurz. Um ein richtiges Spionagesystem einzurichten, fehlt es uns an Geld. Die Schmuggler betreiben ein Geschäft, das höchst lukrativ ist, Sie müssen immerhin bedenken, daß der Verlust für den Zoll auf einen Betrag von nicht weniger als zweihunderttausend Pfund im Jahr veranschlagt wird. Schon ein Prozent dieser Summe genügt, um Männer in hoher Position zu bestechen. Die Belohnung hingegen, die wir bieten können, ist vergleichsweise geringfügig. Wir werden John Early nicht vor Gericht bringen, und wenn wir es täten, würde sein Platz von einem anderen eingenommen werden. Nein, Mr. Delancey, der Mann, den ich entlarven möchte, ist der Verräter in unserem eigenen Dienst; der Mann, wer es auch immer ist, der gegen uns in Poole arbeitet.«

Delancey ging von dieser Besprechung mit dem Gedanken weg, daß Schmuggler und Zollbeamte sich im Fall eines Konflikts zu ähnelnd schienen. Wenn die Alkoholschmuggler jemanden ermordeten, so war es einer aus ihren Reihen, ein Verräter an der Bande. Und so kaltblütig die Männer vom Zoll im Dienst vorgingen, ärgerte sie jedoch der bloße Gedanke an Verrat durch einen Mitarbeiter in ihrem Dienst. Mr. Payne war an Delanceys Erfolg nur gelinde interessiert, bei dem Gedanken an einen möglichen Verrat hatte er Erregung gezeigt. Bestand seine Sorge darin, daß ein anderer Beamter durch abwegige Mittel ein höheres Einkommen erzielte als er selber? Delancey schob diesen Gedanken von sich, entschloß sich aber, jeden Plan aufzugeben, der zu ehrgeizig sein könnte. Den Schmuggel der Gegend gänzlich zum Stillstand zu bringen, kam nicht in Frage und war offensichtlich unerwünscht; die Zollbeamten mußten ihren Lebensunterhalt verdienen. An John Early – der Spinne im Gewebe von Dorset – ein Exempel zu statuieren, kam ebenfalls nicht in Frage. Es war kein Geld vorhanden, um einen Informanten dieses Kalibers zu bezahlen.

Die *Rose* benötigte geringfügige Reparaturen, die sie immerhin für zwei Tage im Hafen hielten. Also entschloß sich Delancey, die ›Rose and Crown‹ wieder aufzusuchen, diesmal aber in Uniform. Das Gespräch erstarb, als er den Schankraum betrat, aber das Schweigen wurde durch Sam Carter unterbrochen, der ihn aufs freundlichste begrüßte.

»Willkommen an Bord, Käpt'n! Ich hatte gehofft, Sie hier zu treffen, während wir beide im Hafen sind. Ich hörte, daß die *Rose* eine neue Marssegelrahe und einen neuen Lukendeckel für die Bugkanone auf Steuerbord braucht. Gestatten Sie mir, den Grog auszugeben, den Sie nicht austranken, als wir uns zuletzt trafen – nein, Sir, ich bestehe darauf! George – einen von meinen Üblichen für den Kapitän hier, und gieße ein, während wir zusehen. Kein schlechtes Maß für den Zolldienst!«

Der Mann am Ausschank gehorchte, und Delancey konnte sehen, daß nichts hineingemischt wurde. Er dankte Sam und schlug einen Toast auf den König vor. »Gott segne ihn!« sagte Carter und hob ohne Zögern sein Glas. »Ich hätte Ihnen gern einige meiner Freunde vorgestellt – Mr. Henry Stevens, Mr. Will Grubb und – komm' rüber, Dan – Mr. Daniel Palmer.« Dan erhob sich schwankend in einem Winkel des Raumes und sagte, er sei stolz darauf, die Bekanntschaft des Kapitäns zu machen. Er sah etwas verblüfft drein und sagte schließlich: »Sind wir uns nicht schon mal begegnet?« »Sehr wahrscheinlich«, sagte Delancey. »Waren Sie schon einmal beim Zoll?« Diese Gegenfrage rief brüllendes Gelächter hervor. Keiner sonst kannte Delancey wieder, und die Party ging mit einer gewissen Zurückhaltung weiter.

»Sie haben mich beleidigt«, sagte Sam, »als Sie letztens den Grog, den ich Ihnen anbot, nicht berühren wollten.«

»Damals kannte ich Sie nicht, Kapitän.«

»Das will ich wetten. Wir sind auf allerlei Tricks bei diesem Spiel aus, aber gerade diesen würde ich nicht anwenden.«

»Warum nicht?«

»Nun, weil ich Ihnen wieder begegnen muß. Heute sind wir in Cowes. Nächste Woche kann es St. Peter Port oder Lyme Regis sein. Und was wäre dann, wenn ich Ihnen nicht in die Augen sehen könnte?«

»Also spielen wir fair?«

»Warum nicht? Wir kennen die Regeln, und es braucht keine Mißstimmung aufzukommen – nicht einmal dann, wenn einer ein paar Laternen versetzt.«

»Fair soll es also sein; da bin ich an der Reihe, die nächste Runde zu bestellen. George! Nochmal dasselbe. Aber eine Frage habe ich noch. Sie tranken eben auf das Wohl des Königs. Hätten Sie auch auf das Wohl von Robespierre getrunken? Ich meine, während er noch lebte?«

»Robespierre? Nein, ich nicht. Mein Handel hängt von Frankreich ab, macht nichts – es kann nicht geleugnet werden. Man kann sonst nirgends Kognak holen, nur in Frankreich. Also kenne ich die französische Küste von hier bis zur spanischen Grenze, und ich habe in jedem Hafen Freunde – alle aus Geschäftsgründen, macht nichts. Aber es ist unsere Flotte, der ich den Rücken stärke. Ich will die Franzmänner geschlagen sehen! Und was mehr ist, ich habe gegen sie gekämpft und würde es wieder tun.«

»Dann waren Sie also in der Marine?«

»Aber nein! Doch ich will Ihnen eine Geschichte erzählen – eine, die auch die anderen Männer hier nie gehört haben. Ich stieß einmal auf einen Zollkutter im Gefecht mit zwei französischen Freibeutern. Auf der Höhe von Jersey war es. Gut, der Kutter war in übler Verfassung und hätte bald die Flagge streichen müssen. Als ich das sah, segelte ich heran mit der alten *Falcon* – das war das Schiff, das ich damals befehligte – und schlug die Franzmänner in die Flucht. Sie segelten nach Saint Malo zurück, den Schwanz zwischen die Beine geklemmt, und ich war froh, als ich sie abhauen sah. Nun, das war vor langer Zeit, vor der Revolution – aber ich würde heute dasselbe tun. Ich kann nicht mit ansehen, wenn unsere Feinde im Vorteil sind.«

Der Abend verging dann schnell, und Carter schlug am Ende vor, man sollte ins ›Pig and Wistle‹ gehen. Delancey machte dabei nicht mit, er begleitete aber Sam ein Stück in dieser Richtung. Der Rest der Bande blieb, wo er war, und Delancey, der schon »Gute Nacht« gesagt hatte, kehrte zu der ›Rose and Crown‹ zurück. Es ging dort nun lärmender zu, und irgendein alter Mann, der einst auf einem Kriegsschiff gedient hatte, sang ein Lied, von dem Delancey folgende Worte heraushören konnte:

Des Seemanns Notanker ist der Grog,
Sein Kompaß, seine Trosse, sein Log.
Wenn ringsum die Gefahren
Mit Nöten nicht sparen,
Er trotzt ihnen und leert seinen Grog.
Der Grog, nur der Grog ist sein Steuer,
Sein Kompaß, seine Trosse, sein Log.
Des Seemanns Notanker ist der Grog.

Lautes Gelächter folgte darauf (vielleicht war der Sänger vom Tisch gefallen), aber der letzte Vers wurde von jedem mitgesungen:

Was, wenn sein Mädchen oft ihm schwor,
zu verachten anderer Charme
Und er bei der Rückkehr sie findet vor
In eines anderen Arm?
Was ist zu tun? Er macht sich Luft
Mit Fluchen, hält 'ne andere warm,
Tanzt, ist blau, leert die Börse aus
Und wieder aufs Meer hinaus.

Delancey betrat unbemerkt den Schankraum und blieb in der Nähe der Tür stehen. Der Sänger war, wie er gedacht hatte, ein Mann von einem Kriegsschiff; wohl kein vorzüglicher Seemann, aber ein Kerl mit Eigenart, der bei den Anwesenden Beachtung fand. Aller Blicke waren auf den Sänger geheftet, und Delancey konnte ungesehen beobachten. Harry, Will und Dan bildeten um einen runden Tisch eine Gruppe mit zwei anderen, die Delancey vom Sehen kannte, aber noch einer war dabei – ja, Mike Williams von der *Rose*! Der Mann war nicht zu verkennen, und er war fraglos mit den anderen befreundet. Er saß neben Dan und unterhielt sich mit ihm, als das Lied zu Ende und der Applaus verebbt war. Er hatte eine gewisse Heimlichtuerei an sich. Es gab natürlich keinen Grund, warum er nicht hier sein sollte. Er hatte Landurlaub, wie der Rest der Wache, und kein Gesetz verbot den Besuch gerade dieses Bierhauses. Es gab auch keinen Grund, warum er nicht mit Dan reden sollte – überhaupt, da sie ja verwandt waren. Und doch lag etwas Besonderes in dieser Begegnung. Heimlichtuerei war dafür das einzig richtige Wort. Delancey ging wieder hinaus, schloß still die Tür und war sicher, daß man ihm nicht einmal nachgeblickt hatte. Er lief zurück zum Kai, rief ein Hallo zum Ankerplatz der *Rose* hinüber und wurde zu ihr hinausgerudert. Alles an Bord war in guter Verfassung, und ein Mann hielt auch am Anker Wache. Delancey ging hinunter, wo er Torrin fand, der in einer Zeitung las.

»Es herrscht rauhes Wetter, unten bei Plymouth, Sir. Der Zollkutter *Falcon* wurde fast zum Wrack an der Untiefe im Westen, doch Fraser bekam ihn los, und er ist nun im Dock.«

»Ist das die einzige Nachricht vom Tage?«

»Es gibt sonst wenig.«

»Sagen Sie mir, erließ Mr. Ryder eine ausdrückliche Anordnung für die Mannschaft, sie solle die ›Rose and Crown‹ meiden?«

»Nein, Sir. Er ließ bekanntgeben, das Lokal sei zu meiden, und sie hielten sich alle daran. Sie gehen meistens zu den ›Worsley Arms‹, wo der Gastwirt ein ehemaliger Mann vom Zoll ist.«

»Ganz richtig so. Ist die neue Rahe fürs Marssegel angekommen?«

»Sie befindet sich an Deck, Sir. Wir werden sie morgen oben anbringen.«

»Ich leg mich aufs Ohr. Gute Nacht.«

Die *Rose* hatte am nächsten Tag ihre volle Besatzung, aber einige Männer von der Steuerbordwache sahen reichlich mitgenommen aus, besonders Williams. Delancey redete ihn scharf an und fragte, wo er in der Nacht gewesen sei.

»In den ›Worsley Arms‹, Sir.«
»Sonst nirgends?«
»Ach nein, Sir, ich war mit meinen Kameraden zusammen.«
»Versuchen Sie nächstens, nüchtern zu bleiben.«
»Zu Befehl, Sir.«

Für Delancey stand es nun fest, daß Williams tatsächlich im Sold der Schmuggler stand, aber was für Informationen hatte er ihnen zu verkaufen? Er wußte nichts von Bedeutung; was hatte er ihnen also mitzuteilen? Delancey begriff, daß er jetzt eine Chance hatte, der örtlichen Bande (und durch sie Sam Carter) jede falsche Information zu geben, die gerade in seinen eigenen Plan paßte. Aber was für einen Plan hatte er?

Delancey mußte noch einen Tag in Cowes verbringen, und er benutzte den Nachmittag dazu, um seine Bekanntschaft mit Isaac Hartley zu erneuern. Er besuchte Isaacs Laden, wo das Geschäft alles andere als lebhaft war, und erklärte, daß er sich einer harmlosen Täuschung schuldig gemacht habe. Er sei der zeitweilige Kommandant der *Rose* und habe Information über die örtliche Bande der Schmuggler benötigt. Das Ergebnis sei ein kleinerer Erfolg gewesen, die *Dove* habe eine Ladung verloren, von der ein Teil gefunden und konfisziert worden sei.

»Ich habe davon gehört«, sagte Isaac, »und ich wunderte mich, wer den Männern vom Zoll den Tip gegeben haben könnte. Sie waren es also, und Sie machten mich zum Informanten! Begreifen Sie nicht die Gefahr, in der ich nun schwebe? Die Bande wird glauben, daß ich wortbrüchig geworden bin und sie verraten habe! Dabei habe ich nur einem hungernden Mitmenschen gegenüber christliche Nächstenliebe geübt, wie ich dachte, einem Mann, der das Heil erblickt hatte. Wenn meine Hannah noch vor dem Ende dieser Woche Witwe ist, so ist das Ihre Schuld, Mr. Delancey – und Gott verzeihe Ihnen!«

»Ich muß gestehen, Mr. Hartley, daß ich in Ihrem Sinne nicht ein Erlöster bin, ich bin nur ein Offizier, der seine Pflicht zu tun versucht; eine meiner Pflichten besteht darin, den zu schützen, der der Krone einen Dienst erwiesen hat – bewußt oder nicht.«

»Aber das können Sie ja gar nicht!« schrie Isaac in großer Erregung. »Sie können nicht einen berittenen Beamten vor meine

Tür stellen! Sie können tun, was Sie wollen, die Bande wird mich ermorden!«

»Diesen kleinen Verbrechern liegt nichts daran, den Galgen zu riskieren. Ich kann Sam Carter versichern, daß Sie streng Ihr Wort gehalten haben. Er wird mir glauben, und Ihnen wird nichts geschehen.«

»Aber ist denn Sam Ihr Freund? Wie kann das sein?«

»Sie können nachts ruhig schlafen, nachdem ich mit ihm gesprochen habe.«

»Und Sie werden es tun?«

»Ja, ich werde mit Sam sprechen, aber ich möchte Sie bitten, mir zuerst zu helfen. Es sind zwei Dinge, die ich wissen muß –«

»Sehen Sie, Mr. Delancey, ich habe mein Wort gegeben. Ich will niemanden verraten. Ich werde keinen beim Namen nennen. Gott weiß, ich bin schon jetzt gefährdet genug. Fragen Sie mich nichts mehr!«

»Ich werde Sie nach keinem Namen fragen. Was ich Sie fragen werde, betrifft Poole, und nicht die Isle of Wight. Was ich wissen will, ist erstens: haben die Dorset-Schmuggler einen Freund im Zollhaus von Poole – einen der Beamten von Mr. Rogers? Ich frage nicht nach seinem Namen. Alles, was ich wissen will, ist, ob sie einen Mann dort haben, der ihnen gelegentlich hilft.«

»Sie werden mich danach nichts weiter fragen?«

»Ich werde nur zwei Fragen stellen, von denen diese die erste ist. Ich verspreche Ihnen, nichts weiter zu fragen.«

»Ich habe Ihr Wort, denken Sie daran. Schön, die Antwort lautet: ja – oder mindestens glaube ich es. Ich möchte nicht behaupten, daß ich es als Tatsache weiß. Mir ist erzählt worden, daß es einen solchen Mann gibt, und ich habe allen Grund, es zu glauben.«

»Danke, Mr. Hartley. Und nun meine andere Frage: Wie oft unternehmen die Schmuggler von Poole eine Fahrt?«

»Wie soll ich das wissen? Es hängt vom Wetter ab und vom Aufenthalt der Zolleute. Ich wage zu behaupten, es gibt sechs oder acht Ladungen im Monat, die meisten nach Studland Bay, einer bevorzugten Stelle bei Flut. Die Schmuggler haben am liebsten eine Springflut und eine mondlose Nacht, und einige von ihnen wollen an Sonntagen nicht arbeiten.«

»Nochmals meinen Dank, Mr. Hartley. Sie können sich darauf verlassen, daß ich meinen Teil unserer Abmachung halte. Wir sollten uns lieber nicht wieder treffen – es wird für Sie sicherer sein, wenn uns niemand sieht.«

Später am Tag ruderte Delancey im Boot mit sechs Ruderern zur *Rose* hinaus. Er sagte zu dem Bootsmann, er solle dicht an die *Dove* heranfahren, und als sie in Rufweite waren, befahl er den Männern, ihre Ruder ruhen zu lassen. »Kapitän Carter!« rief er. »Darf ich an Bord kommen?« Eine Minute danach erschien Sam und rief zurück: »Kommen Sie an Bord, Kapitän.« In zwei Minuten war Delancey an Deck des Luggers.

»Sie wollen doch nicht mit der Untersuchung von neuem anfangen?« fragte Sam.

»Nein, ich möchte ein Wort mit Ihnen privat sprechen.«

Sie gingen miteinander bis zum Heck, wo sie sich außer Hörweite der anderen Männer an Deck befanden.

»Sie werden nunmehr wissen, daß ich einige Nachforschungen hier angestellt habe, bevor jemand wußte, daß ich der Kommandant der *Rose* war.«

»Ich hörte davon, als es zu spät war.«

»Nun, ich hatte eine Unterhaltung mit Isaac Hartley, und ich habe ihn heute wieder besucht.«

»Und?«

»Ich möchte Sie wissen lassen, daß er den früheren Freunden gegenüber sein Wort gehalten hat. Er wollte keinen beim Namen nennen, und ich bin sicher, daß er es niemals tun wird. Ich rechne auch nicht damit, ihn jemals wieder aufzusuchen.«

»Ich nehme Sie beim Wort und werde mich darum bemühen, daß ihm nichts geschieht. Eines Tages habe ich vielleicht eine ähnliche Bitte an Sie.«

»Und Sie würden sie nicht vergeblich aussprechen.«

Sie schieden wieder wie Freunde, und die *Dove* segelte an diesem Abend ab, angeblich nach Alderney. Die *Rose* sollte am nächsten Tag nach Poole auslaufen, und Delancey schritt an Deck auf und ab und überlegte, was für eine Taktik er einschlagen sollte. Es kam ihm wieder zum Bewußtsein, wie wenig er vom Schmuggel wußte und wieviel es noch zu lernen gab. Was würde geschehen, wenn er auf der Höhe von Poole kreuzte, bis die nächste Fahrt fällig war? Die Ladungen würden dann in Lulworth oder Christchurch an Land gebracht werden (würden sie es überhaupt?). Aber wie sollten die Schmuggler wissen, wo er war? Das Warnzeichen würde möglicherweise von St. Alban's Head aus gegeben werden. Irgendein Punkt auf den Hügeln würde es sein, von dem aus man einen Blick auf die See und ebenso in die andere Richtung hatte, auf Poole. Die Stelle ließe sich finden, aber die Entdeckung wäre nutzlos, wenn man nicht auch den Signalkode herausbekäme. Dafür bedürfte es eines Informanten, und welche Aussicht bestand darauf, einen solchen zu finden? Seine einzige Hoffnung lag darin, den Spion des Feindes zu benutzen, der, wie er nun wußte, sich unter seinen eigenen Leuten befand. Durch diesen Spion konnte er seine angeblichen Absichten übermitteln, um dann das genaue Gegenteil zu tun.

Und was, abgesehen vom Geld, wäre erreicht, wenn er wirklich mit dem Trick Erfolg hätte, oder sogar mit dem ganzen Spiel? Es gäbe nur die einzige Antwort, daß er sich darin geübt hätte, mit verwickelteren Problemen fertig zu werden als jenen, denen sich gewöhnlich ein junger Offizier gegenübersieht. Eines Tages könnte er ein unabhängiges Kommando oder wieder eine geheime Mission erhalten, bei zweifelhaften Verbündeten und unklarer Lage. Er müßte die Chancen abwägen, den Wert widerspruchsvoller Informationen einschätzen, sich auf den Plan des Feindes einstellen und schließlich seinen Ruf für immer bei einer einzigen Entscheidung aufs Spiel setzen. Der Kampf gegen Schmuggler mochte trivial sein, aber er konnte ihn als Teil seiner Ausbildung betrachten. Wieder einmal kam er zu der Annahme, daß er besser sei als der Durchschnitt, wenn auch seine Vergangenheit auf das Gegenteil hindeutete. Machte er sich durch diese Annahme nicht lächerlich? Er war ein Leutnant mit halbem Sold, ohne die Gewißheit – ja, selbst ohne eine Wahrscheinlichkeit –, je wieder eingestellt zu werden; und dabei dachte er an taktische Situationen, in denen die endgültige Entscheidung bei ihm liegen sollte ... Absurd! Er ging hinunter, zog einen Stuhl an den Kabinentisch, legte einen Lederband vor sich hin und las unter der sanft schwingenden Lampe:

»In den ersten, goldenen Jahren der Herrschaft Neros hatte dieser Fürst vor Verlangen nach Popularität, und vielleicht aus blindem Impuls der Mildherzigkeit, den Wunsch, die Belastung durch Steuern und Zölle aufzuheben. Die klügsten Senatoren applaudierten seiner Großherzigkeit. Aber sie brachten ihn von der Ausführung seines Planes ab, der die Kraft und die Mittel der Republik zerstört hätte ...«

Da Zölle so weit zurückreichten, könnte man sie auch jetzt nicht beseitigen! Mr. Pitt hatte sie einmal, wie in der Antike Trajan, reduziert, aber danach war der Krieg gekommen, und damit das Bedürfnis, die Stärke des Staates zu wahren. Die Abgaben waren notwendig, die Umgehung der Steuern mußte eingeschränkt werden, und es mußte einigen Männern zufallen, diese endlose und traurige, aber notwendige Arbeit zu leisten. Delancey seufzte, weil er im Augenblick einer von diesen Männern war und diese Pflicht zu erfüllen hatte.

8. KAPITEL

Die Schmuggler von Poole

Es kann kein Zweifel daran bestehen, daß viele Kaufleute von Poole wirklich ehrbar waren, aber die Topographie des Hafens war nicht dazu angetan, die Ehrlichkeit in jedem Falle zu fördern. Die eigentliche und normale Zufahrt zu Poole bildet der Swash Channel, der zwischen North Haven Point und Brownsea Island liegt, zwischen schlammigen Untiefen eine Biegung nach Westen macht und die heimkehrenden Schiffe zum Kai von Poole bringt, der immer noch, sehr zweckmäßig, vom Zollhaus beherrscht wird. Nichts könnte ansehnlicher sein als die alte Stadt Poole, mit ihren warmen roten Ziegelbauten um das Markthaus als Zentrum, das im Jahre 1716 von Mr. Joseph Gulston aus Dankbarkeit errichtet worden war, weil man ihn zum viertenmal als Mitglied des Parlaments für Stadt und Land gewählt hatte. Aus der gleichen Zeit datieren die hübschen Stadthäuser, aus denen Tag für Tag die Reeder traten, um ins Geschäft zu gehen. Und es war ein einträgliches Geschäft, denn sie holten Kabeljau aus Neufundland und verkauften ihn in Spanien oder Portugal, und die Rückladung bestand unter anderem aus Wein. Viele dieser Ladungen waren zollpflichtig, und es war Sache des Zolleinnehmers, darauf zu achten, daß die Zölle auch bezahlt wurden.

Das war Poole, gesehen aus den Fenstern des Zollhauses. Aber der Hafen von Poole konnte auch aus einem anderen Gesichtswinkel betrachtet werden. Er war und ist ein Komplex von Kanälen und Buchten, kein Problem für kleine Fahrzeuge, wenn sie mit Leuten bemannt sind, die ortskundig sind. Ein Schiff, das bei Nacht in den Hafen einfuhr, konnte seitwärts vom Hauptkanal abbiegen und bei Flut in die South Deep einlaufen, um illegal bei Goathorn Point oder Green Island Ladung zu löschen. Ein anderes, wagemutigeres, konnte in den Wych Channel einfahren und seine Ladung an der Nordküste von Brownsea Island an Land bringen. In Frage kamen dafür aber auch Studland Bay oder Swanage, Lulworth Cove oder Ringstead. Brownsea Island befindet sich übrigens zwischen Studland Bay und Poole und liegt hoch genug, um ein Schiff in der South Deep bei seiner Tätigkeit abzuschirmen. Der berufliche Schmuggler, im Unterschied zum Handelsskipper, der gelegentlich einer Versuchung unterlag, fand den Hafen von Poole geradezu ideal für seinen Zweck, besonders dann, wenn er eine Signalstation auf Nine Barrow Down errichtet hatte. Es wäre falsch zu behaupten, daß die Kaufleute von Poole allesamt mit Schmuggel zu tun hatten, aber die meisten von ihnen wußten, was vorging. Ihn ganz zu unterdrücken, war mit den verfügbaren Männern kaum zu schaffen und wäre auch höchst unpopulär gewesen. Die Politik des Zolleinnehmers bisher war es gewesen, möglichst nicht daran zu rühren, gelegentlich eine Beschlagnahmung vorzunehmen, es aber sonst vorzuziehen, sich bei Schlichen unwissend zu stellen, die jedem anderen bekannt waren.

Es war ein schöner Tag Ende Februar, als die *Rose* in den Swash bei Flut einfuhr. Es herrschte eine östliche Brise mit lebhafter See, und die Needles waren deutlich im Sonnenschein sichtbar. Delancey steuerte den Kutter den Hauptkanal hinauf und ließ ihn schließlich am Kai von Poole anlegen. Er ging an Land und meldete seine Ankunft im Zollhaus. Der Zolleinnehmer war nicht da, es hieß, er sei nicht wohlauf, aber sein Buchhalter empfing ihn höflich und gratulierte ihm zu dem jüngsten Erfolg der *Rose*. Mr. Elisha Withers, ein rotgesichtiger jovialer Mann, der offensichtlich der Flasche zusprach, hatte als Assistenten Mr. George Miller, einem eher nüchternen und enthaltsamen Charakter, der während der ganzen Unterredung zugegen war. Miller war klein und dünn, hatte eine scharfe Nase, rümpfte sie ständig und beachtete alles an Delancey bis hinab zu den billigen Schuhschnallen. Ihm als dem stellvertretenden Buchhalter war die Arbeit im Büro hauptsächlich zugefallen, denn Mr. Withers war dazu nicht fähig, und der Zolleinnehmer, Mr. Rogers, war selten da. Delancey kam sofort zur Sache, indem er fragte, ob Samuel Carter den Zollbeamten bekannt sei.

»Carter?« fragte Withers. »Carter? Ja, natürlich! Er handelt zwischen hier und den Kanalinseln. Sein Lugger, die *Dove*, ist hier in Poole registriert, und er wohnt, wenn er an Land ist, in dem alten ›George Inn‹ oder in einem Gebäude dahinter, das John Scaplen gehört. Wollen Sie ihn sprechen?«

»Nein, Sir. Ich halte ihn für einen Schmuggler.«

»Samuel Carter? Bestimmt nicht! Es ist noch kein Fall gegen ihn vorgebracht worden.«

»Wollen Sie damit sagen, daß dieser Hafen frei von unerlaubtem Handel ist?«

»Nicht gänzlich«, erwiderte Withers widerstrebend. »Aber er ist nur geringfügig im Vergleich zu dem, sagen wir, in Sussex. Haben Sie davon gehört, daß kürzlich hundertfünfzig Schmuggler von den berittenen Beamten in Newhaven und der Mannschaft des Seaford Boat gefaßt wurden? Hundertfünfzig! So etwas kennen wir rings um Poole nicht. Manchmal werden von Fischern ein paar Fässer an Land gebracht, aber die geben es bald wieder auf. Die Kaufleute sind uns alle persönlich bekannt und haben einen guten Ruf in der Grafschaft. Die Männer, die im großen Geschäft stehen, verschmähen es, Geld durch geringfügige Abweichungen vom Gesetz zu sparen. Viele von ihnen haben hohe Ämter wie Sheriff oder Bürgermeister inne.«

»Es freut mich, so etwas zu hören«, sagte Delancey, »aber ich habe guten Grund anzunehmen, daß die *Dove* in diesem Augenblick mit Schmuggelware beladen ist und die Fahrt in wenigen Tagen stattfinden wird.«

»Wo?« fragte Miller, der zum erstenmal das Wort ergriff.

»In Lulworth Cove, ist mir gesagt worden.«

»Sie können irregeführt worden sein«, sagte Withers. »Der wirklich Schuldige (wenn es einen gibt) kann ein anderer Mann sein, der seine Fracht an einem anderen Platz an Land bringt.«

»Das lasse ich gelten. Wenn Sie genauere Nachricht haben, so will ich mich gern danach richten.«

»Nein, wir haben nichts gehört«, antwortete Withers. »Und Carters Name ist in diesem Zusammenhang nie erwähnt worden.«

»In diesem Falle, Sir, wird die *Rose* auf der Höhe von Lulworth Cove zur richtigen Zeit erscheinen. Ich muß um einen Trupp Kavallerie bitten, der mit mir zusammenarbeiten sollte, und ich muß ferner darum ersuchen, daß Sie die Geschichte ausstreuen, ich erwartete eine Fahrt in die Studland Bay.«

»Ein kluger Gedanke, Mr. Delancey, aber ich glaube, ich kann zu seiner Durchführung noch etwas beitragen. Morgen abend findet im Markthaus ein Ball statt. Ich freue mich, Sie dorthin als meinen Gast führen zu dürfen. Unter anderen dort anwesenden Herren wird auch Hauptmann Molyneux von den 4. Dragonern sein. Sie können gleichzeitig die Gelegenheit benutzen, eine Ihnen passende Geschichte über Ihre unmittelbaren Pläne auszustreuen. Ihr Name ist populär, und viele werden begierig sein, Ihre Bekanntschaft zu machen.«

Delancey nahm diese Einladung mit innerem Unbehagen an. Unter anderen Umständen hätte er sich über den Ball gefreut, aber er fragte sich, ob er sich durch eine Absage nicht unbeliebt machen würde. Andererseits wußte er, daß er keinen besseren Weg finden konnte, die Maßnahmen mit der Kavallerie abzustimmen – auch konnte es keine geeignetere Gesellschaft geben, um ein Gerücht in Umlauf zu setzen. Er würde freilich seine fünf Sinne zusammennehmen und froh sein müssen, wenn die Sache vorüber war.

Indessen ging er in Poole umher und machte sich mit dem Ort vertraut. Seine Gedanken waren dabei nicht frei von Angst. Er hatte sich in die Höhle des Löwen begeben, um ihn zu bezwingen. Durfte er tatsächlich davon ausgehen, daß der Löwe zahm seinen ersten Streich abwarten würde? War es nicht wahrscheinlich, daß Mr. John Early, der von seiner Tätigkeit gehört hatte, gegen ihn zum Schlag ausholen würde? Er versetzte sich in Earlys Lage und überlegte, welche Möglichkeiten ihm offenblieben. Er konnte jemanden anweisen, mit ihm Streit zu beginnen und so den Weg für ein Duell vorzubereiten. Er konnte Delancey mit falschen Nachrichten versorgen. Er konnte die *Rose* bei einem Zusammenstoß beschädigen. Er konnte ihm ein Gerichtsverfahren anhängen oder seine Seeleute bestechen, damit sie meuterten. Er konnte mit einem Dutzend verschiedener

Möglichkeiten zum Gegenschlag ausholen, aber Delancey vermutete, daß er vorerst nicht so drastisch vorgehen würde. Es würde nicht sein Ziel sein, Krieg auf Leben und Tod zu erklären. Sicher wünschte er zunächst nur, daß Delancey die offizielle Theorie annähme, in Dorset sei Schmuggel praktisch unbekannt.

Während Delancey so über die Lage nachdachte, hatte er nahezu einen Zusammenstoß, nicht im Kanal, sondern mitten auf der High Street. Die junge Dame, mit der er so um ein Haar kollidiert wäre, stieß einen kleinen erschreckten Schrei aus und ließ Sonnenschirm und Handschuhe fallen. Mit einer Hand klammerte sie sich an den Arm einer älteren Frau und blickte ganz verstört drein, als ob Delancey beide angegriffen hätte. Er beeilte sich, eine Entschuldigung vorzubringen und den Sonnenschirm und die Handschuhe aufzuheben, wobei er zugleich eine Ausrede wegen seiner Zerstreutheit zu finden suchte. Die junge Dame war recht attraktiv, eine Brünette Anfang der Zwanzig, und er nahm an, daß die ältere Frau ihre Haushälterin war. Er gab sich die Schuld wegen seiner Unbeholfenheit und hoffte nur, daß die Dame unverletzt sei. Sie verzieh ihm in netter Weise und fügte hinzu, daß die Schuld sie ebenso träfe wie ihn.

»Ich vermute, Sir, daß Sie der Marineoffizier und zeitweilige Kommandant der *Rose* sind.« Delancey stellte sich vor und erfuhr, daß die junge Dame Miß Louisa Hill sei. Sie war etwas kecker, als Delancey erwartete, vielleicht aus Neugier, und sie erklärte rasch, daß sie von Dorchester herübergekommen sei, um dem morgigen Ball beizuwohnen. Würde Mr. Delancey auch dort sein? Er tat, als ob er sich schon darauf freue, und setzte noch andeutungsweise hinzu, daß er sie wiederzusehen wünsche. Sie versprach, sie würde einen Tanz für ihn freihalten, warnte ihn aber, nicht auf ihre anderen Verehrer eifersüchtig zu sein. Sie habe, gab sie zu, eine Schwäche für hübsche Männer in Marine- oder Militäruniform. Sie erlaubte Delancey, sie zum Hause ihrer Tante zu begleiten, Nummer 30 in der High Street, leicht kenntlich durch die Tür und ihr Oberlicht, beide in einem Stil, der den Geschmack der vergangenen Generation verriet.

Nach dieser Begegnung kehrte Delancey an Bord der *Rose* zurück und erklärte Lane und Torrin die Lage. Die *Dove* würde eine Fahrt nach der Studland Bay versuchen, aber man sollte die Geschichte in Umlauf setzen, daß sie eine Fahrt zur Lulworth Cove unternehmen würde. Jeder Offizier sollte diese erfundene Geschichte verbreiten und jeder anderen Person an Land unter dem Siegel der Verschwiegenheit anvertrauen. Nach dieser kurzen Unterredung ging Delancey an Deck und sprach wieder von Lulworth Cove, diesmal so, daß Mike Williams es hören mußte, aber Lane erinnerte ihn an die Notwendigkeit der Geheimhaltung. Delancey fluchte leise und ging außer Hörweite. Wenn alles glatt verlief, würde die Signalgruppe die gleiche Geschichte vom Zollhaus, von Williams und vielleicht zusätzlich auch noch als Gerücht mit ähnlichem Inhalt hören, Die *Dove* würde rechtzeitig gewarnt werden, Kurs auf Poole nehmen und dort in die Klauen der *Rose* fallen. Delancey war fest überzeugt davon, daß die Schmuggler einen Komplizen im Zollhaus hatten, aber wer war es? Withers sah nicht danach aus, und Rogers war offensichtlich alt und leidend. Withers war zuerst verdächtigt worden, wegen des abgefangenen Briefes, aber Delancey neigte nun zu der Ansicht, daß er verhältnismäßig unschuldig gewesen sein mußte und wohl bloß einem Herrn des Ortes gegenüber geschwatzt hatte, den er für einen ehrbaren Charakter hielt. Für den gegenwärtigen Zweck konnte man es als sicher annehmen, daß alles, was dem Zollbeamten bekannt wurde, bald zur Kenntnis der Schmuggler gelangte. Wenn Sam Carter auf der Höhe von Durlstone Head erschien, würde ihm signalisiert werden, daß die *Rose* sich auf der Höhe von Lulworth Cove befinde und daß in der Studland Bay die Luft rein sei. So würde die Falle gestellt werden.

Über der Karte und der Gezeitentabelle brütend, mußte Delancey nun den genauen Tag und die genaue Stunde festlegen. Carter war in Alderney oder Guernsey. Wieviel Zeit würde er brauchen, um sein Schiff zu beladen? Es hing von unbekannten Faktoren ab, von den Arbeitskräften, die am Kai verfügbar waren, auch von der Anzahl der Schiffe, die dort warteten. Aber Carter würde für die Fahrt eine dunkle Nacht und hohe Flut benötigen. Die verschiedenen Umstände abwägend, kam Delancey zu dem Schluß, daß das wahrscheinlichste Datum der 4. März und die wahrscheinlichste Stunde zwischen ein Uhr und drei Uhr früh sein würde, damit die *Dove* bei Tagesanbruch wieder über dem Horizont sein konnte. Der Ball sollte morgen stattfinden, am 1. März, es blieb ihm also noch Zeit, um die Kavallerie in Marsch zu setzen; vorausgesetzt natürlich, daß Molyneux zur Zusammenarbeit bereit war. Delancey hatte den vagen Gedanken, daß Pferde zum Lahmen oder zur Rotzkrankheit neigten und daß Kavalleristen es haßten, bei Nacht auszureiten.

Er fragte sich wiederholt, ob seine Annahmen richtig seien. Würde nicht Sam Carter dieselbe Berechnung aufgestellt und den 4. März als das beste Datum gewählt haben – um sich dann aber dagegen entschließen, weil man in dieser Nacht seine Fahrt erwarten könnte? Aber obwohl diese Möglichkeit durchaus angezeigt war, würde es sich nicht auszahlen, zu klug sein zu wollen. Ältere Offiziere hatten ihn davor gewarnt, und er selbst hatte es erlebt, daß Klugheit oft an sich selbst scheitern mußte. Nein, sein Plan war gefaßt, und er würde dabei bleiben. Die Nacht des Vierten sollte es sein, und der Ort war Studland Bay. Wenn die Schmuggler nicht erschienen, würde dieselbe Anordnung für den Fünften und Sechsten getroffen werden und die *Rose* bei Tagesanbruch außer Sicht sein. Falls der gesamte Plan fehlschlug, würde sich Delancey eben etwas anderes ausdenken müssen.

Am Abend des Balls kleidete sich Delancey sorgfältig an und ging an Land, wo er, wie verabredet, Mr. Withers' Haus in der Market Street aufsuchte. Er wurde Mrs. Withers vorgestellt, ebenso Mrs. Rogers, deren Gatte immer noch kränklich war. Er nahm an, daß Mr. Rogers spät im Leben nochmals geheiratet hatte, denn die Dame mußte viele Jahre jünger sein als er. Seine Gastgeberin war nichtssagend und ziemlich langweilig, aber Mrs. Rogers war lebhafter und, wie sie selbst sagte, dem Whist verfallen. Delancey wurde gefragt, ob er viele Leute in der Nachbarschaft kenne, und er mußte eingestehen, daß er niemanden kannte. Er verbesserte sich dann und erwähnte den Namen von Louisa Hill. »Ah, Mr. John Earlys Nichte!« sagte Mrs. Rogers. »Ich habe davon gehört, daß sie in der Stadt ist, aber ich habe sie noch nicht gesehen. Sie ist sicherlich wegen des Balles hier und wird gewiß bei ihrer Tante wohnen, bei Mrs. Waterford.«

»Sie haben keine Zeit vergeudet, Mr. Delancey!« sagte Withers. »Miß Hill wird von den jungen Männern dieser Stadt bewundert. Sie ist nicht Mr. Earlys Nichte, sondern eine Kusine – soviel ich weiß, eine ziemlich arme Verwandte.«

»Sie hat kein Vermögen«, gab Mrs. Rogers zu. »Und Mr. Early hat schon drei Söhne und eine Tochter zu versorgen. Aber Louisa ist ein hübsches, lebhaftes Mädchen und der Liebling ihrer Tante.«

»Wird Mr. Early selbst auch auf dem Ball sein?« fragte Delancey, aber keiner schien es genau zu wissen. Er war wohl ein vielbeschäftigter Mann und rühriger Beamter und hatte nur selten Zeit und Muße für bloße gesellschaftliche Anlässe. Er werde zweifellos da sein, wenn er Zeit dafür aufbringen könne, aber er gehöre zu den Männern, die spät kommen und bald gehen. Er verdanke den Wohlstand mehr seinem Unternehmungsgeist als seiner Erbschaft, und seine Geschäftsverbindungen führten ihn recht oft nach Poole.

Als die Gesellschaft das Haus verlassen hatte, dachte Delancey auf der Straße rasch über die Taktik nach, die er verfolgen wollte. Er hatte sich gefragt, was Mr. Earlys erster Zug sein würde, aber er brauchte sich diese Frage nicht länger zu stellen. Die Begegnung mit Louisa Hill war kein Zufall gewesen, aber was sollte sie tun? Ihn in einen Streit mit einem anderen Mann locken, einem bekannten Duellanten und todsicheren Pistolenschützen vielleicht? Oder sollte sie nur seine Pläne ausforschen und über seinen Charakter berichten? Was seine Fähigkeiten als Taktiker anbetraf, so war es möglich, wenn auch nicht wahrscheinlich, daß Sam Carter bereits einen Bericht gegeben hatte. Delancey entschied sich für die Annahme, daß Early wenig von ihm wußte und daß er ihm nun einen falschen Eindruck vermitteln konnte.

»Wir haben keine Gesellschaftsräume«, sagte Mr. Withers. »Aber der erste Stock des Markthauses erfüllt diesen Zweck sehr gut. Das äußerste Ende wird für die Kartenspieler abgeteilt, und es gibt ein Podium für die Musiker.« Tatsächlich machte der Saal einen festlichen Eindruck. Die geschwungenen Treppen, die zu den Haupttüren führten, waren beleuchtet, und es herrschte großer Betrieb, als die vornehme Welt ankam. Jungen verdienten Pennies, indem sie Wagentüren öffneten, und Zuschauer hielten Pferde, während die Damen ausstiegen. Die meisten Stadtleute kamen zu Fuß an wie die Withers-Gruppe, mit Wagen nur dann, wenn die Bedeutung ihrer Eigentümer betont werden sollte. Als sie die Treppen hinaufgingen, ertönte von drinnen Musik, schlug ihnen eine erregende Woge von Festlichkeit und Romantik entgegen.

Nachdem man die Mäntel abgelegt und den Raum bewundert hatte, stellten die Withers Delancey einer Anzahl von Freunden vor. Einige, darunter Mrs. Rogers, begaben sich sofort in den Raum für die Kartenspieler. Delancey hätte sich ihnen gern angeschlossen, wagte es aber nicht aus Furcht, er könnte Hauptmann Molyneux verpassen. Er gesellte sich zu einer Mrs. Hardcastle, einer Witwe, deren einziges Interesse darin bestand, auf ihre junge Tochter aufzupassen, die den ersten Ball ihres Lebens mitmachte. Delancey saß bei dieser Dame, während Arabella tanzte, und mußte die Bemerkungen einer Mutter über die Beliebtheit ihrer Tochter und ihr Aussehen über sich ergehen lassen. »Sie sieht sehr gut aus, heute abend, meinen Sie nicht auch? Das blaue Kleid steht ihr gut, und jeder muß zugeben, daß sie vollendet tanzt. Der junge Mann, mit dem sie gerade tanzt, ist Mr. Samuels, Juniorpartner in einem der Geschäftshäuser – einem mit verhältnismäßig wenig Umsatz. Er ist auch ziemlich unscheinbar, obwohl er gute Manieren hat, möchte ich sagen. Sie werden den Unterschied sehen, Mr. Delancey, wenn sie mit Fähnrich Wadsworth tanzt, der einen Posten in der berittenen Miliz innehat – ein feiner junger Offizier, fast elegant, möchte man sagen, Erbe eines sehr hübschen Vermögens. Ach, die Air, die jetzt gespielt wird, ist eine von Arabellas Lieblingsmelodien. Sie lächelt, wie Sie sehen können, und erzählt gerade ihrem Partner, daß sie dieses Stück gern mag. Ich habe den Titel vergessen, aber ich habe bei vielen Anlässen davon gehört. Arabella hat, wie ich immer sage, ein Naturtalent fürs Tanzen . . .«

Bei diesem Monolog fiel Delancey die leichte Rolle zu, ihr von Zeit zu Zeit zerstreut beizupflichten, während er die Neuankömmlinge beobachtete. Er tanzte nicht – darin hatte er übrigens viel zu lernen – und fühlte sich völlig entschuldigt, weil er Mrs. Hardcastle Gesellschaft leistete. Allerdings hätte sie ihre Bemerkungen genauso bei der Dame anbringen können, die auf der anderen Seite von ihr saß. Das hätte sie aber gezwungen, zwischendurch immer wieder die Bemerkungen über deren eigene zwei Töchter anzuhören. Natürlich hätte alles doppelt solange gedauert. So war es also am besten für beide, und Delancey besaß am Ende eine beneidenswerte vollständige Kenntnis von Arabellas Garderobe, Haarstil, ihren musikalischen Lieblingen und persönlichen Abneigungen. Seine Gedanken wurden durch die Ankunft eines jungen Offiziers in Kavallerieuniform unterbrochen. »Das ist bestimmt Hauptmann Molyneux«, sagte er sich. Seine Vermutung wurde rasch von Mrs. Hardcastle bestätigt, die noch hinzufügte, daß der Hauptmann ein feiner junger Mann sei, der jüngere Sohn (hatte man ihr berichtet) eines Barons und gerade ein Tanzpartner von der Art, wie Arabella ihn bevorzuge. Die Uniform, deutete sie an, hebe die Eleganz seiner Gestalt noch hervor – ob Delancey nicht auch der Meinung sei –, obwohl, setzte sie nachträglich hinzu, eine Marineuniform auch gut aussehe, natürlich wirke sie etwas ruhiger im Stil. Sie war sicher, daß Hauptmann Molyneux Arabella um einen Tanz bitten werde; Mr. Delancey könne dann sehen, wie gut sie zueinander paßten.

Sie mochten zueinander passen, aber Molyneux' erste Partnerin war nicht Arabella, sondern Louisa Hill, die gleichzeitig gekommen sein mußte. Als die Reihentänze zu Ende waren, eilte Molyneux fort, um für Miß Hill eine Erfrischung zu holen. Delancey ging zu ihr hinüber, entschuldigte sich und erinnerte sie daran, daß sie bereits bekannt seien. Nach einigen Minuten höflicher Unterhaltung fragte er sie, ob auch Mr. Early zu erwarten sei. »Mein Onkel wird wohl später hier sein, Mr. Delancey, aber Sie werden ihn nicht auf dem Tanzboden sehen. Er ist nur am Kartenspiel interessiert.«

Als Hauptmann Molyneux zurückkam, stellte ihn Louisa mit einem gewissen reizenden Zögern vor, als wisse sie nicht, wer wohl den höheren Rang habe, aber da wurde sie von Mr. Wadsworth abgelenkt, der sie um einen Tanz bat, und Delancey konnte Molyneux fragen, ob er ein Wort mit ihm privat wechseln

könne. Er flüsterte ihm rasch zu, daß er Hilfe gegen eine Schmugglerbande wünsche. Wo könnten sie sich treffen, ohne belauscht zu werden?
»In zehn Minuten im ›Angel‹ – rechts, wenn Sie den Ballraum verlassen«, flüsterte Molyneux ihm eilig zu und fuhr dann laut fort: »Eine nette Veranstaltung ist das hier, sehr nett. Einige verteufelt hübsche Mädchen in der Runde, he? Sind Sie Miß Hardcastle schon vorgestellt worden?«
Sie trennten sich ein oder zwei Minuten später und gingen in entgegengesetzter Richtung weg. Delancey brachte Mrs. Hardcastle ein Glas Glühwein und plauderte dann mit den Withers. Unbemerkt glitt er aus dem Raum, als ein neuer Tanz begann. Bei einem Glas Wein erklärte Delancey Molyneux die Lage. Für den Sohn eines Barons war der Kavallerist überraschend geschäftstüchtig. »Machen wir zunächst aus, wie wir teilen, was wir gekapert haben. Wenn der Lugger auf See genommen wird, wollen Sie uns da ein Viertel des Wertes der Ladung geben?«
»Einverstanden«, sagte Delancey, »aber wenn Sie die Ladung am Strand oder im Inland finden, geben Sie uns die Hälfte. Bedenken Sie, ich bin es, der die Nachricht beschafft hat, nach der wir handeln.«
»Ich nehme an, das ist fair«, seufzte Molyneux, »und wie steht es mit dem Lugger selbst?«
»Wir geben Ihnen ein Viertel, wenn er in unsere Hände fällt, und werden ein Viertel akzeptieren, wenn Sie ihn kapern – was nicht sehr wahrscheinlich ist.«
»Einverstanden – und ich trinke auf unseren Erfolg! Tatsache ist, daß ich in der letzten Zeit beim Kartenspiel Pech hatte. Ich bin verteufelt knapp bei Kasse, und das ist die Wahrheit. Sie wünschen also, daß ich in der Nacht des Vierten und in den Nächten der folgenden zwei Tage an der Studland Bay bin?«
»In den Nächten darauf, zwischen Mitternacht und vier Uhr.«
»Wird ein Trupp Dragoner genügen?«
»Durchaus. Ich nehme nicht an, daß es zum Kampf kommt. Die Mannschaft des Luggers beträgt etwa dreißig Mann, aber nur die Hälfte davon wird an Land gehen. Die an Land mit der Ladung Beschäftigten werden etwa zwanzig Leute mit ebenso

vielen Packpferden sein. Das ist allerdings nur eine Vermutung.«
»Aha! Würden Sie bewilligen, daß die Packpferde uns gehören?«
»Bis auf ein Viertel, genau wie beim Lugger.«
»Sehr gut. Sie sind aber ein harter Geschäftsmann!«
»Auch ich habe Pech gehabt.«
»Hoffen wir, daß uns diesmal das Glück hold ist. Und nun werde ich Ihnen sagen, was ich zu tun gedenke. Ich habe einen berittenen Trupp im Quartier von Wareham, etwa fünfzehn Meilen von Studland entfernt. Er ist nicht vollzählig, einige Pferde lahmen, aber ich glaube, daß wir mit etwa zweiundzwanzig Mann insgesamt reiten können.«
»Das wäre völlig ausreichend. Es hängt alles von unserer Geheimhaltung ab. Ich verbreite die Nachricht, daß die Fahrt bei Lulworth Cove erwartet wird. Würden Sie so freundlich sein, einen Hinweis darauf bei Miß Louisa Hill fallen zu lassen – in strengster Vertraulichkeit natürlich?«
»Warum Louisa?«
»Sie könnte es bei ihren Freunden erwähnen.«
»Warum nicht bei Cathy Neave? Sie würde es jedem im Saal erzählen.«
»Dann würde aus unserem Plan ein Fehlschlag.«
»Weil es dann so aussehen würde, als ob das Gerücht absichtlich ausgestreut worden sei? Ich verstehe, was Sie meinen. Sehr gut, also – ein Wink bei Louisa, aber sonst bei keinem. Sie scheinen in solchen Ränken ganz geschickt zu sein, Mr. Delancey.«
»Wenn ich einen Vorschlag machen dürfte, so sollten Sie erwägen, ob Sie Wareham nicht besser auf der Straße verlassen, die nach Lulworth führt . . .«
»Das ist eine verteufelt kluge Bemerkung. Über East Holme? Es würde drei Meilen weiter sein, aber es könnte sich lohnen. Ich will es mir überlegen. Und nun sollten wir wohl in den Ballsaal zurückgehen, ehe sich die Leute über uns zu wundern beginnen.«
Der Ball ging weiter, und Molyneux tanzte mit Louisa. Delan-

cey tat später dasselbe, aber er kannte den Tanz nicht, und das Mädchen war froh, als es sich wieder setzen durfte.
»Ich glaube, Sir«, lachte sie, »daß Sie an das Achterdeck besser gewöhnt sind!« Delancey entschuldigte sich und gestand, daß er nie die Schritte habe lernen können.
»Macht nichts«, erwiderte sie. »Sie wissen viel besser, welche Schritte Sie bei Lulworth unternehmen werden.« Die letzten Worte wurden hinter dem Fächer gewissermaßen unter Verschwörern ausgesprochen, aber Delancey blickte sie nur verwirrt an. Er habe niemals von diesem Ort gehört. Es solle wohl die Wohnung einer jungen Dame sein – von einer, die er angeblich kenne? Er bat Louisa, doch daran zu denken, daß er fast ein Fremder in Dorset sei. Sie hätte vielleicht etwas mehr gesagt, aber in diesem Augenblick entdeckte sie neue Ankömmlinge und rief aus: »Und hier ist endlich mein Onkel John! Kommen Sie, Sie müssen ihn kennenlernen, Mr. Delancey. Er ist Friedensrichter, wissen Sie, und genauso interessiert am Schmuggel wie Sie!«
Delancey ließ sich über den Tanzboden führen und John Early vorstellen. Er war überrascht, daß er äußerlich so ganz und gar nicht wie ein Verbrecher aussah. Wenn er einmal Rechtsanwalt gewesen war, wie man Delancey erzählt hatte, so besaß er nicht mehr die Spur vom Gehabe dieses Berufsstandes. Er war groß, rotbäckig und ältlich, ganz und gar der Landmagnat und so, wie ein Friedensrichter beim Bagatellengericht sich präsentieren mochte. Er blickte Delancey mit gönnerhafter Miene an und fragte ihn plötzlich, ob er Whist spiele.
»Nur mit niedrigem Einsatz, Sir.«
»Dann müssen Sie sich mir zu einem Freundschaftsspiel nach dem Abendessen anschließen.«
Delancey war sich nicht ganz sicher, ob es nur eine höfliche Geste gewesen sei, aber die Aufforderung wurde nach dem Abendessen erneuert. Delancey wurde Oberst Garland und dem Reverend George Tory vorgestellt. Alle stimmten überein, daß sie lediglich um nominelle Einsätze spielten. Damit begann das Spiel. Delancey hatte sich beim Abendessen seine Taktik zurechtgelegt. Er hatte sich vorgenommen, leicht angetrunken

zu wirken. Er wollte, daß Early ihn für einen unbedeutenden Gegner hielt. Für einen mittelmäßigen Whistspieler und Schwätzer beim Becher. Dagegen sprach nur, daß er es sich nicht leisten konnte, Geld zu verlieren, nicht einmal kleine Silbermünzen. Er mußte also eine schwierige Hand spielen. Er hatte den Geistlichen als Partner, zum Glück einen besseren Spieler, als der Oberst es war. Delanceys schwierigste Aufgabe bestand darin, daß er schlecht spielen und anfangs verlieren wollte, sich dann aber, wie durch einen Glücksfall, wieder erholen mußte. Dabei tat er so, als sei er unachtsam und geschwätzig. Er merkte, daß Early ihn genau mit den Kenntnissen eines Mannes beobachtete, dessen eigenes Spiel meisterhaft war. Schließlich stellte er sich weniger beim eigentlichen Spiel als durch Bemerkungen hinterher dumm. »Wir hatten das schlechteste Blatt, Partner – und der Oberst hatte das Herz As durchweg!« »Gut gemacht, Sir – ich hatte keine Idee, daß Sie so stark in Pik waren!« Nach dem Robber wechselten sie die Partner, und Delancey mußte nun mit Mr. Early spielen. Eigentlich hätte ihre Überlegenheit über die beiden anderen offensichtlich sein müssen, aber Delancey versuchte, sein Spiel mittelmäßig, wenn nicht geradezu dumm, einzurichten. Es war so und so ein anstrengender Abend, und Delancey war froh, als der Geistliche sagte, er sei müde und müsse den Spieltisch verlassen.

Als sie noch einige Minuten im Gespräch beieinander standen, meinte Mr. Early zu Delancey: »Nach diesem schlechten Start ist es ein Glück für Sie, daß Sie nicht leere Taschen haben. Ich darf wohl sagen, daß Sie zur See mehr gewinnen können, als Sie an Land verloren haben.«

Delancey sah ziemlich verblüfft aus und erwiderte nach einer Pause, Schmuggler seien nicht so leicht zu erwischen. »Es ist der frühe Vogel . . .«, begann er und hielt dann offensichtlich verwirrt inne, während sein Gegner das Sprichwort zu Ende führte. »Es ist der frühe Wurm, den der Vogel bekommt«, verbesserte er. »Das ist es wohl, was Sie erhoffen, nicht wahr?«

Die *Rose* segelte am nächsten Tag ab, und Delancey nahm Kurs auf Lyme Regis. Es war ein langes Lavieren gegen eine steife westliche Brise, und der späte Nachmittag fand ihn immer noch nicht weiter westlich als Bridport. Er kehrte zurück und verbrachte die Nacht mit langsamem Kreuzen entlang der Chesil Bank. Er lief am nächsten Tag (4. März) in Weymouth ein, wo er Mr. Hayes, den Zolleinnehmer, aufsuchte und die neuerliche Bestätigung erhielt, daß der Schmuggel an der Küste von einem Zentrum in Dorchester aus geleitet werde. »Wir können das Schmuggeln nicht verhindern«, gab Mr. Hayes zu, »aber wir können es an die Kandare legen.« Es sei die Zeit gekommen, ein Exempel zu statuieren, denn die Umgehung des Gesetzes habe in letzter Zeit zu krasse Formen angenommen. Es sei leicht, die kleinen Leute, wie Fischer und Farmer, zu fassen. Die Schwierigkeit bestehe aber darin, eine wichtige Ladung zu kapern, die einem Mann von örtlicher Bedeutung gehörte; und sogar eine solche Beschlagnahme würde nicht dazu führen, daß der Mann selbst bloßgestellt wäre. In Dorchester seien Soldaten stationiert, aber sie schienen nicht gewillt zu sein, die berittenen Beamten zu unterstützen. Es gehe das Gerücht, daß die Offiziersmesse mit Alkohol zu einem Spezialpreis versorgt werde.

Delancey lief am Abend nach Einbruch der Dunkelheit aus und kreuzte bei einem leichten Wind auf St. Alban's Head zu. Die Dragoner müßten jetzt von Wareham weggeritten sein und sich auf dem Wege nach Studland befinden. Wenn alles wie geplant verlief, würde die *Dove* noch vor dem Morgen auf frischer Tat ertappt werden.

Unmittelbar vor Mitternacht befand sich die *Rose* auf der Höhe von Old Harry, und Delancey begann langsam zwischen dort und Canford Cliffs hin und her zu patroullieren. Der Kutter war einsatzklar, die Kanonen geladen und die leichten Waffen fertig zum Gebrauch. Bei der ersten Kehre nach Süden nahm Delancey den Kutter dicht an den Strand heran. Sogar in dieser dunklen Nacht konnte er die Linie der Brandung und den Schimmer der weißen Klippen von Foreland erkennen. Zuerst gab es kein Anzeichen für ein anderes Schiff, aber eine Stunde später tauchte ein Licht auf. Es befand sich am Bug eines Bootes mit sechs Ruderern. Die *Rose* wurde von den Männern im Boot angerufen. Es waren Leute von Swanage. Der Bootsmann überbrachte Delancey einen Brief, der das Siegel des Zollhauses von Poole trug.

Danach löschte er die Laterne aus und fuhr in der Richtung zurück, aus der er gekommen war. Delancey ging hinunter in seine Kabine und öffnete den Brief. Er lautete:

Zollhaus Poole
3. März 1795

Dringend.
Lieber Sir,
Ich habe den Zolleinnehmer Seiner Majestät in Swanage gebeten, dafür zu sorgen, daß Sie dieser Brief, wie ich zuversichtlich hoffe, ohne Verzögerung und rechtzeitig erreicht, um die Beschlagnahmung einer illegalen Ladung zu erleichtern, von der Sie bisher aus gutem Grund angenommen haben, daß Sie in Lulworth Cove in der Nacht des 4. März an Land gebracht würde. Es ist mir zu Kenntnis gekommen, daß Sie Ihren Plan geändert haben und erwarten, die Landung finde bei Studland statt. Doch einem Brief, den ich jetzt beifüge, geschrieben von einem Informanten, dessen frühere Nachrichten sich stets als zuverlässig erwiesen haben, werden Sie entnehmen, daß weder eine Landung bei Studland noch Lulworth zu erwarten ist. Ich muß Sie deshalb in Abwesenheit des Zolleinnehmers bitten, daß Sie entsprechend dieser neuesten Nachricht handeln und Ihr Bestes versuchen, um sowohl Schiff als auch Ladung zu kapern.
Ich habe die Ehre, Sir, Ihr gehorsamer Diener zu sein.

George Miller

Der beigefügte Brief war an den Zolleinnehmer von Poole adressiert und in Corfe Castle datiert vom 2. März.

Lieber Sir,
Den Gerüchten nach soll eine Ladung illegal zwei Tage von jetzt an in Studland gelandet werden und die *Rose* entsprechende Befehle bekommen haben. Ich halte es als gesetzestreuer Gutsbesitzer für meine Pflicht, Ihnen zur Kenntnis zu geben, daß diese Ladung in Wirklichkeit bei Mudeford in der Nähe von Christchurch an Land gebracht wird. Ich habe auch guten Grund zu glauben, daß das entsprechende Schiff nicht vor vier Uhr mor-

gens am 5. März absegeln wird, was mir um so mehr Grund zur Hoffnung gibt, daß der Zollkutter rechtzeitig dort sein wird. Ich habe die Ehre, Sir, Ihr gehorsamer Diener zu sein.

James Weston

Delancey las diese Briefe ein zweites Mal und dann ganz langsam nochmals, und je länger er sie studierte, um so weniger gefiel ihm ihr Inhalt. Die *Rose* stand natürlich nicht unter dem Befehl des Zollhauses von Poole, so daß er die Aufforderung hätte ignorieren können, wenn er wollte. Aber sollte er es tun? Den Kopf in die Hände gestützt, grübelte er über das Vorgefallene nach. Zuallererst einmal, sein Täuschungsplan war fehlgeschlagen. Wenn der Informant wußte, daß Studland der Ort für die Landung sein sollte, nicht Lulworth, so mußte ihn eine Warnung erreicht haben. Es schien also in diesem Falle wahrscheinlich, daß auch die Schmuggler gewarnt worden waren und Sam Carter durch ein Zeichen an eine andere Stelle dirigiert werden würde, wahrscheinlich nach Lulworth. Aber was war mit der Unterschrift? Wenn Withers Unterschrift zuvor gefälscht worden war, konnte dieser Brief nicht eine weitere Fälschung von der gleichen Hand sein? Aber wozu? Die *Dove* war vermutlich bei Lulworth und würde fort sein, ehe die *Rose*, gegen den Wind lavierend, dort ankommen konnte. Irgend jemand wollte die *Rose* aus dem Wege haben, vermutlich, weil man ein anderes Schmugglerschiff dort erwartete. Es ging also darum, die *Rose* leewärts von der Stelle zu locken, an der die andere Landung stattfinden sollte. Wo würde das sein? Vermutlich im Hafen von Poole selbst. Doch das alles war bloße Vermutung. Vielleicht hatte sich die Fahrt der *Dove* um einen Tag verzögert, und ihr Ziel würde doch noch Studland sein . . . Was auch immer er jetzt tat, konnte falsch sein, und es wäre ausgesprochenes Glück, wenn sich seine Vermutung als richtig erweisen sollte. Aller Wahrscheinlichkeit nach würde er am Morgen lächerlich gemacht werden – er, der junge strenge Marineoffizier, dessen Kenntnisse seinem Ehrgeiz nicht entsprachen. Das Gespräch in der Market Street von Poole würde sich nur darum drehen, wie er versucht hatte, die Schmuggler zu täuschen, und wie sie ihn selbst genarrt hatten. Delancey kam an Deck und schritt fünf Minuten lang auf und ab. Dann plötzlich faßte er einen Entschluß und gab seine Befehle. »Klar zum Anlaufen!« Und die *Rose* nahm Kurs auf den Hafen von Poole.

»Mr. Lane – ich brauche zwei Boote, bemannt und bewaffnet, mit einer Laterne im Gig mit sechs Rudern. Ich will in die Studland Bay einlaufen. Beginnen Sie in fünf Minuten mit dem Loten, ich will einen zuverlässigen Mann an den Ketten.«

»Zu Befehl, Sir. Die Ebbe hat aber begonnen.«

»Ich weiß es – Mr. Torrin!«

»Sir?«

»Ich möchte, daß Sie das Gig in die Studland Bay nehmen. Zünden Sie eine Laterne an, und Sie werden von den Dragonern angerufen werden, die dort postiert sind. Ich werde Ihnen einen Brief an Hauptmann Molyneux mitgeben, aber ich möchte, daß Sie die Lage kennen, falls er Fragen stellt. Meine Vermutung ist, daß heute nacht eine Schmugglerfahrt in der South Deep stattfinden wird. Ich werde das andere Boot nehmen und Goathorn Point anlaufen. Ich wäre Hauptmann Molyneux sehr verbunden, wenn er den landwärts gelegenen Ausgang dieser Halbinsel und die Pfade zwischen Newton und Newton Copse blockieren ließe.«

Delancey ging mit See- und Landkarte hinunter und erklärte seinen Plan in allen Einzelheiten, wobei er Torrin glauben ließ, daß er nach einer Information und nicht nur nach bloßer Vermutung handelte. Nachdem Torrin mit den Dragonern in Kontakt gekommen sei, solle er das Gig zur Hafeneinfahrt bringen und dort von Mitternacht an Wache halten, bis das andere Boot wieder herauskäme. Mr. Lane solle mit der *Rose* selbst bis Christchurch kreuzen und am nächsten Morgen zum Swash zurückkehren, um die Boote zusammen mit der Beute aufzunehmen, die sie gemacht hatten.

Torrins Boot fuhr zur Studland Bay, und die *Rose* befand sich eine halbe Stunde später nahe der Einfahrt zum Hafen von Poole. Das größere Boot wurde herabgelassen und mit acht Mann und dem Steuermann besetzt. Delancey ging als letzter von der *Rose* und ließ Mr. Lane mit dem Bootsmann und vier Matrosen zurück mit der Weisung, das Schiff bei bequemer Fahrt in Richtung Christchurch zu steuern. Lane könnte zwar wenig ausrichten, wenn er auf ein Schmugglerboot stieß, aber Delancey hoffte, daß die Geste genügte. Die Ebbe war sehr stark, aber Delancey hißte ein Lugsegel auf seinem Boot und war in einer halben Stunde auf der Höhe von North Haven Point. Um in die South Deep zu gelangen, galt es das Segel zu streichen und fast unmittelbar gegen den Wind zu rudern. Über eine Meile war zurückzulegen, und es war bereits halb drei, bevor das Wasser tiefer wurde und der Kanal nach Norden abbog. Es war eine harte Arbeit für die Ruderer und ein so schwieriges Navigieren, wie es Delancey noch nie vorgekommen war, aber die South Deep war markiert durch Pfähle, und der Steuermann war wiederholt bei Tageslicht dort gewesen. Mit umwickelten Rudern begann das Boot sich vorsichtig Goathorn Point zu nähern. Der Wind trug den Ton von Stimmen herüber (Gott sei Dank!), das Knarren eine Talje und, gerade noch hörbar, das Wiehern eines Pferdes.

»Still!« zischte Delancey und machte seine Pistole fertig. Das Boot schob sich leise an eine kleine Mole heran, von der man das Geräusch von Fässern hörte, die über Planken gerollt wurden. Gegen den sternübersäten Himmel konnte Delancey gerade noch die zwei Masten eines Schiffes ausmachen, das wahrscheinlich ein Lugger und bestimmt nicht die *Dove* war. Langsam und sacht gelangte das Boot ungehört durch den Lärm des Ausladens längsseits des Schiffes. »Vier mit mir«, flüsterte Delancey. »Steuermann, nehmen Sie das Boot und landen Sie mit drei Mann am anderen Ende der Mole. Lassen Sie einen Mann im Boot.« Leise schwang er sich über die Seite des Luggers und sah, daß das Deck von einer Laterne schwach erleuchtet wurde, die man so in einen Winkel gezwängt hatte, daß der Lichtschein nicht außerhalb des Schiffes gesehen werden konnte. Es befanden sich fünf Mann an Deck, zwei arbeiteten an einem Aufzug und die anderen an der Laufplanke. Man hörte, daß sich noch andere auf der Mole bewegten, einer pfiff sogar dabei.

»Schluß mit dem Lärm!« sagte eine befehlende Stimme, und das Pfeifen hörte auf.

»Ist das alles, Ned?« ließ sich eine andere Stimme von der Mole her vernehmen.

»Nur noch sechs«, ertönte wieder die Stimme des Mannes, der Stille verlangt hatte.

Delancey merkte, daß er sofort handeln mußte. Er blickte sich um, ob seine Männer hinter ihm waren, feuerte eine Pistole in die Luft ab und rief: »Stehengeblieben, wo Ihr seid, in des Königs Namen. Ihr seid alle gefangen!« Dann schritt er übers Deck und betrat die Laufplanke, seine Männer folgten ihm, ihre Pistolen schußbereit.

Die unmittelbare Reaktion der Schmuggler erfolgte so prompt und so kundig, daß sie offensichtlich eingeübt war. Einer gab ein Signal mit der Pfeife. Die Laternen wurden ausgelöscht. Die Männer auf der Mole rannten auf die Küste zu und führten dabei ihre Packpferde. Von den Männern an Deck gelang es dreien, auf die Mole zu klettern und hinter den anderen herzurennen. Zwei wurden sofort festgenommen, und ein dritter befand sich im Laderaum in der Falle. Von dem der Küste zu gelegenen Teil der Mole ertönte der Lärm eines Scharmützels. Dort versuchten der Steuermann und seine Männer, die Flüchtigen aufzuhalten. Von der Halbinsel her konnte man das Galoppieren von Pferden hören, und noch weiter aus der Ferne kam plötzlich das schrille Signal einer Trompete. Die Dragoner waren also da.

Als Delancey Umschau hielt, merkte er, daß seine Prise ein ihm völlig unbekanntes Schiff war. »Wie heißt denn das Schiff?« fragte er den Mann mit der Pfeife. Er antwortete: »Es ist die *Marry Ellen* von Weymouth, verdammt noch mal.« Er und die anderen wurden in der Kabine bewacht, während sich Delancey an Land begab, um zu sehen, wie es seinem Steuermann ergangen war. Man hatte zwei Packpferde mit einem Jungen festgenommen, der eines von ihnen geführt hatte. Die Übrigen waren in der Dunkelheit entkommen, wo sie vermutlich von den Dragonern gejagt wurden. Delancey hatte nur geringe Hoffnung auf Erfolg an Land – die Schmuggler würden Newton Heath besser kennen als die Soldaten. Er kehrte zurück zum Lugger und dachte dabei über die Ironie der Lage nach. Sein Plan, Sam Carter zu fangen, war ein völliger Fehlschlag. Er war von erfahreneren Gegnern zum Narren gehalten worden, doch einer von ihnen war einen Schritt zu weit gegangen, indem er durch einen wahrscheinlich gefälschten Brief die *Rose* fortgelockt hatte. Dieser Schachzug erschien unnötig, denn die *Rose* hätte in der Studland Bay keine wirkliche Bedrohung für die *Mary Ellen* in der South Deep bedeutet. Das einzige Ergebnis hatte darin bestanden, daß Delancey Verdacht geschöpft hatte und zum Hafen von Poole zurückgekehrt war. Seine sorgfältige Planung hatte damit geendet, daß er die *Dove* verfehlt und ein anderes Schmugglerschiff gekapert hatte – eines, von dem er nie gehört hatte. Sein hauptsächlicher Erfolg bestand darin, daß er seinen Ruf als scharfsinniger Kopf bewahrt hatte.

Bei Tagesanbruch wurde es möglich, Bestandsaufnahme über den Fang in der Nacht zu machen. Hauptmann Molyneux erschien an der Spitze seiner Truppe und berichtete, es seien noch vier beladene Packpferde erbeutet und zwei der Schmuggler am Lande gefaßt worden. Der Rest hatte sich über die Heide verstreut und war verschwunden. Was die *Mary Ellen* anbelangte, so war sie eine willkommene Beute, gekapert mit dem letzten Rest ihrer Ladung an Bord, sie selbst stellte keinen großen Wert dar; sie war ein altes zusammengeflicktes Schiff und eine richtige Reparatur lohnte sich nicht. Delancey hatte aber genug verdient, um während der nächsten paar Monate zu leben. Molyneux hatte etwas zur Bezahlung seiner Spielschulden. Die Dragoner und die Zolleute waren glücklich, sie hatten wohl etwa die Hälfte der Waren versteckt, die sie erwischt hatten. Die Schmuggler waren betrübt über ihre Verluste, wußten aber, daß Beschlagnahmungen von Zeit zu Zeit stattfinden mußten. Was die Männer auf der *Rose* anbelangte, so sahen sie in Delancey fast einen legendären Helden. Weniger mit sich zufrieden, als die anderen wohl dachten, lief Delancey mit gemischten Gefühlen mit der *Rose* und mit der *Mary Ellen* in Poole ein. Er hatte nun etwas Wichtiges an Land zu erledigen.

»Sehen Sie, Sir!« sagte Lane, als sie sich dem Zollhauskai näherten. »Dort ist die *Dove*!« und die *Dove* lag tatsächlich, nur ein paar Kabel von ihnen entfernt, vor Anker. Als Delancey an Land ging, traf er als ersten Sam Carter. Sie lachten beide, und Delancey fragte: »Was habe ich falsch gemacht?« Sam war noch immer belustigt.

»Vielleicht spielen Sie Whist zu gut!« Early hatte sich also nicht durch seinen Trick täuschen lassen. Nachdem er befriedigt festgestellt hatte, daß Delancey in Wirklichkeit ein guter Spieler war, hatte er ihm die Geschichte von Lulworth Cove auch nicht geglaubt. Er hatte daraufhin angenommen, sie stelle das Gegenteil der Wahrheit dar, und das entsprechende Signal befohlen. Delanceys schmerzliche Gedanken darüber, daß er in seiner Rolle versagt hatte, wurden von Sam Carter mit der Frage unterbrochen: »Keine Verstimmung, hoffe ich?« Worauf Delancey erwiderte: »Ich wünschte, wir wären auf derselben Seite.«
Im Zollhaus bestand Delancey darauf, Mr. Withers allein zu sprechen. Als Miller widerstrebend das Zimmer verlassen hatte, legte Delancey den Brief mit der beigefügten Nachricht vor, die er auf der Höhe von Swanage erhalten hatte.
»Wußten Sie etwas von diesem Brief?«
»Nein, ich hatte an diesem Tag dienstfrei.«
»Er wurde Ihnen aber gewiß am folgenden Tag gezeigt, als Mr. Miller Ihnen über die von ihm getroffenen Maßnahmen berichtete?«
»Der Vorfall wurde erwähnt, glaube ich, aber ich habe den Brief selbst nicht gesehen.«
»Darf ich nun Ihre Meinung erfahren?«
Mr. Withers nahm den Brief auf und prüfte ihn sorgfältig.
»Nun«, sagte er schließlich. »Ich möchte vermuten, daß James Weston ein angenommener Name ist – einer, den ich zuvor in irgendeinem Zusammenhang gehört habe. Briefe dieser Art erreichen uns ziemlich oft. Der Schreiber steckt selber im unerlaubten Handel und hat Streit mit einem Rivalen ... Nein, ich irre darin. Er hat ein Interesse am Fahrzeug, das Sie in der South Deep kaperten und will Sie nach Christchurch locken.«
»Und die Handschrift, Sir?«
»Sie ist verstellt.«
»Nun, wenn Sie sie mit der Handschrift von Mr. Millers Nachricht vergleichen wollten.«
Nach langer Pause blickte Mr. Withers wie benommen auf und sagte schließlich:
»Ich verstehe, was Sie meinen ...«

»Die Handschrift von James Weston ist verstellt, Sir, wie Sie sagen, aber es geschah in zu großer Eile. Einige Buchstaben sind noch gleich – sehen Sie sich das Wort Studland in beiden Schreiben an. Blicken Sie auf das große C dort und das große C hier in Christchurch. Ich bemerke ergebenst, Sir, daß James Weston – als solcher in der geheimen Korrespondenz mit John Early bekannt – Mr. George Miller ist.«

Erschüttert über diese Enthüllung, die er hinnehmen mußte, besaß Withers noch Entschlossenheit und Würde. Er ließ durch seinen Schreiber Mr. Miller holen und redete kein Wort mehr, bis der vor ihm stand.

»Mr. Miller«, sagte Mr. Withers langsam. »Der derzeitige Kommandant der *Rose* erhielt gestern auf der Höhe von Swanage eine Nachricht von Ihnen mit einem beigefügten Brief. Beide sind, meiner Meinung nach, von der gleichen Hand geschrieben worden. Ihr Zweck war es, den Zollbeamten in die Irre zu führen, und ich habe Grund zu der Vermutung, daß der Schreiber in regelmäßiger Verbindung mit einem Manne steht, den die illegalen Händler als ihren Chef betrachten.« Es gab eine gespannte Pause und Withers fuhr fort: »Darf ich Ihre Erklärung hören?«

»Sie können Sie sofort haben, Sir«, erwiderte Miller und händigte ihm ein Schriftstück aus. »Ich habe die vergangenen zwanzig Minuten dazu benutzt, mein Rücktrittsgesuch zu schreiben, und ich bekräftige vor diesem Zeugen, daß ich von heute an auf mein Amt verzichte.«

Miller ging zur Tür, hielt aber einen Augenblick inne, um noch hinzuzufügen: »Ich meine damit, Sir, daß ich in den Ruhestand trete. Es ist ein Glück, daß ich es mir leisten kann.«

Teil III

9. Kapitel

Das Kaperschiff

Als Richard Delancey bei nächster Gelegenheit in der High Street von Poole erschien, hatte er das neuartige Erlebnis, berühmt zu sein. Er war nicht eigentlich populär, aber gewiß eine Persönlichkeit, die man nicht übersehen konnte. Damen stießen einander an und blickten in seine Richtung. Männer mit Vermögen starrten ihn ganz offen an, murmelten vielleicht etwas von jungen Männern, die viel zu gescheit zu sein schienen. Obwohl Delancey merkte, daß er allgemein Aufmerksamkeit zu erregen schien, war er weit davon entfernt, selbstsicher zu sein. Seine frühen Erfolge waren dem Umstand zu verdanken, daß seine Fähigkeiten unbekannt waren und unterschätzt wurden. Jetzt, wo man ihn für unbarmherzig und verschlagen hielt, würden seine Gegner vorher gewarnt und vorsichtiger sein. Es würde kein zufälliges Treffen wie das mit den *Four Brothers* von Shoreham mehr geben. Nach ergebnislosem Kreuzen würde er im Juni in Portsmouth zurück sein – unbeschäftigt und arm wie zuvor.

Als er den Buchladen mit seinem neuesten Schatz verließ – ein Exemplar des *The Naval Atalantis* von Nauticus Junior, veröffentlicht im Jahr 1788 –, stieß Delancey fast mit Mr. Withers zusammen.

»Oh, es freut mich, Sie zu sehen, Kapitän! Sie müssen sich vergegenwärtigen, daß hier wohl jeder von Ihnen spricht, und wie jedes Geschwätz, so ist auch dieses begierig nach Nahrung.«

»Ich vermute, Sir, daß man hauptsächlich wissen möchte, wann ich wieder gehe.«

»Einige Leute sind etwas besorgt ... Aber hier ist eine junge Dame, die Ihre Aufmerksamkeit auf sich lenken möchte. Der

Himmel bewahre mich, daß ich ihr im Wege sei! Guten Morgen, Miß Hill! Darf ich fragen, was Sie nach Poole geführt hat?«
Es war Louisa, so hübsch wie immer und keineswegs weniger schüchtern als sonst. »Ich kam in der Hoffnung her, Sie zu treffen, Mr. Withers. Aber ich will gestehen, daß die Geschäfte von Poole keine geringere Anziehungskraft besitzen, sie sind erstaunlich besser als unsere in Dorchester. Mr. Delancey! Wie angenehm, daß wir uns hier sehen! Wahrhaftig, ich hoffte, Ihnen zu begegnen, denn ich wußte, daß die *Rose* im Hafen liegt. Ich wünsche Ihnen viel Freude über Ihren neuesten Erfolg.«
»Ihr Diener, Miß Hill – vielen Dank.«
»Ich will Sie beide allein lassen«, sagte Mr. Withers, »aber ich werde eifersüchtig, wenn Sie zuviel miteinander flirten.«
»Wir werden die Besonnenheit in Person sein«, erwiderte Louisa. »Alle Welt weiß nämlich, daß Mr. Withers mein Verehrer ist, und ich wage nicht, den Verlust seiner Neigung zu riskieren.«
Nachdem Mr. Withers gegangen war, holte Louisa einen Brief hervor, der, wie sie erklärte, von Mr. Early kam. »Da er wußte, daß ich heute in Poole sein würde, bat er mich, die Botin zu spielen.«
»Ich bin Ihnen sehr verpflichtet, Miß Hill«, sagte Delancey, während er den Brief einsteckte, »und wiederum genauso verpflichtet Mr. Early, der ihn einer so charmanten Überbringerin anvertraute.« Louisa machte einen kleinen Knicks, und sie gingen langsam miteinander weiter. Sie blickte sich um, während sie plauderten, ließ sich nichts entgehen und genoß es, in Gesellschaft eines Mannes gesehen zu werden, der im täglichen Gespräch eine solche Rolle spielte.
»Sie kommen doch von Guernsey?« fragte Louisa an der Tür eines Kurzwarengeschäftes. »Meine Kusine Harriet ist mit einem Offizier verlobt, der vor kurzem dort war – Mr. Nash vom 42. Regiment. Wie es scheint, schickt dieses Regiment sich an, nach Übersee zu gehen. Der letzte Brief von ihm erreichte sie von einem Transporter, der in den Downs vor Anker lag. Er sagte es nicht ausdrücklich, aber ich kann mir denken, daß das Regiment nach Westindien ausrückt. Harriet hofft noch auf Widerrufung des Befehls, aber darin könnte sie enttäuscht wer-

den. Der Dienst in Westindien kann die Ursache für den Bruch der Verlobung werden. Mit Vierundzwanzig und mit Fünfzehntausend Pfund Vermögen kann man nicht verlangen, daß sie für immer wartet.«
Delancey stimmte ihr zu und sprach sich ebenfalls gegen lange Verlobungszeiten aus. Louisa fragte ihn, was für ein Buch er gekauft habe, und rümpfte ein wenig die Nase, als sie den Titel las.
»Ich hatte gedacht, es sei ein Roman. Eben habe ich die ›Geheimnisse von Udolpho‹ von Mrs. Radcliffe mit größtem Genuß verschlungen. Lesen Sie jemals Romane, Mr. Delancey, oder nur Bücher über Reisen und Navigation?«
»Ich habe einige Romane gelesen, aber bis jetzt keinen von Mrs. Radcliffe. Auf Ihre Empfehlung hin werde ich mich beeilen, mir den neuesten von ihr zu beschaffen.«
»Bitte tun Sie es, Mr. Delancey. Jetzt muß ich ein passendes Band für meine Tante finden. Leben Sie wohl, und verfehlen Sie nicht, uns zu besuchen, wenn Sie nächstens an Land weilen.«
Nachdem sich Delancey von Louisa verabschiedet hatte, öffnete er den Brief, dessen Überbringerin sie gewesen war, und las ihn in einem Toreingang.

Dorchester,
9. März 1795

Lieber Sir,
Ich schreibe vor allem, um Ihnen zu Ihrem Erfolg bei dem Versuch zu gratulieren, den unerlaubten Handel an der Küste von Dorset zu unterdrücken. Sie haben sich in dieser vorübergehenden Position als aktiver Offizier erwiesen, und ich bin erstaunt bei dem Gedanken daran, daß man Ihnen die Beförderung bei der Flotte versagt hat, zu der Sie bei Ihren bekannten Fähigkeiten berechtigt wären. Mir scheint aber auch, daß der Zolldienst Ihnen keine große Zukunft zu bieten hat. Hätte ich Verbindung zur Admiralität, würde ich nicht zögern, mich für Sie dort zu verwenden. Doch während mir solcher Einfluß abgeht, steht es zufällig in meiner Macht, Ihnen vielleicht in anderer Hinsicht dienen zu können. Ich habe Freunde in Guernsey,

einige von ihnen sind Partner im Besitz eines privaten Kriegsschiffes mit vierzehn Kanonen namens *Nemesis*, das bis vor kurzem unter dem Kommando von Mr. Perelle stand. Da er aber bei seiner letzten Kreuzfahrt Glück hatte, gab Mr. Perelle der Bitte seiner Frau nach und will künftig an Land leben, was er sich nun leisten kann. Damit ist die Stelle eines Kapitäns frei geworden, und ich habe Grund zu der Annahme, daß meine Freunde in Guernsey Ihre Ernennung durch mich gutheißen werden. Sollten Sie einwilligen, Kapitän auf der *Nemesis* zu werden, glaube ich, daß Sie gute Erfolgsaussichten hätten, denn das Schiff ist schnell, gut bewaffnet und gut bemannt. Ich habe bereits meinen Freunden in St. Peter Port geschrieben, denn ich rechne zuversichtlich mit Ihrem Einverständnis. Nehmen Sie Passage auf dem Paketboot von Weymouth und besuchen Sie Mr. Elisha Jeremie (auch ein Whistspieler) in seinem Hause in St. Martin's. Man wird Sie freundschaftlich aufnehmen, und ich würde mich freuen zu hören, daß Sie von der *Nemesis* einen guten Eindruck erhalten haben. Diesen Brief habe ich meiner schönen Base Louisa Hill anvertraut, und Sie könnten Ihre Antwort in der High Street Nummer 30 hinterlassen. Im Vertrauen auf eine günstige Antwort,

habe ich die Ehre, Sir, und verbleibe
als Ihnen sehr verbundener

John Early.

Nach der Lektüre des Briefes ging Delancey den Text nochmals durch und unterstrich in Gedanken die wichtigsten Worte: »vorübergehend«, »keine große Zukunft«, »Freunde in Guernsey«. Der Brief zollte ihm tatsächlich ein großes Kompliment. Als Bedrohung für die Freihändler mußte er entfernt werden, und der beste Weg dazu war der, ihm eine bessere Stellung anzubieten. Falls er ablehnte, würde man auf irgendeine andere Weise mit ihm fertig werden, was um so leichter einzurichten war, als er sein gegenwärtiges Kommando nur vorübergehend besaß. Er hätte auch keinen Profit mehr davon, wenn er länger bliebe. Die Waren würden an andere Stellen außerhalb des Gebietes geschickt werden, in dem er kreuzte. Und was die *Nemesis* anbelangte, so gehörte sie eindeutig Early, obwohl sie von Agenten in Guernsey verwaltet wurde. Sie war ein regelrechtes Kaperschiff, hatte bereits einige Prisen auf ihrem Konto, und das Angebot war aufrichtig gemeint. Early wußte alles von ihm, soviel stand fest, und er schätzte Delanceys Geschicklichkeit als Whistspieler. Über einen Punkt war Delancey im Zweifel. Hatte Louisa Mrs. Radcliffes Roman erwähnt, um ihm dadurch noch irgendeine Botschaft zu übermitteln, oder war es nur ein zufälliger Hinweis auf ihren eigenen literarischen Geschmack? Rasch entschlossen kehrte Delancey zum Buchhändler zurück und verlangte »Die Geheimnisse Udolphos«. Sofort wurde ein Exemplar herbeigeholt, und der Buchhändler bemerkte dazu, daß das Buch sehr gefragt sei. Delancey kehrte mit seinen Büchern zur *Rose* zurück, um zu lesen und einen Entschluß zu fassen. Ohne langes Zögern entschied er sich dafür, Mr. Earlys Angebot anzunehmen.

Drei Tage später segelte die *Rose* nach Weymouth ab. Von dort aus fuhr sie ohne Delancey nach Cowes, nicht ohne den Brief mit der Rücktrittserklärung ihres bisherigen verantwortlichen Kommandanten mitzunehmen. Robert Lane, nunmehr selbst der Kommandant, ließ drei Hochrufe ausbringen, als der Kutter den Kai verließ, und Delancey stand einen Augenblick in salutierender Haltung da. Er wußte, daß er ein Erfolg und sogar populär gewesen war. Er spürte so etwas wie Bedauern, aber als er sich abwandte, erinnerte er sich daran, daß er es jetzt mit einem andersgearteten Handel zu tun hatte. Seine Karriere im Zolldienst hatte ein jähes Ende gefunden, nicht etwa durch sein Versagen, sondern weil er sich als zu kompetent erwiesen hatte. Nichts von dem, was er getan hatte, würde sein Ansehen als Marineoffizier vermehren, aber die Episode war seinem Selbstvertrauen sehr förderlich gewesen. Er hatte eine Gelegenheit erkannt und sie ergriffen. Er hatte sich als Geheimagent, als Vorgesetzter, als Taktiker bewährt. Ohne gleichbleibend erfolgreich zu sein, war er von seinen Gegnern mit Respekt behandelt worden. Sie hatten es für wert befunden, ihn abzuwerben. Das Ergebnis war die Aussicht auf ein neues, reizvolles Kommando, das Kaperschiff *Nemesis*. Darum verlor er keine Zeit und machte sich auf den

Weg zum Paketboot, das noch am Nachmittag nach Guernsey fahren würde. Als er, an Bord, das Schiff aus dem Hafen gleiten sah, die alte Stadt auf der einen Seite, die bewaldeten Hügel auf der anderen, überkam ihn etwas wie Ferienstimmung, weil er diesmal die Seemannskunst anderen überlassen konnte, die dafür verantwortlich waren. Er konnte die Sonne auf den Segeln eines vorüberfahrenden Luggers bewundern, ohne sich fragen zu müssen, was man dort trieb. Die See war blaßgrün im Licht, aber beschattet von dunklen Stellen und gesprenkelt mit Schaum.

Das alte Paketschiff wurde eng am südlichen Wind gehalten, sackte aber nach Lee ab. Wenn man nur dafür sorgte, daß das Großsegel glatt blieb ... aber das war diesmal nicht seine Sache.

Als Delancey an Deck auf und ab ging, versuchte er, sich all das zu vergegenwärtigen, was er über die Kaperei wußte. Er erinnerte sich unklar daran, daß Lizenzen dafür an zwei verschiedene Schiffstypen ausgegeben wurden. Zu der einen Gruppe gehörten die üblichen bewaffneten Handelsschiffe, die Fracht führten, ohne Konvoi fuhren und eine Prise aufbringen konnten, wenn sich Gelegenheit dazu bot. Geringer an Zahl waren die wirklichen Kaperschiffe, die ohne Fracht fuhren und regulär für den Krieg bewaffnet und bemannt waren. Einige davon waren für den Handel gebaut, besonders für den Sklavenhandel, aber andere waren Kriegsschiffe und niemals etwas anderes gewesen. Einige hatten ihren Stützpunkt auf Guernsey und weitere – so war ihm gesagt worden – auf Alderney. Besitzer und Offiziere von Kaperschiffen waren oft, wenn auch nicht immer, hoch angesehene Männer. Nichts Illegales lag in ihrer Tätigkeit, sagte er sich, aber sie konnte mitunter zu Piraterie ausarten. Der Kommandant eines privaten Kriegsschiffes konnte in Versuchung geraten, Schiffe anzugreifen, die nicht unter der Flagge des Feindes fuhren; neutrale Schiffe oder (im schlimmsten Falle) sogar solche unter britischer Flagge. Das Vorhandensein dieser Versuchung war natürlich kein Beweis dafür, daß ihr viele unterlagen. Die meisten Offiziere von Kaperschiffen hielten sich an den Buchstaben des Gesetzes und betrachteten Piraterie als unehrenhaft – und überhaupt als höchst gefährlich.

Die Passage von Weymouth nach Guernsey verzögerte sich durch Gegenwind, und Delancey war froh, daß er Bücher bei sich hatte. Eigentlich hätte er gern etwas über Kaperei gelesen, aber soweit er wußte, war darüber noch nie ein Buch veröffentlicht worden. Ihm standen nur die in Poole gekauften Werke zur Verfügung. Der *Naval Atalantis* stellte sich als eine Kollektion von Kurzbiographien heraus. Die Stabsoffiziere und Kapitäne, die dort porträtiert wurden, erschienen zum Teil in den hellsten Farben gemalt. Andere Persönlichkeiten wurden angeschwärzt, vielleicht ohne eigentlichen Grund und nur aus Mangel an Material über sie. Er mußte dennoch zugeben, daß einige der Skizzen mindestens amüsant waren. Er mußte über den Hinweis auf Admiral Digby lächeln, der in Pension gegangen war, um in einem herrschaftlichen Wohnhaus in der Nähe von Weymouth zu leben. »Und dort wollen wir ihn seiner Abwendung von diesem ehrenhaften Beruf verlassen, in dem es ihm keineswegs vorherbestimmt gewesen war, für sich persönlich oder sein Vaterland ein großes Ansehen zu erwerben.« Es interessierte ihn auch festzustellen, daß ein künftiger Stabsoffizier einmal die *Guernsey* kommandiert hatte – ein ihm neuer Name für ein Kriegsschiff. Danach machte er Jagd auf Namen von Offizieren, unter denen er gedient hatte, sogar auf jene, die er nur vom Sehen kannte. Sein Konteradmiral, der ehrenwerte J. Leveson-Gower bekam kaum mehr als eine Seite: »Das hochmütige Benehmen, die falsch beurteilte Bedeutung und der ungebildete Hochmut dieses Offiziers verdunkeln, zu seinem Unglück, einige vorhandene berufliche Fähigkeiten . . .« Das, dachte er, könnte der Wahrheit nahekommen. Was sagte der Autor über Macbride? Er war natürlich Ire und Mitglied des Parlaments für Plymouth gewesen. Sein privates Hobby war Hahnenkampf und – was war das? – »Nicht weniger Kämpe auf dem Feld der Venus als auf dem des Mars, war der galante Kapitän immer ein willkommener Gast, wo Schönheit Hof hielt, und er machte seine Eroberungen gewöhnlich mit gleichem Erfolg auf beiden Gebieten . . .« Gott im Himmel! Das war keine Beschreibung des überarbeiteten Mannes, den Delancey an seinem mit Papieren überladenen Schreibtisch gesehen hatte. Von den erwähnten Offizieren hatten sich einige eines verspäteten Erfolges erfreut, und ihre Fähigkeiten waren, wie er merkte, jahrelang übersehen worden. Da war der Vizeadmiral Milbanke, dessen Karriere ein auffallendes Beispiel dafür lieferte, »daß Verdienst, wenn es ein Opfer des Grolls oder Vorurteils wird, lange ungenutzt und unbeachtet ruhen kann«.

Wahr genug, aber existierte in seinem eigenen Falle überhaupt ein Verdienst? Hatte er sich wirklich im Gefecht ausgezeichnet, oder wollte er nur ein Vermögen machen, um an Land zu leben? Wenn er »Nauticus Junior« glauben durfte, gab es Offiziere, die an einem einzigen Tag zu Reichtum gelangt waren. Wie Kapitän Finch von der *Porcupine* – sie war kaum schwerer bewaffnet als die *Nemesis* –, der einen französischen Indienfahrer auf der Heimreise kaperte, »so reich beladen, daß er hinterher immer der Goldfinch genannt wurde. Auch sein Bruder Seymour war ein Kapitän der Kriegsmarine«. Ebenso glücklich, und anscheinend verdienter, war ein anderer Offizier, den Delancey wirklich kennengelernt hatte. Es war Kapitän Henry Trollope, der als Leutnant einen Kutter namens *Kite* befehligt hatte. Als der Krieg mit den Niederlanden begann – Ende des Jahres 1780 –, stieß die *Kite* auf holländische Handelsschiffe, von denen viele gar nicht wußten, daß die Feindseligkeiten begonnen hatten – und machte eine Reihe wertvoller Kaperungen. Der Autor zollte Trollopes Unternehmungsgeist Tribut und setzte hinzu: »Sein privater Lebensstil entspricht der Vortrefflichkeit seiner Persönlichkeit in der Öffentlichkeit; und mit Freigebigkeit spendet er mildtätig in der Zurückgezogenheit das große Vermögen, das er durch seine beruflichen Mühen erwarb.«

Als Delancey das Buch beiseite legte, fragte er sich, was er eigentlich zu tun versuchen sollte. Bis vor kurzem hatte er nicht mehr getan, als seinen Lebensunterhalt verdient, und das mit ziemlicher Schwierigkeit. Nun sollte er ein Kommando und die Chance haben, ein Vermögen zu machen. Wenn er Erfolg hatte, würde das genügen? Oder würde er das Gefühl haben, daß er in seinem Beruf versagt und nicht erreicht hatte, was er hätte erreichen sollen? Im Augenblick konnte er sich als Grundbesitzer in Guernsey mit Schiffsanteilen und einem Besitz in der Stadt vorstellen, als Jurat des königlichen Hofes, als ein Mann, den jeder bei Chief Pleas oder am Markttage mit Respekt grüßte. Wenn er es erreichte, wäre ihm das ausreichend? Ein Gedanke aber haftete in ihm seit der Lektüre des *Naval Atalantis* und basierte auf dem Beispiel der *Kite*. Der Ursprung von Trollopes Vermögen war der plötzliche Kriegsausbruch gegen einen neuen Feind gewesen. Die französischen Schiffe hatten sich an die Kriegsbedingungen angepaßt, hatten Konvois zusammengestellt, übernahmen rasche Überfahrten bei schlechter Sicht, hatten Warnsignale an der Küste und trafen jede Art von Vorsichtsmaßnahmen. Die Holländer aber waren neutral gewesen, sehr zu ihrem eigenen Profit, und fuhren Güter, die jetzt keiner einem Schiff unter französischer Flagge anvertraut hätte. Es erfolgte die Kriegserklärung, und das Bild änderte sich gänzlich. Die neue Situation war sofort in den Heimathäfen bekannt und wurde rasch den Kreuzern und Kaperschiffen übermittelt. Völlig ahnungslos waren dagegen die beladenen Kauffahrer gewesen, die von Indien zurückkamen, ihre übliche Handelsroute befuhren und nur zufällig Auslug hielten. Ihre Kanonen, wenn sie überhaupt geladen waren, hatten sie nicht einmal vorgeschoben. Auf ihren Kanonendecks herrschte ein Durcheinander von Fässern, Ballen und Kabinenverschlägen. Ihre leichten Waffen lagen begraben unter Kisten und Schachteln. Sie würden eine halbe Stunde benötigen, um fürs Gefecht klar zu sein, und zehn Minuten (oder weniger) blieben ihnen höchstens dafür.

Was den Krieg mit den Niederlanden anbetraf, so wußte Delancey, daß sich die Geschichte soeben wiederholt hatte. Nach der Eroberung durch Frankreich waren die Niederlande jüngst die Republik Batavia geworden, holländische Schiffe waren seit Februar der Gefahr der Kaperung ausgesetzt, aber tatsächlich waren viele von ihnen schon in den vorhergehenden Monaten gefaßt worden. Zu dieser Ernte kam Delancey zu spät. Aber abgesehen davon, galt seine Kaperlizenz nicht für Schiffe der Holländer, die immer noch als friedliches Volk betrachtet wurden, das unter der französischen Bedrückung zu leiden hatte. In dieser Richtung ließ sich also nichts tun. Spanien befand sich noch im Frieden. Wenn dieses Land auf französischer Seite in den Krieg gedrängt würde, wie es sich sehr wahrscheinlich bald ergab, konnte ein Kaperschiff an der spanischen Küste seine Sache gut machen, besonders dann, wenn der Kommandant mit dem Schiff schon dort war, ehe der Krieg erklärt wurde. Für einen wirklich durchschlagenden Erfolg war das erste Erfordernis, den Ausbruch des Krieges vorauszusehen, das zweite Erfordernis, rechtzeitig Nachricht davon zu erhalten. Bei diesen Bedingungen wäre sogar die Kaperung eines Registerschiffes mit einem Schatz möglich, aus dem man ein Vermögen gewinnen konnte. In angenehmem Tagtraum sah sich Delancey als Grundbesitzer, der durch Heirat mit dem Adel verbunden war. Er mußte sich aber vor Augen halten, daß er am Ende eine schändliche Niederlage erleben könnte, entehrt, verwundet oder sogar als Gefangener. Wie er gehört hatte, konnten die Besitzer von Kaperschiffen noch so wohlhabend sein, aber wie viele Kapitäne endeten als Besitzer eines Landgutes? Weniger, vermutete er, als im Gefecht getötet wurden.

Vom *Naval Atalantis* wandte sich Delancey den »Geheimnissen von Udolpho« zu. Bei den ersten Kapiteln war er etwas ungeduldig und überflog die Seiten, bis Emily, die Heldin, das Schloß von Udolpho erreichte. Wenn es Geheimnisse gab, so mußte sie ihnen jetzt begegnen. Delancey gestand sich, daß die Szene bei Nachteinbruch gut geschildert war und daß Emily allen Grund hatte, Angst zu verspüren. Ein erstes Tor wurde flankiert von Türmen, die von Gras und Wildpflanzen überwuchert waren, welche zwischen den morschen Steinen Wurzeln geschlagen hatten. Der Wagen fuhr durch einen düsteren äußeren Hof.

»Ein zweites Tor brachte sie in einen zweiten Hof, der grasüberwachsen und noch verwildeter war als der erste, wo ihr, als sie im Zwielicht auf seine Trostlosigkeit blickte – auf die stolzen mit Bryonia, Moos und Nachtschatten bewachsenen Mauern und die mit Schießscharten versehenen sich darüber erhebenden Türme –, Qualen und Mord in den Sinn kamen. Eine von diesen plötzlichen, unerklärlichen Ahnungen, die manchmal sogar starke Gemüter erobern, beeindruckte sie mit ihren Schrecken.«

Als Delancey in den Seiten blätterte, stellte er fest, daß es an Geheimnissen oder Schrecken nicht mangelte. Er ertappte sich bei dem Gedanken an d'Auvergnes Schloß von Navarra. Es hatte kaum Gotisches an sich, wie er vermutete, und doch beneidete er jemanden, der einen so romantischen Hintergrund hatte. Sein eigener Name war zwar reichlich romantisch, aber er hatte nie von einem Delancey gehört, der entweder berühmt oder adelig gewesen wäre. Da waren die amerikanischen Delanceys, die er tatsächlich in New York getroffen hatte, aber er spürte wirklich kein großes Verlangen, sie als Verwandte zu beanspruchen. Sein Ahnenstolz mußte schon bei der Familie seiner Mutter verweilen. Sie war eine Andros gewesen, und mit diesem Namen verband sich eine Vorstellung an eine historische Bedeutung. Doch auf der Insel Guernsey hatte die Androsfamilie fast zu existieren aufgehört. Er beschloß, bei Gelegenheit Nachforschungen anzustellen. Es würde sich dabei nicht ergeben, daß er der gesuchte Erbe sei; er empfand das als so gut wie sicher. Dennoch hätte er sich gern mit einem Hauch Romantik umgeben.

Wieder an Land in St. Peter Port fragte Delancey nach Seiner Hoheit, Prinz von Bouillon, nur um zu hören, daß sein früherer Vorgesetzter jetzt in Jersey stationiert war. Als er sich nach der *Nemesis* erkundigte, teilte man ihm mit, sie liege im Hafen. Und dort war sie tatsächlich, anscheinend zur Reparatur, kein Mensch an Bord, außer Kalfaterern und Taklern; aber immerhin ein schnittiges, kleines Schiff.

Die *Nemesis* war auch wie ein richtiges Schiff getakelt, besaß gute Linien, war gut ausgerüstet und instand. Sie hätte ein Schiff der königlichen Flotte sein können, eines der kleineren, ungefähr um 1780 erbauten Schaluppen, hatte aber nur ungefähr 270 Tonnen. Bis auf die kleineren Dimensionen hätte sie ein Schwesterschiff der *Savage* oder der *Thorn* sein können, beide mit sechzehn Kanonen. An ihrem Äußeren war nichts auffallend hübsch, doch Delanceys Herz erwärmte sich sofort für sie. Ganz bestimmt würde sie unter Segel reizend aussehen. Nachdem er sie mit einigem Widerstreben verlassen hatte, erfuhr er als nächstes, daß Mr. Elisha Jeremie an diesem Tage nicht in der Stadt weile, sondern in der Gemeinde St. Martin's anzutreffen sei. Er entschloß sich, diese Wanderung bis morgen zu verschieben, nahm ein Zimmer im ›Albion‹ und heuerte

einen Träger, der seine Seekiste von dem Paketboot holen sollte. Unterwegs wurde er von Sam Carter angerufen:
»Schön, Sie wiederzusehen, Käpt'n!« sagte Sam. »Willkommen, wieder auf Guernsey! Ich habe gehört, daß Sie nun in einem anderen Zweig des Geschäfts tätig sind.«
Die Aufrichtigkeit seines Grußes war unmißverständlich, und Delancey dachte daran, daß er und Sam nicht länger Gegner seien. Sie verabredeten sich für den Abend zum Essen und tranken auf das Wohl von John Early, der nun beider Brotgeber war. Bei der freundschaftlichen Unterhaltung wurde es offensichtlich, daß der Freihändler sich gut stand. Frankreich war in einem Durcheinander, das konnte nicht geleugnet werden, aber die Preise stiegen, und der Handel war lebhaft. Sam war eine Fundgrube an Informationen über die Kanalschiffahrt, bezweifelte aber einigermaßen die Erfolgsaussichten der *Nemesis.* Es gäbe zu viele Kriegsschiffe in der Gegend und zu wenig Beute von einigem Wert. Delancey und Carter kamen überein zusammenzuarbeiten, wann und wo es sich als möglich erwies.
Später an diesem Abend wurde Delancey von einem Mr. Le Page begrüßt, der sich an ihn als Schulkameraden erinnerte.
»Die ganze Insel sprach im vergangenen Jahr von Ihnen, Mr. Delancey. Es lief die Geschichte um, daß Sie von einem Offizier der Garnison gefordert worden seien und ihn mit dem Degen durchbohrten, und zwar so, daß Sie ihn nicht töteten, ihm aber eine Lektion erteilten. Oder war das alles bloß Geschwätz?«
»Ein derartiges Duell fand statt, Sir.«
»Nun, so hörten wir es auch. Ein paar von uns können sich noch an Sie als Jungen erinnern, und wir alle waren auf Ihrer Seite. Die jungen Armeeoffiziere benehmen sich, als ob ihnen die Insel gehörte. Aber Sie haben einen davon auf seinen Platz verwiesen, und wir waren alle froh, als wir es hörten.«
Delancey war überrascht, aber es gefiel ihm, daß er so etwas wie ein Ortsheld war, daß man sich an den Streit erinnerte und daß man nicht über sein hinterher erfolgtes Verlassen der Insel sprach. Später stellte er fest, daß jeder Kommandant eines Kaperschiffes in St. Peter Port ein Held war.
Am nächsten Tag brach Delancey nach St. Martin's und nach

Les Câches auf, wo Mr. Elisha Jeremie wohnen sollte. Ob ihm nun wirklich das Gut gehörte oder nicht (und Delancey hatte darüber widersprüchliche Ansichten gehört), er war jedenfalls daheim und erwartete Delanceys Besuch.

Das Haus war in den ersten Jahren des Jahrhunderts erbaut und stand am Ende einer Allee, mit Wiesen zu beiden Seiten und dahinter ein Obstgarten. Ein Diener geleitete Delancey in das Empfangszimmer, wo sich Mr. Jeremie sofort einfand. Die Unterhaltung wurde in französischer Sprache geführt.

»Mr. Delancey? Ihr Diener, Sir. Ich wurde von Mr. Early verständigt, daß Sie hier zu erwarten seien, und ich bin glücklich, Sie in diesem Hause willkommen zu heißen.«

Elisha Jeremie war ein ältlicher, etwas hochtrabender Herr, klein, feist und mit rotem Gesicht. Es stellte sich bald heraus, daß er der geschäftsführende Eigentümer der *Nemesis* war. Wie fast jedes andere Kaperschiff gehörte auch sie einem Syndikat, aber mit einem aktiveren Partner, der für die anderen stellvertretend handelte. In dieser Eigenschaft nahm sich Mr. Jeremie selbst sehr ernst und betrachtete auch diese Angelegenheit, als ob Delanceys Ernennung ausschließlich von ihm abhinge. Obwohl er innerlich davon überzeugt war, daß Earlys Entscheidung endgültig gewesen war, spielte Delancey die Rolle eines Bewerbers und beantwortete Mr. Jeremies Fragen mit entsprechender Bescheidenheit.

»Wie ich bemerke, Sir, ist Ihr Name Richard Andros Delancey. Aus Ihrem mittleren Namen darf ich wohl annehmen, daß Sie mit der Familie von Guernsey verwandt sind, die hier in Les Câches während der Regierung von George II. lebte?«

»Meine Mutter war eine Andros, Sir, und wohl eine Base von James Andros, an dessen Tod ich mich erinnere.«

»James wohnte hier und war Oberst des Südregiments der Miliz. Aber die Familie Andros war über eine viel längere Periode hin mit einem anderen Ort im Norden der Insel verbunden.«

»Ich habe nie davon gehört, Sir.«

»Der Name Delancey ist nicht so gut bekannt.«

»Nein, wie ich wohl annehmen darf, Sir.«

»Nein, überhaupt nicht bekannt. Aber Sie haben einen Rang in der Marine und einige Jahre zur See verbracht?«

»Ja, Sir.«

»Sind Sie im Gefecht gewesen?«

»Ja, Sir.«

»Aber Sie haben niemals zuvor auf einem privaten Kriegsschiff gedient, Mr. Delancey?«

»Nein, Sir.«

»Dann müssen Sie sich vergegenwärtigen, daß ein Schiff wie die *Nemesis* kein Königsschiff und damit nicht verpflichtet ist, den Feind im Kampfe zu suchen. Ihre Rolle ist insofern anders, als man hier einen Profit erwartet. Ihre Besitzer haben für den Bau, die Bewaffnung, Ausstattung und Versorgung des Schiffes beträchtliche Unkosten gehabt, und sie hoffen, ihre Auslagen wieder hereinzubekommen.«

»Zweifellos, Sir. Und ich darf wohl mit Recht annehmen, daß sie auch gewiß ihren Teil dazu beitragen möchten, den Krieg erfolgreich zum Abschluß zu bringen?«

Es trat ein Schweigen von einer oder zwei Minuten ein, ehe Mr. Jeremie antwortete.

»Die Eigentümer sind dem König gegenüber loyal, und seine Feinde sind zweifellos auch ihre Feinde. Sie müssen sich aber auch vor Augen halten, daß ihre Mittel begrenzt sind. Man darf nicht erwarten, daß sie einen Seekrieg auf eigene Kosten führen können. Der Ertrag einer jeden Ausfahrt muß die nächste bezahlen.«

»Und wie kann der Kommandant des Schiffes sicher sein, daß er auch Profit macht?«

»Es ist eine Angelegenheit genauer Kalkulation, Sir. Nehmen wir an, Sie haben ein Schiff gesichtet und als Franzosen erkannt. Nachdem Sie seine Stärke und seinen Wert als Beute eingeschätzt haben, müssen Sie drei Berechnungen anstellen: den Verkaufswert von Schiff und Ladung zusammen; den Schaden, den Sie wahrscheinlich beim Kapern nehmen werden, und den Schaden, den das gekaperte Schiff davontragen wird, ehe es genommen wird. Wenn die beiden letzten Berechnungen die erste an Höhe übersteigen, werden Sie das Schiff in Ruhe lassen.«

»Ich verstehe, Sir.«

»Wir wissen natürlich, daß Ihre Schätzungen nicht unfehlbar sein werden. Sie können den Ursprungshafen des Schiffes erkennen und den Geschäftszweig, für den es bestimmt ist. Sie können die Kanonenluken zählen und sehen, ob das Schiff beladen ist oder Ballast trägt. Ihr Erfolg muß dann von der Genauigkeit Ihrer Berechnungen und der Energie und Entschlossenheit abhängen, die Sie beim Angriff auf das Schiff beweisen, das Sie der Kaperung für wert befunden haben.«

»Sehr richtig, Mr. Jeremie.«

»Gewisse Fehler werden allzuoft gemacht, ganz besonders von jungen Männern, die neu im Geschäft sind. Nach einer Kreuzfahrt von vielleicht Monaten, ohne Beute gemacht zu haben, wird der Kommandant eines Kaperschiffes manchmal die Geduld verlieren und den nicht ratsamen Versuch unternehmen, ein Schiff zu kapern, das ihm an Stärke überlegen ist. Statt mit leeren Händen zurückzukehren, wird er sich selbst davon überzeugen, daß der Versuch gerechtfertigt ist. Mit welchem Resultat? Er kehrt mit leeren Händen zurück, wie das auch ohne den Zwischenfall geschehen wäre, aber mit zerfetzten Segeln, verwickelter oder zerschlissener Takelung, einem Loch oder zwei zwischen Wind und Wasser, und seine Pumpen sind kaum in der Lage, das Schiff über Wasser zu halten. Sie können sich denken, daß die Eigentümer des Schiffes ihre Mißbilligung in schärfsten Worten ausdrücken werden.«

»Mit gutem Grund, Sir, das muß ich zugeben.«

»Auch muß der Kommandant daran denken, daß Kanonenfeuer Lärm verursacht, der oft unerwünscht ist. Sie werden selten den ganzen englischen Kanal für sich allein haben. Ein anhaltendes Gefecht kann die Aufmerksamkeit feindlicher Kreuzer auf sich ziehen. Noch schlimmer vielleicht, daß es auch ein anderes Kaperschiff unter unserer eigenen Flagge auf die Szene bringen kann, das Hilfe anbietet, aber die Hälfte der Beute beansprucht. Wo es möglich ist, sollte die Kaperung durch Entern erfolgen, also ohne Kanonenfutter, denn keines der beiden Schiffe soll Schaden erleiden.«

»Sehr wahr, Mr. Jeremie.«

»Sie müssen auch begreifen, daß Ihre Mannschaft zwar stark genug sein wird, die erste Prise zu bemannen, daß Sie aber durch Ihre eigenen Erfolge immer schwächer werden. Ein Versuch zuviel und mit ungenügender Streitmacht ausgeführt kann zu Ihrer eigenen Kaperung führen und die vorhergehenden Erfolge zunichte machen. Der kluge Kommandant sollte wissen, wann er genug erreicht hat.«

»In der Tat, Sir, ich bin ganz Ihrer Meinung.«

Delancey fühlte sich etwas abgestoßen durch die streng kommerzielle Auffassung eines Berufes, der aus der Ferne so romantisch ausgesehen hatte. Er begriff dennoch, daß Mr. Jeremies Rat auf gesunden Menschenverstand gegründet war. Kein Sieg auf See würde einen Kommandanten rechtfertigen, dessen Bosse dadurch bankrott wurden. Als er endlich die Möglichkeit hatte, selbst Fragen zu stellen, bat er um Auskunft über die bereits ernannten Offiziere; wer sie waren und welche Eigenschaften und Erfahrungen sie hatten? An diesem Punkt verwies ihn Mr. Jeremie auf Mr. Perelle.

»Sie werden vielleicht gehört haben, daß die *Nemesis* auf ihrer letzten Kreuzfahrt höchst erfolgreich gewesen ist. Der Krieg mit Holland hatte gerade begonnen, und es gab große Möglichkeiten. Mr. Perelle holte dabei am meisten heraus und entschloß sich danach, die Seefahrt aufzugeben. Er ist jetzt Teilhaber der *Nemesis* und der Mann, der Sie am besten über das Schiff und die Mannschaft informieren kann. Er lebt bei Portinfer in der Gemeinde Vale, und ich rate Ihnen, ihn morgen zu besuchen.«

Delancey befolgte den Rat und gelangte am nächsten Tage in einen Teil der Insel, der ihm fremd war. Er kannte sich um St. Martin's und um St. Andrew's aus. Er fand sich einigermaßen zurecht in Catel oder Forest, aber St. Samson's wie Torteval stellten für ihn ein fremdes Gebiet dar, wo Französisch mit einem ganz anderen Akzent gesprochen wurde. Was Vale selbst anbelangte, diese andere Insel hinter der Brücke von St. Samson's, so war er noch nie in seinem Leben dort gewesen. Portinfer war nicht ganz so weit, und er hatte den Ort von der See aus schon als Junge beim Fischen gesehen, aber er hatte nur eine unklare Vorstellung davon, wie er ihn von St. Peter Port

aus erreichte. Am Ende nahm ihn ein Bauernkarren mit nach Cobo, und von dort aus wanderte er die Küste hinauf.
Es war ein schöner Tag für einen Spaziergang, sonnig im Augenblick, aber mit dunklen Wolken über der See im Westen. Das Küstenstück war höchst reizvoll, flach und gesäumt von Felsen. Delancey erinnerte sich daran, daß der Granit von Cobo eine blaue Farbe hatte und für Ecken, Oberschwellen und Torpfosten wertvoll war. Er sah auch einige Steinbrüche, in denen gearbeitet wurde, aber die einzigen Wohnstätten stellten vier niedrige strohgedeckte Hütten dar. Er wurde schließlich zu einem Bauernhaus geschickt, das einen höheren Lebensstandard verriet und, wie er erfuhr, das Eigentum des Mannes war, den er suchte.
Mr. Perelle war ein typischer Mann von Guernsey, klein und untersetzt, zuerst mißtrauisch, bald aber hilfsbereit. Er sprach in höchsten Tönen von der *Nemesis,* war aber vorsichtiger bei seinen Äußerungen über ihre Offiziere.
»Mr. Le Vallois, erster Leutnant, ist ein guter Seemann, aber rheumatisch und hätte sich jetzt zurückgezogen, wenn er nicht sein Geld verloren hätte, als sein Haus abbrannte. Mr. Rouget, zweiter Leutnant, ist tapfer im Gefecht und ein brauchbarer Navigator. Er hat Scherereien gehabt; nicht hier, aber in England. Er ist mir gegenüber immer ehrenhaft gewesen, aber passen Sie auf, ich möchte ihn nicht in Versuchung führen. Mr. Hubert ist Leutnant der Seesoldaten . . .«
»Er ist was?« fragte Delancey.
»Leutnant der Seesoldaten. Wir geben manchmal diesen Rang einem jungen Mann, der kämpfen will, aber nichts von der Seefahrt versteht. Er führt ein paar Landratten an, die Musketen und Bajonette erhalten haben. Hubert ist ein bißchen unbändig und wagt es wegen seiner Schulden nicht, hier an Land zu gehen. Er bleibt als Wache an Bord. Der junge Duquemin, der Fähnrich, darf sich auch nicht an Land sehen lassen, denn ein Mädchen von St. Saviour's hat ein Kind von ihm. Wenn man ihn am Land erwischte, könnte man ihn zwingen, sie zu heiraten.«
»Und der Bootsmann?«
»Wir nennen ihn den Kanonier. Will Carré ist ein guter Mann, wenn er nüchtern ist, sonst nicht. Sie werden darauf achten müssen, daß er nicht mehr als seine Ration erhält.«

Daraus und aus der weiteren Unterhaltung entnahm Delancey, daß ein Kaperschiff mit Männern bemannt war, die einen besonderen Grund hatten, zur See zu gehen. Es ließ sich gegen alle von ihnen etwas vorbringen (er selbst eingeschlossen).

Für seinen Rückweg zu Fuß erhielt Delancey Anweisungen von Mr. Perelle, fand es aber schwierig, sie zu befolgen. Anstatt entlang der Küste zurück nach Cobo zu gehen, sollte er sich bei Vingtaine de l'Epine landeinwärts halten – er ersparte sich dadurch einen großen Umweg, wie ihm gesagt wurde. Die Heckenwege und Fußpfade waren so verwirrend, es waren auch nur sehr wenige Leute zu sehen, daß er sich bald völlig verirrt und nur den Sinn für die allgemeine Richtung bewahrt hatte. Der Tag hatte schön begonnen, aber der Himmel war nun überzogen und das Licht verblaßte, als der Nachmittag sich neigte. Er traf einen alten Mann, der ihm sagte, er solle an der Garenne vorbeigehen. Er folgte der Richtung, in die der Alte ihn gewiesen hatte, aber das Wort »Garenne« war ihm fremd. Er kam zu einer Fläche mit Stechginster und Farnkraut, begrenzt von einem künstlichen Wassergraben für ein Kaninchengehege, und er vermutete, daß diese Anlage die »Garenne« war. Ermutigt durch diese Entdeckung, stieß er weiter vor, verlor den bisherigen, wenn auch kleinen, Pfad, fand aber eine Lücke in einer Baumreihe. Als er hindurch war, schritt er hügelaufwärts zwischen Gebüsch auf eine Ruine zu. Er vernahm das Krächzen von Krähen. Nirgends ein Laut von Vieh oder Hunden, kein Anzeichen dafür, daß hier jemand wohnte. Als er von einer Erhöhung, die einmal ein Wall gewesen sein konnte, den Hügel hinaufblickte, sah er etwas, das eine verfallene Zinne zu sein schien, eine Turmruine mit einem gotischen Fenster. Alles war überwachsen und herrenlos, aber das Gebäude war wohl ein Schloß gewesen; nein, ein befestigtes Herrenhaus. Daneben die mit Efeu überwucherte Ruine einer Kapelle mit einem Friedhof, den Sträucher und Nesseln bedeckten. Im schwindenden Licht wirkte die Ruine drohend und finster. Sie erinnerte ihn an etwas, das er gesehen – oder vielmehr an etwas, das er gelesen hatte ... Alles war still, als er zu dem gotischen Torbogen kam, der durch ein paar grobe, rohe Holzbalken versperrt war. Er stand eine

Minute lang da und fragte sich, was wohl als nächstes folgen werde – vielleicht das schrille Läuten einer alten Glocke, das Heulen einer Eule? Plötzlich erinnerte er sich – das Schloß von Udolpho!

Wie er so dastand und sich über den seltsamen Zufall wunderte, der ihn hierher geführt hatte, blitzte es und fernes Donnergrollen erscholl. Gleichzeitig rührte sich etwas unter den Bäumen, und wieder krächzten die Krähen. Es zog ein Gewitter auf. Er wandte sich von der Ruine ab, ging den Hügel nach links hinauf und befand sich plötzlich auf einem Pfad, der immer besser wurde, bis er zu einem Wagenschuppen und einem Kuhstall kam, den Nebengebäuden einer Farm. Als die ersten schweren Regentropfen fielen, trat er dort unter. Bald darauf fand sich in dem Wagenschuppen ein alter Landmann ein, der auf einem Feld in der Nachbarschaft gearbeitet hatte und gleichfalls Schutz suchte. Nachdem sie einander begrüßt hatten, tauschten sie ihre Ansichten über das Wetter aus, und beide waren davon überzeugt, daß das Gewitter bald vorüber sein werde. Während der Regen auf das Strohdach trommelte, entschloß sich Delancey zu bleiben, wo er war, bis sich das Gewitter verzogen hatte. Um die Zeit zu vertreiben, fragte er den alten Landmann über die Ruinen aus, an denen er vorbeigekommen war. Wußte er vielleicht, was für ein Bau es einmal gewesen sei?

»Was, das alte Herrenhaus? Das ist Anneville Manor, Sir. Haben Sie den alten Toreingang gesehen?«

»Ja.«

»Nun, dort treffen sich noch die Pächter beim Chief Pleas. Ja, Sir, das ist das alte Herrenhaus und die Kapelle von St. Thomas, jahrhundertealt, wie die Leute sagen.«

»Wem gehört es denn?«

»Nun, Sir, das Lehen hat immer der Familie Andros gehört. Sie sind die Seigneurs gewesen, soweit man zurückdenken kann. Aber sie haben das Land vor langer Zeit verkauft, und das Gebäude gehört nun Mr. Mahy – das heißt, dem alten Mr. Mahy, nicht dem Mr. Elias Mahy von Le Valnord, sondern seinem Vater, dem Grobschmied. Ein fester Platz muß das Haus immer gewesen sein; wohl als Bollwerk gegen die Franzosen.«

»So, Anneville ist es, der Überlieferung nach das Heim der Andros auf Guernsey?«

»Nun ja, Sir. Es muß ihnen Hunderte von Jahren gehört haben.«

»Eine ungewöhnliche Geschichte!«

»Warum, Sir?«

»Ich habe mich schlecht ausgedrückt. Ungewöhnlich ist nicht das Dasein dieses alten Bauwerks, das nur einer Handvoll Nachbarn bekannt ist, sondern der Zufall von eins zu tausend, daß ich hierher geraten bin. Andros ist nämlich einer meiner Namen. Hier könnte sehr leicht meine Heimat gewesen sein!«

10. Kapitel

Mach das einem anderen weis

»Alle Mann an Deck! Munter dort! Lebhaft jetzt!« Will Carré, der Kanonier, versammelte die Mannschaft der *Nemesis* und verglich die Namen mit der Liste. Es waren zweiundfünfzig Mann und Jungen, einschließlich der acht »Seesoldaten« unter Mr. Hubert, die in Reih und Glied am Absatz des Achterdecks standen. Die Seeleute drängten sich auf dem Mitteldeck und wurden Mr. Rouget als präsent gemeldet. Die Anwesenheit der Seesoldaten wurde gleichermaßen Rouget gemeldet, der meldete sie Mr. Le Vallois. Dieser nahm dann seinen Hut ab und verbeugte sich vor dem Kapitän, Richard Delancey, der mit dem Gesicht nach achtern an der Reling stand. »Die Mannschaft ist vollzählig angetreten, Sir!« Delancey, in Marineuniform, drehte sich zu Mr. Jeremie um und verbeugte sich vor ihm als dem Repräsentanten der Reeder. »Alle Mann zugegen, Sir, das Schiff ist klar zum Auslaufen.« In seinem besten Anzug und mit Perücke hielt Mr. Jeremie eine Ansprache an die Mannschaft. Wegen der Flüssigkeit der Rede nahm Delancey an, daß er sie schon oft und wahrscheinlich ohne viele Änderungen gehalten hatte.

»Offiziere und Männer, ihr werdet bereits wissen, daß die Reeder dieses Schiffes Mr. Richard Delancey zum Kapitän ernannt haben. Er ist ein Offizier der Flotte, der große Erfahrung im königlichen Dienst gesammelt hat. Er ist auch ein Mann von Guernsey und in der Gemeinde St. Martin's aufgewachsen. Gehorcht seinen Befehlen, und ihr werdet den Beifall der Reeder erhalten. Mehr noch als das, ihr werdet Anteil am Wert jeder Kaperung haben, die ihr gemacht habt. Jeder von euch weiß, auf welchen Anteil er Anspruch hat, und ein jeder weiß auch, daß keiner vergessen wird und sogar der Kabinenjunge etwas zu gewinnen hat. Tut eure Pflicht, Leute, sorgt dafür, daß das Schiff immer zur Aktion bereit ist. Haltet jederzeit scharfen Auslug, so daß ihr den Feind seht, ehe ihr gesehen werdet. Folgt euren Offizieren tapfer, wenn der Augenblick kommt, und seid gewiß, daß der feige Franzose um sein Leben rennen wird. Bringt eure Prisen heim in diesen Hafen, und ihr werdet die Hochrufe hören, wenn der Anker fällt. Geht an Land mit Geld, um es auszugeben, und ihr werdet wiederum feststellen, daß jedes hübsche Mädchen einen Seemann liebt! Viel Glück für euch alle!«

Während Delancey auf die Rede lauschte, studierte er die Gesichter der Männer. Sie waren, wie er sehen konnte, das Gesindel von der Wasserkante: die Dummen, die Unbeholfenen, die Trunkenbolde, die Unredlichen, die Schuldner, die unter dem Pantoffel Stehenden, die Unnützen, die Kranken. Die *Nemesis* war draußen vor dem Hafen einfach verankert, und das Boot, das Mr. Jeremie an Land bringen würde, lag längsseits. Sogar hier verbarg sich der Fähnrich Duquemin hinter der Kabelrolle, weil er fürchtete, an Deck gesehen zu werden. Delancey blickte auf seine Offiziere, die hinter ihm standen, und sah, daß auch sie keinen besonderen Eindruck machten. Sie trugen so etwas wie eine Uniform, dazu einen Degen mit Messinggriff, sahen aber begieriger nach Beute als nach Gefechten aus. Man hatte nicht erst versucht, den »Seesoldaten« eine Uniform zu verpassen. Sie sahen sogar noch schäbiger aus als die Matrosen. Ihre Musketen waren schmutzig und ihre Bajonette stumpf.

Dann trat Delancey vor und tat sein Bestes, um Eindruck zu machen:

»Offiziere und Männer der *Nemesis*, ich bin Richard Delancey, euer Kapitän. Wir werden einander bei dieser Kreuzfahrt kennenlernen. Indessen habe ich drei Dinge zu sagen. Erstens, dieses Schiff ist ein Kriegsschiff und soll wie ein solches aussehen. Je kriegerischer und schmucker wir wirken, um so größer ist die Wahrscheinlichkeit, daß sich unsere Feinde kampflos ergeben. Zweitens, unser Leben kann vom Zustand unserer Kanonen und unserer leichten Waffen abhängen. Drittens, unser Erfolg kann auch davon abhängen, wie wir unsere Gefangenen behandeln. Wenn bekannt wird, daß wir uns gut verhalten, nicht mehr Gewalt anwenden, als nötig ist, keinem Seemann seine Seekiste rauben, dann werden feindliche Kauffahrer ihre Farben streichen, ehe ein Schuß gefallen ist. Wenn wir aber wie Piraten handeln, wird jedes Schiff unter französischer Flagge, das wir anhalten, bis zum äußersten kämpfen und es uns überlassen, mit zwei Wracks fertig zu werden, mit unserem eigenem Schiff und unserer Prise. Wir müssen schlau sein. Wir müssen einsatzbereit sein. Wir müssen diszipliniert sein. Entlassen Sie jetzt die Männer, Mr. Le Vallois. Das Boot für Mr. Jeremie, Mr. Rouget. Lassen Sie Ihre Männer antreten, Mr. Hubert.«

Delancey begleitete Mr. Jeremie zur Laufplanke und salutierte, als das Boot abstieß und Huberts Soldaten ein zackiges »Präsentiert das Gewehr!« versuchten. Dann ging er hinunter, wo Sam Carter in der Hauptkabine wartete. Ihm, und nur ihm allein hatte Delancey seinen Schlachtplan anvertraut.

Er entschuldigte sich, weil er Sam hatte warten lassen, und rief dann den Steward. »Ein Glas Wein, Sam, um auf unseren Erfolg anzustoßen.«

»Danke, Kapitän. Ich will nicht nein sagen. Aber ich möchte nicht Ihre Ausfahrt verzögern.«

»Wir sind hier sowieso fest, bis unser Boot zurückkehrt. Sagen Sie, was halten Sie von meinem Plan?«

»Es tut mir leid, Richard. Ich konnte gestern in der Taverne nichts dazu sagen, nicht bei all den Leuten ringsum. Aber nein, es tut mir leid: ich möchte lieber nicht antworten.«

»Warum nicht?«

»Erst lassen Sie mich zugeben, daß Ihre Information gut und Ihr Denken noch besser ist. Wenn die Guernsey-Schmuggler Kognak fahren, der, jedenfalls teilweise, von Cherbourg kommt, muß der Kognak vorher an Land gebracht worden sein. Er ist kein Produkt der Normandie, und er muß auf dem Seeweg eingetroffen sein. Das ist unleugbar.«

»Dann müßte es doch möglich sein, die Schiffe abzufangen, die das Zeug bringen.«

»Schauen Sie, Richard, wenn es möglich wäre, hätten es die Kaperschiffe von Alderney längst getan. Aber diese Schiffe sind zu groß für sie und zu gut bewaffnet.«

»Sehr richtig, Sam, aber die *Nemesis* ist größer als die Fahrzeuge von Alderney.«

»Sie ist dennoch nicht groß genug dafür.«

»Vielleicht glauben Sie, ich möchte in Ihrem Gehege wildern?«

»Nein, Richard. Ich handle in diesen Tagen weiter südlich. Ihre Kaperung der *Bonne Citoyenne* könnte einige Leute ärgern, aber mir würde es nichts ausmachen. Ich glaube nur nicht, daß Sie es fertigbringen.«

»Sie meinen, Sie trägt zu viele Kanonen?«

»Ganz bestimmt. Aber abgesehen davon, sie kriecht an der Küste entlang. Angenommen, Sie gehen mit einem anderen Schiff der *Nemesis*-Klasse heran – sagen wir mit der *Duke of Richmond*, befehligt von Peter Norman –«

»Ich nicht, Sam! Ich würde ihm nie trauen.«

»Gut. Angenommen also, Sie haben ein größeres Schiff mit 24 Kanonen. Wenn die *Bonne Citoyenne* Sie sichtete, würde sie in den nächsten Hafen einlaufen, einen, den sie schon einige Male besucht hat und wo sie durch Küstenbatterien gedeckt wird. Sie würden ihr niemals zu folgen wagen, weil Sie den Ort nicht kennen.«

»Und ich würde abgeschlagen, wenn ich es versuchte?«

»Sie würden, was viel wahrscheinlicher ist, gefaßt werden und in einem französischen Gefängnis enden.«

»Aber immerhin wäre die *Bonne Citoyenne* die Kaperung wert – einverstanden?«

»O ja, darüber herrscht kein Zweifel. Sie wäre eine gute Prise, überhaupt, wenn sie mit Wein, Kognak und allgemeinen Gütern beladen nach Cherbourg unterwegs ist. Dasselbe würde auch auf das andere Schiff zutreffen – *Libération* heißt es wohl. Keines von beiden hätte viel Ladung auf der Fahrt nach Süden, aber lassen Sie die Finger davon, Richard, und gehen Sie auf etwas kleineres aus.«

»Ich kann wahrscheinlich gar nicht anders, schon um den Männern etwas Selbstvertrauen einzuflößen. Und hier kommt der Steward mit Wein ... Danke, Nicole. Also dann – auf die *Libération* oder *Bonne Citoyenne*!«

»Darauf trinke ich, Richard, aber Ihr Plan ist reif fürs Tollhaus!«

»Ja? Wenn Sie mich für zu vermessen halten, Sam, sollten Sie wissen, daß ich bisher nur darum Fehlschläge erlebt habe, weil ich nicht genügend Selbstvertrauen besaß. Man hat mich für scheu und zerstreut gehalten, für einen Träumer, einen Künstler. Aber zwei Dinge haben mich verändert, und eines davon trug sich erst in den letzten Minuten zu.«

»Was – rührten Sie etwa die Ermutigungsworte des alten Jeremie?«

»Nein, ich sah mir meine Offiziere und die Mannschaft an. Da wußte ich ganz plötzlich, daß ich an Bord der *Nemesis* der beste Seemann bin. Ich hatte bei der Flotte nie diese Überzeugung, und ich glaube auch nicht, daß sie gerechtfertigt gewesen wäre. Aber hier spüre ich, daß ich ein Recht zum Befehlen habe.«

»Natürlich haben Sie das, Richard! Aber bei allem ist das ein bescheidener Anspruch. Ihre Männer sind der Abschaum, nicht halb so gut wie meine. Der Beste bei diesem Haufen zu sein, bedeutet nichts!«

»Für mich, Sam, bedeutet es allerhand.«

»Und was geschah außerdem, um Ihre Meinung zu ändern?«

»Ich stieß auf die Ruinen von Anneville Manor.«

»Nun, was hat es damit auf sich, Richard?«

»Es gehörte jahrhundertelang der Familie Andros. Ich kam dort zufällig hin, auf dem Rückwege von Portinfer. Plötzlich – war es da, wie die Schloßruine in einer romantischen Erzählung. Eines Tages werde ich es wieder aufbauen. Mein Ziel ist indessen, das Geld dafür zu verdienen.«

»Aber Sie sind doch kein Andros.«

»Meine Mutter war eine Andros. Ich fühle, daß mir da eine Aufgabe zugefallen ist . . . Und jetzt, Sam, halten Sie mich für einen romantischen Narren!«

»Nein, Richard, nicht im geringsten. Aber verlieren Sie nicht Ihr Leben, indem Sie die *Libération* oder die *Bonne Citoyenne* kapern wollen. Ihre einzige Belohnung wäre eine Gedenktafel in der Stadtkirche, die von den Reedern dort angebracht würde. Bleiben Sie um Ihrer Freunde willen am Leben. Schütteln Sie nicht den Kopf, Richard, Sie haben wirklich Freunde. Einen jedenfalls ganz bestimmt.«

»Danke, Sam.«

»Und nun höre ich Ihr Boot zurückkommen. Sie müssen auslaufen, und ich muß an Land.«

Die beiden Freunde nahmen Abschied, und die *Nemesis* war bald unterwegs, zunächst nach der bretonischen Küste über Roscoff hinaus. Delancey spürte, daß seine Offiziere darüber ärgerlich waren, weil sie wußten, daß es sich nicht lohnte, die bretonischen Küstenfahrer zu verfolgen und zu kapern. Er beachtete ihre bösen Blicke nicht, sprach auch nicht über seine Pläne und konzentrierte seine Anstrengungen auf Kanonen- und Musketendrill. Mit unermüdlicher Geduld wiederholte er die Übungen, bis sich Anzeichen der Besserung einstellten. Dann begann er mit Wettbewerben zwischen Kanonenschützen und Musketentrupps, mit Extraportionen Rum für die Gewinner. Die Offiziere waren skeptisch und wiesen darauf hin, daß sie alles andere als ein Gefecht wünschten. Delancey ignorierte sie mit höflicher Unnachgiebigkeit und hatte am Ende zwei Kanonenmannschaften, die wenigstens mit durchschnittlicher Geschwindigkeit und Genauigkeit laden und feuern konnten. Von den anderen ließ sich nur sagen, daß sie ihr Bestes gaben. Was Huberts Landratten anbelangte, so wurden sie bis zur Erschöpfung gedrillt.

Wochen vergingen, ehe die *Nemesis* ihre Beute zu suchen begann, und selbst dann tat Delancey nicht mehr, als daß er die Baie de St. Brieux zuerst bei Tageslicht und dann bei Einbruch der Dunkelheit streifte. Er sprach mit bretonischen Fischern und kaufte manchmal bei ihnen, belästigte niemanden und erklärte, daß er kein Interesse an kleinen Schiffen habe. Da an dieser Küste sich nichts von passender Größe sehen ließ, vermuteten die Fischer, daß er schwach im Kopf sei (eine Annahme, die seine eigenen Offiziere zu teilen geneigt waren). Er wurde fast von den kleinen Küstenhändlern ignoriert, die nichts weiter taten, als Distanz von ihm zu halten. Dann aber, und ganz jäh, schlug Delancey zu. Er eröffnete auf ein paar zweimastige Lugger aus Pontnieux bei Tageslicht das Feuer, beschädigte den einen, während das andere Schiff entwischte. Er nahm diese kleine Prise mit nach Jersey, was zur Folge hatte, daß seine Offiziere über seine Dummheit vor Wut schäumten. Die

Coquette stellte mit ihrer gemischten Ladung einen geringen Wert dar, und die Kaperung hatte nur zur Folge, daß alle anderen Schiffe aus Angst in die Häfen einliefen. Delancey schien mit seiner Prise zufrieden zu sein, während er darlegte, daß bessere Kanonenschützen auch den zweiten Lugger sichergestellt hätten.
Der Verkauf der *Coquette* gab Delancey eine Summe in die Hand, von der seine Mannschaft eine Abschlagszahlung erhielt. Seinen eigenen Anteil und den der Eigentümer gab er sofort für Uniformen für seine Offiziere und »Seesoldaten« aus. Er hatte damit gerechnet, scharlachrotes Tuch kaufen und einen Schneider in Anspruch nehmen zu können, aber er entdeckte bald, daß man Milizuniformen fertig kaufen sollte. Nach vieler Mühe beschaffte er für Hubert und seine Männer Marineuniformen mit Gürtel und Kopfbedeckung. Die Leutnante, die Kanoniere und der Fähnrich erhielten Uniformen mit Zweispitz oder rundem Hut, wie es sich gehörte. Nachrichten von dieser Tätigkeit mußten natürlich d'Auvergne erreichen. Er ließ Delancey kommen und befragte ihn.
»Sie sind es also!« rief der Prinz aus. »Ich hätte es mir denken können! Und darf ich fragen, was für einen Streich Sie jetzt planen?«
Delancey verriet etwas von seinen Plänen, und der Prinz bot ihm sofort seine Hilfe an.
»Sie werden einen Wimpel benötigen und eine schmucke neue Flagge. Ich werde sehen, was sich tun läßt. Und wie ist es mit Segeltuch und Farbe?«
Delancey nahm die Hilfe an, erklärte aber, daß er das Schiff nicht anstreichen lassen würde, solange er in St. Helier sei. Er würde einen weniger bekannten Ort dafür suchen müssen.
»Chausey Island wäre der richtige Platz«, sagte d'Auvergne. »Und noch etwas würde ich Ihrer Liste beifügen – eine Trommel!«
Sie schieden freundschaftlich voneinander, und die *Nemesis* war bald wieder auf See mit Kurs auf Chausey Island, auf halbem Wege nach Saint Malo.
Gleich nachdem er vor Anker gegangen war, rief Delancey seine Offiziere zusammen und erklärte ihnen, was zu tun sei:

»Sie werden sich gewundert haben, meine Herren, warum ich so großen Wert auf Ihre Erscheinung in Uniform lege. Sie werden sich gedacht haben, es sei nur die Laune eines Marineoffiziers; sein Steckenpferd, wie die Leute so sagen. In Wirklichkeit ist es Teil eines Planes, um die Pferde scheu zu machen, wie es im Sprichwort heißt. Es ist auch Teil eines Planes, den Feind zu verwirren. Für die nächste Woche soll die *Nemesis* ein Königsschiff werden! Um ganz genau zu sein, eine Schaluppe mit 20 Kanonen, acht in jeder Batterie, und mit zwei Buggeschützen. Jetzt aber das, was wir tun müssen –« Er ging zu Einzelheiten der Maskierung über, sagte aber nichts Genaues über seine Absichten. Verblüfft und kritisch mußten seine Männer zugeben, daß ihr Kapitän wenigstens wußte, was er wollte. Und als die *Nemesis* wieder mit flatterndem Wimpel und gehißter Flagge segelte, ein Trommelwirbel die Leute auf die Stationen rief, ihre Seesoldaten und Offiziere in Uniform zünftig aussahen, gaben die Männer zu, daß die Verkleidung wirkungsvoll war. Aber wozu? Kaperschiffe maskierten oft ihre Stärke, um harmlos auszusehen und sogar zum Angriff einzuladen. Wer hatte aber je von einem Kaperschiff gehört, das sich als Schiff des Königs ausgab? Sie hatten jedoch wenig Zeit, um über dieses Problem zu diskutieren, denn sie wurden nun mit neuen Übungen beschäftigt, diesmal im Bemannen und Bewaffnen von Booten. Auf der Höhe von Sark gab es weitere neue Übungen, diesmal das Besteigen eines feindlichen Schiffes, das vor Anker lag. Bei dieser Kreuzfahrt schien es nichts anderes zu geben als Arbeit und Mühe.

Es war am Nachmittag des 22. Mai 1795, als das Handelsschiff *Bonne Citoyenne* die Pointe du Rozel auf der letzten Etappe ihrer regelmäßigen Fahrt von Bordeaux nach Cherbourg passierte. Es herrschte eine Brise von Südwesten, und das Schiff befand sich auf der Höhe der Passage de la Deroute bei bequemer Fahrt und bei scharfem Auslug. Jersey befand sich auf der Luvseite und Alderney voraus, und der Kapitän, Citoyen Carignan, ein vorsichtiger Mann, würde einen Seufzer der Erleichterung ausstoßen, wenn er das Cap de la Hague umfahren hatte. Es wäre zweifellos zünftigere Seemannskunst gewesen, einen Kurs direkt von Brest zu einem Punkt westlich von Alderney zu legen und Guernsey auf der Steuerbordseite liegen zu lassen. Aber damit wäre er weit von den befreundeten Häfen auf der Leeseite abgekommen. Wenn er sich aber dicht an der Küstenlinie hielt, war er andererseits immer in bequemer Reichweite von St. Brieux, St. Malo, Granville, Reyneville, Havre de St. Germain oder La Gravelle. Jenseits lag ein Streifen ungastlicher Küste, der nach Umrundung der Spitze am Cap de la Hague mit Cherbourg endete. Bei dieser Brise würde sogar ein schwerbeladenes Schiff am Abend sicher im Hafen von Cherbourg sein. Die Sonne schien hell, die Sicht war hervorragend und der Ausguck am Fockmars hatte keine Schwierigkeit, das Segel zu sehen, das direkt voraus erschien. Er rief es zum Deck hinab, und der Kapitän stieg mit seinem Teleskop halbwegs hinauf in die Besanwanten. Kaum hatte er das Achterdeck wieder erreicht, gab er Befehl klar zum Gefecht, denn der Fremde war deutlich ein Feind und befand sich direkt in seinem Wege. Citoyen Carignan würde bald die Wahl zu treffen haben zwischen Gefecht oder Flucht. Angesichts eines kleinen Kaperschiffes wäre er darauf vorbereitet, sich durch die Passage zwischen Alderney und Cap de la Hague hindurchzukämpfen. Da er zweiundzwanzig Kanonen und eine Besatzung von siebzig Mann hatte, konnte er mit einem durchschnittlichen Kaperschiff fertig werden; und der Donner der Kanonen könnte einen Kreuzer von Cherbourg herbringen. Bei einer Fregatte aber würde er nach Lee abweichen und Zuflucht in La Gravelle suchen. Ein Versuch den Weg zurückzusegeln, den er gekommen war, konnte fatal werden, wie er feststellte, denn eine Fregatte, die auf der Luvseite operierte, würde ihn bestimmt in ein paar Stunden einholen.

»Was halten Sie davon?« fragte Carignan seinen ersten Maat, dem er das Teleskop übergab.

»Keine Fregatte, Kapitän, das steht fest.«

»Aber eine nationale Korvette?«

»Wer weiß? Vielleicht zwanzig Kanonen, keine Flagge, abgenutzte Segel . . . Es sieht aus, nein, ich kann es nicht ausmachen.«

Er reichte das Teleskop zurück, und der Kapitän erneuerte seine

Prüfung. Die Entfernung zwischen den beiden Schiffen verringerte sich, aber der Fremde blieb auch dann noch geheimnisvoll. Als er die Korvette beobachtete (wenn es überhaupt eine Korvette war), lavierte sie. Sie hatte nach achtern laviert, als sie zuerst gesichtet wurde, stand weg nach Nordwesten unter bequemem Segel. Auf eine Minute oder zwei waren ihre Masten in Linie. Dann war sie auf dem anderen Lavieren und nahm Richtung auf die französische Küste. Wenn beide Schiffe ihren gegenwärtigen Kurs einhielten, würde das feindliche Kaperschiff (die Korvette?) bald die *Bonne Citoyenne* von ihrem nächsten Zufluchtsort, La Gravelle, abschneiden. Dann würde Carignan keine Wahl mehr bleiben, und Cherbourg wäre die einzige Zuflucht, der Feind auf der Windseite von ihm und fünfundvierzig Meilen Fahrt bis Sonnenuntergang. Die beiden Schiffe fuhren nun rasch aufeinander zu, aber Carignan hatte mehr Segel, und damit war es sicher, daß er den Schnittpunkt ihres Kurses vor seinem Gegner erreichen würde. Obwohl sie sich in Reichweite ihrer Kanonen befanden, eröffnete zunächst keiner von beiden das Feuer. Dann dröhnte die Bugkanone des Feindes, Rauch wogte und zerstreute sich, und die Korvette (oder der Kaperer) hißte ihre weiße Flagge und den Wimpel. Der Schuß lag vor dem Bug und es folgte ein Signal, vermutlich der Befehl, das Handelsschiff solle beidrehen. Carignan hißte trotzig die Trikolore, gab aber keine andere Antwort und beobachtete durch sein Teleskop, wie das feindliche Schiff sein Kielwasser kreuzte. Es war etwa drei Kabellängen entfernt und klar in der Nachmittagssonne zu erkennen. Carignan konnte die blauen Uniformen auf dem Achterdeck sehen, das Scharlachrot und Weiß der Marinesoldaten, das Glitzern der Bajonette. Der Wind trug Trommelschlag herüber, und Kommandoworte waren schwach zu hören. Es gab keinen anderen Laut, und alle sichtbaren Seeleute standen steif an ihren Kanonen. Sobald die Korvette hinter dem Heck des Kauffahrers vorbei war, stellte sie ihr Steuerruder auf und folgte fast im Kielwasser der *Bonne Citoyenne.* Falls die Korvette (oder Schaluppe, wie die Engländer sagen) schneller und besser bemannt war, müßte sie in zwanzig Minuten längsseits sein, und Carignan würde sie so lange abzu-

wehren haben, wie man brauchte, um zehn Meilen zurückzulegen. Er erklärte es seinem ersten Maat und setzte hinzu:
»Wir haben eine gute Chance.«
»Ja, Kapitän«, sagte der Maat. »Sie hat weniger Kanonen als wir. Aber warum feuerte sie nicht ihre Breitseite auf uns ab, als sie vorbeiglitt?«
Die feindliche Korvette war sehr diszipliniert und wurde gut geführt, schien aber eines der langsamsten Schiffe ihrer Klasse zu sein. Sie kam kaum an ihre Beute heran, ihr Kapitän nahm seine Zuflucht zu den beiden Bugkanonen, in der Hoffnung, seinen Gegner manövrierunfähig zu schießen. Die britischen Schüsse waren aber ungenau, und die Entfernung begann sich zu vergrößern. Die *Bonne Citoyenne* kam unbeschädigt nach La Gravelle, und die verfolgende Korvette war genarrt und drehte ab. Die französische Mannschaft stieß Freudenrufe aus, als sie am Wellenbrecher festmachten, und Carignan gratulierte sich selbst zu dem Sieg über eine feindliche Fregatte.
»Eine Fregatte, Kapitän?« fragte sein zweiter Maat.
»Aber der kleinsten Klasse«, gab Carignan zu, wobei er sich entschloß, seinen Bericht in etwas behutsamere Worte zu fassen.
»Und die langsamste«, setzte der Maat mit verblüfftem Gesichtsausdruck hinzu. Er wäre weniger erstaunt gewesen, hätte er gewußt, daß die *Nemesis* ein altes Segel im Heckschlepp gehabt hatte. Oder vielleicht wäre er erst recht erstaunt gewesen, hätte er es gewußt, denn ein so seltsames Stückchen der Seemannskunst konnte nur als Beweis für Wahnsinn angesehen werden. Kein Wunder, daß die langmütige Mannschaft der *Nemesis* zu dem gleichen Schluß gekommen war, der Kapitän müsse von Sinnen sein. Wochen der Übung waren der Kaperung einer fast wertlosen Prise gefolgt. Dann hatte es all das Getue mit Uniform und Anstrich gegeben, und jetzt, wo man einem wertvollen Handelsschiff aufgelauert hatte, waren nur ein paar Schüsse abgefeuert und das Treffen abgebrochen worden. Le Vallois war gereizt, obwohl er insgeheim über die Vermeidung des Gefechts froh war. Rouget war wütend, Hubert erstaunt und Duquemin ganz offensichtlich erleichtert. Als Le Vallois an die Kabinentür klopfte, geschah es mit düsterer Befriedigung darüber, daß er

eine Gruppe von Seeleuten ankündigen konnte, die eine Klage vorbringen wollten. »Schicken Sie die Leute herein«, sagte Delancey, und der Erste Leutnant schob Le Breton, Puteaux, Cluett, Tardif und Wetherall herein. »Nun?« fragte Delancey, und Wetherall sprach für die anderen:

»Sie werden sich erinnern, Sir, daß aus uns die beste Geschützmannschaft an Bord dieses Schiffes geworden ist?«

»Ja, ich weiß.«

»Aber die Mannschaft, die Sie an die Bugkanonen stellten, war die schlechteste, die wir haben. Sie traf nicht einmal in die Nähe des Zieles.«

»Ich weiß es. Gute Übung für sie.«

»Aber wir denken, Sir, daß wir dieses Schiff hätten bewegungsunfähig schießen und dazu bringen können, das Gefecht aufzugeben.«

»Ich sage erfreut, daß Sie es hätten schaffen können. Aber das war es nicht, was ich wollte.«

»Nun, Sir, wir kamen uns zurückgesetzt vor.«

»Vergessen Sie es. In wenigen Stunden werden Sie allen Grund haben, stolz zu sein. Darauf gebe ich Ihnen mein Wort. Und wenn ich will, daß ein Ziel getroffen wird, weiß ich auch, welche Mannschaft ich an die Bugkanonen zu stellen habe. Sie mögen es nicht glauben, aber ich weiß, was ich tue.«

Nachdem sich die Abordnung zurückgezogen hatte, protestierte Le Vallois formell:

»Ich fühle mich verpflichtet, Ihnen zu sagen, Sir, daß die Männer entmutigt sind. Sie können Ihre Taktik nicht begreifen, Sir, und ich auch nicht.«

»Sie werden es bald tun, Mr. Le Vallois. Holen Sie die anderen Offiziere herein – auch Carré. Überlassen Sie Mr. Duquemin die Verantwortung an Deck.«

Delancey ging zu dem Heckfenster und blickte auf die französische Küste, die im verblassenden Licht verschwand. Die *Nemesis* war genau nördlich von Sark und bewegte sich unter Marssegel und Klüver langsam nordwestwärts. Man klopfte an die Tür, und seine vier Offiziere traten ein, alle sahen mehr oder weniger verärgert aus.

»Bitte nehmen Sie Platz, meine Herren«, sagte Delancey und setzte sich selbst. »Ich möchte Ihnen, mit Verlaub, die Ereignisse dieses Abends in dem kleinen Hafen von La Gravelle schildern. Die *Bonne Citoyenne* kam bei gerade einsetzender Flut herein, und machte fest. Ihr Kapitän ist mit sich selbst zufrieden. Er wurde durch eine britische Schaluppe mit zwanzig Kanonen vom Kurs nach Cherbourg abgebracht, aber er hielt sie sich vom Leibe und erreichte den Hafen. Durch die schlechte Seemannskunst oder Feigheit – oder beides – des britischen Kapitäns. Was tut er nun? Mr. Le Vallois?«

»Er bleibt, wo er ist.«

»Genau, und dann? Mr. Rouget?«

»Er läßt eine Wache zurück und geht an Land.«

»Richtig. Das tut er! Und dann? Mr. Hubert?«

»Er geht in die Taverne des Ortes und erzählt der Gesellschaft seinen Sieg über die britische Marine. Sie alle rufen aus: ›Freiheit, Gleichheit, Brüderlichkeit!‹«

»Ich glaube, Sie haben recht, Mr. Hubert. Aber er muß noch etwas anderes zuvor tun. Mr. Carré?« Es herrschte Schweigen, und Delancey mußte seine Frage selbst beantworten: »Er schickt einen Boten über Land zu einem höheren Marineoffizier nach Cherbourg und bittet darum, daß ihn morgen ein Kreuzer auf der Höhe von Cap de la Hague erwartet. Der Bote ritt vor etwa einer Stunde ab und wird in drei Stunden dort sein. Er wird sechzehn Meilen oder mehr reiten, aber nicht vergeblich. Die Korvette wird beim ersten Tageslicht auslaufen.«

»Wieso wissen wir das?« fragte Hubert.

»Weil die *Bonne Citoyenne* Wein bringt; und sie wird La Gravelle erst verlassen, wenn sie ihrer Eskorte sicher ist. Diese verwünschte Schaluppe kann immer noch in der Nähe sein und vielleicht hinter Alderney lauern. Deshalb wird sie nicht heute nacht auslaufen – wie sie es könnte – bei Ebbe. Sie wird dort bis zum Morgen bleiben. So hat sich ihr Kapitän entschlossen, meine Herren. Aber eine Tatsache ist ihm entgangen – die Tatsache, daß wir sein Schiff heute abend kapern werden.« Es gab ein hörbares Erstaunen, und alle Offiziere versuchten zugleich zu sprechen:

»Was – sich in einen französischen Hafen begeben?«
»Aber wie, Sir!«
»Mein Gott, das ist unmöglich!«
»Das ist doch Wahnsinn?«
Delancey hörte sich diese Ausrufe an und setzte nach einer Pause hinzu:
»Es trifft sich gut, meine Herren, daß ich den Hafen schon zuvor besucht habe. Mein Plan bietet keine besonderen Schwierigkeiten, aber sein Erfolg hängt von Überraschung ab.«
»Meinen Sie, Sir, daß die *Nemesis* in den Hafen von La Gravelle einlaufen soll?« Le Vallois' Stimme stockte vor Unwillen.
»Gewiß nicht, Mr. Le Vallois. Wir werden in Booten hineinfahren.«
»Was – wir alle?«
»Nein, Sie werden an Bord bleiben, und auch Mr. Carré. Mr. Rouget wird das Beiboot nehmen, Mr. Hubert die Barkasse, und Mr. Duquemin wird mit mir im Gig fahren. Wir werden die Einzelheiten später besprechen und die Waffen ausgeben. In der Zwischenzeit – lavieren! Es ist wohl Ihre Wache, Mr. Rouget? Geben Sie Kurs nach La Gravelle. Mr. Carré, decken Sie die Boote auf und denken Sie daran, daß wir die Ruder umwickeln müssen. Mr. Le Vallois, ich werde Ihnen die Seekarte zeigen ...«
Indem er seine Männer zu hastiger Vorbereitung antrieb, verhinderte Delancey jede Auseinandersetzung über seinen eigentlichen Plan. Er wußte, daß die Seeleute von der Plänkelei am Nachmittag ein Gefühl der Enttäuschung behalten hatten (wie aus den Worten der Abordnung hervorging) und jedes Gespräch über die Unternehmung deshalb willkommen sein würde.
Es war da ein spürbarer Widerstand vorhanden, und Le Vallois gab ihnen vollen Ausdruck:
»Ich würde meine Pflicht nicht erfüllen, Sir, wenn ich gegen diesen nächtlichen Angriff auf La Gravelle nicht protestierte. Ich bin überzeugt davon, daß die Reeder niemals ein so gewagtes Abenteuer gutheißen würden. Ich gestatte mir die Bemerkung, daß wir unsere Chancen, dieses Schiff bei Tageslicht zu kapern,

verpaßt haben. Was Sie jetzt vorschlagen, wird noch viel weniger gelingen.«
»Ist das alles, was Sie zu sagen haben, Mr. Le Vallois?«
»Ja, Sir, mit Respekt zu sagen, Sir.«
»Sehr gut. Ich habe drei Bemerkungen zu machen. Erstens zu dem Wort ›vorschlagen‹. Ich habe nichts vorgeschlagen. Ich habe meine Befehle erteilt, und ich erwarte, daß man ihnen bis auf den Buchstaben gehorcht. Zweitens. Die Chance, die wir heute verpaßt haben, war ein Gefecht zwischen zwei Schiffen fast gleicher Stärke; ein Gefecht, das beide bewegungsunfähig gemacht hätte, während heute nacht unser Gegner überrascht werden wird, mit der Hälfte seiner Männer an Land. Drittens. Ich betrachte Ihren Protest als ein Zeichen von Feigheit.«
»Sir!«
»Ich wiederhole, Feigheit!« Delancey ging um den Kabinentisch herum, packte Le Vallois am Kragen und schüttelte ihn.
»Und wenn Sie es leugnen, daß Sie ein Feigling sind, dann holen Sie Ihren Degen und kommen Sie an Deck – und zwar gleich. Ich werde Sie in Stücke schneiden und damit die Makrelen füttern.«
»Ich bitte um Entschuldigung, Kapitän«, stammelte Le Vallois. »Ich schwöre, daß ich den Befehlen gehorchen werde.« Delancey schleuderte ihn gegen die Kabinentür und sagte zum Schluß mit ruhiger Eindringlichkeit:
»Sie sind noch vor dem Morgen tot, wenn Sie es nicht tun . . . raus!«
Wieder allein, überkam Delancey einen Augenblick lang fast körperliche Übelkeit. Er hatte sich für einen Gentleman gehalten, für einen Mann mit Kultur, einen Künstler, und hier benahm er sich wie ein verrückter Freibeuter aus dem vorigen Jahrhundert. Was hätte er aber auch tun können? Le Vallois mußte seinen Kapitän mehr fürchten lernen, als er den Feind fürchtete, und diese Furcht mußte auf die anderen Feiglinge an Bord übertragen werden. Er ging zur Tür und rief:
»Mr. Rouget soll kommen!«
Dieser Offizier erschien im Laufschritt und sah völlig verstört aus.

»Ich muß Sie, Mr. Rouget, mit einer kleinen Änderung des Planes bekannt machen. Mr. Duquemin wird mit Mr. Hubert gehen, und Mr. Le Vallois wird mit mir im Gig fahren.«

»Zu Befehl, Sir. Aber wem wollen Sie das Kommando des Schiffes überlassen?«

»Unserem Maindonald.«

»Dem Zimmermann, Sir?«

»Ja«, erwiderte Delancey kurz. »Sagen Sie es den anderen und schicken Sie Maindonald zu mir herein.«

Der Kernpunkt von Delanceys Plan bestand darin, daß er bei hohem Wasserstand, gerade zu Beginn der Ebbe, den Hafen erreichen wollte. Er war in La Gravelle zuvor gewesen – es schien ein Menschenalter her zu sein –, aber das Navigationsproblem war damals einfacher gewesen. Er hatte nur die *Royalist* fortbringen müssen. Dieses Mal mußte er außerdem ein gekapertes Handelsschiff bedienen und sich dabei auf die Ebbe verlassen. Aber die Zeit des hohen Wasserstandes konnte von Tag zu Tag einen Unterschied bis zu fünfzehn Minuten haben . . . Er war zu sehr mit seinen Berechnungen beschäftigt, um an das Risiko zu denken, aber er hielt die Chancen eines Fehlschlages für gering. Da alles von der Überraschung abhing, hatte er beschlossen, den Anker weit draußen außer Hörweite fallen zu lassen und mit diesem Anker über dem Boden weiterzusegeln, so daß er Grund fassen konnte, wenn das Wasser seichter wurde. Es würde allerdings die Steuerung komplizieren, aber der Wind war glücklicherweise stetig in Stärke und Richtung. Als der Anker Grund faßte, war die *Nemesis* nahe genug der beabsichtigten Position. Die Boote im Schlepptau wurden rasch bemannt und bewaffnet, der Zimmermann blieb mit einer Besatzung von neunzehn Mann an Bord. Es war eine sternhelle Nacht mit zunehmendem Mond, Helligkeit genug, um den Wellenbrecher zu erkennen. Die drei Boote waren anfänglich mit Seilen aneinander befestigt, das Gig führte und wurden erst losgemacht, als der Hafeneingang erreicht war. Dann fuhr das Beiboot hinein, gefolgt von der Barkasse, und beide waren fast längsseits der *Bonne Citoyenne*, ehe sie angerufen wurden. Selbst dann gewann noch eine Antwort von Rouget in französischer Sprache weitere drei Minuten. Das Handelsschiff wurde tatsächlich mit überraschend wenig Gegenwehr oder Lärm genommen. Delancey fuhr im Gig an die Stufen der Mole und ließ sie dort mit einem Jungen als Wache zurück. Le Vallois und ein Seemann gingen den Kai entlang, bis sie sich gegenüber dem Bug des französischen Schiffes befanden, Delancey lief mit einem anderen Mann zu einer Stelle gegenüber dem Heck. Zwei Seile wurden von den Pollern gelöst, und die *Bonne Citoyenne* begann mit der Ebbe fortzutreiben. Delancey und Le Vallois kehrten zum Gig zurück und hatten längst abgelegt, ehe es überhaupt Alarm gab.

Nach einem fernen Trompetensignal hörte man eilige Schritte. Ein junger, unbedeutender Offizier erschien an der Mole, sah, was sich zutrug, und rief Hilfe herbei. Zwei Mann eilten sofort mit Musketen zu ihm und feuerten auf den jetzigen Steuermann der *Bonne Citoyenne,* aber offensichtlich ohne Erfolg. Danach erschien ein Offizier, der laut fluchte und den Männern mit den Musketen befahl, auf das Gig zu zielen. Als sie es taten und wieder daneben schossen, rannte der jüngere Offizier fort, um einen Vorgesetzten zu benachrichtigen. Als Ergebnis hörte man den schweren Schritt eines ganzen Kompaniezuges, der eine Salve ohne bestimmtes Ziel auf das Meer hinaus abfeuerte. Es folgte wieder ein Trompetensignal und eine wilde Schießerei, die aber wegen ihrer Planlosigkeit nichts erreichte. Zum Zeitpunkt des Eintreffens der Soldaten war die *Bonne Citoyenne* bereits unter Segel und außer Schußweite.

Als die *Nemesis* am nächsten Tag mit ihrer Beute am Heck Russel anlief, sah sie immer noch aus wie ein Schiff des Königs, nicht weniger furchterregend als S. M. Schaluppe *Albatros,* die auf der Reede beigedreht hatte. Delancey wußte, daß die *Albatros* ihre Basis auf Jersey hatte und fragte sich müßigerweise, warum sie weder vor Anker noch unterwegs war. Als er sich St. Peter Port näherte, sah er plötzlich den Sinn ihres Manövers. Ihr Beiboot war niedergelassen worden und übernahm gerade einen Lugger, der zum Hafeneingang steuerte. Delancey bemerkte dann, daß der Lugger die *Dove* war und ihre Mannschaft in die Marine gepreßt werden sollte. Er faßte rasch einen Entschluß und brachte die *Nemesis* in Rufweite zur *Dove,* und zwar so, daß sie zwischen die *Dove* und die *Albatros* kam. Er backholte seine eigenen Marssegel und sah, wie die Segel des Luggers niederkamen und seine Mannschaft sich an Deck versammelte. In der Nähe des Steuerrades stritt Sam Carter mit dem Fähnrich, dessen bewaffnete Bootsmannschaft bereits an Bord war. Eindrucksvoll in Uniform, ergriff Delancey sein Sprachrohr und rief die *Dove* an.

»*Hawke* an *Albatros*. Lassen Sie den Lugger in Ruhe und kehren Sie auf Ihr Schiff zurück!«

Der aufgeregte Fähnrich schaute herüber und rief zurück: »Ich gehorche nur meinen Befehlen, Sir!«

»Kann Sie nicht hören, bringen Sie Ihr Boot längsseits.«

Nach einigem Zögern gehorchte der Fähnrich, aber er war verständig genug, seinen Bootsführer und sechs Mann auf der *Dove* zurückzulassen. Dabei war er so langsam, daß Delancey Zeit hatte, seinen Zweispitz und Degen zu holen und einen Befehl an Hubert weiterzugeben. Er befahl den Fähnrich nicht an Bord, sondern rief ihm vom Achterdeck aus zu:

»Dieser Lugger ist auf geheimer Mission, und seine Mannschaft darf nicht zum Dienst gepreßt werden. Lassen Sie ihn in Ruhe und kehren Sie auf Ihr Schiff zurück.«

»Ich habe Befehle von meinem Kapitän, Sir.«

»Ich habe einen höheren Rang als Ihr Kapitän, und Sie haben jetzt meine Befehle zu befolgen.«

»Ich weiß nicht, wer Sie sind, Sir.« Das Beben in der Stimme des jungen Mannes zeigte daß er den Tränen nahe war.

»Sie werden es bald herausfinden, junger Mann!« In diesem Augenblick meldete sich Hubert, auch er in Uniform, hinter ihm angetreten fünf seiner Männer, ebenfalls in Scharlachrot.

»Mr. Hubert, ich möchte, daß Sie mit einem Zug Soldaten an Bord dieses Luggers gehen. Nun, junger Mann, Sie haben fünf Minuten Zeit, Ihre Männer ins Boot zurückzubringen. Oder wollen Sie, daß sie mit aufgepflanztem Bajonett 'runtergeworfen werden? Fort mit Ihnen, Sir, oder Sie bekommen die Leine auf Ihrem Hinterteil zu spüren.« Der arme Junge tat schließlich, was ihm befohlen worden war, und Delancey sah zu, wie er mit seinen Männern niedergeschlagen im Beiboot zur *Albatros* zurückkehrte, die sofort nach Jersey absegelte. *Nemesis* und *Dove* hatten sich durch die Trift einander so genähert, daß Sam Carter seinen Dank ausdrücken konnte, ohne seine Stimme anstrengen zu müssen.

»Danke, Richard! Hätte man meine Männer zum Militärdienst gepreßt, so wäre es mein Ruin gewesen. Aber Sie – Sie hätten zur Bühne gehen sollen. Mir macht nur der Gedanke Kummer, was diesem Fähnrich geschehen wird, wenn er seinem Ersten Leutnant Bericht erstattet.«

»Mir auch, Sam, aber er verdient es. Er müßte bereits wissen, daß ein Leutnant nicht einen höheren Rang als ein Kapitän und Kommandant haben kann.«

»Sehr richtig, aber wir müssen ihm zugute halten, daß er eine Tatsache weiß, die Ihnen selbst fremd zu sein scheint.«

»Und die wäre?«

»Nun, er wußte, daß nur ein Schiff des Königs Marinesoldaten an Bord hat . . .«

11. KAPITEL

Nemesis

»Kommen Sie herein, kommen Sie nur, Kapitän!« sagte Mr. Jeremie. »Bitte, setzen Sie sich. Erlauben Sie mir, daß ich Ihnen ein Glas Madeira anbiete?« Delancey nahm einen Stuhl und etwas Wein, und dankte seinem Gastgeber für die Liebenswürdigkeit.

»Es ist mir ein Vergnügen, Kapitän, und weit unter der Wertschätzung, die Sie verdienen. Die Kampagne des vergangenen Jahres war ein großer Erfolg, und wir vertrauen darauf, daß das Jahr 1796 ein ebenso großes Maß an Wohlstand bringen wird.«

»Ich bin glücklich bei dem Gedanken, daß die Besitzer eine gute Erstattung ihrer Auslagen erhalten haben – und Ihr eigenes Treibhaus ist der beste Beweis dafür.«

»Nun, wir freuen uns auf unsere eigenen Reben, aber ich habe gehört, daß Sie selbst dieser Tage Grundbesitzer geworden sind.«

»Das kaum, Sir. Ich habe doch nur eine alte Ruine und das sie umgebende Land gekauft.«

»Ihr Erfolg mit der *Nemesis* sollte eines Tages einen netten Besitz daraus machen. Vielleicht werden Sie die Residenz nach Ihrem Schiff benennen?«

»Sie hat immer Anneville geheißen, Sir, und ich möchte den Namen nicht ändern.«

»Wie dumm von mir – ich habe die familiäre Verbindung von seiten Ihrer Mutter übersehen. Nun haben Sie das Land und brauchen nur noch das Geld, um Ihre Residenz zu erbauen. Ich ließ Sie kommen, Kapitän, um Ihnen gute Nachricht zu geben. Ich glaube, daß ein Vermögen auf Sie wartet.«

»Tatsächlich, Sir?«

»Ein Vermögen, wiederhole ich, ehe das Jahr zu Ende geht. Trinken Sie aus, Kapitän, und erlauben Sie mir, wieder einzugießen.«

»Danke, Mr. Jeremie. Sie werden in mir einen aufmerksamen Zuhörer finden.«

Beide Gläser wurden gefüllt, und Mr. Jeremie vergewisserte sich, daß er nicht belauscht wurde, blickte sogar in die Eingangshalle und schloß die Tür wieder. Selbst dann senkte er noch als Vorsichtsmaßnahme seine Stimme: »Was ich jetzt sage, ist streng vertraulich. Ich habe einen Brief von Mr. Early erhalten.«

»So?«

»Er ist Teilhaber der *Nemesis,* wie Sie wissen, und wenn er auch in Dorset wohnt, so ist er doch viel in Portsmouth und London, bewegt sich in der besten Gesellschaft und erfreut sich des Vertrauens von Männern in hohem Amt. In diesen Zirkeln, schreibt er mir, spricht man von Krieg mit Spanien ... Aber kein Wort darüber, ganz gleich zu wem.«

»Sie können mir vertrauen, Sir, ich werde Diskretion üben.«

»Natürlich, natürlich ... In Kürze sollen unsere Alliierten, die Spanier, mit Frankreich Frieden schließen, und bald werden sie die unterwürfigen Verbündeten des französischen Direktoriums sein. Für die Besitzer von Kaperschiffen ist dieser Trend von größter Bedeutung, aber nicht alle Besitzer werden in gleicher Weise informiert sein. Wir sind glücklich, daß wir Mr. Early zum Partner haben.«

»Er hat den richtigen Namen, unser Mr. Früh, Sir.«

»Den richtigen Namen? ... Ha, das will ich meinen! Wir planen so, daß wir früh dabei sein können, he? Sehr drollig! Ich muß es mir merken ... Hören Sie also: In dieser Nachricht steckt mehr, als Ihnen zunächst auffallen wird. Wenn Spanien zum Feinde übergeht, werden weitere dreißig Linienschiffe gegen uns sein. Es wird für uns eine harte Zeit kommen, wie während des vergangenen Krieges. Wir werden uns mit Mühe behaupten, werden es aber durchstehen, Sir, kein Zweifel daran. Doch der Krieg kann sich ein, zwei Jahre gegen uns wenden. Und das ist die große Gelegenheit für Kaperer.«

»Wieso – da uns doch eine Niederlage droht?«
»Kommt nicht in Frage! Wenn unsere Flotten auf den Kanal zurückgehen, um uns vor der Invasion zu retten, wenn alle Fregatten benötigt werden, um unseren Handel zu schützen, wenn die Flotte des Feindes auf See ist und sogar seine Kreuzer vor unserer Küste sind – dann ist die Zeit für seine Kauffahrer da, sich ohne Konvoi hinauszuwagen, reich beladen und ohne Furcht. Dann ist für uns hier auf Guernsey die günstige Zeit gekommen. Und diese Situation wird eintreten, merken Sie sich meine Worte, noch ehe das Jahr zu Ende geht.«
»So ist also der Sieg das Allerletzte, was Sie wünschen, Sir?«
»Wir wollen den Krieg natürlich gewinnen; und wir werden es auch. Aber das kommt später, und dann werden die französischen Kaperschiffe draußen sein, denn dann sind sie an der Reihe – und unsere sind vielleicht abgetakelt oder für ein anderes Gewerbe umgebaut worden.«
»Sie meinen also, Sir, daß Kaperschiffe am meisten auf der Verliererseite profitieren?«
»Genauso ist es; und dieser Tatsache müssen wir ins Auge sehen. Wenn die spanische Flotte nach Toulon segelt, sind wir im Mittelmeer unterlegen und müssen uns von dort zurückziehen. Wenn die spanische Flotte nach Brest segelt, besteht eine Bedrohung Irlands, und wir müssen ihr entgegentreten. Die Schiffe des Königs werden alles tun, was sie können, um uns vor einer Invasion zu bewahren, und das Abfangen französischer Handelsschiffe wird uns überlassen bleiben, den wenigen Patrioten, die auf eigene Kosten in den Krieg ziehen.«
»Ich verstehe – unser Patriotismus bringt uns die größten Ehrendienste ein.«
»So ist es in der Tat. Wir stechen in See, wenn die Dinge besonders schlimm stehen.«
»Aber die Frage ist, Sir – wann werden die Spanier den Krieg erklären?«
»Nun, das ist es eben, was viele Leute gern wissen möchten. Aber Mr. Early ist ein weitsichtiger Mann – sehr weitsichtig sogar –, und er denkt, daß die Spanier den Krieg erst erklären werden, nachdem die jährliche Schatzflotte in Spanien einge-

troffen ist, also wahrscheinlich gegen Ende September. Wir werden um den ersten Oktober herum im Krieg mit Spanien sein, glaubt er.«

»Ist der Kommandant eines Kaperschiffes ermächtigt, in kluger Voraussicht zu handeln?«

»Aha – das ist der Punkt, auf den ich kommen wollte. Nimmt man eine Prise in Friedenszeit, so wird man nicht verurteilt, sofern man – beachten Sie es gut – sie in einen britischen Hafen einbringt, *nachdem* der Krieg erklärt worden ist. Ich habe den Fall eines Prisenkapitäns gekannt, der acht Wochen brauchte, um von Ushant nach Plymouth zu segeln.«

»Die Folge widriger Winde.«

»Zweifellos. Ich muß nun fragen, an welchem Datum die *Nemesis* klar zur Ausfahrt sein wird?«

»Etwa am 25. Mai, Sir.«

»Erst so spät? Aber ich weiß, daß Sie im März einen Schaden erlitten haben – er war größer, als Sie seinerzeit annahmen. Sie können nicht ständig Kanonenfeuer vermeiden – das wissen wir. Aber man spricht immer noch an der Wasserkante von Ihrer Kaperung der *Bonne Citoyenne*. Diese Affäre ist geradezu klassisch für die Kapertechnik, wie man sagen könnte. Sie hat Ihnen bestimmt Ansehen in St. Peter Port verschafft!«

»Der Glücksfall eines Anfängers, Sir! Aber er brachte mir Freiwillige ein, und ich war in der Lage, den alten Le Vallois und ein paar andere nutzlose Männer zu ersetzen.«

»Sie haben jetzt bestimmt eine gute Mannschaft. Nun, Sie wissen, wie die Lage ist, und können sich denken, was die Besitzer wünschen. Seien Sie gegen Mitte August auf der Höhe der spanischen Küste. In der Zwischenzeit schlagen wir Ihnen vor, an der französischen Küste zwischen Rochefort und der spanischen Grenze zu kreuzen. Verschaffen Sie sich Nachrichten aus jeder möglichen Quelle, besorgen Sie sich die frühesten Auskünfte über den Krieg mit Spanien und schlagen Sie hart zu, ehe die Spanier bereit sind.«

»Sie stellen mir eine außergewöhnlich schwierige Aufgabe, Sir.«

»Mr. Early gibt das in seinem Briefe zu. Es sei eine Aufgabe, sagt er, für einen außergewöhnlichen Kommandanten.«

Mit diesen Befehlen stach die *Nemesis* in See. Delanceys Mission war bestimmt schwierig, denn zu früher Erfolg verringerte die Chancen der Fortführung des Unternehmens. Jede Mannschaft, die auf Prisen abkommandiert wurde, mußte die an Bord zurückbleibende Besatzung schwächen; mehr noch bei den Offizieren als bei den Seeleuten. Beim Kreuzen im Kanal war Delancey in der Lage gewesen, in Abständen zur Basis zurückzukehren, um die Prisenmannschaften wieder an Bord zu nehmen oder neue Männer zu rekrutieren. Wenn er aber Männer vom Golf von Gascogne heimschickte, waren sie für immer verloren. Selbst bei durchschnittlichem Jagderfolg würde die *Nemesis* verzweifelt knapp an Männern sein, ehe der Krieg mit Spanien überhaupt zu erwarten war. Delancey wies vor dem Verlassen Guernseys darauf hin und erhielt deshalb die Erlaubnis, zwei weitere Offiziere und noch zehn Mann anzuheuern. Es gelang ihm auch, seine Mannschaft durch einen Leutnant zur See, durch einen Fähnrich der Seesoldaten, vier weitere Seeleute und noch sechs Landratten zu verstärken.

Mit noch mehr Leuten an Bord wäre es unmöglich gewesen, sich für sechs Monate mit Vorräten zu versorgen, wie es unbedingt erforderlich war. Sein einziges Mittel gegen den unvermeidlichen Verlust von Männern bildete die Rekrutierung aus der Mannschaft von gekaperten Schiffen, wodurch er allerdings seine eigene mit Männern durchsetzte, denen er nicht trauen konnte.

Mr. Jeremie hielt seine Rede (die gewohnte) vor der Schiffsmannschaft am 28. Mai, und Delancey stach am gleichen Abend in See. Er war am 16. Juni auf der Höhe von La Rochelle und nahm ein paar Tage darauf seine erste Prise.

Dieser erste Erfolg war mit einer langen Jagd verbunden, und der Franzose ergab sich erst nach Geschützfeuer. Auch als er beigedreht hatte, leistete er der Gruppe, die an Bord kam, noch einigen Widerstand. Nach minutenlangem Handgemenge ergab sich der französische Kapitän endlich. Sein Schiff hatte aber nur bescheidenen Wert. Delancey schickte es mit bösen Ahnungen heim, denn er bezweifelte, ob es die Scherereien überhaupt wert gewesen sei. Zwei weitere Prisen fing er Anfang Juli ab, eine von ihnen war ziemlich wertvoll. Und dann stieß er auf die Brigg

Thomas Jefferson. Sie zeigte zuerst die Trikolore, nach der Kaperung aber mit vielen Ausreden amerikanische Schiffsdokumente. Was das Schiff wirklich war, blieb in Dunkel gehüllt, aber seine höchst fragwürdige Mannschaft bestand aus einigen Engländern und zwei Männern (Kapitän und Maat), die beanspruchten, und das stimmte möglicherweise, Amerikaner zu sein. Mit einigen Befürchtungen übernahm Delancey insgesamt sieben Männer, drei davon offensichtlich Engländer. Von seiner ursprünglich zweiundsechzig Mann starken Mannschaft hatte er einundzwanzig verloren. Er kommandierte sechs weitere von ihnen ab, nachdem er die Mannschaft der Brigg unter Deck eingesperrt hatte. Damit blieben fünfunddreißig Männer, denen er diese zweifelhafte Verstärkung beifügte. Die einzigen ihm verbliebenen Offiziere waren sein erster Leutnant und der Fähnrich. Wenn seine Mannschaft schon nicht ausreichte, um das Schiff seetüchtig zu halten, so war er noch weniger in der Lage, sich auf ein Gefecht einzulassen. Er konnte eine weitere Prise nur unter der Voraussetzung nehmen, daß sie nicht mehr als formellen Widerstand leistete.

Es war Anfang August, als Delancey unweit von Bilbao auf die britische Schaluppe *Skorpion* stieß, befehligt von Kapitän Mannering, der prompt dem Kapitän der *Nemesis* signalisierte, er möge an Bord kommen. Delancey gehorchte, wenn auch nicht in Uniform, und sah sich einem streng blickenden jungen Offizier gegenüber, der anscheinend nicht viel von Kaperschiffen hielt.

»Was haben Sie gekapert, Sir?« war seine erste Frage, nachdem die Routinefragen beantwortet waren. Delancey sagte es ihm und fuhr fort: »Bei der letzten Prise, der *Thomas Jefferson,* konnte ich mir keine Meinung über den wirklichen Zweck ihrer Fahrt bilden.«

»Was hatte sie geladen?«

»Marinevorräte und Proviant, Sir; Segeltuch, Tauwerk, Talg und Teer.«

»Sie wird in diesem Falle für Cadiz bestimmt gewesen sein. Dort liegt ein französisches Geschwader, blockiert von unseren Schiffen. Ihre Prise mag einen Versuch dargestellt haben, französische Vorräte unter amerikanischer Flagge zu transportieren. Das ist recht häufig vorgekommen.«

»Dann sind also die Spanier und Franzosen bereits verbündet, Sir?«

»Es besteht kein Abkommen, soviel ich weiß, aber in der Praxis sind sie Alliierte.«

»Dürfen wir also spanische Schiffe angreifen?«

»Ganz bestimmt nicht, Sir. Es herrscht kein Kriegszustand.«

»Aber der Krieg kann jeden Augenblick ausbrechen?«

»Zweifellos, Sir. Handeln Sie jedoch voreilig, so kann ich selbst Sie wegen Piraterie fassen. Es ist für mich eine Überraschung, daß Kaperung überhaupt erlaubt ist. Ich werde bestimmt jeden Versuch mißbilligen, das bestehende Gesetz zu mißachten.«

»Ich begreife das durchaus, Sir. Darf ich fragen, ob Sie selbst etwas gefaßt haben?«

»Nein, nichts. Wir jagten vor kurzem einen Lugger, aber er stellte sich als Brite heraus. Er war zweifellos ein Schmuggler, aber ich ließ ihn laufen.«

»War es zufällig die *Dove*?«

»Ja, das war ihr Name. Kennen Sie das Fahrzeug?«

»O ja, Sir. Sam Carters Lugger.«

»Wir sahen und sprachen ihn auf der Höhe von Bayonne. Schmuggeln, Kapern, Handeln mit dem Feind! Manchmal zweifle ich am Sieg, wenn ich bedenke, wie viele meiner Landsleute nicht am Krieg teilnehmen.«

Zurück auf der *Nemesis* entschloß sich Delancey, seine Tätigkeit wieder nordwärts zu verlegen, denn er war darüber enttäuscht, daß er keine Nachrichten über den Krieg mit Spanien erhalten hatte. Wenn der Krieg erst einmal begonnen hatte, so folgerte er, würde der Verlauf des Konfliktes von den Befehlen abhängen, die dem spanischen Admiral in Cadiz erteilt wurden. Würde er nach Toulon oder nach Brest segeln? Was würde die britische Admiralität für Spionage auf diesem Gebiet geben? Er überlegte, daß Kuriere zwischen Frankreich und Spanien hin und her gehen mußten, und daß ihre Depeschen das Datum enthalten könnten, an dem der Krieg erklärt werden sollte; vielleicht auch den Plan der gemeinsamen Operationen zwischen der französischen und spanischen Flotte. Diese Kuriere würden an der Küste entlang bis zur spanischen Grenze reisen müssen. Wäre er anstelle von Mannering der Kapitän der *Skorpion,* so hätte er eine Gruppe von Männern gelandet und den nächsten Kurier abgefangen. Wenn seine eigene Mannschaft nicht so geschwächt wäre, würde er es selbst tun. Es wäre ein Vermögen wert, wenn man im voraus wüßte, wann der Krieg mit Spanien beginnen sollte! Es wäre ebenfalls ein Vermögen wert für den Admiral, der Cadiz blockierte, und würde sogar einen augenblicklichen Vorteil für Georg III. bedeuten. Den letzten Gedanken mußte er aufgeben, denn er erinnerte sich daran, daß seine Arbeitgeber wenig am Ereignis des Krieges als solchem interessiert waren. Übrigens konnte Mannering die gleiche Gelegenheit wie er erkannt haben und im Begriff sein, sie zu nutzen. Mannering war nicht der Mann, der einen Plan vorher mit dem Kommandanten eines Kaperschiffes besprach, er würde seine Chance schon wahrnehmen. Jedenfalls gab es für jemanden, der Initiative besaß, die Chance, einen beachtlichen Erfolg zu verbuchen. Allerdings hatte der Kapitän der *Nemesis* dabei keine große Aussicht.

Es war am 19. August, als Delancey von Tracey, seinem jungen Ersten Leutnant, dringend an Deck gerufen wurde. Ohne ein Wort zeigte Tracey nach Westen und reichte Delancey sein Teleskop. Dort zeigte sich ein Segelschiff, und Delancey konnte ohne Schwierigkeit den Typ erkennen. »Eine französische Korvette«, sagte er kurz, während er das Fernrohr zurückgab, und fragte Tracey, warum er ihn nicht schon eher gerufen habe.

»Es gab eine Bö, Sir, und das Schiff war bisher nicht zu sehen.«

Delancey erkannte, daß Tracey wohl recht hatte. Bei niedriger Bewölkung und steigender See blies ein heftiger Wind aufs Land zu. Es herrschte für die Jahreszeit schlechtes Wetter, und die *Nemesis* steuerte unter verringertem Segel fast genau nach Norden. Nach Lee lag die flache Küstenlinie mit einem Anflug von Weiß, wo die Wogen sich brachen. Delancey entschied sich sofort dafür, seinen gegenwärtigen Kurs beizubehalten, denn er wußte, daß er gegen das Land gedrückt würde, wenn er in der anderen Richtung segelte. Seine größte Aussicht zu entkommen lag in der Dunkelheit, aber bis zum Sonnenuntergang würden noch viele Stunden vergehen. Wenn das Wetter sich aufklärte, würde es überdies in der Nacht Mondschein geben. Andererseits konnte die Nacht bewölkt sein und er die Chance haben, ungesehen zu manövrieren. Delancey fragte sich, ob er klar zum Gefecht machen sollte, und entschied sich dagegen. Dafür würde später noch Zeit genug sein. Im Augenblick war es wohl das Beste, mehr Segel zu setzen. Mit gehißten Bramsegeln krängte die *Nemesis* noch mehr, schien aber wenigstens ihre Fahrt zu halten. Mehr als das war nicht zu erwarten, weil das französische Schiff besser bemannt sein würde. Bald danach setzte es noch mehr Segel und schien nun im Vorteil zu sein.

Bei der Beobachtung der Korvette sah Delancey, daß sie von einer neuen Bö getroffen wurde. Sein Gegner verschwand im Gewitterregen aus der Sicht, und Delancey gab Befehl, das Schiff in den Wind zu bringen. Es war schnell geschehen, indem die *Nemesis* den entgegengesetzten Kurs nahm, aber durch dieses Manöver näherte sie sich der Küste. Es war so etwas wie ein Glücksspiel, da es nach Süden kein Entweichen gab. Aber er konnte dadurch vielleicht den Verfolger abschütteln und eine Stunde gewinnen. Als Delancey gerade die Möglichkeiten erwog, stürzte sich die Bö kreischend auf sein Schiff. Es legte sich über, das Schanzkleid geriet auf der Leeseite fast unter Wasser. Dann richtete sich die *Nemesis* langsam auf. Fünf Minuten später wurde der Himmel auf der Luvseite hell und zeigte die Korvette auf dem gleichen Kurs. Ihr Kapitän hatte richtig vermutet, und die *Nemesis* war nun in schlimmerer Lage als zuvor, ohne etwas gewonnen zu haben. Delancey fluchte im stillen und fragte sich, was er als nächstes tun konnte.

Die Wolken hatten sich verzogen, und der Himmel war im Westen hell und klar. Er versprach einen schönen Abend. Delancey wollte immer noch nach Norden entkommen, aber wenn er wiederum das Schiff in den Wind drehte, würde es ihn noch näher an die Küste bringen. Lavierte er aber, würde er in immer größere Nähe des Feindes geraten. Er überlegte noch, um einen Entschluß zu fassen, als das Unheil zuschlug. Ganz plötzlich brach seine Marsstange genau über dem Besankreuz und sank in einem Gewirr von Seilen und Segeltuch zusammen. Delancey balancierte die Segelfläche aus, indem er das vordere Marssegel

handhabte, und in ungefähr einer Stunde hätte er einen Besannotmast errichtet. Aber dafür blieb keine Zeit. Die *Nemesis* war behindert, und ihr Gegner näherte sich ihr geschickt.
Trotz seiner geringen Mannschaftsstärke brachte Delancey es fertig, die Trümmer der Marsstange zu kappen und das Gewirr über Bord zu werfen. Dann ließ er klar zum Gefecht machen und tat, was er konnte, um seine Kanoniere zu ermutigen. Der junge Tracey gab sein Bestes, und der Marineoffizier Brehaut zeigte sich entschlossen und aktiv, aber keiner war, wie Delancey wußte, zuvor im Gefecht gewesen. Seine Mannschaft war ein sehr gemischtes Sammelsurium von Männern, noch dazu geschwächt, weil er die besseren Seeleute zur Bemannung der Prisen ausgewählt hatte. Es kam nicht in Frage, auf Leben und Tod zu kämpfen, denn die Männer würden es nicht tun. In dieser Lage konnte man nichts weiter ausrichten, als dem Gegner Schaden zuzufügen und dann die Flagge zu streichen. Bei dieser Schlußfolgerung dachte Delancey erneut nach. Er würde besser daran tun, die *Nemesis* stranden als in die Hände des Feindes fallen zu lassen. Er gab dem Steuermann einen neuen Kurs an, der nur damit enden konnte, daß das Schiff in den Untiefen vor der flachen Küste strandete. Danach bereitete er sich auf das Gefecht mit allen Kanonen vor, die er bemannen konnte. Die französische Korvette kam an ihre Beute heran und zog Segel ein, als sie fast im rechten Winkel zum Kiel stand. Auf Musketenreichweite eröffnete sie das Feuer. Delancey erwiderte es mit einer Breitseite aus seiner Backbord-Batterie, und dann wurde das Feuer mehr oder minder beständig. Die Schüsse des Kaperschiffes waren nicht besonders genau, aber sie dienten dazu, die Korvette in respektvoller Entfernung zu halten. Für den Franzosen wäre es das Richtige gewesen, ganz heranzukommen und den Gegner durch Entern zu erledigen. Doch er machte den Versuch nicht, und das Gefecht ging eine halbe Stunde weiter. Während dieser Zeit wurde das Feuer von der *Nemesis* allmählich immer schwächer. Zwei Kanonen waren ausgefallen, eine Anzahl Männer war getötet oder verwundet worden, und schließlich beteiligten sich nur noch fünf Kanonen am Gefecht. An diesem Punkte nahte plötzlich das Ende, die Korvette back-

holte ihre Marssegel. Beide Schiffe stellten das Feuer ein, und ein paar Minuten später lief die *Nemesis* auf Grund, Vorder- und Großmast gingen im Augenblick des Aufpralls über die Seite. Delancey wußte, daß er sein Schiff endgültig verloren hatte. Die See war noch schwer, und das Kaperschiff hob sich zwei- oder dreimal, bewegte sich weiter auf den Sand zu und stieß wieder mit einem ekelhaften, dumpfen Schlag auf. Das Inholz klaffte danach auseinander, ließ etwa fünf Fuß Wasser ein, und damit begann der Prozeß der Auflösung. Wogen brachen schwer über das Mitteldeck des Schiffes, als es tiefer sank, und es war offensichtlich, daß der Rumpf in einigen Stunden auseinanderbersten würde. Die Korvette hatte eine halbe Meile seewärts geankert, und die Geschäftigkeit an Bord legte den Gedanken nahe, daß die Franzosen dabei waren, ein Boot niederzulassen. Als Delancey das sah, rief er seine Männer am Vorderdeck zusammen, es war jetzt die trockenste Stelle, und dankte ihnen dafür, daß sie ein gutes Gefecht geliefert hatten.

»Gut gemacht, Männer«, sagte er. »Wir haben die Franzosen um ihre Prise gebracht. Sie werden nichts mitzunehmen haben, keinen Mast, auf dem sie die Trikolore über der britischen Flagge hissen können. Sie werden gleich ein Boot herüberschikken, und wir werden größtenteils als Kriegsgefangene enden. Es besteht gute Aussicht, innerhalb von zwölf Monaten ausgetauscht zu werden, aber das ist Glückssache. Unsere beiden größeren Boote sind zerschmettert, wir ihr sehen könnt, aber das Gig ist schwimmfähig geblieben – wenigstens glaube ich es. Ich beabsichtige, die Küste zu erreichen, und will versuchen, auf dem Landwege nach Portugal zu gelangen. Die Chancen sind so, daß dieser Versuch wahrscheinlich fehlschlagen wird. Es kann sein, daß ich die Küste nicht erreiche, und selbst wenn es gelingt, kann ich gefangengenommen werden – oder ich kann beschossen werden, ehe ich an Land gelange. Ich kann im Gig fünf Männer mitnehmen. Ich gebe jenen Männern den Vorzug, die Französisch oder Spanisch sprechen. Freiwillige?«

Man besprach sich in aller Eile, und dann traten die Freiwilligen vor. Es waren sieben. Delancey wies zwei von ihnen ab – einen als zu jung und den anderen als zu dumm – und befahl den übrigen, ihre beste Kleidung und leichte Waffen zu holen. Das Gig wurde hinabgelassen, und Delancey erteilte seinem Ersten Leutnant die letzten Befehle. »Versuchen Sie die Aufmerksamkeit der französischen Bootsmannschaft abzulenken – machen Sie ihnen irgend etwas vor, damit das Gig unbemerkt bleibt. Wir werden darauf achten, daß die *Nemesis* zwischen uns und der Korvette liegt. Viel Glück!« Es war keine Zeit zu verlieren, denn das französische Beiboot war bereits im Wasser, und die Freiwilligen purzelten ins Gig, so gut sie konnten. Delancey kam als letzter und ergriff das Ruder, stieß ab und steuerte so, daß er von der Korvette aus nicht gesehen werden konnte. Auch ohne diese Behinderung war es schwierig, das Gig über Wasser zu halten, denn die Wellen waren hoch und das Boot leckte. Als Delancey zurückblickte, konnte er sehen, daß Tracey und seine Männer versuchten, das Beiboot hinabzulassen. Es war natürlich ganz vergeblich, denn es war durchlöchert worden, aber es erschwerte ganz gewiß dem Beiboot der Korvette das Anlegen. Das Beiboot der *Nemesis* hing schief, und man konnte erkennen, wie Tracey seine Arme mit fast gallischer Verzweiflung schwenkte. Der französische Offizier versuchte sein Boot längs zu bringen, aber seine Gesten drückten Ärger aus. Von jedem Wellenberge aus erblickte Delancey dieses Bild, das mit der wachsenden Entfernung immer kleiner wurde. Dann war das Boot in der Brandung und mahlte im Sand. Die gemeinsame Anstrengung reichte gerade aus, das Gig aus dem Wasser und an den Strand zu ziehen. Sie waren alle durchnäßt, und Delancey ließ die Männer Feuerholz sammeln, damit sie ihre Kleidung trocknen konnten. Als er zum letztenmal in seine Kabine gestürmt war, hatte er neben anderen Dingen an Feuerstein und Stahl gedacht. Er wählte nun eine geschützte Senke für ein Lagerfeuer und hielt nach Lebenszeichen Ausschau. In der Richtung auf das Meer konnte er das Wrack des Kaperschiffes mit dem noch stehenden unteren Teil des Besanmastes sehen, und dahinter die Segel der französischen Korvette. Landeinwärts gab es Heide und Buschwerk, verkümmerte Bäume und weiter hinten einen kleinen Wald. Nach beiden Richtungen dehnten sich am Ufer des Meeres Sanddünen aus. Nirgends das geringste

Anzeichen von Wohnungen oder menschlicher Tätigkeit. Ihre Landung war von keinem bemerkt worden. Sie mußten in das denkbar abgelegenste Gebiet verschlagen worden sein. Er nahm an, daß sie sich auf der französischen Seite der Grenze an einer Stelle nördlich von Bayonne befanden. Irgendwo landeinwärts würden sie auf die Straße von Bordeaux nach Bayonne und weiter nach San Sebastian stoßen. Sie stellte die Verbindung zwischen der französischen Regierung und ihrer Flotte bei Cadiz her. Seine gegenwärtige Situation mochte viele Schattenseiten haben, aber Delancey erkannte, daß er an der richtigen Stelle war, um die Post abzufangen. Wie wäre es, wenn er über Portugal mit wichtigen Informationen nach England heimkehren könnte?

Als die anderen mit Feuerholz zurückkamen und die Kleidungsstücke vor dem Feuer getrocknet wurden, dachte Delancey über die kleine Gruppe der Überlebenden der gestrandeten *Nemesis* nach. Wer waren sie, und warum hatten sie sich freiwillig gemeldet? Es dauerte einige Minuten, bis ihm die Wahrheit dämmerte: sie waren Männer, die einen besonderen Grund hatten, Gefangenschaft und Austausch zu vermeiden. Der beste Seemann, ein niederer Offizier vom Achterdeck, war Pierre Rigault, rekrutiert in Guernsey. So gut wie sicher war er, ein Mann mit einer gewissen Bildung, der akzentfrei Französisch sprechen konnte, ein Deserteur von der Flotte. Dann André Bisson, ein Mann von Jersey, ein Flüchtling vor der Justiz und (so hieß es) wegen Betrugs angeklagt. Martin Ramos gab an, Spanier zu sein, und sprach bestimmt das Spanische fließend, auch einige Worte Französisch (aber kein Englisch). Er und Tom Manning waren beide auf der *Thomas Jefferson* gewesen, und von Ramos war sicher anzunehmen, daß er so etwas wie ein Krimineller war. Manning behauptete, er sei Amerikaner und von Beruf Knecht (für alles), doch Delancey stufte ihn in Gedanken auch als Deserteur ein, wahrscheinlich aus der britischen Armee. Frederick Hodder, angeworben in St. Peter Port, sprach Cockney-Akzent und nannte sich Schlosser. Er war vermutlich Einbrecher und reif für den Galgen, wenn er erwischt wurde. Keiner von diesen Männern wollte als Kriegsgefangener erfaßt werden, jeder von ihnen hatte seinen guten Grund dafür, in irgendeiner Form die öffentliche Aufmerksamkeit zu meiden. Sie konnten nützliche Talente entfalten, aber es war zweifelhaft, wie weit man ihnen trauen konnte. Es war anzunehmen, daß manche sich gern eine Begnadigung durch den König verdient hätten, aber Delancey war nicht in der Lage, ihnen dies, oder überhaupt etwas, zu versprechen. Er hatte es jedenfalls mit einer schwierigen Mannschaft zu tun.

»Hört her, Männer«, sagte Delancey. »Wir haben die erste Runde gewonnen, denn wir sind in Sicherheit an Land, mit nicht schlechten Aussichten unterzutauchen. Wir sind in Frankreich in der Nähe der spanischen Grenze. Krieg mit Spanien wird erwartet, aber wir müssen dort vorläufig als Bürger eines Landes behandelt werden, mit dem der König von Spanien in Frieden lebt. Sollte der Krieg begonnen haben, können wir versuchen, nach Portugal zu gelangen, denn wir wissen, daß die Portugiesen noch unsere Alliierten sind. Falls es uns gelingen soll, Portugal zu erreichen, kommt es auf die Einhaltung der striktesten Disziplin an, ist das klar, und mein erster Befehl an euch ist, Mr. Rigault als stellvertretenden Steuermann anzuerkennen. Ihr werdet ihm gehorchen, wenn ich nicht zugegen bin, und euer Überleben kann sogar davon abhängen. Mein Plan besteht darin, die spanische Grenze zu überschreiten und bis Portugal zu gelangen. Solange wir in Frankreich sind, werden wir nur nachts marschieren und bei Tage in Schlupfwinkeln ruhen. Es wird zweifellos Ernährungsschwierigkeiten geben, aber die Entfernung zur Grenze beträgt vermutlich nicht mehr als vierzig Meilen, und es könnten sogar weniger sein, vielleicht fünfunddreißig Meilen. Wenn wir wertvolle Nachrichten erfahren und sie nach England überbringen, dürfen wir mit einer Belohnung rechnen und vielleicht den König bewegen, vergangene Zwischenfälle zu vergessen, die besser vergessen sind. Denkt daran, Männer, noch sind wir nicht besiegt!«

Delanceys kleine Rede wurde gut aufgenommen, aber er machte sich keine Illusionen über den Wert seiner Leute. Außerdem wußte er, daß er keine anerkannte Autorität über sie besaß. Seine Macht als Kommandant eines Kaperschiffes war nicht

größer als die eines jeden Schiffskapitäns – sie endete mit dem Verlust des Schiffes. Um seinen Befehlen Nachdruck zu verleihen, besaß er nichts weiter als eine zweifelhafte Marineuniform, einen Beutel mit Münzen und ein paar geladene Pistolen. Zur Zeit waren sie es noch gewohnt, seinem Befehl zu gehorchen, aber was würde später werden? Rigault war ein nützlicher Mann, auch von Manning ließ sich das sagen. Aber wie stand es mit Bisson oder Hodder? Im Augenblick mußte er ihnen vor allem Selbstvertrauen einflößen. Zu diesem Zweck verteilte er Biskuit und einen Schluck Rum für jeden. Dann befahl er ihnen zu ruhen, wobei er sie daran erinnerte, daß sie nach Sonnenuntergang einen langen Marsch vor sich hätten. Die Küste mußten sie rasch verlassen, und zunächst einmal komme es einfach darauf an, die Grenze zu überqueren. Während sie schliefen, würden sie einen Mann als Wachposten aufstellen müssen. Er selbst würde die erste Wache übernehmen, Rigault die zweite, Bisson die dritte, danach kämen Manning und Ramos an die Reihe, und Hodder als letzter von allen. Ehe sie schliefen, müßten alle Waffen trocken, geölt und geladen sein.
Es war eine schöne warme Nacht, der Wind hatte sich seit dem Gefecht gelegt. Der Mond kam zeitig hoch. Delancey weckte seine Männer, nun war die rechte Zeit für ihren Marsch gekommen. Doch bevor sie von der Stelle fortgingen, wo sie notgelandet waren, ließ er das Boot weiter landeinwärts schaffen und im Walde verbergen. Danach gingen sie nach Osten, aber mit äußerster Vorsicht auf Kosten der Schnelligkeit. An der Landungsstelle war die Küste unfruchtbares Land und unbewohnt gewesen, aber eine Meile oder zwei landeinwärts gab es Gebiete mit Anbauflächen, Farmen und Dörfern. An die Hauptstraße gelangten sie auf ihrem ersten Nachtmarsch, waren dann jedoch gezwungen, einen weiten Bogen um die Stadt Bayonne zu machen. Am Morgen nach der zweiten Nacht waren sie wieder auf der Hauptstraße und in einer Position, von der aus sie den nächsten Kurier von Paris nach Cadiz abfangen konnten. Ramos wurde an diesem Tage weggeschickt, um eine Taverne am Wege zu besuchen. Er kam mit der Nachricht zurück, daß die Kuriere an jedem zweiten Tag vorbeikämen. Sie benutzten die Kutsche,

setzten aber in Spanien ihre Reise auf dem Pferderücken fort, weil dort die Straßen zu holperig waren. Sie wurden von ein paar Kavalleristen bis zur Grenze eskortiert, dort aber von einem Trupp spanischer Miliz empfangen, wie es hieß. Es gab Briganten, hatte man Ramos erzählt, besonders in Spanien – und auch Schmuggler –, so daß man von einem Offizier nicht verlangen konnte, allein zu reisen. In Erwägung dieser Information kam Delancey zu dem Schluß, daß sie eigentlich zu langsam vorwärtskamen. Um Portugal vor Ausbruch des Krieges mit Spanien zu erreichen, wäre es besser, einen Kurier abzufangen, seine Rolle zu spielen und die Reise mit größerer Geschwindigkeit zu Pferde fortzusetzen. Es war klüger, ihn auf der französischen Seite abzufangen, teils, weil die darauf folgende Jagd nach Banditen in Frankreich stattfinden würde – in dem Lande, das sie ja verließen –, und teils, weil der Besitz erbeuteter Reisedokumente das Überschreiten der Grenze vereinfachen würde. Natürlich mußten sie einen nach Süden eilenden Kurier anhalten, einen, dessen Kommen man erwartete, nicht einen, den man mit seinem Wagen in entgegengesetzter Richtung hatte fahren sehen. Wenn Delanceys Gruppe erst in Spanien war, hatten sie gute Aussichten, als Franzosen aufgenommen zu werden. In Frankreich konnten sie aber nur kurze Zeit versuchen als Spanier zu gelten. Für das Abfangen des Kuriers, folgerte Delancey, war die nähere Umgebung des Ortes Bidart am besten geeignet.

Schließlich wurde für den Hinterhalt eine Stelle gewählt, wo die Straße einen ausgetrockneten Wasserlauf mit viel Buschwerk an beiden Ufern überquerte. Es gab wenig Landvolk in der Umgebung und wenig Verkehr auf der Straße. Wenn die übliche Routine befolgt würde, könnte man den Kurier am gleichen Nachmittag, vielleicht zwischen eins und zwei, erwarten, da er in St. Jean-de-Luz wie immer sein Abendessen einzunehmen versuchen würde, um San Sebastian nach Möglichkeit bei Nachteinbruch zu erreichen.

In der Zwischenzeit gab es viel zu tun, und zu den Vorbereitungen gehörte auch, zwei umgestürzte Bäume an Punkte der Straße zu schaffen, wo sie so gestützt werden konnten, daß sie bei einem leichten Stoß über die Fahrstraße fielen. Diese Arbeiten mußten Aufmerksamkeit erregen, aber Ramos sollte die Geschichte von einer Falle verbreiten, die Banditen gestellt werden sollte. Er erzählte sie mehreren Landleuten, von denen einer es durchaus nicht glauben wollte. Doch keiner war in der Lage, die Vorbereitungen aufzuhalten oder seinen Verdacht einem Beamten oder anderen öffentlichen Dienststellen zu berichten. Die Arbeit wurde zwar durch die gelegentliche Vorbeifahrt eines Bauernwagens und einmal durch einen Auftrieb von Vieh unterbrochen, wurde jedoch dennoch rechtzeitig fertig. Bald nach Mittag ging Pierre Rigault ein Stück die Straße auf Bayonne zu und setzte sich hin, um auf die Kutsche mit ihrer Eskorte zu warten.

Es war Viertel nach zwei, als die Postkutsche erschien. Rigault stellte sich auf die Straße und ließ den Fahrer anhalten. Er ging zum Fenster der Kutsche und warnte den Kurier in fließendem Französisch, es gäbe Banditen in der Nachbarschaft, und erst gestern sei eine Kutsche ausgeraubt worden. Der Kommandant von St. Jean-de-Luz sende eine Kavallerieeskorte bis an eine bestimmte Straßenkreuzung und habe Rigault geschickt, um den Kurier zu warnen und ihn zu dem Treffpunkt zu führen. Der Kurier, Capitaine Laffray, war ein älterer, rotgesichtiger, fetter Offizier, der die Gefahr leichtnahm. Seiner Meinung nach würden die Banditen eine bequemere Beute vorziehen. Der Sergeant, der mit ihm in der Kutsche saß, blickte beunruhigt drein und begann seine Pistolen zu überprüfen. Nach längerem Hin und Her ließ der Capitaine widerstrebend Rigault in der Kutsche Platz nehmen und dankte ihm für die Warnung, die der Sergeant indessen an die beiden Kavalleristen weitergegeben hatte, die etwa fünfzig Meter dahinter als Eskorte folgten. Die Peitsche knallte, und das Fahrzeug rollte weiter.

Zehn Minuten später stürzte ein Baum quer über die Straße und erschreckte die vier Pferde so sehr, daß die Kutsche zu einem jähen Stillstand kam. Der Kutscher hatte zu sehr mit den Zügeln zu schaffen, um seine Pistole zu ziehen, aber der zweite Fahrer, der neben ihm saß, hatte seine Pistole bereit. Mehrere Schüsse wurden abgefeuert. Rigault zog seine Pistolen schneller als Kurier und Sergeant und erschoß sie beide. Zwanzig Meter hinter der

Kutsche fiel ein zweiter Baum quer über die Straße und brachte die beiden Dragoner sofort zum Halten. Sie griffen mit der blanken Waffe an, wurden aber beide aus kurzer Entfernung angeschossen, einer von ihnen tödlich. Es gab einen weiteren Schuß, der den verwundeten Kavalleristen tötete, und dann krachten noch zwei Schüsse in der Kutsche. Das Schießen hörte auf, der Rauch verzog sich und das kleine Scharmützel war vorüber.

»Verdammt«, sagte Delancey. »Ich wollte sie doch gefangennehmen. Warum, um Gottes willen –?«

»Wie hätten wir es denn können?« sagte Manning. »Was hätten wir mit ihnen anfangen können?«

»Es ließ sich gar nicht anders machen«, sagte Hodder.

Auf diese Art entdeckte Delancey die Grenzen seiner Autorität. Seine Befehle waren nicht befolgt worden, bestimmt hatte man sich vorher abgesprochen, und er wußte, daß die anderen recht hatten. Wenn er auch das kaltblütige Morden haßte, so konnte er nichts mehr dagegen sagen.

»Streift ihnen die Uniformen ab«, befahl er, »und macht dort drüben ein Grab.« Er deutete auf ein Wäldchen, das etwa zweihundert Meter entfernt war. »In der Kutsche liegt ein Spaten«, setzte er hinzu, und Ramos löste das Gerät aus der Klammer. Delancey nahm dann die Ledertasche des Kuriers an sich und befahl Hodder, das Schloß zu öffnen.

»Sollte er denn keinen Schlüssel bei sich tragen, Sir?« fragte dieser Fachmann, doch kriegte er auf solche dumme Frage die barsche Entgegnung, er solle endlich anfangen. Wie bekannt, vertraute man dem Kurier den Schlüssel nie an, sondern nur den Offizieren am jeweiligen Endpunkt der Route. Eine gräßliche halbe Stunde folgte, denn die Uniformen waren blutbefleckt, aber die Sache war schließlich geschafft. Sie konnte erst beendet werden, nachdem ein Eimer Wasser und eine Bürste aus einer Hütte entliehen worden waren, und selbst dann blieben die Flecke noch auf den schlecht passenden Uniformen sichtbar. Endlich kam der Augenblick, an dem die Gruppe sich fertig zur Weiterreise versammeln konnte. Tom Manning war der Kutscher, Martin Ramos sein Gehilfe. Bisson und Hodder waren Dragoner und saßen auf ihren Pferden nicht gerade bequem. Delancey selbst war der

Kurier und Pierre Rigault der Sergeant. Vom Begräbnisplatz her erscholl das Heulen eines Hundes. »Soll ich ihn –?« fragte Rigault, aber Delancey erwiderte: »Wir haben genug Blut vergossen. Reisen wir ab!« Er fühlte sich noch ziemlich elend, als der Wagen anfuhr.

Der Inhalt der Kuriertasche erwies sich als Enttäuschung. Es waren keine Befehle aus Paris für den französischen Admiral in Cadiz darin enthalten. Es gab Briefe genug, aber sie behandelten nur Routinesachen. Das Urteil eines Kriegsgerichts wurde bestätigt, der Bericht eines Untersuchungsgerichtes wurde formell anerkannt, ein Nachfolger für den Zahlmeister des Barras ernannt (der gestorben war) und die Berufung eines Wundarztes für die *Duquesne* gemeldet. Es gab Korrespondenz über neues Segeltuch für die *Censeur*, auch über die Kosten der Reparatur des Steuers der *Friponne* darunter, außerdem dann noch Privatbriefe, einige sogar von Beamten des Marineministeriums, aber keiner warf Licht auf die beabsichtigten Bewegungen von Admiral Richerey – viel weniger noch auf die Pläne des spanischen Oberkommandierenden Don Juan de Langara. Als sich Delancey so durch all diese Trivialitäten hindurchlas, während die Kutsche südwärts fuhr, beschlich ihn das Gefühl eines erlittenen Fehlschlags. Waren diese sechs Männer umsonst getötet worden? Nein, bestimmt nicht. Durch das Scharmützel hatte Delancey Pferd und Wagen, eine nützliche Summe in französischer Währung, Ausweispapiere und Uniformen zur Verkleidung bekommen. Seine Gruppe würde keine Schwierigkeiten beim Passieren der Posten von St. Jean-de-Luz haben. Die Grenze lag dahinter, und San Sebastian war vielleicht sieben Meilen entfernt. Sie würden spät ankommen, aber die Dämmerung würde von Vorteil sein . . . Es war jetzt später Nachmittag, Gebäude und Passanten waren häufiger geworden, und es gab mehr Verkehr auf der Straße. Offensichtlich befand sich die Kutsche bereits am Rande von St. Jean-de-Luz. Erst hier wurde Delancey auf ein bevorstehendes Problem aufmerksam. Er glaubte nicht an Schwierigkeiten bei den Posten oder beim Kommandanten der Wache, aber er merkte, daß er die Pferde würde wechseln müssen. Der richtige Kutscher hätte sie direkt zu dem als Halteplatz bestimmten Gasthaus gebracht, aber Tom Manning würde nicht wissen, wo es war, und kein anderer aus der Gruppe würde es ihm sagen können. Rigault konnte fragen, aber das würde lächerlich wirken. Vielleicht fänden die Pferde allein den Weg zu ihrem Stall? Noch immer grübelnd, sagte sich Delancey, daß das Problem vielleicht gar nicht bestand. Es konnte ja sein, daß es nur eine Hauptstraße gab. Auch konnte das richtige Gasthaus an den anderen dort befindlichen Kutschen kenntlich sein. Während er noch das Problem wälzte, hielt die Kutsche an. Ein Soldat erschien am Fenster und salutierte, als er Delanceys Uniform sah. Der Posten blickte nur auf die Dokumente, die Delancey schwenkte, trat wieder zurück und sagte dem Kutscher, er solle weiterfahren. Die Kutsche bewegte sich nun wegen des Verkehrs langsam vorwärts, und Delancey hoffte, daß die Pferde ortskundiger wären als der Fahrer. Sie waren es aber nicht, und die Kutsche kam plötzlich zum Stehen. Delancey stieg aus und sah, daß die Straße sich gabelte. Manning war ratlos. Delancey ging nach vorn und sagte leise: »Nach rechts.« Er kehrte zu seinem Platz in der Kutsche zurück und hoffte ergeben, daß seine Vermutung sich als richtig erweisen würde. Als er hinausblickte, erkannte er sofort, daß seine Wahl, die er aufs Geratewohl getroffen hatte, fast mit Sicherheit falsch war. Die Straße, auf der sie sich befanden, führte zum Kai und vom Zentrum der Stadt weg. Da gab es Schiffslieferanten und Matrosenkneipen und mehr als genug Schmutz. Junge Frauen und Laufburschen staunten die Kutsche an, vielleicht sogar mit einem Anflug von Spott. Manning hielt an, und Delancey wollte wieder nach vorn gehen, um ihm zu raten, er solle zu der Stelle zurückfahren, wo sie offensichtlich den falschen Weg eingeschlagen hatten. Ehe er es aber tun konnte, stieg ein Seemann zu ihm auf das Trittbrett der Kutsche und sagte ruhig (auf englisch): »Kapitän Delancey, nicht wahr? Haben Sie sich etwa verirrt?«

Teil IV

12. Kapitel

Festungshaft in Spanien

Einen Augenblick lang hatte Delancey das Gefühl, daß seine Mission – und sein Leben – am Ende sei. Mit einem Schauder spürte er geradezu die Fesseln, sah er den Schimmer der Morgendämmerung durch das Gitter, hörte er die Schritte des Exekutionskommandos. Er starrte den Fremden an, konnte sich aber nicht erinnern, ihn jemals zuvor gesehen zu haben. In französischer Sprache sagte er, da müsse ein Irrtum vorliegen, er habe noch nicht die Ehre gehabt, dem Bürger bei einem früheren Anlaß begegnet zu sein.

»In diesem Falle ist es wohl nutzlos, Sie an David Evans zu erinnern, den Maat der *Dove*.«

Mit Mühe entsann sich Delancey an die dunkle, unbedeutende Erscheinung.

»Aber ist denn die *Dove* hier?«

Evans schüttelte den Kopf. »Sie ist erst in einer Woche fällig«, erwiderte er kurz. »Bis dahin sind noch einige Dispositionen zu treffen.« Evans sammelte also praktisch die Ladung, und die *Dove* war sonstwo, vielleicht in Arcachon. Delancey kam ein Gedanke, aber er hatte noch Zeit. Zunächst gab es ein dringenderes Problem. »Wir müssen irgendwo die Pferde wechseln, Mr. Evans. Können Sie unser Lotse sein?«

Ohne ein Wort ging Evans hinüber zu Manning, zeigte ihm die Richtung und setzte sich danach auf den Kutschbock. Die Kutsche drehte um, bog in eine Straße nach rechts ein, dann nach links, wandte sich wieder nach rechts, gelangte so auf die Hauptstraße und hielt vor dem ›Pomme d'Or‹. Stallknechte rannten sofort herbei, und Evans ging mit Delancey ins Gastzimmer. Ihre weitere Unterhaltung fand in französischer Sprache statt.

»Ich danke Ihnen, Mr. Evans. Würden Sie noch die Güte haben, Sam einen Brief von mir zu übergeben?«

»Mit der Bitte, Sie abzuholen?«

»Ja, an einem Ort in der Nähe von Cadiz.« Evans überlegte einen Augenblick, ehe er antwortete. »Ich will ihm den Brief geben, Sir, aber ich bin nicht sicher, ob es möglich sein wird. Wir vervollständigen hier unsere Ladung. Wenn das geschehen ist, werden die Männer heimwärts segeln wollen.«

»Ich muß einfach darauf setzen, daß Sam sie überreden kann. Gibt es einen kleinen brauchbaren Hafen in der Nähe von Cadiz – einen, den Sie durch Ihren Handel kennen?«

»Ja, Léon, ein paar Meilen nach Süden. Wir haben dort einen Agenten namens Davila. Mit dem Mann machen wir gelegentlich Geschäfte.«

»Wenn Sam dorthin kommen sollte, wann könnte er dort eintreffen?«

»In etwa drei Wochen. Sagen wir am 15. September.«

»Also gut. Ich werde den Kellner Papier, Tinte, Federkiel und Wein holen lassen.«

Während Evans seinen Wein trank, wobei ihm der hinzugekommene Rigault Gesellschaft leistete, schrieb Delancey:

23. August 1796

Lieber Mr. Carter

Die *Nemesis* ist an der französischen Küste gestrandet, und ich bin mit fünf anderen Überlebenden unterwegs nach Spanien. Der Rest geriet in Gefangenschaft. Ich hoffe, Nachricht über die Absichten der spanischen und französischen Flotten zu beschaffen, die jetzt bei Cadiz liegen. Wenn ich über die Absichten des Feindes erfahren habe, was ich erfahren kann, vielleicht in Cadiz selbst, werde ich den Hafen von Léon aufsuchen. Ich hoffe, daß ich dort in der Zeit vom fünfzehnten bis einundzwanzigsten September eintreffen und mit Señor Davila Kontakt aufnehmen kann. Sollte es Ihnen möglich sein, dort um diese Zeit einen Besuch zu machen, wäre ich Ihnen mehr als dankbar für eine Passage nach Guernsey. Im Hinblick auf den möglichen Wert der Nachricht, die ich zu gewinnen hoffe, könnten Sie sehr wohl ein britisches Kriegsschiff bitten, unseren Rückzug zu decken. Bis jetzt herrscht zwischen England und Spanien kein Kriegszustand, aber ich zweifle nicht daran, daß der Krieg in nächster Zukunft erklärt werden wird, ganz bestimmt aber vor Ende Oktober. Ich bin mir völlig der Gefahren bewußt, die auch für Sie mit dieser Operation verbunden sind, und würde an Sie dieses Ansinnen nicht stellen, wenn es nicht im Dienst für den König wäre.

Ich habe die Ehre und verbleibe
als Ihr früherer Feind,
aber jetziger Freund

Richard Delancey

David Evans steckte den unterschriebenen Brief ein. Er trank sein Glas aus und ging mit Delancey zur Kutsche. »Wenn Sie doch hierbleiben könnten, bis die *Dove* ankommt!« sagte er.

»Ja, bloß wie?« sagte Delancey, und Evans konnte sich mit einem Blick auf die Uniform denken, in welcher Gefahr der andere schwebte, bis er die Grenze passiert hatte. Nach einem raschen Abschied verließ die Kutsche St. Jean-de-Luz auf der Straße nach Süden. Zwei Stunden danach war sie an der Grenze und fuhr ungehindert nach Spanien weiter.

Der Verkehr wurde stärker, als sie sich San Sebastian näherten, aber man schenkte der eskortierten Postkutsche keine besondere Beachtung. Sie mußte also ein vertrauter Anblick sein. Die Kutsche erreichte das Haupttor bei Anbruch der Dunkelheit, und der Posten warf kaum einen Blick auf die vorgezeigten Dokumente. Martin Ramos, der einen Augenblick mit ihm plauderte, erfuhr rasch, daß das führende Gasthaus, in dem die Herren Offiziere logierten, das ›Real‹ sei. Falls es überfüllt wäre, sollte der Kurier das ›Santa Trinidad‹ probieren. Da Delancey vermutete, daß Capitaine Laffray im ›Real‹ bekannt gewesen sei und dort erwartet werden könnte, wählte er das andere Gasthaus, wo er willkommen geheißen wurde. Der Kutscher und sein Gehilfe wurden mit den beiden Kavalleristen auf dem Heuboden über dem Stall einquartiert, wo Ramos Gelegenheit hatte, das Gespräch der Stallknechte zu belauschen. Delancey selbst

erhielt ein Zimmer, und Rigault bekam das Zimmer nebenan. Auf Delanceys Verlangen wurde das Abendessen heraufgeschickt, und dann begann eine schwierige Verhandlung, denn es ging um die Reinigung – und sogar Reparatur – der Uniformen. Die Bediensteten des Gasthauses verstanden nur wenig Französisch, ließen sich aber endlich dazu überreden, die fleckigen Uniformen wegzubringen und Delancey und Rigault Zivilkleidung für den Abend zu überlassen. Die beiden Kavalleristen trafen ähnliche Abmachungen für sich selbst. Alles würde, wie man hoffte, bis zum folgenden Nachmittag in Ordnung sein.
Die Nachricht von einem Überfall an der Straße erfuhr man in San Sebastian am nächsten Morgen, und Ramos wußte bald alles darüber. Ein Bauer hatte eben erst begrabene Leichen an der Straße nördlich von St. Jean-de-Luz gefunden. Er war an die Stelle durch das Geheul eines Hundes gelockt worden. Als er die erste Leiche fand, beeilte er sich, die Gendarmerie zu benachrichtigen. Ihre Nachforschungen führten zur Entdeckung von fünf weiteren Leichen, alle eindeutig Opfer eines Mordes. Es gab aber keine Briganten auf der französischen Seite der Grenze, wie man glaubte, und die Gendarmen schlossen daraus, daß es sich um spanische Kriminelle handle. Man schickte darum Nachricht nach San Sebastian, ebenso nach Bayonne. Die Behörden dort wußten aber nichts von Reisenden, die am vorhergehenden Tag in dieser Zahl nach Süden gefahren waren – ausgenommen natürlich der französische Kurier und seine Gruppe. Kavallerie wurde ausgesandt, und man setzte Belohnungen für Informationen aus. Boten kamen und gingen, und das Gerücht besagte, die Banditen seien Deserteure der französischen Armee. Wer aber ihre Opfer waren, konnte keiner sagen, denn weder Reisende noch Leute aus der Gegend wurden vermißt. Ob sich vielleicht die Banditen gegenseitig umgebracht hatten? Als Delancey diese Gerüchte hörte, wußte er, daß er den Militärkommandanten um eine Eskorte würde bitten müssen. Das war üblich, wie er wußte, und all dieses Gerede von Briganten schien sie erst recht notwendig zu machen. Wenn er ohne Eskorte weiterreiste, würde es tatsächlich höchst verdächtig wirken. Er entschloß sich, den Kommandanten am Nachmittag in der Zitadelle

aufzusuchen – natürlich erst dann, wenn er sich in seiner Uniform sehen lassen konnte.
Delancey sprach im Wachraum vor und gab seinen Namen als Capitaine Rochambeau an. Er wolle den Kommandanten bitten, ein paar Minuten seiner Zeit für ihn zu opfern. Er hatte Sprachschwierigkeiten erwartet, aber er wurde fast sofort von einem höheren Offizier empfangen, der fließend Französisch sprach. Colonel Diego de Altamirano hörte sich höflich Delanceys Erklärung über den Zweck seines Besuches an. Er war sofort damit einverstanden, eine Kavallerieeskorte für die Reise nach Vittoria zur Verfügung zu stellen. Erst nach der Bewilligung stellte er eine peinliche Frage: »Mit was für einer Eskorte sind Sie denn hier angekommen?«
Delancey zögerte nicht mit der wahrheitsgemäßen Antwort: »Ich habe zwei Dragoner bei mir.«
»Von St. Jean-de-Luz?«
»Nein, von Bayonne.«
»Sie wünschen also, daß die Leute zu ihrer Einheit zurückkehren. Es ist Routine, sechs oder acht dieser Männer zu sammeln und dann mit der nächsten Kutsche nach Frankreich zurückzuschikken. Wir haben bereits vier hier, und Ihre beiden können sich dazugesellen.«
»Ich hatte die Absicht, Colonel, diese Männer vorläufig bei mir zu behalten. Einer ist gleichzeitig mein Bursche und der andere mein spanischer Dolmetscher.«
»Wie schade! Unser Vertrag mit Frankreich, den wir am 19. August abgeschlossen haben, gestattet nicht, daß französische Truppen in Uniform durch Spanien reisen. Jede Eskorte muß aus Spaniern bestehen. Ich kann Ihnen indessen zusichern, daß der Kommandant der Eskorte Kenntnisse im Französischen besitzen wird. Sie werden also keinen Dolmetscher benötigen. Sagen Sie Ihren beiden Männern, sie sollen sich morgen hier melden.«
Delancey hatte eine rasche Entscheidung zu treffen. Er mußte entweder ohne weiteres wie einer zustimmen, dem es gleichgültig ist, oder er mußte seine Zuflucht zu einem Wutausbruch nehmen, wie es zu einem französischen Offizier paßte, wenn

ihm bloß so ein Spanier widersprach. Er entschloß sich freiwillig nachzugeben.

»Ich begreife vollständig. Sie wünschen nicht, daß fremde Armeen auf spanischem Boden gesehen werden – nicht einmal eine Armee von zwei Männern!«

»Von vier, um genau zu sein«, sagte der Colonel sanft. »Wir Spanier werden oft für halsstarrig und stolz gehalten. An welchem Tage, Capitaine, planen Sie, Ihre Reise fortzusetzen?«

»Morgen, Colonel, wenn es genehm ist.«

»Aber gewiß. Die Eskorte wird morgen früh am Gasthaus zu Ihrer Verfügung stehen – Sie können die genaue Stunde mit meinem Adjutanten ausmachen. Ich hoffe, daß Sie eine gute Reise haben werden. Es gab kürzlich einen Zwischenfall auf der Straße – wie Sie wahrscheinlich gehört haben werden –, aber das war in der anderen Richtung und auf der französischen Seite der Grenze. Ich bin etwas verblüfft über diese Affäre und frage mich immer noch, was wohl dahintersteckt.«

»Sind denn Raubüberfälle etwas so ungewöhnliches?«

»Nein, an sich nicht. Ungewöhnlich ist ein Brigant, der nur einmal zuschlägt und dann verschwindet.«

»Was kann er sonst tun, wenn er gejagt wird?«

»Er muß noch am Leben sein. Wie dem auch sei, der Brigant ist meine Sache und nicht die Ihre, auch erwarte ich nicht, daß er auf der Straße nach Vittoria erscheint.«

Delancey verabschiedete sich von dem Kommandanten, ging aber mit dem Gefühl weg, daß der Colonel weit schlauer zu sein schien, als wünschenswert war. Er ging zurück ins »Santa Trinidad« und schilderte Rigault die Begegnung und das Problem der beiden Dragoner.

»Gut«, sagte Rigault, »Bisson und Hodder werden Zivilkleidung anziehen. Die Dragoner sind eben desertiert und haben ihre Pferde zurückgelassen.«

Es war eine vernünftige, vielleicht sogar die beste Taktik, aber die Gefahr blieb, angefangen bei dem Geschwätz, das unter den Bediensteten des Gasthauses entstehen könnte. Vielleicht würde eine ausgefeiltere Geschichte dem Zweck besser dienen; vielleicht eine, die mit einer geheimen Mission zu tun hatte.

Delanceys Gruppe sollte am nächsten Morgen abreisen, aber der Trupp Kavallerie erschien nicht. Anstatt der Eskorte kam der Adjutant des Kommandanten ins Gasthaus und verlangte Capitaine Rochambeau zu sprechen. Höflich sagte er unter großem Bedauern, daß es eine unvermeidliche Verzögerung bei der Eskorte gäbe, die für die Reise zugeteilt sei. Der neue Termin für die Abreise sei der Mittag, und der Kommandant wäre dankbar, wenn Capitaine Rochambeau indessen zur Zitadelle kommen und die beiden Dragoner mitbringen wollte, die sich der nächsten Kutsche nach Bayonne anschließen sollten. Der Zweck des Besuches sei reine Routine, und der Kommandant werde den Capitaine nicht länger als eine Viertelstunde aufhalten. Es folgte eine hastige Besprechung in Rigaults Zimmer, während der Adjutant im Erdgeschoß wartete. Bisson wollte einen Ausfall durchs Stadttor versuchen, aber Delancey deutete an, daß die Tore wahrscheinlich geschlossen sein würden und jeder Versuch abzureisen mit ihrer Arretierung enden könnte. Nein, ihre Taktik könne nur die sein, sich durch Bluff den Weg zu bahnen. Es sei alles andere als sicher, daß der Kommandant ihren Betrug entdeckt habe, und er werde nur höchst ungern einen Fehler begehen, der ihm den Zorn der französischen Republik eintragen könnte. Der König von Spanien war ein ergebener Alliierter Frankreichs und würde willig jeden Colonel opfern, dessen Kopf das Direktorium verlangte. Er mochte sich seine eigenen Gedanken machen, aber das war etwas anderes, als seine ganze Karriere aufs Spiel zu setzen. Es wurde Zeit, daß Delancey seine Beherrschung verlor und den Colonel an das erinnerte, was auf dem Spiele stand. Rigault würde ihn in seiner Sergantenuniform begleiten, mit Bisson und Hodder in Zivilkleidung, und er würde zugeben müssen, daß sie in Verkleidung gekommen seien. Seine Schwierigkeit würde nur darin bestehen, ihm zu erklären, warum.

In der Zitadelle wurden Delancey und seine Leute sofort in das Zimmer des Kommandanten geführt. Der Colonel entschuldigte sich immer wieder wegen der Verzögerung der Eskorte. Er bedauerte, die Zeit des Capitaines wegen einer Kleinigkeit vergeuden zu müssen. Er hoffe, daß der Capitaine für diese Routinesache Verständnis haben werde; wenn sie auch langweilig sei, so müßte sie doch durchgeführt werden. Würde der Capitaine einen Augenblick Platz nehmen? Würde er seinen Rock ausziehen? Mit einigem Widerstreben erlaubte Delancey dem Adjutanten, ihm aus dem Rock zu helfen und diesen an einen Haken zu hängen.

»Eine bloße Kleinigkeit. Die beiden Dragoner – sind sie noch bei Ihnen?«

»Sie sind es, und sie sind es nicht«, gab Delancey zu. »Ihre Uniformen waren eine Verkleidung, die von diesen beiden Herren getragen wurde. Capitaine de Corvette Bellanger und sein Sekretär, M. Le Cannelier. Bisher ist die Verkleidung notwendig gewesen, in Spanien aber nicht mehr.«

»Darf ich den Grund dafür erfahren?«

»Aber in strengstem Vertrauen, Colonel?«

»Natürlich!«

»Dann darf ich Ihnen sagen, daß sie in den letzten zwei Jahren mit einem bestimmten Plan beschäftigt gewesen sind. Er betrifft die Sprengung feindlicher Kriegsschiffe durch Verwendung einer geheimen Apparatur.«

»So.«

»Das Direktorium hatte entschieden, diese Erfindung für den Gebrauch gegen die Briten zu entwickeln. Dadurch wird sich die gesamte Situation schlagartig ändern. Ich habe die Fachleute bei mir, die diese Erfindung auf den gegenwärtigen Stand der Einsatzbereitschaft gebracht haben. Spione in britischen Diensten haben versucht, in unsere Werkstatt in Dünkirchen einzudringen. Wir glauben, sie kennen im allgemeinen die Eigenart unseres Projekts. Wenn sie entdecken sollten, daß diese beiden Männer nach Cadiz geschickt worden sind, würden sie die Wahrheit vermuten – daß nämlich ihre Flotte auf der Höhe von Cadiz in größter Gefahr schwebt. Diese Herren sind also unter falschen Namen und in Verkleidung gereist, um zu verhindern, daß der Feind unsere Absichten ahnt.«

»Sehr erfinderisch tatsächlich, mein lieber Capitaine. Wer würde auch die beiden Männer in Dragoneruniform vermuten? Ich bin noch an Ihrer eigenen Rolle bei der Affäre interessiert, wenn ich so sagen darf. Wenn Ihre beiden Dragoner keine Soldaten sind, könnte mir der Verdacht kommen, daß Sie kein wirklicher Kurier sind.«

»Ich glaube, Colonel, daß ich Ihre Fragen ausreichend beantwortet habe, ausführlicher vielleicht, als meine Regierung gutheißen würde.«

»Aber natürlich, Capitaine, natürlich! Tausendmal um Entschuldigung! Tatsache ist, daß man auf einem so isolierten Posten wie diesem hier wenig zu besprechen hat. Alles, was ungewöhnlich erscheint, wird sofort Gegenstand des Gesprächs. Da ist zum Beispiel die Geschichte der beiden Dragoner –«

»Genug davon, Colonel. Ich habe Sie bereits gewarnt!«

»Bitte, mißverstehen Sie mich nicht! Ich meine nicht Ihre Dragoner. Ich beziehe mich nur auf gewisse Männer, die an der Straße zwischen Bayonne und St. Jean-de-Luz getötet wurden, anscheinend von Banditen. Wir sprachen doch gestern über den Zwischenfall, nicht wahr? Zwei von ihnen sollen Kavalleristen gewesen sein und sind sogar als solche identifiziert worden. Beider Uniformen mit Kopfbedeckung, Stiefeln, Waffen und beide Pferde sind einfach verschwunden. Soviel wir wissen, sind jetzt zwei Briganten als Dragoner verkleidet unterwegs.«

»Das ist durchaus möglich.«

»Und auch Sie kamen mit zwei Ihrer Gefährten ausgerechnet in der gleichen Verkleidung hierher! Ein seltsamer Zufall, das müssen Sie doch zugeben.«

»Tatsächlich seltsam. Nun, Colonel, wenn unsere Angelegenheit erledigt ist, möchte ich bitten, mich von Ihnen verabschieden zu dürfen, um meine Reise nach Vittoria und weiter nach Madrid fortzusetzen.«

»Sie sind natürlich begierig, die Ihnen anvertrauten Depeschen abzuliefern, und ich möchte nicht gern der Grund für die Verzögerung sein. Sagen Sie mir nur noch eins, ehe sie gehen, warum haben Sie eigentlich einen Engländer in Ihrem Stab?«

»Ich weiß nicht, was Sie damit meinen.«

»Aber, ich denke doch, daß Sie es wissen. Ihren Kutscher hat man Englisch sprechen hören, und er versteht und spricht gar kein Französisch.«

»Er ist Amerikaner.«

»Wie dumm von mir! Und der Kleinere Ihrer ehemaligen Dragoner ist wohl auch Amerikaner?«

»Er ist Franzose, aber er hat in den Vereinigten Staaten gelebt.«

»Selbstverständlich. Was könnte auch natürlicher sein? Aber mir fällt noch etwas auf. Angenommen, die Briten würden planen, einen Kurier abzufangen, der zwischen Paris und Madrid unterwegs ist, wo würden Sie es tun? Meiner Ansicht nach würden ihre Agenten vom Meer aus zwischen Bayonne und San Sebastian an Land gehen. Die Entdeckung dieser Leichen brachte mich auf den Gedanken, daß eine derartige Landung stattgefunden haben könnte. Als ich zuerst von dem Vorfall hörte, fragte ich mich: ›Könnte es nicht sein, daß die Briten französische Nachrichten abfangen möchten, die von Paris nach Cadiz geschickt werden? Könnten sie nicht an dem interessiert sein, was der Marineminister dem Admiral Richery mitzuteilen hat? Ich glaube, sie könnten daran interessiert sein, und ich glaube auch, daß sie es wirklich sind.‹ Meinen Sie es nicht auch – Capitaine?«

»Die Briten könnten so etwas versuchen, aber ein Abfangen von Botschaften an Richery scheint mir ein sehr weit hergeholter Gedanke zu sein, nicht charakteristisch für britische Methoden. Ich muß wieder fort, und Sie werden mich nur auf eigene Gefahr länger davon abhalten!«

»Ich soll Sie davon abhalten, mein lieber Capitaine? Das wäre undenkbar. Ich kenne meine Pflicht besser. Wenn ich es zu tun wagte, geschähe es nicht wegen dieser fernen Möglichkeit, auch nicht wegen der beiden Dragoner. Sollte ich Sie aufhalten – wenn ich es wagte (und ich wiederhole, wenn) –, so wäre es wegen des kastanienbraunen Pferdes, eines Wallachs mit einem weißen Mal an der Stirn. Mein Lieber, das Pferd Ihres Vorreiters ist als dasjenige erkannt worden, das von einem der Dragoner geritten wurde, die auf so geheimnisvolle Art starben ... Nein, ziehen Sie nicht Ihre Pistole! Sie sind umzingelt, aber, begreifen Sie bitte, nicht um Sie aufzuhalten. Das würde ich niemals wagen. Statt dessen stelle ich Sie und Ihre Freunde unter Arrest.«

Delancey blickte sich um und sah, daß man auf ihn und seine Männer mit Pistolen zielte. Draußen vor der Tür war eine Wache aufgezogen. Es bestand keine Aussicht auf Flucht oder Widerstand. Sie waren in eine Falle geraten. Der Colonel, der still, aber wachsam am Tisch saß, ließ sich auf kein Risiko ein. Der Adjutant entwaffnete einen nach dem anderen, tastete noch jeden nach verborgenen Waffen ab und schloß dann ihre Degen in einen Schrank ein.

»Warten Sie nur, bis das Direktorium davon hört!« donnerte Delancey. »Warten Sie nur, bis man weiß, daß ein französischer Offizier an der spanischen Grenze arretiert worden ist! Was wird wohl mein Kriegsminister Ihrem König Ferdinand zu sagen haben? Was wird der König Ihnen sagen? Sie können von Glück reden, wenn Sie nur kassiert und degradiert werden!«

»Das glaube ich wohl«, erwiderte der Colonel, »vielleicht darf ich hoffen, ein Dragoner zu werden. Es scheint gerade jetzt sehr modern zu sein, und eine solche Uniform ist für nichts zu haben.« Er fuhr nach einer Pause fort, indem er gelangweilt an die Decke schaute: »Sie könnte sogar etwas blutbefleckt am Futter sein, aber was ist das schon? Krieg ist Krieg, und Banditen sind nicht immer Banditen. Ich hoffe, Sie werden hier bequem untergebracht sein, Capitaine, bis wir von Ihren Vorgesetzten hören. Unsere Gastfreundschaft muß sehr einfach sein, wie Sie begreifen werden, ohne jeden Anspruch auf Luxus. Lassen Sie uns immerhin wissen, ob Sie noch etwas benötigen.«

Auf ein Zeichen hin wurden die Gefangenen aus dem Raum, die Treppe hinunter und über den Hof in ein anderes Gebäude geführt, dort einen Hauptgang entlang, der zwei Reihen von Zellen teilte. Rigault wurde in die erste Zelle links gebracht. Die Tür wurde geschlossen und verriegelt, ehe Delancey in die zweite Zelle rechts geschoben wurde. Dem Geräusch nach wurde Ramos in die dritte Zelle rechts und Bisson in die Zelle gegenüber gebracht. Ein Posten ging auf dem Korridor auf und ab und verhinderte, daß sie miteinander redeten, aber jede Tür hatte ein kleines vergittertes Guckloch, durch das sie spähen konnten. Delancey sah also, wie Manning und Hodder unter Bewachung ankamen. Er war schon einmal in einer feindlichen

Festung gewesen, aber unter anderen Umständen. Damals war er ein Kriegsgefangener, jetzt ein Spion, ertappt auf frischer Tat und fällig für ein Exekutionskommando.

Rigaults erste Reaktion bestand darin, daß er Papier, Tinte und Federkiel verlangte. Er wollte dem Capitaine der Werft von Bayonne schreiben und um den Beistand dieses Offiziers bitten. Die Schreibmaterialien wurden ihm gegeben, und er begann seine Klage in der richtigen Mischung aus Förmlichkeit und Empörung niederzuschreiben. Er würde dadurch nicht seine Freilassung erreichen – das leuchtete immerhin ein –, aber es konnte bessere Behandlung für die ganze Gruppe geben, solange noch Zweifel über ihre Identität bestanden. Ramos reagierte anders – er versuchte mit dem Posten eine Unterhaltung anzuknüpfen, um herauszubekommen, ob der sich bestechen ließ. Er hatte wenig Erfolg dabei, sich überhaupt mit ihm zu verständigen. Der Soldat war ein Katalane und sprach einen Dialekt der Pyrenäen, und für ihn war das Kastilianische fast eine Fremdsprache. Er schüttelte nur den Kopf und ging auf dem mit Fliesen ausgelegten Korridor wieder hin und her. Bisson verlangte, wie Rigault, Schreibmaterial und begann einen Befehl für seine eigene Entlassung zu fälschen. Augenblicklich hatte er dafür zwar keine Verwendung, aber es war gut, sich in dieser Kunst zu üben. Man wußte nie, wozu man sie noch brauchte. Mannings Reaktion bestand darin, daß er zu dem vergitterten Fenster seiner Zelle ging und eine Minute lang das Gitter überprüfte. Es schien aber deprimierend fest zu sein, und die Mauer wirkte fast neu. Was Hodder anbelangte, so begann er das Schloß der Zellentür zu studieren. Mit einigen Drahtstücken, die er zufällig in seiner Tasche hatte, suchte er sacht hinter die Kniffe zu kommen, die in dem Schlüsselloch steckten. Er konnte sich vorstellen, was für einen Schlüssel er brauchte, hatte aber keine Werkzeuge, ihn nachzumachen.

Delancey schaute nur aus seinem Zellenfenster, ehe er sich aufs Bett setzte und nachzudenken begann. Er war sich als Anführer bewußt, daß sein Plan alle ins Gefängnis und möglicherweise vor ein Exekutionskommando gebracht hatte. Er war freiwillig ein Risiko eingegangen und hatte dabei mit seinem eigenen, aber auch mit dem Leben anderer gespielt. Aller Sicherheit hatte davon abgehangen, ob der spanische Kommandant die nötige Dummheit besaß, mit der er gerechnet hatte. Es war nicht vorauszusehen gewesen, daß die Spanier ein militärisches Genie zum Kommandanten der kleinen Garnison von San Sebastian bestellt haben würden. Weil Spanien Frankreichs ergebener Alliierter war, hatte sie keine strategische Bedeutung. Die Routinepflichten des Garnisonskommandanten hätte man gut einem ältlichen Adligen anvertrauen können, irgendeinem Offizier, der bei der Beförderung übergangen worden war, einem Höfling, den man wegen eines Duells oder wegen Betruges beim Kartenspiel aus der Nähe des Königs verbannt hatte. Statt dessen war er mit Colonel Diego de Altamirano konfrontiert worden, der weder verrufen, noch dumm, noch alt war. Er hatte Scharfsinn genug besessen, die mögliche Verbindung zwischen verschiedenen Ereignissen zu erkennen. Er hatte erraten, was geschehen war, und doch der Versuchung widerstanden, übereilt zu handeln. Er hatte seinen Gegner in Sicherheit gewiegt, während er Informationen einholte, und dann hatte er im letzten Augenblick die Falle zuschnappen lassen. Der Colonel war kein Narr, soviel stand fest. Es war jetzt Delanceys erste Aufgabe zu erraten, was der Colonel als nächstes unternehmen würde. Was würde er selbst an seiner Stelle tun? Er würde nach Bayonne schreiben und um die Hilfe eines französischen Marineoffiziers bitten, möglichst gar eines solchen, der Erfahrung auf dem Gebiet der Spionage hatte. Es bestand auch die Möglichkeit, daß der Colonel längst Kontakt mit den Franzosen in Bayonne und St. Jean-de-Luz aufgenommen hatte und wußte, an wen er sich wenden konnte. Wenn ein solcher Offizier Rigault verhörte, würde dieser sofort versagen, da er in der französischen Armee nicht Bescheid wußte. Bei demselben Offizier (oder einem anderen Franzosen) würde er selbst genauso versagen, und man würde ihn als Ausländer entlarven. Weder Manning noch Hodder konnten als Amerikaner gelten, und keiner von ihnen wußte, daß sie es überhaupt sein sollten. Bestimmt vermutete man bereits, daß sie eine Gruppe britischer Spione seien, und es würde kaum weiterer Beweise bedürfen, um sie vor ein Militärgericht zu stellen. Morgen oder übermorgen würde der Fall des Colonels gelöst sein.

War es aber wahrscheinlich, daß der Colonel sich damit begnügen würde, die Spione zu exekutieren? Sein Hauptziel würde es doch sein, ihre Pläne zu entdecken. Er hatte gesehen, daß die französischen Verbindungslinien an dieser Stelle verletzlich waren. Er hatte vermutet, daß die Spione auf dem Seeweg gekommen waren. Daran jedoch hatte er nicht gedacht, daß ihre Landung durch Schiffbruch verursacht worden war. Schlimm war nun, daß jeder aus der Gruppe bei einem getrennten Verhör etwas anderes aussagen würde. Ihre Vorbereitungen für den Marsch nach Spanien besaßen die Schwäche – wie Delancey jetzt feststellen konnte –, daß sie sich vorher nicht über eine Geschichte geeinigt hatten, die sie erzählen würden, wenn sie in Gefangenschaft gerieten. Ein professionelles Spionageteam wäre mit einer solchen Story versehen gewesen. Wenn sie auch nicht ihr Leben rettete, so würde sie doch die Natur ihrer Mission verschleiern. Jetzt konnte man keine gemeinsame Geschichte mehr erfinden. Am besten wäre es wohl, wenn er selbst als Sprecher für die anderen aufträte und sie nichts sagten. Wie könnte er den anderen diese Botschaft übermitteln? Und würden sie ihm auch unter Druck gehorchen? Würde Folter benutzt werden? Es schien nur zu wahrscheinlich . . . Leute, die ihre Kinder zum Stierkampf in die Arena mitnehmen, um sie Blut sehen zu lassen, würden wahrscheinlich auch sonst grausam sein. Delancey schauderte bei dem Gedanken und spürte kalten Schweiß auf der Stirn. Es lag an ihm, einen Fluchtplan auszudenken. Hatte er seine Männer in die Falle geführt, so war es nun an ihm, sie wieder freizubekommen. Die Frage war nur – wie?

13. Kapitel

Meuterei auf See

Mit gehißter Trikolore lief der Lugger *Dove* am 24. August in St. Jean-de-Luz ein, nachdem für ihn Platz längsseits des Wellenbrechers gefunden war. Die *Dove* war bei ihrem ersten Besuch wegen der Waren, die sie brachte, mehr als willkommen gewesen, und jetzt war sie genauso willkommen wegen der Güter, die sie laden würde; Güter, für die es keinen legalen Absatz gab, seit der Krieg begonnen hatte. Als Ladungsaufseher kam Mr. Evans mit den Seefrachtscheinen an Bord. Er übergab Sam Carter auch den Brief, den Delancey geschrieben hatte, und berichtete kurz, wie er ihn getroffen hatte.

»Er war wie ein französischer Armeeoffizier gekleidet?« fragte Sam, indem er sich vergewisserte, ob er sich auch das richtige Bild machte.

»Ja, er trug französische Armeeuniform, und drei seiner Männer ebenfalls, einer in der Kutsche und zwei zu Pferd.«

»Das sieht mir aus, als ob er jene französischen Soldaten bei Bayonne getötet hätte.«

»Er scheint es wohl getan zu haben.«

»Also mußte er die Grenze überschreiten, ehe die Jagd losging.«

»Ich vermute es.«

»Und er wird auch in Spanien nicht sicher sein.«

»Bestimmt nicht. Aber wir sind noch nicht im Krieg, Sam, nicht wahr?«

»Nicht, daß ich wüßte. Aber es wird nicht mehr lange dauern. In drei oder vier Wochen, oder sogar früher noch. Diese Reise hinunter nach Cadiz wird nicht gerade sehr sicher sein, David, das steht fest.«

»Was, Sam – wollen Sie es wirklich tun?«

»Ja, ich werde es tun. Welche Wahl bleibt mir sonst? Ich kann Richard Delancey nicht in Spanien umkommen lassen. Man wird ihn nach all dem, was er den Franzosen angetan hat, nicht als Kriegsgefangenen behandeln. Gefangen in falscher Uniform, wird er erschossen werden. Richard ist ein feiner Kerl und mein Freund. Wir müssen ihn retten, wenn wir es können. Man würde nicht denken, daß in ihm ein guter Seemann steckt, nicht wahr? Er wirkt manchmal wie ein Gentleman, liest Romane, schreibt Gedichte oder träumt von Gott weiß was, aber treibt man ihn die Enge, und stellt man ihm eine verwickelte Aufgabe, dann weiß Richard, was er zu tun hat, und er tut es. Er hat sogar mich einmal überlistet, Sie erinnern sich doch.«

»Ich weiß es, Sam. Und er bewahrte Ihre Männer davor, daß sie zum Militärdienst gepreßt wurden, aber es half nichts, in der nächsten Woche verloren Sie sie doch noch. Auf unsere jetzigen Männer, die wir in Guernsey an Bord bekommen haben, ist kein Verlaß. Von hier aus weiter nach Süden zu segeln, wird ihnen nicht passen.«

»Sind Sie dessen sicher, David?«

»Wenn sie erst einmal die Ladung an Bord haben, wollen sie heimwärts steuern.«

»Schade – sie können es nicht.«

Die nächsten Tage vergingen darüber, daß man die Ladung an Bord nahm. Das Verhältnis zu den französischen Kaufleuten an Land war hervorragend, und es gab keine Scherereien mit dem Zoll oder der Polizei. Alle kannten genau das Gewerbe der *Dove*, und einige drängten Sam, sein Auslaufen zu beschleunigen. So erklärte ein alter Seekapitän: »Es gibt Marineoffiziere, die nichts vom Geschäft verstehen. Wenn ein nationales Schiff hereinkommen sollte, könnten wir Scherereien haben.« Alles ging glatt bis zum Tag der Ausfahrt der *Dove*. Nach einer letzten Runde und guten Wünschen bei erhobenen Gläsern gab Sam Carter Befehl zum Loswerfen, und die *Dove* setzte Segel. Es war ein nebliger Tag bei schwachem Wind, und der Lugger glitt gerade langsam aus dem Hafen, als sich plötzlich ein größeres Schiff undeutlich im Nebel abzeichnete. Es bestand keineswegs die Gefahr einer Kollision, aber das andere Schiff kam ziemlich nahe und war leicht als eine französische Korvette zu identifizieren. Ein Offizier rief die *Dove* an, wahrscheinlich befahl er ihr beizudrehen. Carter ignorierte es, hörte aber, wie ein Boot niedergelassen und bemannt wurde. Er verlor die Korvette aus der Sicht, wurde aber gewahr, daß das Boot ihn einholte. Nach einer oder zwei Minuten war es längsseits, und zwei französische Offiziere, ein Leutnant und ein »Aspirant« oder Fähnrich, kamen an Bord. Carter erhielt den Befehl, Anker niederzulassen, so daß sein Schiff durchsucht werden konnte. Rasch entschlossen stellte er sich dumm und hoffte dabei auf Wind. Während man sich noch anschnauzte, frischte dieser endlich auf. Ein Seemann hakte das Boot von den Besanketten los. Es trieb achteraus, als die Luggsegel sich füllten, und war in etwa zwei Minuten außer Sicht. Rufe aus der Ferne und das Abfeuern eines Musketenschusses. Doch der Lugger fuhr seewärts aus, die beiden Franzosen wurden entwaffnet und dann nach unten in den Bugraum gedrängt. Ohne es im geringsten zu beabsichtigen, hatte Sam Carter zwei Kriegsgefangene gemacht.

»Gut, Mr. Evans«, sagte Sam, »ich werde Ihnen einen Kurs für Kap Finisterre geben – oder besser, wir halten uns lieber von der Küste fern, gehen dichter an den Wind und wählen einen Kurs weiter nördlich.«

»Die Seeleute werden es nicht gern sehen, Käpt'n«, sagte Evans so leise, daß es der Steuermann nicht hören konnte. »Und sie werden es noch weniger gern sehen, wenn Sie nach Cadiz steuern. Die feindliche Küste ist voller Gefahren, und die Männer müßten weit weg von den Orten, die ihnen vertraut sind.«

»Ich kann nicht gerade behaupten, daß ich selbst es gern mache, Mr. Evans. Aber was soll ich tun? Ich kann Delancey nicht im Stich lassen. Unsere Aufgabe ist es, ihn zu retten, also werde ich es versuchen.«

»Ich weiß es, Sir, aber wir müssen auf die Unruhestifter aufpassen, nachdem wir Finisterre umfahren haben. Die Männer wollen St. Peter Port sehen – und nicht Cadiz.«

»Wie viele von ihnen sind zuverlässig?«

»Ich wünschte, ich wüßte es. Dann sind noch die Gefangenen da, die eine Meuterei veranlassen könnten. Ich wünschte bei Gott, wir könnten sie an Land absetzen.«

»Damit sie die Geschichte ihrer Gefangennahme erzählen?«

»Oh – ich weiß, wir müssen sie behalten. Schlimm ist nur, daß wir drei Männer durch Desertieren und zwei durch Krankheit verloren haben. Wir sind nur noch neun: Sie und ich, der Bootsmann, der Koch und fünf Matrosen, viele von ihnen berufsmäßige Schmuggler, aber Franzosen durch Abstammung. Wenn die beiden Gefangenen befreit werden sollten, stehen die Chancen gewaltig gegen uns.«

»Kann man dem Koch trauen?«

»Ich bezweifle es, Sir.«

»Und dem jungen Bennett?«

»Ich weiß es nicht. Wenn nicht, könnten es sechs gegen drei sein; mit den Gefangenen sogar acht gegen drei. Das sind schlechte Aussichten, Sir.«

»Wir müssen ständig bewaffnet sein.«

»Ich bin es, Sir, und auch Tom Yates.«

Die *Dove* war bald mit nordwestlichem Kurs unterwegs, der Wind kam von Südwest, und der Himmel hellte sich auf, als sie von der Küste abdrehte. Sie hatte einigermaßen Kurs nach Ushant, immerhin genug, um die Männer zufriedenzustellen. Während der folgenden Nacht würde die *Dove* einmal lavieren und das erste Stück nach Süden zurücklegen müssen. Das war der gefährliche Punkt. Sam Carter entschloß sich, persönlich mit den unsicheren Kandidaten zu reden, und zu gegebener Zeit wollte er an alle eine Ansprache halten. Er hatte dabei gemischte Gefühle. Einerseits war er berufsmäßiger Schmuggler, der nichts mit dem Krieg zu tun hatte und nur beabsichtigte, seine Ladung sicher in den Hafen zu bringen. Er wußte genau, wie die Leute von Guernsey empfanden, denn seine eigenen Gefühle waren wie die ihren. Dagegen stand, daß Delancey, sein alter Feind, sich an Land in Gefahr befand und um Hilfe gebeten hatte. Es lag ein schrecklicher Zwang in dem Vertrauen, das Delancey in die Loyalität eines Schmugglers setzte; oder nur in die Loyalität eines Freundes? Wäre es irgendein anderer Offizier gewesen, so hätte Sam Carter sofort heimwärts gesteuert. Ganz abgesehen von der Freundschaft begriff er, daß Delanceys Spionage wichtig sein konnte. Das Schmugglergeschäft hing, wie jedes andere, von

Englands Vorherrschaft zur See ab. Wer konnte noch etwas schmuggeln, wenn diese Revolutionäre genauso über England herrschten wie über Frankreich? Was würde aus den besonderen Privilegien der Kanalinseln werden? Der Sieg zur See war für Georg III. notwendig, aber er war genauso lebenswichtig für den Freihandel von Guernsey und Alderney. Delanceys Reise durch Spanien war eine verzweifelte Angelegenheit und konnte in einer Katastrophe enden, aber Sam hatte daran Anteil und konnte sich nicht einfach zurückziehen. Er mußte die Treue halten oder sich zeit seines Lebens selbst verachten. Er konnte nicht zurück, nicht einmal angesichts einer drohenden Meuterei.

Am nächsten Tag blies der Wind aus der gleichen Himmelsrichtung, aber er wurde fast zum Sturm. Die *Dove* hielt ihren Kurs bei schwerer See, die sich an ihrem Vorderdeck brach, und die Pumpen wurden in Betrieb gehalten, um das Wasser zu entfernen, das durch die Fugen des Decks eingedrungen war. Da Sam Carter Luke Bennett am Vorderdeck auf Wache sah, ging er nach vorn und fragte ihn, ob viel Wasser bei den Klüsen eingedrungen sei. Luke meinte, das sei nicht der Fall. Der Lugger stampfte wild, und beide mußten schreien, um sich beim Brausen des Windes und der See zu verständigen. Es war nicht gerade ideal für eine Unterhaltung, aber Sam gewann den Eindruck, daß Luke trotz seines Namens ein echter Guernseymann war. Er sprach Englisch mit starkem Akzent und war manchmal um einen Ausdruck verlegen, vielleicht weil er in dem örtlichen Patois seiner Insel dachte. Als einzige Tatsache von Bedeutung stellte sich heraus, daß Luke ein Anhänger des verstorbenen John Wesley war, durch dessen Predigten (sagte er) sein Vater gerettet worden sei. Er erfuhr auch, daß Henri Nicolle desselben Glaubens sei, obwohl er möglicherweise einer anderen Sekte angehörte. Später sprach er ein Wort mit Nicolle, in dessen Kombüse das Feuer ausgegangen war, und erhielt dabei eine Bestätigung dieser religiösen Ansichten. Die übrigen Männer waren Protestanten, wie er feststellte, aber sehr selten in der Kirche zu sehen. Es hatte auf Guernsey niemals eine Gruppe gegeben, die an »Freiheit, Gleichheit und Brüderlichkeit« Interesse gehabt hätte (obwohl es auf Jersey der Fall gewesen war), und es wäre noch schwieriger, Bewunderer von Robespierre auf den Kanalinseln zu finden. Verrat käme gar nicht in Frage, wie der Bootsmann ihm versicherte, die Männer wünschten nur, ihre Ladung nach St. Peter Port zu bringen. Sam beendete seinen Rundgang auf dem Lugger durch einen Besuch bei den Gefangenen, die sich im Bugraum befanden und trostlos auf einem Stütztau saßen. Sie weigerten sich, ihr Ehrenwort zu geben, und riefen »Vive la France!« Sie beklagten sich bitter über das Essen. Sam Carter schloß sie wieder ein und ging zum Achterdeck zurück. Der Sturm ließ nun nach und erstarb gegen Abend völlig. Er machte einer mäßigen Brise aus Süden mit gelegentlichen Regenschauern Platz.

Beim Wechsel der Wache kurz vor Sonnenuntergang rief Sam Carter die Mannschaft zusammen. Zum erstenmal erzählte er ihr von Delanceys Mission, soweit er sie selbst kannte. »Dieser Marineoffizier, ein Mann von Guernsey, wie andere hier, und uns allen als der Kommandant der *Nemesis* wohlbekannt, ist in Spanien an Land und versucht herauszubekommen, was die Franzosen und Spanier vorhaben. Wenn er es erkundet hat, will er im Hafen von Léon, der von uns und anderen Freihändlern benutzt wird, an Bord kommen. Er hat mich gebeten, ihn dort zu treffen und fortzubringen, und ich habe mich entschlossen, es zu tun. Er dürfte jetzt auf der Straße nach Cadiz unterwegs sein. Da Spanien noch mit uns im Frieden ist, sollte er bei der Reise durch das Land keine Schwierigkeiten haben. Wenn er Cadiz erreicht, werden wir an einer Stelle genau südlich davon zu seiner Rettung bereit sein. Darauf können wir nach Guernsey und Poole steuern, nachdem wir einen mutigen Mann gerettet, ein gutes Geschäft gemacht und unsere Rolle bei der Vereitelung der Pläne des Feindes gespielt haben.«

Sam hielt inne, während die englischsprechenden Seeleute (Nicolle und Bennett) seine kurze Rede den anderen in französischer Sprache mitteilten. Dann fuhr er fort, nun aber im Tone der Überredung: »Ich weiß, daß ihr jetzt lieber nach Hause und in Sicherheit fahren möchtet. Ich auch! Aber ich kann Kapitän Delancey, einen tüchtigen Seeoffizier und mutigen Mann, nicht im Stich lassen. Er hatte in Frankreich ein schreckliches Risiko auf sich genommen, denn er wäre als Spion erschossen worden, wenn man ihn gefangen hätte. Im Vergleich dazu bedeutet unser Risiko nichts. Wenn wir in französische Gefangenschaft gerieten, würden wir als Schmuggler behandelt oder schlimmstenfalls als Seeleute eines Handelsschiffes festgesetzt werden, bis man uns austauscht. Ihr werdet euch fragen, warum ich mich mit den Angelegenheiten Georgs III. befasse. Ihr mögt vielleicht sogar denken, daß ein Schmuggler bei seinem Gewerbe bleiben sollte. Das habe ich auch eines Tages wieder vor, aber wo würde unser Handel bleiben, wenn Frankreich gewänne? Was, wenn England erobert würde? Was geschähe, wenn die Zollabgaben zwischen England und Frankreich beseitigt würden? Wovon sollten wir leben? Wir glauben an den Freihandel, und wir wollen ihn haben, auch wenn wir jeden Franzmann in Frankreich töten müßten!«

Man lachte darüber, und es folgte ein noch stärkeres Gelächter, nachdem der Scherz übersetzt worden war. Sam Carter schloß mit der Bemerkung: »Gut also, wir werden heute nacht den Kurs ändern, und ihr wißt nun, warum. Steuerbordwache und Dienstfreie können hinuntergehen.«

Sam war über das Benehmen der Männer angenehm überrascht. Es hatte kein Murren oder Murmeln gegeben, kein Anzeichen von Feindseligkeit, nicht einmal eine Frage. Vielleicht hatte seine Beredsamkeit sie überwältigt? In dieser Hinsicht war aber der Bootsmann weniger optimistisch.

»Ich hätte lieber ihr Murren gehört, Sir, aber diese Männer sind langsam und brauchen Zeit, um die Situation abzuwägen. Schade ist nur, daß der Wind günstig für Ushant ist.« Das war die schmerzliche Wahrheit, aber die Änderung des Kurses fand ohne Protest statt, und die *Dove* wurde dann auf ihrem Weg nach Süden dicht an den Wind gebracht. Sam verließ das Deck die ganze Nacht nicht.

Das erste Stück auf südlichem Kurs brachte den Lugger weit in den Atlantik hinein, wo kein anderes Segelschiff zu sehen war. Südliche Winde hielten den ganzen Tag über an, drehten aber während des folgenden Tages nach Westen. Mit dieser Unterstützung konnte Sam wieder lavieren und einen besseren Kurs nach Cadiz steuern. Er fühlte sich wohler, weil sie nun besser vorwärtskamen, übergab das Kommando Mr. Evans und ging zu Bett. Hundemüde fiel er sofort in Schlaf, und mehrere Stunden vergingen, ehe er plötzlich alarmiert munter wurde. Irgend etwas hatte ihn gestört – vielleicht Schritte oder das Knarren der Kabinentür. Ehe er in der Dunkelheit eine Bewegung machen konnte, spürte er die Kälte des Stahls an seiner Stirn und hörte er eine Stimme: »Halten Sie still, Mister, oder ich schieße.« Er gehorchte und blieb regungslos liegen, wobei er auf das schwere Atmen des Eindringlings lauschte. Dann hörte er Schritte, und die Tür öffnete sich. Der Lichtschein einer Laterne fiel herein. Sam konnte nun Elisha Domaille erkennen, der die Pistole hielt, und Gilbert Le Page, der an der Tür stand.

»Schluß mit dem Blödsinn«, sagte Sam. »Ihr kommt dafür an den Galgen, ihr Narren, und ihr hättet Geld machen können, wenn ihr eure Pflicht getan hättet.« Keiner der Seemänner entgegnete etwas, und keiner mochte ihn überhaupt verstanden haben. Es ertönten wieder Schritte und Stimmen, und plötzlich wurde Evans in die Kabine gebracht, danach auch noch Yates. Es folgte eine sorgfältige Durchsuchung nach Waffen, und Sam wurden seine Pistolen weggenommen. Dann sagte Henri Nicolle zu den Gefangenen, sie hätten nichts zu fürchten. »Ich bin nun der Herr des Schiffes«, erklärte er, »und ich werde es nach Guernsey bringen. Sie werden sich hier ruhig verhalten, bis wir den Hafen erreichen«.

»Wo du wegen Meuterei gehängt werden wirst!« sagte Sam.

»Wegen Meuterei auf einem Schmugglerschiff?« fragte Nicolle mit echtem Interesse. »Es könnte möglich sein, aber es wäre bestimmt etwas Neues.«

»Es wäre überhaupt nichts Neues, wenn ein Mann wegen Verrat gehängt würde. Überlegen Sie es sich noch einmal Nicolle, Sie machen einen großen Fehler!«

Es folgte keine weitere Auseinandersetzung, die drei Offiziere wurden eingeschlossen und in der Kabine sich selbst überlassen.

»Ich hätte bei Ihnen ausgehalten, Sir, wenn es zu einem Gefecht gekommen wäre«, sagte der Bootsmann. »Aber ich bin auch nicht zu traurig über diese Meuterei, und das ist Tatsache. Die Fahrt hinunter nach Cadiz wäre aller Wahrscheinlichkeit nach vergebliche Mühe gewesen. Wieso wissen wir, daß Delancey dort sein wird? Woher wissen wir, daß er nicht in einer Gefängniszelle in San Sebastian steckt? Und was könnte riskanter sein, als um Cadiz und um die feindliche Flotte herum zu lauern? Sie mußten Mr. Delancey die Treue halten – sehe ich ein, Sir, ich wäre der Letzte, der es leugnete –, und Sie haben Ihr Bestes getan. Aber die Männer haben gemeutert, und Sie können nichts mehr dagegen tun. Vielleicht verdanken wir dieser Meuterei unser Leben, und wer will uns einen Vorwurf machen?«

»Meine Gedanken gehen in die gleiche Richtung«, gab Evans zu, »und meine Schlußfolgerung ist dieselbe. Wir sind aus dieser Cadiz-Affäre heraus, wenn Sie mich fragen.«

»Und damit überlassen wir Kapitän Delancey seinem Schicksal?« sagte Sam. »Ich hätte es nie über mich gebracht. In gewisser Weise sind er und ich Freunde geworden. Es ist wenig, was ich jetzt für ihn tun kann, aber eines möchte ich Sie bitten, Mr. Evans. Bieten Sie sich nicht an, das Schiff zu steuern!«

»Sehr gut, Sir. Keiner von den Männern weiß, wo wir sind oder welchen Kurs wir steuern sollten.«

»Also mögen Sie zu mir kommen und um Hilfe bitten.« Die Meuterer taten es aber nicht. Sie zogen es vor, sich auf die französischen Gefangenen zu verlassen. Einer von ihnen konnte navigieren. Sam Carter wußte nur, daß der Lugger vor dem Wind lag und wahrscheinlich Kurs auf die französische Küste hatte. Mittags wurde den gefangenen Offizieren von dem jungen Bennett das Essen gebracht. Der bärbeißige Michel Vaudin folgte ihm mit einem Paar Pistolen.

»Wer ist der Steuermann?«, fragte Sam. Und Bennett antwortete: »Der Franzmann.« Darauf erwiderte Sam: »Er wird euch in eine französische Marinebasis steuern.«

»Genug davon!« schnauzte Vaudin und schob Bennett aus der Kabine. Sam hielt es für nützlich, jemandem Zweifel eingeimpft zu haben. Als Bennett die benutzten Teller abholen kam, diesmal mit Le Page als Begleitung, drückte Sam seine Überraschung darüber aus, daß die Männer einem katholischen Steuermann ihr Vertrauen schenkten. Methodisten könnten keine gute Behandlung in einem französischen Gefängnis erwarten, das sei doch klar. Die Folge dieser Bemerkung war, daß Sams nächster Besucher Henri Nicolle in Person war, der ihn fragte, ob er sein Ehrenwort geben würde.

»Wie meinen Sie das?« fagte Sam vorsichtig.

»Das Versprechen, nichts gegen uns zu unternehmen – den Lugger wieder zu übernehmen oder etwas Ähnliches.«

»Gut, und wenn ich es täte?«

»Sie und Mr. Evans könnten an Deck zurückkommen, immer einer allein.«

»Warum wollen Sie mich an Deck haben?«

»Sie könnten uns warnen, wenn Gefahr droht. Die Risiken mögen sein, wie sie wollen, Sie müssen sie mit uns teilen.«

»Das stimmt. Ich will mein Ehrenwort für heute bis Sonnenuntergang geben und erwarte, daß Mr. Evans dasselbe tun wird. Dafür, daß ich wieder an Deck sein darf, will ich achtgeben, daß der Lugger auf seinem Kurs nach Guernsey bleibt. Richtig so?«

Man einigte sich unter diesen Bedingungen, und sowohl Sam als auch der Franzose nahmen mittags ihre Berechnungen vor, fixierten die Breite und den Kurs. Als Sam wieder unten bei Evans war, entwickelte er in groben Umrissen einen Plan:

»Es herrscht keine Einigkeit in Nicolles Mannschaft. Er und der junge Bennett sind strenge Wesleyaner, sie sind gegen das Spiel und gegen das Trinken, aber begierig darauf, Geld zu machen. Die anderen Guernsey-Leute sind die üblichen Schmuggler, gute Seeleute, aber sie wollen ihr Vergnügen haben. Die beiden Franzosen sind darauf bedacht, nach Frankreich zurückzukehren, und wir drei wollen unsere Pflicht tun. Die Zahlen in diesen vier Gruppen sind zwei, vier, zwei und drei. Wenn ich die Franzosen gewinnen kann, sind wir fünf gegen sechs. Wenn ich auch die Wesleyaner gewinnen könnte, wären wir sieben gegen vier.«

Sam Carter begann seine Spaltungsabsichten bei den beiden Franzosen. Er drückte dem Älteren, Leutnant Jean Berthier, sein Mitgefühl aus, daß er so nahe bei Frankreich und doch ein Gefangener sei. Es stellte sich heraus, daß Berthiers Enttäuschung um so größer war, als man ihn eben erst befördert hatte. Seine

Berufung auf die *Argonaute* stellte für ihn die erste wirkliche Chance dar, sich auszuzeichnen. Hätte er sich auf diesem Schiff bewährt, wäre er wieder befördert worden. Nun war er ein Gefangener, dabei hatte die Korvette nicht mehr geleistet, als ein britisches Kaperschiff an die Küste zu treiben. Mann konnte ihm keinen Vorwurf machen – was hätte er schon tun können? –, aber er hatte seine Gefangennahme nicht verhindert. Man würde sich immer zu seinen Ungunsten daran erinnern. In der Schlacht gefangengenommen zu werden, war ehrenhaft, aber sich von irgendeinem Schmugglerschiff schnappen zu lassen, mußte für immer gegen ihn sprechen. Der andere Offizier, der junge Fähnrich Etienne Bignon, war weniger niedergeschlagen, aber er freute sich nicht darauf, Kriegsgefangener in England zu sein. Seine Chancen, ausgetauscht zu werden, lagen in weiter Ferne. Und wenn er dann seine Freiheit wiedergewann, würde er überdies finden, daß seine Altersgenossen über seinen Kopf hinweg befördert worden waren, und sogar noch andere, die jünger waren als er. Sam Carter drückte sein Mitgefühl aus und sagte dann:

»Wie wäre es, wenn wir den Lugger übernähmen und ihn nach Cadiz brächten? Sie könnten dort wieder auf Ihr Schiff, sogar mit dem Verdienst, Gefangene gemacht zu haben. Ihr Admiral würde mich und meine Freunde freilassen, weil wir Ihnen geholfen haben. Wir wären fünf gegen sechs. Bei entsprechender Überraschung könnten wir es schaffen! Was wählen Sie – englische Gefangenschaft oder die Ehrenlegion?« Nachdem Sam seinen Vorschlag unterbreitet hatte, ließ er den Franzosen allein, um ihm gegenüber nicht zu freundlich zu erscheinen, und ging sofort nach unten.

Danach sprach Evans ein Wort mit Nicolle. »Haben Sie jemals von Thomas Johnson gehört?«

»Dem berühmten Schmuggler aus Hampshire, der aus New Prison, dem Gefängnis im Borough, entkam?«

»Das ist er. Er nützte einmal der Ärmelkanalflotte, und man dankte ihm für seine Dienste. Im nächsten Jahr, oder sogar zwei Jahre lang, blickten nämlich die Zollbeamten weg und erlaubten ihm, ein Vermögen zu machen.«

»Und was ist damit? Er verlor sein Geld bei Spiel und Suff, und als ich zuletzt von ihm hörte, hatte man ihn wegen Schulden ins Gefängnis gesteckt, ins Fleet Prison.«

»Ein gewissenhafter und religiöser Mann hätte nicht verloren, was er verdient hatte. Wenn Sie zu Ihrem Handel gehalten hätten, wären die Zollbeamten blind gegenüber Ihrem Tun und Lassen gewesen, und Sie wären wahrscheinlich am Ende ein wohlhabender Mann geworden. Sie haben Ihre Chance verpaßt, mein Freund.«

»Aber ich war nur Koch, Mr. Evans, und ohne Chance zum eigenen Geschäft.«

»Sie hätten mit Sam Carters Hilfe Ihr eigenes Schiff haben können, und die Zollbeamten hätten es stets nie unbemerkt durchgehen lassen. Was für eine große Möglichkeit haben Sie fortgeworfen!«

»Die Möglichkeit, ein spanisches Gefängnis von innen zu sehen!«

»Die Chance, in einer Kapelle zu predigen, die Sie selbst erbauen ließen. Niemals können Sie das tun, wenn die Geschichte herauskommt, wie Sie Kapitän Delancey in Spanien umkommen ließen. Überlegen Sie es sich noch einmal, Nicolle. Sie können sich noch retten!«

Dann war die Reihe an Tom Yates, dem Bootsmann. Seine Aufgabe bestand darin, sich mit Luke Bennett zu unterhalten und ihn zu fragen, was ein guter Wesleyaner mit diesen Sündern von der Wasserkante bei St. Peter Port zu tun hätte.

»Sie haben sich auf eine schlimme Sache eingelassen, Luke, indem Sie an einer Meuterei teilgenommen haben. Wie soll es enden? Was mit Meuterei beginnt, endet mit Piraterie. Und wohin führt Piraterie? Sie führt zum Galgen, Luke! Denken Sie daran, was für einen Schreck Ihre Mutter bekommen wird. Denken Sie daran, was Ihre Familie und die Nachbarn dazu sagen werden! Denken Sie an das, was die Heilige Schrift sagt über den Lohn der Sünde! Sie waren auf dem Wege der Rettung, und jetzt sind Sie auf dem Wege zur Verdammung. Bereuen Sie, solange noch Zeit dazu ist!«

»Wie meinen Sie das, Mr. Yates – was muß ich tun?«

»Sie müssen mir helfen, den Alkohol über Bord zu werfen. Diese schlechten Männer, Domaille, Blondel und Vaudin, werden jedes Verbrechen begehen, wenn sie betrunken sind. Vom Trinken und Spielen ist es nur ein Schritt zur Piraterie, von der Piraterie ist es nur ein Schritt zum Galgen. Sie wissen, wo der Alkohol aufbewahrt wird?«

»O ja, Sir. Aber er ist eingeschlossen, und Mr. Nicolle hat den Schlüssel.«

»Er gibt ihn aber Ihnen, wenn der Rum verteilt werden soll?«

»Ja, Sir. Ich schließe ihn ein und bringe ihm den Schlüssel zurück.«

»Heute vergessen Sie, den Rum einzuschließen. Ich will darauf achten, daß die Männer vor dieser furchtbaren Versuchung zur Sünde bewahrt werden. Mit dem Alkohol über Bord werden wir alle sicherer sein.«

»Ich glaube, Sie haben recht, Mr. Yates. Ich werde es tun! Aber lassen Sie keinen wissen, daß ich es absichtlich tat.«

Trotz der Gelegenheit warf der Bootsmann jedoch den Rum nicht über Bord. Statt dessen nahm er sechs Flaschen davon weg und behielt davon zwei für sich. Insgeheim gab er Blondel und Domaille, Le Page und Vaudin je eine Flasche. Am frühen Abend waren sie mehr oder weniger betrunken und neigten dazu, sich wegen der fünften Flasche zu streiten, die sie miteinander teilen sollten. Bennett, der den Schrank offengelassen hatte, wurde gesagt, daß Le Page ihn unverschlossen vorgefunden habe, ehe Yates handeln konnte. Er war entsetzt darüber, in welchem Zustand sich seine Kameraden befanden, und nun um so mehr geneigt, sich gegen sie zu wenden. Vaudin redete unverschämt mit Nicolle, der spürte, daß seine Autorität dahinschwand. Nicolle achtete darauf, daß Yates, Carter und Evans in der Kabine eingeschlossen wurden, aber das war der letzte Befehl, den er geben konnte. Luke Bennett schloß die Kabine nach Einbruch der Dunkelheit wieder auf und brachte die beiden Franzosen mit. Nach kurzer, geflüsterter Besprechung bewaffneten sie sich alle mit Bolzen und Gangspillstangen. Nicolle wurde an Deck, wo er das Schiff auf Kurs zu halten versuchte, rasch überwältigt. Der betrunkene Steuermann Le Page brauchte nicht mehr als einen

Klaps auf den Kopf, und Blondel wurde auf dem Vorderdeck ebenso leicht bedient. Domaille und Vaudin waren unten in sinnlos betrunkenem Zustand. Sie wurden in ihre Hängematten geschafft, um sich auszuschlafen. In fünf Minuten war der Lugger zurückerobert, und in weiteren zehn Minuten war der Kurs geändert und die Fahrt nach Süden wieder aufgenommen. Das Schiff war von neuem unterwegs nach Cadiz.

Am folgenden Tag war die Ordnung auf dem Lugger wiederhergestellt. Die Trunkenbolde vom vorangegangenen Abend fanden sich zu ihrer Überraschung durch das Seilende des Bootsmannes zur Arbeit angetrieben. Nicolle galt zuerst als Gefangener, aber er gestand ein, daß er seine Lektion gelernt habe. Er hätte niemals Disziplin bei den gottlosen Männern halten können, wenn sie auch zuerst seinen Befehl anerkannt hatten. Ihm wurde erlaubt, in seine Kombüse zurückzukehren, und es wurde ihm gesagt, wenn er sich gut führe, solle Vergangenes vergangen sein.

An diesem Nachmittag hielt Sam Carter eine Ansprache an die gesamte Mannschaft, appellierte an ihren gesunden Menschenverstand, versicherte aber, daß jede weitere Störung von ihrer Seite schreckliche Folgen nach sich ziehen würde.

»Erfüllt eure Pflicht als gute Seeleute, und ich will die Ereignisse der letzten paar Tage vergessen. Auch Mr. Evans wird es tun und genauso Mr. Yates. Wenn einige von euch meuterten, so wurde euch der Gedanke von einem Rädelsführer eingegeben, nicht von Henri Nicolle, sondern von einem anderen Mann. Ich weiß, wer von euch es war. Ihm sage ich: ›Bessere dich, oder du wirst so enden, daß du an einer Rahe hängst.‹« (Er blickte direkt Michel Vaudin an.) »Den anderen, die von ihm verführt wurden, sage ich folgendes: Wie würde es euch passen, wenn ihr auf einem Kriegsschiff dientet? Und wie gern hättet ihr einen solchen Dienst, wenn dem Ersten Leutnant gesagt worden wäre, daß ihr meuternde Schufte ohne Disziplin seid? Das könnte sehr leicht euer Schicksal sein, und ihr würdet am Ende lieber in der Hölle schmoren. Aber wieso kam es, daß ihr meutertet? Wie konnten vernünftige Männer auf den Rat eines unnützen Lümmels hören, auf den schlechtesten Seemann von euch? Ich glaube, ihr wurdet verführt, weil ihr fürchtetet, wir würden an der spanischen Küste in Gefahr geraten. Ihr dachtet, wir würden als Gefangene in Frankreich enden. Nun, ich leugne nicht, daß diese Aussicht tatsächlich bestand. Aber ich habe mit diesen beiden französischen Offizieren und Gentlemen ein Abkommen getroffen, unseren früheren Gefangenen, jetzt aber unseren Schiffskameraden. Wir werden unsere Fahrt nach Süden fortsetzen, indem wir über der britischen Flagge die französischen Farben hissen, also als Prise der französischen Flotte. Das wird uns vor den Spaniern oder Franzosen bewahren. Sollten wir der britischen Flotte begegnen, was wahrscheinlicher sein kann, werden wir die britischen Farben zeigen, und ich brauche nur zu erklären, was für eine Mission wir haben. Wir waren niemals in geringerer Gefahr als auf dieser Fahrt, und niemals konnten wir unsere Ladung sicherer in den Hafen bringen. Tut eure Pflicht, Leute, und ihr werdet bald in St. Peter Port sein und den Abschluß einer erfolgreichen Fahrt feiern.«

Durch die Meuterei war Zeit verlorengegangen, aber Sam Carter kam zu dem Schluß, daß es immer noch möglich war, die Verabredung einzuhalten. Weiter ermutigte es ihn, daß der Wind von West nach Nordwest drehte und eine schnellere Fahrt ermöglichte, als er sogar noch auffrischte. Am nächsten Tag wurde er fast zum Sturm, und der Lugger schäumte durch die Wogen des Atlantiks, der Wind sang in der Takelung, und der Gischt sprühte beim Stampfen über das Deck. Da der Franzose die Wache übernahm und die Mannschaft nun in geläuterter Verfassung war, konnte sich Sam etwas Ruhe gönnen und Zukunftspläne schmieden. Es war selbstverständlich, daß die späteren Etappen der Reise Schlauheit erfordern würden. Schwierigkeiten würden sich durch das Fehlen eines Spaniers an Bord ergeben – denn es war tatsächlich keiner da, der die spanische Sprache beherrschte. Seine eigenen Kenntnisse darin waren rudimentär, oberflächlich im Ausland aufgelesen. Er konnte niemals als Spanier gelten. Wer sollte also in Léon an Land gehen? Sam hatte auch ein Problem mit den französischen Offizieren. Er hatte ihnen erzählt, er wolle nach Cadiz segeln und auf die Spanier bauen, daß sie den Lugger freigäben. Er hatte der Mannschaft erzählt, daß er bei Léon, genau südlich von Cadiz, eine Verabredung einhalten wollte, was auch stimmte. Was sollte er nun mit den Franzosen tun? Nachdem er sie dazu benutzt hatte, die Meuterei zu unterdrücken, konnte er sie nicht mehr als bloße Kriegsgefangene behandeln. Wie sollte er sie aber an Land bringen, und wo? Schließlich, wie sollte er reagieren, wenn Delancey die Verabredung nicht einhalten konnte? Durfte er es wagen, eine Woche an der Küste zu verweilen? Und würde die Mannschaft wieder meutern, wenn er es tat? Am allerbesten wäre gewiß, die Ladung in Léon zu vervollständigen und sich dort als Schmuggler und Wohltäter des Ortes bekanntzumachen. Was würde er ihnen als Tausch für ihren Wein geben, wie auch immer er war? Sie würden wahrscheinlich froh sein, Kaffee, Zucker, Tabak und Rum zu erhalten, aber gerade davon hatte er keine lohnenden Mengen übrig. Er hatte kühn seiner Mannschaft von der Mission erzählt, die von jedem britischen Kriegsschiff unterwegs verstanden würde, aber er war sich auch darüber nicht allzu sicher. Ein Admiral mochte seine Geschichte glauben, aber würde es der Kommandant einer Schaluppe oder eines Kutters tun? Könnte er nicht selber in Arrest geraten?

An der portugiesischen Küste wurden nur ein paar Schiffe gesichtet, und die *Dove* war schon auf der Breite von Lissabon, ehe sie einer französischen Brigg, einem Kaperschiff, begegnete. Sam Carter kam zu dem Schluß, daß es nicht leicht sein würde, ihr zu entkommen, während es nützlich sein könnte, mit ihr zu reden. Als sie in Rufweite waren, benutzte Leutnant Berthier das Sprachrohr, um seine Identität bekanntzugeben und zu erklären, daß die *Dove* eine Prise auf dem Wege nach Toulon sei. Das Kaperschiff war die *Espérance*, wie sich herausstellte, mit Capitaine Duval aus La Rochelle. Sie kreuzte an der portugiesischen Küste, wo sie noch nichts gekapert hatte. Berthier ging mit dem Gig hinüber auf die *Espérance* und kam mit der Nachricht zurück, daß Admiral Mann nicht länger auf der Höhe von Cadiz sei. Und es gäbe Anzeichen dafür, daß die spanische Flotte in See stechen werde. Einige der Schiffe von Langara hätten ihre Rahen gekreuzt, so habe wenigstens Duval erzählt, und ein paar seien näher an den Hafenausgang gerückt.

Nach diesem Höflichkeitsbesuch trennten sich die beiden Schiffe wieder, die *Espérance* mit Kurs nach ihrem Heimathafen und die *Dove* in Richtung auf Cadiz. Am nächsten Tag wurde bei Sonnenaufgang ein anderes Segelschiff gesichtet, und dieses entpuppte sich als eine britische Fregatte auf dem Wege nach Gibraltar. Es war die *Penelope* des Kapitäns Moss, und Sam Carter glaubte zunächst, seine schlimmsten Befürchtungen seien gerechtfertigt. Ein sturer, scheelsichtiger Mann, dieser Moss. Er betrachtete Sam und den Lugger mit tiefem Mißtrauen und zeigte wenig Neigung, die Geschichte von Delanceys Mission zu glauben. Schließlich entschied er sich dafür, eine Prisenmannschaft an Bord der *Dove* zu schicken – sechs Männer unter einem Obermaat. Als die Fahrt nach Süden wieder aufgenommen wurde, befand sich der Lugger in strengem Gewahrsam, aber Sam machte sich seine eigenen Gedanken darüber. Er hatte das sichere Gefühl, daß ein Stabsoffizier geneigter wäre, ihm zu glauben.

Am 10. September sichtete die *Penelope,* mit der *Dove* im Geleit, eine Abteilung der Mittelmeerflotte. Der Tag war sonnig, aber Wolken trieben dahin und warfen ihre Schatten auf die grüne Weite des unruhigen Wassers. Es herrschte eine steife Brise, und die Luft war kühl, ein Vorbote des Winters. Das Geschwader kreuzte in der Nähe von Gibraltar mit wenig Leinwand; fünf Liniensegler und zwei oder drei kleinere Schiffe, die mit ihren sonnenbeschienenen Segeln ein herrliches Bild abgaben. Die Formation wurde genau eingehalten, und von ihr ging eine Wirkung aus, die Macht, Disziplin und atemberaubende, denkwürdige Schönheit verriet. Ein Signal vom Flaggschiff, das von den Schiffen in der Nähe wiederholt wurde, befahl der *Penelope,* sich bis an die *Goliath* heranzumanövrieren. Moss führte diesen Befehl mit der *Dove* im Kielwasser aus, und dann wurde ihm befohlen, ein Boot zu schicken. Nachdem Moss Bericht erstattet hatte, befahl das nächste Signal des Flaggschiffes den Kapitän der *Dove* an Bord. Als Sam hinüberruderte, ergriff ihn bei dem bloßen Anblick der *Goliath* Ehrfurcht, so riesig erschien sie ihm. Er hatte die Kanalflotte oft genug gesehen, aber hatte nie ein Schiff mit drei Decks betreten. Er fühlte sich überwältigt, kam sich vor wie ein Zwerg und war so nervös, daß er kaum in der Lage war, das Salutieren eines Postens zu erwidern. An der Eingangsluke empfing ihn ein Leutnant, der ihn nach achtern in das Quartier des Admirals führte, vor dem er zehn Minuten warten mußte. Schließlich geleitete ihn der Leutnant in die Tageskabine des Admirals, wo eine Gruppe von Offizieren augenscheinlich eine Besprechung abhielt. Sam merkte, daß Konteradmiral Griffin der vornehm aussehende Mann mit Goldlitzen an seinem Rock sein mußte, der inmitten der Gruppe am Schreibtisch saß. Er hatte gerade ein Dokument unterschrieben, das sein Sekretär sofort durch ein anderes ersetzte. Ein junger Offizier war bei der Hand, flankiert von einem Fähnrich. Noch zwei Offiziere waren zugegen, die leise miteinander redeten. Nach ein paar Minuten sprach der Leutnant, der ihn hereingeführt hatte, mit dem Adjutanten, der daraufhin dem Konteradmiral etwas zuflüsterte. Einen Augenblick darauf erhob sich dieser und sah seinen Besucher fest an. Sam machte eine möglichst vollendete Verbeugung, die angenommen wurde, und ging auf den Schreibtisch des Admirals zu.

»Kapitän Moss berichtet, Sir, Sie wollen der Kapitän eines Luggers aus Poole und Guernsey sein und hätten mit Leutnant Delancey Kontakt gehabt, der irgendwo in Spanien sei. Ich entnehme daraus, daß Delancey Nachrichten über die beabsichtigten Bewegungen der spanischen Flotte zu erhalten hofft. Ist das richtig?«

»Ja, Sir.«

»Inwieweit ist seine Mission geglückt?«

»Ich hatte keine Möglichkeit, es zu erfahren, Sir. Er ging in der Nähe von Bayonne an Land und plant Cadiz zu erreichen. Ich möchte annehmen, Sir, daß die von ihm erlangten Informationen aus Cadiz selbst kommen werden.«

»Er müßte Glück haben, wenn er noch am Leben ist. Wir können seinen Erfolg nicht beurteilen, aber unsere Fregatten an der Küste berichten über Bewegungen in Cadiz, was bedeuten könnte, daß Langara im Begriffe ist auszulaufen – es braucht aber auch nichts zu heißen. In ein paar Tagen werden wir mehr wissen. Das steht für mich fest. Indessen, wie soll Delancey aus Spanien entkommen? Er ist ein zu guter Offizier, um aufgegeben zu werden.«

»Ich habe mit ihm eine Verabredung, Sir, genau südlich von Cadiz. Dort hofft er, wieder an Bord zu kommen.«

»Ich bin erstaunt über das, was Delancey anscheinend versuchen will. Wir müssen ihn nach Möglichkeit in Sicherheit bringen. Ich vertraue darauf, daß Sie Ihr Äußerstes tun werden, Sir. Ich würde vorschlagen, daß Sie an dem verabredeten Ort bleiben oder in Abständen bis zu drei Wochen nach dem verabredeten Datum dorthin zurückkehren. Um Sie dazu zu befähigen, werde ich eine Fregatte abkommandieren. Sie soll die Operation dekken. Kapitän Morris von der *Medusa* ist mit dieser Küstengegend vertraut, und ich werde ihm die nötigen Befehle erteilen.«

»Danke, Sir. Ich würde voller Hoffnung an den Erfolg glauben, wenn ich einen spanischen Dolmetscher hätte.«

»Ich werde sehen, was ich tun kann.« Der Konteradmiral wandte sich seinem Sekretär zu und sagte ihm, er solle Nachfrage halten. Dann dankte er Sam Carter für seine Dienste, worauf sich Sam bei dem Admiral für seine Hilfe bedankte.

»Ich hoffe, Sir, daß Kapitän Delancey Ihnen persönlich danken kann, nachdem Langara besiegt worden ist.«

»Ich weiß kaum, ob ich diesem jungen Offizier je begegnen werde. Seien Sie deshalb so gut, ihm diese Botschaft von mir zu überbringen: ›Wenn er weiter mit solcher Hingabe und Entschlossenheit dient, wie er sie jetzt beweist, sollte er eines Tages einen hohen Rang in der Flotte erreichen.‹ Es besteht aber aller Grund zu der Befürchtung, daß er bereits tot ist. Sollte er überlebt haben und von seinem gefährlichen Unternehmen zurückkehren, sage ich ihm eine ungewöhnliche Karriere voraus. Richten Sie es ihm aus, Mr. Carter, und überbringen Sie ihm meinen Dank und gute Wünsche.«

Eine Stunde danach traf mit der *Marguerite* ein gewisser José Alvarez aus Trinidad ein. Er war ein gewöhnlicher Seemann auf der *Ajax*. Spanisch war bestimmt seine Muttersprache, und sein Englisch war fürs Übliche ausreichend. Man hatte ihm eine Vorstellung von dem gegeben, was verlangt wurde, und er machte keine Schwierigkeiten, in Spanien an Land zu gehen. Er wünschte nur, daß er als Belohnung für seinen Dienst von der Flotte entlassen werde. Von dem Leben unter Deck hatte er jedenfalls genug! Erst einmal an Land, so gestand er, würde er für immer dort bleiben.

Die *Dove* trennte sich an diesem Abend von Konteradmiral Griffins Geschwader und begann sich bei Nacht vorsichtig dem Fischerdorf Léon zu nähern. Die Fregatte *Medusa* hielt sich in Sichtweite, notfalls bereit, dem Lugger zu Hilfe zu eilen. Delancey konnte den Treffpunkt noch nicht erreicht haben, aber Sam Carter wollte sich vor allem persönlich als Schmuggler am Ort einführen, eine Angelegenheit, die für die Operation sehr wichtig sein konnte. Er befürchtete nur, daß José Alvarez nach der Landung für immer verschwinden könnte. Deshalb ließ er ihn kommen und erklärte ihm, daß mit Schmuggel ein Vermögen zu machen sei und daß sich jetzt für José die Chance biete, selbst ein Schmuggelagent in Léon zu werden. Wollte er sich dort niederlassen, betonte Sam, würden ihn Schmuggler von Guernsey und Alderney in regelmäßigen Abständen besuchen und Waren an Land bringen, die in Spanien nicht erhältlich seien. In Zusammenarbeit mit Davila wäre es die Aufgabe des Agenten, Waren für England zu stapeln und die gelandete Ladung in Léon zu verteilen. Er und Davila müßten natürlich freundschaftliche Beziehungen zu den örtlichen Behörden unterhalten. Es wäre zunächst harte Arbeit, möglicherweise sogar mit Augenblicken der Angst verbunden, aber José Alvarez würde als angesehener wohlhabender Kaufmann enden, ein besseres Schicksal, als wenn er bloß Stauer im Hafen wäre, und weit besser, als wenn er die Reihen der Arbeitslosen bevölkerte.

Alvarez war zuerst mißtrauisch und schwer zu überzeugen. Er hörte sich diese Ausführungen mindestens dreimal an, um jedesmal mit den gleichen Einwänden zu antworten. Schließlich war er einverstanden, als Sam andeutete, daß er auf See eine schlechte Zeit haben würde, falls es bekannt werden sollte, daß er eine so günstige Gelegenheit abgelehnt hatte.

Tatsächlich bezweifelte Sam, daß Alvarez genug Geschäftserfahrung besaß, um die Rolle eines Agenten auszufüllen. Er war augenscheinlich nie mehr als kleiner Angestellter eines Schiffslieferanten in Port of Spain gewesen. Gottseidank war er aber kein Analphabet und konnte einfache Rechnungen ausführen, und die ihm gebotene Stellung mußte schließlich doch besetzt werden. Alvarez hatte somit einen Grund, mit der *Dove* in Verbindung zu bleiben. Er würde nicht einfach verschwinden (hoffte Sam), sondern er würde das Land ausspionieren und durch Nachrichtenkanäle, die Sam einzurichten beabsichtigte, etwaige Ergebnisse melden. Nachdem Sam die Karte studiert hatte, entschloß er sich, Alvarez an einer Stelle genau südlich von Léon an Land zu bringen. Er wollte es vor der Morgendämmerung tun. Dann würde er nach Süden weitersegeln und in der folgenden Nacht zurückkommen. Wenn alles sicher wäre, würde Alvarez ein Zeichen geben, und die *Dove* könnte in den Hafen einlaufen. Das wäre am 14. September, am Tage vor dem geplanten Zusammentreffen mit Delancey. Man hatte vorher für die Kontaktnahme nichts ausgemacht, aber es war selbstverständlich, daß Delancey die *Dove* erkennen würde, wenn sie da wäre, oder nach ihr fragen würde, wenn sie nicht da wäre. Sam befand sich nach dem Gespräch mit Admiral Griffin in einer Stimmung fester Entschlossenheit, denn er spürte, daß er möglicherweise Zeuge einer historischen Szene werden würde. Wenn es eine Chance gab, Delancey in Sicherheit zu bringen, war er entschlossen, sie unbedingt zu nutzen.

Alvarez wurde am 13. September vor dem Morgengrauen in einem Boot an der felsigen Küste an Land gebracht. Das Meer war glücklicherweise ziemlich ruhig, sonst wäre die Landung riskant gewesen. Dann segelte die *Dove* langsam weiter, während die Fregatte sie aus der Ferne beschattete. Als sie in der nächsten Nacht zurückkam, zeigte sich ein Lichtsignal dort, wo Alvarez gelandet war, und Sam schickte wiederum ein Boot hin. Alvarez erzählte Mr. Evans, daß er Kontakt mit Señor Davila aufgenommen habe, daß es keine Garnison in Léon gäbe und daß die Spanier am Orte begierig darauf seien, Geschäfte zu machen. Man würde Zollbeamte und Polizei bestechen müssen, aber das stelle keine wirkliche Schwierigkeit dar. Die *Dove* könnte in völliger Sicherheit unter französischer Flagge mit der Mor-

genflut im Hafen einlaufen. Dies entschied Sams Taktik. Dringlicher wurde nun das Problem, das ihn beschäftigt hatte: Was sollte er mit den beiden französischen Gefangenen machen? Er entschloß sich, mit ihnen offen über seine Sorgen zu sprechen:
»Ich nehme an, meine Herren, daß Sie zu Ihrem Dienst zurückkehren wollen. Das ist richtig so. Sie sollten es tun. Ich habe nicht den Wunsch, Sie als Gefangene zurückzubehalten. Andererseits werden Sie über Ihre Abwesenheit Rechenschaft ablegen müssen und berichten wollen, wie es zu Ihrer Gefangennahme kam, welche Behandlung Sie erhielten und wie Sie befreit wurden oder flohen. Ich kann Sie nicht nach Cadiz bringen, obwohl ich es früher versprochen hatte. Jetzt sagen Sie mir, was ich Ihrer Meinung nach tun sollte.«
Jean Berthier mußte diese Frage erwartet haben, denn er brachte tatsächlich eine eigene Lösung vor: sie beide entwischen lassen. Sie würden schwören zu berichten, daß die *Dove* zum Mittelmeer weiter gesegelt sei. Der Erfolg dieses Planes müßte davon abhängen, ob sie auf ein örtliches Schiff nach Cadiz stoßen würden. Sam nahm diesen Gedanken an und gab seinen Männern Befehl, scharfen Auslug nach einem Boot zu halten, das diesem Zweck dienen würde. Er machte auch mit dem Kapitän der *Medusa* aus, daß zweimaliges Senken der Trikolore an Bord der *Dove* das Zeichen für die Fregatte sein solle, auf die *Dove* Jagd zu machen, als ob sie ein feindliches Schiff wäre. Als ein passendes Fischerboot gesichtet wurde, lief die *Dove* darauf zu, um es anzuhalten. Als das schwerbeladene Boot längsseits der *Dove* lag, begann die Mannschaft der *Dove* mit Gebärden um den Kauf der gefangenen Fische zu feilschen. Da der Lugger unter französischer Fahne segelte, wurden die spanischen Fischer, fünf an der Zahl, als Alliierte behandelt. Während des Handels gab Sam der *Medusa* das verabredete Zeichen, ohne daß die Spanier es sahen. Sie hatten mit sprachlichen Schwierigkeiten zu tun, denn die Verhandlungen wurden von der anderen Seite in Guernsey-Französisch geführt. Man dehnte sie aus, bis sie schließlich gänzlich ins Stocken gerieten.
Jeder war so mit der Diskussion beschäftigt, daß die Annäherung der *Medusa* von der Windseite her scheinbar unbemerkt

blieb. Schließlich feuerte die Fregatte einen Kanonenschuß ab, der an Bord der *Dove* Panik hervorrief. Die Aufmerksamkeit der Mannschaft, die sich bisher auf das Fischerboot konzentriert hatte, richtete sich plötzlich auf die Fregatte. Befehle wurden durcheinander gerufen, Anweisungen wurden erteilt und wieder aufgehoben, und alles schien sich radebrechend und gestikulierend auf der Windseite des Luggers zu sammeln. Offenbar unbemerkt in dieser Verwirrung, kletterten die beiden französischen Offiziere heimlich in das Fischerboot, ihr Gepäck in der Hand, boten den Leuten Geld an und zeigten auf Cadiz. Im gleichen Augenblick setzte die *Dove* Segel auf der Flucht nach Süden, und ein zweiter Kanonenschuß spornte ihre Mannschaft zu rasender Tätigkeit an. Der Lugger behauptete sich in der Geschwindigkeit gegen die Fregatte, und die Szene sah vom Standpunkt der spanischen Fischer so aus, als ob ein französisches Schiff der plumpen Verfolgung des Feindes entkäme. Sie hißten Segel und nahmen Kurs auf Cadiz, sehr zufrieden darüber, daß sie für die Rückkehr in ihren Heimathafen, zu dem sie sowieso gelangen wollten, auch noch Geld erhalten hatten.

Im passenden Augenblick gab die *Medusa* die Jagd auf und gestattete der *Dove,* ihre Fahrt nach Léon fortzusetzen. Dort wurde ihre Ankunft offensichtlich erwartet, denn ein Boot ruderte zu ihr heraus und brachte Alvarez an Bord. Er konnte Sam Carter versichern, daß er an einem Ankerplatz längs der winzigen Mole des Hafens willkommen sei. Davila und andere Händler des Ortes seien entzückt über die Aussicht auf Geschäft und Schmuggel, und die örtlichen Behörden seien nicht geneigt, Fragen über den genauen Heimathafen der *Dove* zu stellen. Alvarez schien ein besserer Geschäftsmann zu sein, als Sam gedacht hatte, denn er besaß eine Menge Informationen über den Ort und die Importe, die dort besonders willkommen sein würden. Die Kaufleute von Léon, so schien es, waren mehr als bereit fürs Geschäft.

Am Abend des 14. September hatte Sam Carter das Gefühl, er habe seine Aufgabe erfüllt. Sein Schiff befand sich am verabredeten Treffpunkt und war dort gut aufgenommen worden. Er hatte seinen Agenten in Léon, der eifrig bestrebt war, sich mit den wichtigsten Einwohnern bekannt zu machen. Wenn Delancey am folgenden Tag, wie vereinbart, eintreffen sollte, und sei es als Flüchtling und in Verkleidung, würde Davila es gleich hören. Delancey wäre in der Lage, sofort an Bord zu kommen, und die *Dove* könnte beim Wechsel der Gezeiten auslaufen. Sollte es irgendwie Schwierigkeiten oder die Notwendigkeit von Gewaltanwendung geben, so befand sich die *Medusa* im Hintergrund. Falls Delancey nicht erscheinen sollte, könnte die *Dove* eine Woche oder noch länger bleiben, wo sie war. Es gab eine Menge Spielraum fürs Geschäft und für den Austausch von Mustern, ausreichende Entschuldigungen für Handelsgespräche. Die Frage war, ob Delancey die Abmachung würde einhalten können. Sam mußte sich gestehen, daß die Aussichten sehr gering waren.

Tatsächlich gab es am 15. September kein Anzeichen von Delancey, keine Nachricht über seinen Erfolg oder Gerüchte über sein Nahen. Als es am ersten verabredeten Tag Mitternacht wurde, kam Sam zu dem Schluß, daß seine Befürchtungen gerechtfertigt gewesen waren. Delancey war tot oder in Gefangenschaft, höchstwahrscheinlich in Frankreich, wie jeder denkende Mensch es erwartet hatte. Wenn es so war, müßten Nachrichten eintreffen, daß englische Spione in der Nähe von San Sebastian gefaßt worden seien. Die schwache Möglichkeit blieb noch, daß Delancey eine Gewaltanstrengung machte, um sich in Sicherheit zu bringen. Ob er sich nun als Zigeuner oder Priester tarnte, die *Dove* mußte auf ihn warten. Indessen hörte Davila Gerüchte aus Cadiz. Das Gespräch drehte sich dort an der Wasserkante nur darum, daß die spanische Flotte im Begriff sei auszulaufen. Vorräte würden verladen, Mannschaften exerzierten, Schiffe bewegten sich zu neuen Ankerplätzen; und alle Beobachter stimmten darin überein, daß die Nachricht vom Kriege jeden Tag eintreffen könnte. Wenn sie aber einträfe, so würde Langara auslaufen, doch keiner konnte sagen, ob nach Norden oder Süden. Sam Carter blieb und wartete ab.

14. Kapitel

Ein Ritter von der traurigen Gestalt

Colonel Diego de Altamirano ließ Delancey am Abend des Tages nach der Verhaftung holen. Dieser fand sich, eskortiert von dem Adjutanten und vier Soldaten, wieder in dem Büro des Kommandanten ein. Die anschließende Unterhaltung wurde in französischer Sprache geführt.

»Guten Morgen, Capitaine. Ich hoffe, Sie haben gut geschlafen. Wie gütig von Ihnen, daß Sie die Zeit für diesen Besuch aufbrachten! Bitte, setzen Sie sich. Ich hätte mich gern ein wenig mit Ihnen unterhalten, wenn es Ihnen genehm ist. Bleiben Sie bei uns, Pedro, aber sagen Sie Ihren Männern, sie sollen draußen warten.«

Die Soldaten gingen, aber Pedro blieb hinter Delanceys Stuhl stehen.

»Spielen Sie gern Schach, Capitaine?«

»Nein, Colonel. Ich bin Kartenspieler.«

»Und bestimmt ein guter, daran zweifle ich nicht. Also brauche ich Ihnen kaum zu erzählen, daß viele Züge beim Spiel vorauszusehen sind. Wir können, wenn wir wollen, mühsam die üblichen Phasen des Spieles durchgehen, Figur um Figur oder Karte um Karte. Wie Sie wissen, ist es unter guten Spielern Sitte, den Vorgang im gegenseitigen Einverständnis abzukürzen. Der Augenblick kommt, wo ein Spieler die Karten auf den Tisch legt und sagt: ›Die restlichen Stiche gehören mir.‹ Nur ein Neuling wird etwas dagegen haben und darauf bestehen, daß das Spiel in der üblichen Folge beendet wird. Da keiner von uns beiden Neuling im Spiel ist, schlage ich vor, daß wir unsere Karten auf den Tisch legen.« Delancey verbeugte sich, sagte aber nichts. Also redete der Colonel weiter, als dürfte er annehmen, man sei sich einig.

»Ich könnte in diesem Augenblick nach Bayonne schicken und Capitaine Baudin bitten, mir seinen Kollegen Leutnant Michelet auszuleihen. Er könnte sich mit Ihrem Freund, der die Sergeantenuniform trägt, unterhalten, und das Ergebnis wäre die Gewißheit, daß Ihr Sergeant keine Ahnung von der französischen Armee hat. Er könnte auch mit Ihnen reden und mir in fünf Minuten sagen, daß Sie Französisch wie ein Ausländer sprechen, daß Sie in Wirklichkeit Engländer sind. Ich könnte indessen ein wenig Druck auf Ihre Freunde ausüben, und einer von ihnen – ich denke an den Kleineren der beiden, die Sie im Gasthof zurückließen – würde sofort versagen und zugeben, daß Ihre ganze Gruppe in der Nähe von Bayonne von einem englischen Kriegsschiff aus gelandet ist, daß Sie ein Scharmützel mit einem Kurier und seiner Eskorte hatten, daß Sie seine Kutsche und Ihre gegenwärtige Verkleidung übernahmen, daß Sie alle auf eine gefährliche Mission geschickt worden sind, die vielleicht gelungen wäre, wenn ich mehr Trunkenbold als Soldat wäre. Ich glaube nicht, daß die beiden Engländer mir mehr als das erzählen könnten, denn ich vermute, daß es alles ist, was sie wissen. Ich glaube auch nicht, daß die beiden Franzosen mir sehr viel mehr erzählen könnten; auch nicht Ihr einziger Spanier mit dem Kolonialakzent. Sie würden nur in einem Punkt alle übereinstimmen, daß Sie der Anführer und ein Offizier der britischen Flotte sind, wahrscheinlich im Rang eines Kapitäns. Mit ein wenig Einschüchterung, mit ein wenig Druck könnte ich derartige Informationen erhalten. Darf ich also annehmen, daß ich sie bereits besitze? Sie sehen, ich lege meine Karten auf den Tisch, erspare uns Zeit und Ihren Freunden – wie soll ich es nennen? – unbehagliche Momente.«

»Es ist ein Vergnügen, mit einem so ausgezeichneten, intelligenten und humanen Offizier zu tun zu haben. Auch meine Karten liegen auf dem Tisch. Ich gebe zu, Colonel, daß Sie diese Stiche gewonnen haben, und ich bin bereit zuzugeben, daß Ihre Schlüsse im wesentlichen richtig sind.«

»Ich bin sehr froh darüber, Kapitän, daß wir über die ersten Stiche eine Einigung erzielt haben. Es bleibt mir nur noch die Frage, was für ein Ziel Sie hatten. Erinnern Sie sich bitte daran, daß Ihre Mission fehlgeschlagen ist. Ihre Antwort kann also nur von historischem Interesse sein. Wenn die Operation dennoch weiterginge, einer Ihrer Kameraden sich noch in Freiheit befände, würde ich nicht erwarten, es von Ihnen zu erfahren. Sie würden Ihre Freunde nicht verraten, am allerwenigsten Spanier von hier, die in Ihren Diensten stehen könnten. Ich glaube übrigens nicht, daß Sie spanische Mitarbeiter hatten.«

»Nein, ich hatte keine.«

»Wir sind uns also einig. Sie hatten die offensichtlich echten Personalpapiere eines französischen Offiziers bei sich, die des Capitaine Laffray. Diese stammen, wie ich annehme, aus der abgefangenen Postkutsche? Ist dieser Offizier tot?«

»Ja.«

»Das habe ich vermutet. Gestatten Sie mir nun, auf den Zweck Ihrer Mission zurückzukommen. Ich bin daran nur insoweit interessiert, als diese Information meinen Bericht abrunden würde. Ich frage mich manchmal, warum ich so sorgfältig berichte, wie ich es zu tun pflege – keiner, davon bin ich überzeugt, wird sich die Mühe geben zu lesen, was ich da schreibe – aber ich kann mich von meiner Gewohnheit nicht trennen. Wir Stabsoffiziere sind mehr mit Dokumenten als mit Tatsachen beschäftigt, wir arbeiten nach einem System, das wohl von König Philipp II. ersonnen wurde. Ich wäre Ihnen darum dankbar, wenn ich von Ihnen hören könnte, was Sie vorhatten.«

»Ich sehe keinen Grund dafür, Colonel, warum Sie es nicht hören sollten. Ich bin hier, wie Sie vermuteten, auf einer geheimen Mission. Ich sollte, wenn ich es könnte, den Bestimmungsort der spanischen Flotte entdecken. Aber wir sind noch nicht im Kriegszustand, und der Krieg kann noch abgewendet werden. Ich würde gern alles mir Mögliche zur Verbesserung der Beziehungen zwischen England und Spanien beitragen. Einige von uns sind der festen Überzeugung, daß Sie schon bald unsere Alliierten sein werden. Falls dieser Tag kommt, wäre es uns lieber, wenn Ihre Flotte intakt und fähig wäre, mit der unsrigen zu operieren. Wir wünschen nicht, daß Ihre Flotte in einer Schlacht vernichtet wird. Wir wünschen auch nicht, daß Frankreich Spanien annektiert. Eine große Zukunft, Colonel, wartet auf einen spanischen Offizier, der sogar schon jetzt voraussehen kann, daß die spanische Unabhängigkeit in Gefahr ist und daß Frankreich zu fürchten ist, und nicht England.«

»Ein Offizier, der diese Worte zu laut ausspräche, würde seines Kommandos enthoben – es erinnert mich daran, Ihnen mitzuteilen, daß mein Adjutant hier, übrigens ein hervorragender Offizier, kein Wort Französisch versteht. Sie mögen das als einen günstigen Umstand erachten. Wie dem auch sei – um auf den Kernpunkt zurückzukommen –, ich bin nicht in der Lage, mit Ihnen über die politische Klugheit meines Königs zu diskutieren. Eine solche Diskussion wäre höchst ungehörig – und, ich darf es hinzufügen, höchst unklug.«

»Zweifellos. Aber es ist doch vernünftig, sich auf zwei Möglichkeiten vorzubereiten. Der weitsichtige Offizier sagt jetzt nichts gegen die französischen Revolutionäre. Sollte sich die Lage jedoch ändern, ist er als echter spanischer Patriot bekannt und besitzt als solcher das Vertrauen der neuen Alliierten Spaniens. Sie würden großzügig belohnt werden, wenn Sie jetzt meiner Freilassung zustimmten.«

»Sie laden mich ein, an einem Komplott teilzunehmen, die Allianz zu verhindern, die bereits zwischen Frankreich und Spanien abgeschlossen worden ist. Ich kann durch nichts die Politik meines Landes beeinflussen. Das Risiko ist zu groß, mein Freund, und die Belohnung problematisch.«

»Die Belohnung ist sicher, Colonel. Ich habe im Gasthaus hier durch ein Gespräch erfahren, daß Ihr Familienbesitz durch Unachtsamkeit Ihres Vaters verlorenging und daß Sie der älteste Sohn sind. Wenn Sie auf unserer Seite wären, könnte dieser Besitz Ihnen wieder gehören.«

»So, Sie wissen also von meinem Familienbesitz?«

»Nur, daß Ihr Vater ihn verkaufen mußte. Könnten Sie das Gut zurückerwerben, wenn Sie das Geld hätten?«

»O ja, wenn . . . Ich glaube, daß Ihr Angebot aufrichtig ist. Aber ich habe keinen Grund zu der Annahme, daß Ihre Regierung ein Versprechen halten würde, das Sie in ihrem Namen gegeben haben. Auch kann ich mir keinen vernünftigen Grund für Ihre Freilassung ausdenken.«

»Darin kann ich Sie beruhigen, Colonel. Sie werden einen Brief vom französischen Direktorium erhalten, der Sie darüber informiert, daß ich dem französischen Geheimdienst angehöre. Ein Minister wird es in einem persönlichem Brief an Sie und an andere Garnisonskommandeure ausführen. Es trifft sich höchst unglücklich, daß die Übergabe dieser Briefe sich etwas verzögert hat.«

»Ein außerordentliches Versehen! Aber solche Fehler kommen vor, wie ich aus meiner Erfahrung recht gut weiß. Was ich brauche, ist Sicherheit, daß dieser Brief gut genug sein wird, um mich zu täuschen. Weiter brauche ich die Zusicherung, daß Ihr Versprechen auch von Ihrem Schatzamt respektiert werden wird. Ich kann das Ehrenwort eines Gentleman annehmen, aber nicht das Versprechen im Namen einer Regierung. Ich werde mein Bestes tun, um Ihre Wünsche zu erfüllen. Sie werden diesen Brief präparieren, und ich werde entscheiden, ob ich durch ihn getäuscht werden kann. Die Fälschung muß perfekt sein, verstehen Sie. Wenn ich völlig hereingefallen bin, werde ich Ihre Kameraden freilassen, aber Sie selbst werden auf Ehrenwort bleiben, als Geisel, bis ich weiß, daß Ihre Regierung die getroffene Abmachung einhalten wird. Selbst dann werde ich noch zweifeln, ob ich die Zusage Ihrer Regierung annehmen soll – kein leichter Entschluß. Wie dem auch sei, es ist keine Entscheidung zu treffen, bis ich diesen Brief aus Paris erhalten habe. Sie sollen wenigstens die Chance erhalten, ihn zu schreiben.«

»Zu diesem Zweck benötige ich alle meine Kameraden und unser gesamtes Gepäck.«

»Sehr gut.« Der Colonel erhob sich und redete mit seinem Adjutanten in spanischer Sprache:

»Lassen Sie alle Gefangenen in die Zelle Nummer 6 schaffen. Überlassen Sie ihnen einen Tisch und Stühle, dazu Papier, Tinte und Siegellack. Geben Sie ihnen ihr Gepäck zurück, aber nicht ihre Waffen. Verschließen Sie die Tür und stellen Sie zwei Posten davor. Wenn dieser Offizier meldet, daß er seine Arbeit getan hat, bringen Sie ihn wieder zu mir.«

Eine Stunde später hatte Delancey seine Gruppe rings um einen

Tisch beisammen. Draußen auf dem Korridor konnte man die Schritte der Posten hören. An der Innenseite der Tür war ein Exemplar der Gefängnisbestimmungen angebracht, unterzeichnet vom Adjutanten und gegengezeichnet von dem Kommandanten. Die Zelle war doppelt so groß wie eine normale und wurde vielleicht für Zusammenkünfte zwischen Gefangenen und ihren Anwälten benutzt. Auf dem Tisch stand eine Laterne, die bei dem verblassenden Tageslicht nötig war. Ihre Habseligkeiten hatte man an der Wand hingelegt. Hodder ging gleich zu seinem Gepäck, kaum daß die Tür sich schloß, und berichtete, daß seine Nachschlüssel noch im falschen Boden der ledernen Reisetasche seien.

»Gut!« sagte Delancey. »Nun hören Sie alle aufmerksam zu. Manning, stellen Sie sich mit dem Rücken gegen die Tür, so daß keiner genau in die Zelle blicken kann. Hodder, machen Sie sich am Türschloß an die Arbeit, aber ohne Lärm! Rigault und Mr. Bisson, sprechen Sie möglichst laut miteinander, um jedes Geräusch zu überdecken, das Hodder vielleicht machen könnte. Ramos, stellen Sie einen Befehl in spanischer Sprache zu unserer Freilassung aus, und auch dafür, daß man uns mit Pferden versorgt. Ich werde den Wortlaut des Befehls angeben, und Sie werden ihn übersetzen und schreiben.«

Delancey und Ramos arbeiteten rasch und sorgfältig und stellten die notwendigen Befehle aus, von denen sie hofften, daß sie formal richtig seien. Dann übernahm Delancey beim Gespräch Bissons Rolle und überließ es diesem Fachmann, die Unterschriften der Bekanntmachung an der Tür zu kopieren. Als die Befehle fertig waren, übernahmen Ramos und Bisson das Reden, während Delancey und Rigault zum Tisch gingen. Sie entwarfen und schrieben miteinander einen Brief von Barras, in welchem erklärt wurde, daß der Capitaine Rochambeau im französischen Geheimdienst stehe und jede spanische Hilfe verdiene. Dann tauschten sie wieder die Rollen, Bisson fälschte die Unterschrift, wie er es zuvor getan hatte, und Rigault übernahm erneut seine Diskussionsrolle, aber nun mit Ramos. Es war dunkel, ehe sie diese Dokumente fertig hatten. Und dann kam Hodder von der Tür zurück und gestand seinen Mißerfolg. »Ich habe mein Bestes

getan«, flüsterte er, »und es gab einen Augenblick, wo ich schon dachte, es klappte. Aber es klappte nicht mehr. Ich könnte schwören, daß es sich bewegte . . . nein, ich bringe es doch nicht fertig. Ein Schloß wie dieses kenne ich nicht.«
Delancey dachte rasch nach und kam zu einem Entschluß. »Manning und Bisson, ich möchte, daß Sie miteinander streiten, einander anschreien und miteinander ringen. Dabei müssen Sie so viel Krach machen, daß die Posten es hören, aber wiederum nicht zuviel, damit es nicht im Wachraum gehört wird. Ramos wird dann den Posten zurufen, hier werde ein Mord begangen. Schreien Sie jetzt um Hilfe – rasch, rasch! Verstanden? Los also – Streit!«
Ein sehr natürlich klingender Streit hob an und steigerte sich zu einem Zweikampf. Delancey und Rigault stellten sich zu jeder Seite der Tür auf. Ein Posten blickte durch das Gitterfenster und rief den Streitenden zu, sie sollten Ruhe geben. Er sah zu seinem Unbehagen, daß Bisson offensichtlich erwürgt zu werden drohte. »Mord!« schrie Ramos auf Spanisch. »Mord, rasch!« Der Posten zögerte, denn er wußte, daß er eigentlich den Sergeanten rufen müßte, aber er fürchtete, daß der Mord indessen geschehen könnte. Da faßte er einen fatalen Entschluß, öffnete die Tür und legte seine Muskete auf Manning an, der andere Posten tat dasselbe. Ehe sie aber wußten, was ihnen geschah, wurden ihnen die Musketen entrissen. In einer Sekunde waren sie überwältigt und erhielten mit Stühlen Schläge auf den Kopf. Die Uniformen wurden ihnen abgenommen und ihre Handgelenke und Fußknöchel mit Gepäckriemen gefesselt. Eine spannende Minute folgte, ob etwa Alarm geschlagen würde. Es blieb alles still, und sie erinnerten sich hoffnungsvoll daran, daß die Wände dick waren. »Sehen Sie nur!« flüsterte Hodder gekränkt: »Die verteufelte Tür war von außen verriegelt!«
In fünf Minuten steckten Manning und Ramos, richtig ausgestattet und bewaffnet, in Militäruniform. Delancey befahl dann Ramos, den Adjutanten zu holen, wobei er so berichten solle, als ob er der Sergeant wäre, daß die Gefangenen ihre Arbeit beendet hätten. Ihr Vorgesetzter sei bereit, sich beim Kommandanten zu melden. Es bestand ein gewisses Risiko, daß Ramos

erkannt werden mochte, aber er traf den Adjutanten glücklicherweise im Halbdunkel des Korridors, als dieser vom Büro des Kommandanten zurückkam. Er richtete seine Botschaft aus, hielt die Laterne dabei vor sich hin und folgte dem Adjutanten zurück zur Zelle Nummer 6. Der Offizier war ärgerlich, als er fand, daß der Gefängniskorridor bis auf den anderen Posten verlassen war.

»Wo ist der Sergeant?« schnauzte er. »Wo ist die Wache?« In diesem Augenblick wurde er mit dem Kolben einer Muskete niedergeschlagen und bewußtlos in die Zelle Nummer 6 geschleift, wo man ihm die Uniform abstreifte. Ramos wurde jetzt vom einfachen Soldaten zum Hauptmann befördert, während Bisson die Uniform des Postens erhielt. Als der Adjutant wie die beiden anderen Soldaten gefesselt und geknebelt war, bildete sich im Korridor eine Prozession. Ramos führte sie als Adjutant an und eskortierte Delancey. Die anderen Gefangenen, Rigault und Hodder, folgten. Zwei Soldaten, Manning und Bisson, bildeten den Schluß. Als die Zelle Nummer 6 geschlossen und verriegelt war, steckte Delancey den Schlüssel ein, und die ganze Gruppe marschierte zum Zimmer des Kommandanten. Ramos klopfte an und wurde hereinbefohlen. Delancey trat als erster ein, und Ramos blieb auf der Türschwelle stehen, wobei er sich umwandte, um den beiden Soldaten, welche die Eskorte bildeten, einen Befehl zu geben.

»Kommen Sie herein, Capitaine. Bitte setzen Sie sich. Sie und Ihre Freunde haben rasch gearbeitet. Sie sind eine Stunde früher damit fertig, als ich erwartet hatte. Ich hoffe, Sie werden sofort mit mir ein Glas Wein trinken. Inzwischen erlauben Sie mir, den Brief aus Paris anzusehen.«

»Hier ist er, Colonel«, sagte Delancey und übergab ihm das Dokument. »Ich habe es natürlich noch nicht versiegelt, sondern will es später tun.«

»Danke, Capitaine. Ja, es sieht richtig aus . . . lassen Sie mich sehen . . . ja, es liest sich ganz gut . . .! Ein richtiges Kunstwerk! Es könnte nicht jeden täuschen, aber ich glaube schon, daß ich darauf hereinfallen könnte. Ich bin natürlich nur ein Soldat und kein Experte für Handschriften. Ich neige dazu, es als echt anzuerkennen.«

»Ich bin über Ihre Worte erleichtert, Colonel. Ich hätte es nämlich gehaßt, unsere kleine Diskussion mit einer Unstimmigkeit zu beginnen.«

Etwas in Delanceys Ton ließ den Kommandanten jäh aufblikken. Er starrte in die Mündung einer Pistole, die genau auf seine Kehle zielte. Sein Blick wanderte von Delancey zur Tür, und da erkannte er Ramos in der Uniform seines Adjutanten. Er ahnte sofort, was geschehen war.

»Der Plan, über den wir gesprochen haben, ist immer noch ausführbar«, sagte Delancey. »Auf der Basis, daß wir beide Ehrenmänner sind. Mit umgekehrter Situation allerdings, denn Sie werden nicht erwarten, daß Sie noch dieselben Bedingungen erhalten. Ich bin gewiß, daß Sie nicht zufällig eine falsche Bewegung machen und mich zum Schießen zwingen werden. Ihr Tod würde an meinem Risiko nichts ändern, aber ich bedauere unnützes Blutvergießen und würde es vorziehen, Sie zu meinen Freunden zu zählen; eines Tages könnten Sie mein Gastgeber auf Ihrem Schloß bei Sevilla sein. Sie brauchen nur diesen Brief als echt anzunehmen, unsere Entlassung zu befehlen und mir Ihr Wort zu geben, daß man uns nicht verfolgen wird. Mein Angebot gilt noch, aber die Alternative ist weniger angenehm. Sie haben zu wählen zwischen der möglichen Wiedererlangung Ihres Grundbesitzes oder dem sicheren Verlust Ihres Lebens. Bei dieser Wahl sollten Sie nicht zögern.«

Der Kommandant schüttelte langsam den Kopf. »Sie vergessen, mein Freund, daß Sie meinen Adjutanten und die Wache überwältigt haben. Was werden diese Leute sagen, wenn sie befreit werden? Falls sie von Ihnen getötet worden sind, ist die Situation noch schlimmer.«

»Nein, Colonel, keiner ist umgebracht worden.«

»Was erzählen wir aber den Leuten? Sie erwarten von mir, daß ich Sie in meinem Bericht als französischen Agenten bezeichne. Ich habe dem hinzuzufügen, daß Sie meine Soldaten entwaffneten, meinen Adjutanten betäubten und entflohen! Wer wird diese Geschichte glauben? Und was werden meine anderen Offiziere dazu sagen?«

»In diesem Falle, Colonel, werden Sie uns bis zu einer Stelle an der Straße nach Santander begleiten müssen. Von hier zu den Ställen, von dort zu der Zitadelle und den Stadttoren werden Sie durch meine Pistole, verborgen unter meinem Mantel, in Schach gehalten werden. Eine falsche Bewegung wird Ihren sofortigen Tod zur Folge haben, einen Schuß ins Herz. Wenn Sie mich nicht zum Schießen zwingen, brauchen Sie hinterher nur die einfache Wahrheit zu sagen – daß wir Sie als Geisel bei unserer Flucht benutzten.«

»Keine gute Geschichte, um sie vor einem Kriegsgericht zu erzählen.«

»Nein, aber solche Dinge brauchen Zeit. Ehe Sie einen Verweis bekommen, wird es nächstes Jahr sein, und der ganze Zwischenfall ist längst vergessen.«

»Sie kennen also unser altes Sprichwort: ›Wenn der Tod von Madrid kommt, haben wir alle ein langes Leben‹?«

»Ich habe es nie gehört. Sollte aber Ihr Tod sich in den nächsten Stunden ereignen, so brauchte er nicht von so weit herzukommen.«

»Nein. Also gut. Ich nehme Ihre Bedingungen an, Capitaine. Ich will Sie nicht in Versuchung führen zu schießen.«

»Ausgezeichnet. Wenn ich Sie töten sollte, so geschähe es wirklich mit Bedauern.«

»Und jetzt werden Sie wohl diesen Brief vom Direktorium versiegeln wollen? Während Sie es tun, werde ich Ihnen durch ein Schriftstück freies Geleit zusichern. Sie werden es brauchen, um die Stadt verlassen zu können.«

»Wir haben es bereits für Sie ausgefertigt, Colonel.«

Delanceys Gruppe nahm nun wieder ihre Waffen und das Gepäck an sich und ging dann zu den Ställen. Delancey folgte dem Kommandanten auf den Fersen und hörte beifällig die Befehle mit an, die er für sieben gute Pferde, gesattelt und gezäumt, und für zwei Packpferde erteilte. In der Begleitung des Kommandanten hatten sie keine Schwierigkeiten bei der Zitadelle, auch nicht am Stadttor, und sie gelangten als freie Männer auf die mondbeschienene Straße nach Santander. Dieser folgten sie etwa vier Meilen und hielten dann auf Delanceys Kommando an. Er stieg bei einer in der Nähe gelegenen Kapelle ab, die anscheinend weit genug von jeder Wohnstatt entfernt war. Delancey erklärte dem Colonel, die Zeit zum Abschied sei gekommen. Mit der Pistole in der Hand führte er ihn in die Kapelle. Rigault ging hinter ihnen. Das Kirchlein wurde offensichtlich benutzt, denn vor dem Altar brannte ein Licht, und der Geruch nach Weihrauch schwebte noch im Raum.

»Setzen Sie sich dort, mein Herr«, sagte Delancey und zeigte auf einen Stuhl in der Nähe des Altars. Der Colonel gehorchte. Rigault fesselte ihn an den Handgelenken und Fußknöcheln. Dabei benutzte er Schnüre und einen Gürtel von einem Priesterrock, den er aus der winzigen Sakristei genommen hatte. Delancey entschuldigte sich für diese Vorsichtsmaßnahmen.

»Ich lasse Sie widerstrebend hier, Colonel. Sie werden am Morgen gefunden werden und sind bis dahin in Sicherheit, wenigstens geschützt gegen Regen und Wind. Ihr Pferd wird uns begleiten, aber es wird in Santander zurückgelassen werden. Ich kann nichts zur Wiedererlangung Ihres Gutes tun, aber wer weiß, wie der Krieg endet? Wir dürfen doch Ihre Dienste als die eines Bundesgenossen werten.«

»Wer weiß es wirklich? Bei unserer nächsten Begegnung kann es sein, daß Sie wieder Gefangener sind. Also sorgen Sie dafür, daß ich Luft bekomme!« Rigault knebelte ihn nur leicht, aber doch so, daß er zu schweigen gezwungen war. Nach Delanceys Schätzung hatten sie bei einer möglichen Verfolgung fünf oder sechs Stunden Vorsprung. Bald nach dem Verlassen der Kapelle fand er auf der linken Seite einen Reitpfad. Er folgte diesem, schlug einen Bogen nach Süden und gelangte mit seiner Gruppe auf die Straße nach Vittoria. Sie gönnten sich keine Ruhe, denn Delancey drängte unbarmherzig vorwärts. Da seine Mission soweit gelungen war, wollte er sie auch ohne Zögern zu Ende bringen. Wenn er nützliche Nachrichten auffangen und sicher an Bord der *Dove* gelangen konnte, war ihm allgemeines Ansehen sicher. Er könnte dann wieder an seine Marinekarriere und sogar an Beförderung denken.

Vor Tagesanbruch ließ Delancey haltmachen, bog von der Hauptstraße ab und fand Schutz gegen den Wind in einem kleinen Wald. Es war eine kalte Nacht wie im Herbst, aber

Männer wie Pferde waren froh, daß sie ruhen durften. Delancey rief Rigault und Ramos zu einer Besprechung.
»Ich zweifle daran, ob es eine wirksame Verfolgung geben wird, aber wir können kein Risiko eingehen. Ich schlage vor, Vittoria noch heute nacht zu erreichen und dann morgen ganz offen nach Burgos und weiter nach Madrid zu reiten.«
In dieser Nacht blieb Delanceys Gruppe im Gasthaus von Vittoria. Delancey und Rigault in französischer Armeeuniform, Ramos und Manning in spanischer Armeeuniform und die beiden anderen als Diener gekleidet. Hier entschied sich Delancey dagegen, Madrid zu betreten. Es war etwas anderes, in Vittoria oder Burgos als Franzosen zu posieren, als diese Maskerade in der Hauptstadt zu vollführen. Von einem französischen Armeeoffizier, der Madrid besuchte, würde man nämlich erwarten, daß er auf der französischen Botschaft vorsprach. Tat er es nicht, konnte es Ursache zur Verstimmung geben und sogar Verdacht erwecken. Es schien überdies auch wahrscheinlich, daß der französische Botschafter einen Armeeoffizier in seinem Stab hatte, der einen Betrüger in fünf Minuten entlarven würde. Delancey entschloß sich deshalb, einen Weg westlich von Madrid einzuschlagen, also die Straße über Medina und Avila. Die Entfernung nach Cadiz wäre auf dieser Route kürzer, aber schlechte Straßen würden einen tatsächlichen Zeitgewinn nicht zulassen. Von Avila würde seine Gruppe den Weg nach Toledo in Neukastilien nehmen müssen und damit zur Ciudad Real und über die Sierra Morena hinein nach Andalusien.
Dort, im Tal des Guadalquivir, würde das Drama inszeniert werden können. Wenn er einen Kurier auf dem Wege von Madrid nach Cadiz abfangen sollte, wäre das der Ort für einen Hinterhalt. Von Madrid schien die Hauptstraße, die der Kurier benutzen mußte, durch die von dem Dichter Cervantes berühmt gewordene Landschaft La Mancha zu verlaufen. Konnte Delancey Inspiration durch die Abenteuer Don Quichotes und Sancho Pansas finden? Würde es Windmühlen anzugreifen geben an den Ufern des Manzanares? Irgendwo zwischen dort und Cordoba mußte es bestimmt einen passenden Ort für einen Hinterhalt oder eine Umleitung geben. Aber der Kurier würde sich

wohl nicht so leicht irreführen lassen. Nachdem er den größten Teil der Strecke hinter sich gebracht hatte und der Name Cadiz bereits auf allen Wegweisern stand, würde er es eilig haben, seinen Bestimmungsort zu erreichen und die Depeschen abzugeben. Da man ihm in Madrid versichert hatte, daß die spanische Flotte noch im Hafen liege, würde er von Baylon aus eifrig vorwärts drängen, ohne Rücksicht auf Kutsche oder Eskorte. Der Plan, ihn abzufangen, müßte sorgfältig durchdacht werden.

Ein kühler, stürmischer Wind blies über die hohen Sierras in diesem Herbst, und die Landschaft sah abweisend, trocken und öde aus. Die Tage wurden im Sattel verbracht und die Nächte im kärglichen Komfort spanischer Gasthäuser. Die Reisenden wurden nirgends aufgehalten und mit kühler Gleichgültigkeit behandelt, keineswegs aber mit Mißtrauen. Endlich, am 4. September, kamen sie nach Andujar mit einem Ausblick auf grünes, fruchtbares Land. Sie näherten sich der Ebene von Andalusien. Die nächste Stadt wäre Cordoba.

Delancey besaß noch keinen bestimmten Plan, aber er hatte ein Exemplar von Cervantes' Meisterwerk in die Hände bekommen, in dem er jeden Abend las. Er erinnerte sich unklar, daß Cervantes zur See gedient und in der Schlacht von Lepanto gekämpft hatte. Aber alle Abenteuer seines Helden spielten dennoch an Land. Ein Seemann zu Pferde wie jener, hoffte Delancey, Inspiration in dem alten Buch zu finden, aber auch etwas Übung im Spanischen zu erhalten. Was er zunächst fand, war amüsant. Außerdem stellte er fest, daß Cervantes auf denselben Straßen geritten war und in denselben flohverpesteten Gasthäusern geruht haben mußte wie er. Mühsam übersetzte er einige Geschichten für Rigault, der sie für unpointiert und unwahrscheinlich hielt. Ramos kannte sie natürlich, aber er hatte wenig literarischen Geschmack, seine Neigung lag mehr auf politischem und vielleicht kriminellem Gebiet. Schließlich behielt Delancey das Buch für sich selbst.

Als die Gesellschaft am 9. September Cordoba erreichte, war Delancey immer noch ohne festen Kampfplan. Er durchmaß in der Nacht nach der Ankunft am Ort sein Zimmer mit ruhelosen

Schritten, wobei er einen Plan nach dem anderen entwickelte und wieder verwarf. Als sich einer der Gäste, dessen Zimmer unmittelbar unter dem von Delancey lag, bitter beschwerte, mußte sich dieser entschuldigen und von nun ab stillsitzen. Er hatte sich auf See die Gewohnheit angeeignet, beim Nachdenken hin und her zu schreiten, als befände er sich auf dem Achterdeck. Er fühlte sich auf einem Stuhl gehemmt. Darum entschloß er sich jetzt, weitere Überlegungen bis zum Morgen zu verschieben. Er wußte, daß er nicht einschlafen könnte, wenn er sofort zu Bett ginge. Lesen war da die beste Medizin, und das einzige Buch, das er zur Hand hatte, war ein Exemplar des Don Quichote. Er blätterte aufs Geratewohl darin und schlug schließlich den Beginn des vierten Kapitels auf.

»Aurora begann den Morgen anzukündigen, als Don Quichote sich aus dem Gasthaus aufmachte, so befriedigt, so heiter und so voller Freude, weil er nun ein Ritter war, daß er dieselbe Befriedigung auch seinem Roß einflößte, das den Gurt vor Freude zu sprengen schien. Indem er sich aber die Ermahnungen des Wirtes in Erinnerung rief, die dieser ihm wegen der Versorgung mit der notwendigen Bequemlichkeit auf seinen Reisen gegeben hatte, besonders mit Geld und sauberen Hemden, entschloß er sich heimzukehren, sich damit auszustatten und sich auch einen Knappen zu besorgen ... Der Ritter war noch nicht weit gereist, da kam es ihm vor, als hörte er eine weinerliche Stimme rechts aus einem Dickicht. ›Ich danke dem Himmel‹, sagte er, als er das Weinen hörte ... ›denn diese Klagen sind bestimmt die Laute einer gepeinigten Kreatur, die meine sofortige Hilfe benötigt.‹ Dann wandte er sich mit aller Geschwindigkeit, die Rosinante aufbringen konnte, dieser Richtung zu, und kaum war er in den Wald gekommen, da fand er eine Stute an einen Baum gebunden und an einem anderen einen jungen Burschen von etwa fünfzehn Jahren, nackt von der Hüfte an aufwärts. Dieser war es, der die Jammerlaute ausstieß; nicht ohne Grund, denn ein kräftiger Landmann schlug ihn tüchtig mit einem Gürtel, und bei jedem Streich brachte er ihm einen Spruch in Erinnerung: ›Halte deinen Mund geschlossen und deine Augen offen, Bürschchen.‹ ›Guter Herr‹, schrie der Junge, ›ich werde es nie wieder tun; so wahr ich hoffe, erlöst zu werden. Ich werde es nie wieder tun! In der Tat, Herr, von jetzt an werde ich mehr Sorge um Ihre Güter tragen.‹

Als Don Quichote dieses sah, schrie er wütend: ›Unhöflicher Ritter, es ist eine unwürdige Handlung, eine Person zu schlagen, die sich nicht verteidigen kann . . .‹«

In diesem Augenblick hielt Delancey mit einem Ausruf des Entzückens beim Lesen inne. »Natürlich!« stieß er aus. »Natürlich. Warum habe ich nicht eher daran gedacht?«

15. Kapitel

Wertvolle Informationen

Die *Nemesis* war an dem Tage gestrandet, an dem Spanien mit Frankreich einen Bündnisvertrag abschloß, der den Krieg mit Großbritannien unvermeidlich machte. Praktisch hatte er bereits im September begonnen, als spanische Schiffe in britischen Häfen zurückgehalten wurden. Es brauchte aber seine Zeit, bis die Nachrichten Spanien erreichten. Von alldem war in Cordoba am 9. September, dem Tag, an dem Delanceys Gruppe dort eintraf, nur bekannt, daß der Vertrag unterzeichnet worden war. Man nahm auch an, und Ramos wurde es in der Tat versichert, daß der Krieg eigentlich schon begonnen habe. Daraufhin schickten die anderen Rigault als Abordnung zu Delancey, um ihn zu fragen, ob er sich im Stallhof des Gasthauses Santa Clara, in dem sie wohnten, mit ihnen treffen wolle. Bisson war der Sprecher, und er forderte nunmehr, daß sie die kürzeste Route nach Portugal einschlagen sollten:
»In Portugal wären wir wieder unter Freunden. Wir kennen Ihr Ziel, den Bestimmungsort der spanischen Flotte auszuspionieren – vielleicht auch ihre Stärke und dergleichen. Als wir landeten, sprachen Sie davon, daß Sie Portugal erreichen und unterwegs Informationen sammeln wollten, aber Sie haben uns nicht den kürzesten Weg nach Portugal geführt. Die jetzige Richtung bringt uns eher nach Sevilla und Cadiz. Das spielte für uns keine Rolle, solange England und Spanien in Frieden miteinander lebten. Aber wir werden bald in Gefahr geraten und sollten darum Spanien auf dem kürzesten Weg verlassen. Es gibt eine Straße von hier nach Badajoz. Mit allem gebührenden Respekt, Sir, wir sollten sie einschlagen.«
»Sind Sie alle damit einverstanden?« fragte Delancey, indem er einen nach dem anderen anblickte.

»Nein, ich nicht«, sagte Hodder unerwartet. »Ich glaube, der Kapitän weiß es am besten. Wir sollten Informationen sammeln, wie er sagt, und möglichst viel für König George tun. Und wenn es uns gelänge, etwas Prisengeld zu machen – sollen wir es so nennen? –, ich würde meinen Anteil nicht zurückweisen.« Die anderen suchten nach Ausflüchten, flüsterten miteinander, und dann ergriff Manning das Wort.

»Ich stimme mit Hodder überein, das Prisengeld wäre willkommen. Nein, Sir, ich würde zu meinem Anteil nicht nein sagen, auf keinen Fall würde ich es. Aber ich will nicht mit den Taschen voll Gold in Spanien gefangen werden. Ich möchte die Grenze hinter mir haben, ehe das Gold vermißt wird.«

»Hat sonst noch jemand etwas zu sagen?« fragte Delancey.

»Die anderen stimmen mit Bisson und Manning überein, Sir«, sagte Rigault. »Sie würden lieber Lissabon sehen als das Innere eines spanischen Gefängnisses.«

»Also gut. Ich werde euch eine Karte zeichnen. Gebt mir mal eine Peitsche.« Delancey zeichnete mit dem Peitschengriff auf dem schmutzigen Fußboden eine Landkarte.

»Wir sind hier in Cordoba. Von da geht die Straße ins Tal hinab nach Sevilla. Dort gabelt sie sich. Diese Richtung führt nach La Palma, Huelva und Portugal; die andere Richtung hier, die nach links, führt nach Sevilla und Cadiz – oder (wie diese) nach Cadiz, ohne Sevilla zu berühren. Mein Plan ist es, in der Nähe von Cadiz an Bord zu gehen, wo, wie ich hoffe, Sam Carter auf mich warten wird. Ich gebe zu, daß es riskant ist. Der Krieg kann inzwischen begonnen haben, und Sam ist es vielleicht nicht möglich, dort zu sein. Es würde mich darum nicht überraschen, wenn einer von Ihnen – oder sogar alle – an der Gabelung nach Sevilla abbiegen wollte. Wenn das Ihr Entschluß ist, würde ich mich von Ihnen verabschieden und weiter nach Cadiz gehen, vielleicht mit einem von euch, vielleicht allein.«

»Aber Verzeihung, Sir«, sagte Manning. »Unser Plan war es doch, von hier nach Portugal zu gelangen, indem wir die Straße nach Badajoz nahmen.«

»Ich weiß, aber es hätte keinen Sinn. Auf diesem Wege ist die Entfernung nach Portugal nur wenig kürzer, aber wegen der

Hügel dazwischen schlechter zu begehen. Es würde genauso lange dauern – genaugenommen würde es sogar weiter sein.« Er bewies seine Ansicht, indem er weitere Zeichnungen auf den schmutzigen Boden kritzelte. »Wenn wir das Tal hinabgehen, kommen wir in die Ebene.«

Wieder gab es Murren, und dann sagte Rigault als Sprecher: »Sie glauben also, Sir, daß wir auf jeden Fall die Straße nach Sevilla nehmen müssen?«

»Ich bin dessen sicher. Ich halte es für möglich, daß wir dabei einen Kurier zwischen hier und Sevilla abfangen könnten, vielleicht mit Informationen, vielleicht mit Gold; oder sogar mit beidem. Wir sind auf der direkten Straße von Madrid nach Cadiz. Mr. Hodder und ich würden gern jede Chance ergreifen, die sich bietet. Andere mögen zu wohlhabend sein, um daran interessiert zu sein, aber wir armen Männer könnten etwas gebrauchen. Ich bin überdies der Kommandant eines Kaperschiffes ohne Schiff!«

Es gab ein allgemeines Gelächter, und man kam überein, für die nächste Zeit weiter zusammenzubleiben. Einige wollten sich in Sevilla durchaus trennen, aber Hodder machte eine Ausnahme, und Delancey fragte sich, warum. Er wurde darüber von Hodder selbst aufgeklärt. Dieser wenig anziehende Londoner von unterdurchschnittlicher Größe war ihm offensichtlich ergeben bis zum letzten Atemzug.

»Ich will bei Ihnen bleiben, Sir«, sagte Hodder, »und Sie mögen sich wundern, warum. Nun, die Treue ist es, durch die ich gern meine Begnadigung verdienen möchte. Wenn ich sie bekäme – und dazu etwas Geld –, würde ich die krummen Touren aufgeben und ein Schlossergeschäft in Cheapside einrichten. Sehr wahrscheinlich könnte ich auch ein Kirchenvorsteher werden. Werden Sie mir hinterher helfen, Sir, wenn ich jetzt bei Ihnen bleibe?«

»Das werde ich, hier ist meine Hand darauf!«

»Danke, Sir. Es wird ein großer Tag für mich sein, wenn ich das Handwerkszeug meines gegenwärtigen Gewerbes in die Themse schmeißen kann – und das Opium dazu!«

»Opium? Tragen Sie auch Drogen bei sich?«

»Nur eine kleine Menge, Sir. Wir vertrauen in meinem Geschäft nicht völlig darauf, daß die Leute einen gesunden Schlaf haben. Wir helfen ihnen ein wenig nach, Sir. Eine kleine Dosis ist nichts Schlimmes, Sir, überhaupt nicht. Sie hilft den Frieden bewahren, wie man sagen möchte.«

»Mr. Hodder, Sie haben mir eine Idee eingegeben. Ich glaube, Sie haben gute Aussicht, ein ehrenwerter Schlosser zu werden, und Ihnen werde ich meine Aufträge geben. Opium ist die beste Sache, um den Frieden zu bewahren, und ich werde Sie hoffentlich noch als Ratsherrn sehen!«

In sein Zimmer zurückgekehrt, studierte Delancey die Karte. Ein Bankier oder Kaufmann, der von Cordoba weiterreiste, würde höchstwahrscheinlich nach Sevilla fahren, auch wenn er schließlich nach Cadiz wollte. Ein Kurier mit Depeschen für Cadiz hingegen würde Sevilla vermeiden und sich vom Wege des Bankiers in Erija trennen. Beabsichtigte man einen oder beide abzufangen, müßte man es für einen Ort wie La Carlota planen, der nur fünfundzwanzig Meilen entfernt lag. Diesmal würde es ein Minimum an Gewalt geben. Wie Mr. Hodder wollte auch er Frieden halten. Wie seltsam war der Gedanke, daß er am Ende nur noch diesen schäbigen, kleinen Dieb als Kameraden hatte! Und doch, in Hodder lebte etwas wie latenter Patriotismus. Er hätte sich zwar einen besseren Verbündeten gewünscht, aber das Schicksal hätte ihm auch einen übleren schicken können.

Delancey verließ am nächsten Tag Cordoba, nachdem er Ramos instruiert hatte, jede Information zu sammeln, die über Kuriere auf dieser Straße zu erlangen war. Die Gruppe ritt an diesem Abend in La Carlota ein, und Ramos konnte bald berichten, daß Kuriere nach Cadiz zweimal in der Woche auf dieser Straße vorbeikämen. Der nächste werde am Zehnten des Monats erwartet. Er würde zweifellos im gleichen Gasthaus wie Delanceys Gruppe absteigen, also im ›Principe Heredero‹. Er reiste in einer Kutsche und werde von einem Sergeanten und vier Kavalleristen begleitet. Delancey entschloß sich zu warten, und seine Gedanken wanderten wieder zu Don Quichote. Er hatte den Schimmer einer Idee, aber sie war nicht wichtig für das unmittelbare Problem. Dafür brauchte er nichts weiter als die eine oder andere Dosis Opium . . .

Um den Neunten hatten sie durch gelegentliche Erkundigungen herausbekommen, welches Zimmer der Kurier erhalten würde, und auch die Tatsache, daß er sich nachts darin einschließen ließ. Das Bett des Sergeanten wurde vor seine Tür gestellt, und ein Posten hielt am Treppenabsatz Wache. Von allen Hindernissen war das Schloß noch am leichtesten zu knacken, weil der Schlüssel am vorhergehenden Tag im Schloß steckte und Hodder einen Nachschlüssel herstellen konnte. Die Tür war auch auf der Innenseite mit zwei massiven Holzriegeln versehen. Diese wurden heimlich entfernt, von der Rückseite her fast durchgesägt und dann leicht mit Olivenöl eingeschmiert. Zwar wirkten sie noch stabil, aber bei etwas Druck würden sie zerbrechen. Es gab allerdings keinen Weg, die Tür wieder mit ihnen zu verriegeln, nachdem der Raum besucht worden war. Darum entschloß sich Delancey dazu, den Kurier glauben zu machen, daß ein gewöhnlicher Dieb eingedrungen sei. Geld würde gestohlen und Gepäck geplündert sein, aber der Lederbeutel, der die Depeschen enthielt, sollte unberührt aussehen.
Der Kurier traf am bestimmten Tage ein und entpuppte sich als Leutnant im mittleren Alter mit nur einem Auge. Er humpelte und sprach dem Kognak zu. Während Rigault ihn in eine Unterhaltung verwickelte, ging Delancey Getränke für die Gruppe holen – dabei sprach er auf dem Rückweg ein Wort mit Hodder, der das Glas des Kuriers gewandt behandelte und später dasselbe mit den Getränken des Sergeanten und der Kavalleristen tat. In dieser Nacht gingen Delancey und Manning an dem schlafenden Posten am Treppenkopf vorbei und rückten den Sergeanten samt Bett von der Tür weg, die dieser hatte bewachen sollen. Hodder öffnete sie mit seinem Nachschlüssel, zerbrach leise die fast nutzlosen Riegel und ging ins dunkle Zimmer voraus. Bisson folgte ihm, aber Ramos hielt im Korridor Wache. Der Kurier schlief fest, und es war kein großes Problem, den Lederbeutel unter seinem Kissen hervorzuziehen. In diesem Augenblick hörte man Schritte. Die Treppe quietschte, und irgendwo schloß wer eine Tür. Jemand kam leise die Treppe vom oberen Flur herunter. Das Licht einer Kerze spiegelte sich auf dem polierten Fußboden des Treppenabsatzes wider. Wenn es der Wirt war,

würde er merken, daß das Bett des Sergeanten von der Stelle gerückt war, daß die Tür des Kurierzimmers offenstand, daß Diebe im Haus waren. Der Lärm müßte den Kurier wecken und – ohne die Gedankenkette weiter zu verfolgen, verließ Delancey das Zimmer, schloß die Tür hinter sich und stand vor einem hübschen Dienstmädchen, das eine Kerze in der zitternden Hand hielt. Er wußte, daß es hier nur eine Chance gab, nämlich sie ins Unrecht zu setzen. »Was tun Sie hier?« herrschte er sie in spanischer Sprache an und winkte Ramos herbei. Der wiederholte Richards Frage: »Was tun Sie hier? Was wollen Sie hier? Warum schlafen Sie nicht?« Ein älteres Mädchen hätte zurückgefragt, was Ramos denn um diese Nachtstunde hier zu suchen habe. Das Mädchen war glücklicherweise jung und verwirrt, eine Tatsache, die es Delancey erlaubte, seinen Vorteil zu nutzen. »Sie sind wohl eine Diebin?« fragte er, und Ramos wiederholte die Frage. »Wir rufen am besten den Wirt«, setzte er hinzu. »Nein, nein!« jammerte das Mädchen, war aber verständig genug, nur leise zu weinen. »Dann gehen Sie ins Bett zurück«, sagte Delancey, »und wir wollen nicht mehr darüber sprechen!« Ramos führte sie in ihre Dachstube hinauf und überließ Delancey seinen Gedanken, was wohl am nächsten Morgen daraus werden würde.

»Sagen Sie ihr, sie solle sich morgen mit Krankheit entschuldigen«, meinte er zu Ramos, »und sich nicht sehen lassen.« Die Botschaft wurde überbracht, aber Delancey fragte sich, was er jetzt tun sollte. Das arme Kind würde es jemandem erzählen müssen, das wußte er, entweder einem anderen Mädchen oder dem Jungen, den es hatte besuchen wollen. Und was würde sich daraus ergeben? Während sich diese kleine Szene abspielte, führte Bisson einen echten Diebstahl aus. Er schlitzte das Futter der Kleidungsstücke auf und ließ sie auf dem Boden verstreut liegen. Er nahm die Börse des Kuriers an sich, die Uhr, seine Pistole und seinen goldverzierten Degen, ließ hinterher die geleerte Börse auf die Straße fallen und verbarg die übrige Beute (außer dem Geld) im Kamin. Indessen nahm Hodder den Lederbeutel in sein Zimmer mit, wo er ihn geschickt öffnete. Rigault untersuchte ihn dann und entnahm ihm die verheißungsvolleren

Briefe, alle jene, die ein amtliches Siegel trugen; den Rest händigte er Hodder wieder aus. Der Experte legte sie zurück, verschloß den Beutel und schob ihn darauf wieder unter das Kopfkissen des Kuriers. Dann verließ er das Zimmer und half Manning dabei, den Sergeanten in seinem Bett vor die Tür des Kuriers zu schieben. Die ganze Operation hatte nicht länger als eine halbe Stunde gedauert und war nur durch dieses Mädchen gestört worden. Alles blieb ruhig bis zum Morgen. Wenn der jetzige Posten abgelöst wurde, würde der neue nichts Ungewöhnliches merken und daraus schließen, daß alles in Ordnung sei.

Die gestohlenen Dokumente waren fünf an der Zahl, und keines war an sich interessant. Der Rücktritt eines Leutnants wurde angenommen, der Bericht einer gerichtlichen Untersuchung wurde formell anerkannt – es handelte sich dabei um den jüngsten Verlust von Vorräten an Bord der *San Leandro*. Ein Brief an den Hafenmeister von Cadiz enthielt eine amtliche Verwarnung – er hatte etwas mit einer Kollision im Hafen zwischen einem Kanonenboot und einem Wasserboot zu tun. Ein gewisser Fähnrich auf der *Neptuno* sollte entlassen werden, da er ein falsches Geburtsdatum angegeben hatte und in Wirklichkeit zu jung für den Dienst war. Der einzige Brief, der es wohl verdiente, ein zweites Mal gelesen zu werden, war der vom Ministerium an einen Beamten der Werft in Cadiz. Sein Inhalt wurde rätselhaft durch ständige Bezugnahme auf frühere Korrespondenz, ebenso durch die technische Natur des fraglichen Gegenstandes. Gewisse Schiffe »wie in Paragraph 17 des Briefes unter Bezug verzeichnet« sollten einige strukturelle Veränderungen bekommen, die etwas mit Feuervorbeugung im Magazin zu tun hatten. Seitenlange Beschreibungen folgten, Zeichnungen und Mengentabellen, und weder Ramos (übersetzend) noch Delancey (zuhörend) konnten daraus entnehmen, was eigentlich von wem und wann getan werden sollte. Es war schlimmer als ein Dokument vom Marineministerium, das Delancey einmal vor Augen gekommen war. Als dann Ramos bei den letzten Seiten angelangt war, denen noch das tabellarisch geordnete Inhaltsverzeichnis folgte, hatte Delancey das Gefühl, daß der Verfasser des Dokuments selbst die Hoffnung aufgegeben hatte, damit etwas zu erklären. Er hatte sich endlich einer anderen und möglicherweise wirkungsvolleren Art der Mitteilung zugewandt. Er tat es in einem letzten verzweifelten Postskriptum, das folgendermaßen lautete:

»Um jede Möglichkeit einer Verwirrung zu vermeiden, wird Konteradmiral de Grado, der über die Sache völlig informiert ist, in zwei Tagen nach Cadiz reisen und alle Aspekte des Themas behandeln, die Sie nicht völlig verstehen können. Er wird die Mittel haben, um das Material zu kaufen, das Sie in der Werft nicht vorfinden können.«

Daraus schien es möglich, wenn es auch nicht ganz sicher war, daß der Konteradmiral sowohl Geld als auch sachkundige Anleitung mitbrachte. Delancey konnte sich sowieso nicht denken, was sich überhaupt in einer spanischen Werft finden ließ; in einem solchen Fall auch in einer britischen nicht. Er hoffte also, daß eine große Summe benötigt werden würde. Oder sollten sich die Möglichkeiten des Kaufens als eine schriftliche Autorisierung zur Bezahlung herausstellen? Als Ramos seine Übersetzung beendet hatte, übergab er Delancey das Dokument. Dabei blickte Delancey auf die Fußnote der letzten Seite – vor dem Postskriptum – und da sah er die Zeilen, die Ramos sich nicht bemüßigt gefühlt hatte zu übersetzen:

»Im Hinblick darauf, daß die Flotte bereits ausgelaufen sein könnte, ist eine Kopie dieses Briefes nach Toulon geschickt worden.«

So, das war also Langaras Bestimmungsort! Keine Kopie sonst nach Brest oder Rochefort, nur eine nach Toulon. Dafür konnte es nur einen Grund geben. Delanceys Suche nach der entscheidenden Nachricht war abgeschlossen. Er mußte die Neuigkeit irgendwie nach Gibraltar weiterleiten.

Am nächsten Morgen, es war der 11. September, gab es Tumult im Gasthof, als der Diebstahl entdeckt wurde. Beim ersten Tageslicht rief der Kurier nach dem Wirt, er solle die Dienerschaft verhören. Bei den anderen Gästen, die übers Treppengeländer blickten, stand der hilfreiche Rigault. Er sagte, er habe in den frühen Morgenstunden etwas gehört: Schritte, die er aber für die eines verspäteten Ankömmlings gehalten habe. Von der Gruppe des Kuriers war der Sergeant am meisten verlegen. Irgendwie mußte er ja erklären, wie die von ihm bewachte Tür, von Eindringlingen gewaltsam geöffnet werden konnte. Ein Wächter hatte draußen auf der Straße die leere Börse gefunden, und die Behörden von La Carlota drückten ihre Ansicht dahingehend aus, daß die Diebe Stadtfremde sein müßten. Der Kurier selbst hatte kein Geld, um den Gastwirt zu bezahlen, und war dankbar für die kleine Summe, die ihm Delancey anbot. Das Mädchen erschien nicht, und Ramos berichtete, daß sie nicht in die Küche gekommen sei. Immer noch fluchend, machte sich der einäugige Leutnant auf den Weg und schrieb seinen Kopfschmerz der jämmerlichen Qualität des Kognaks zu, den er in der vergangenen Nacht getrunken hatte. Der Sergeant, der den Kognak nicht gekostet hatte, litt unter den gleichen Kopfschmerzen, hielt es aber für besser, sich nicht darüber zu beklagen. Sein einziger Trost war nur, daß der Lederbeutel nicht berührt worden war. Es gab also, Gott sei Dank, keinen Bruch der Geheimhaltung.

Als Delanceys Gruppe aufbrach, gingen alle in die gleiche Richtung und bogen bei Erija links ab, ohne zu murren. Bei der Aussicht auf Beute – wenn auch nicht mit Gewißheit – war die Gruppe wieder einig. Delancey hatte mindestens zwei Tage Zeit, um seine Falle vorzubereiten. Der Ort, den er dafür gewählt hatte, lag näher der Straße nach Cadiz als der nach Sevilla. Gleich hinter Marchena gab es eine Nebenstraße, die zu einer kleinen Stadt namens Paradas führte. Sie war vielleicht zwei Meilen von der Hauptstraße entfernt, die der Stadt Utrera, einem Ort von einiger Bedeutung, zulief. In diesem Gebiet probte Delancey seinen Feldzug achtundvierzig Stunden lang, wobei er jede Phase durchging, bestimmte Einkäufe besorgte und jeden Zoll des Bodens prüfte. Als er das Vertrauen hatte, daß jeder seiner Männer genau wußte, was er tun sollte, rief er sie am Gasthaus zusammen und schloß seine letzten Instruktionen mit folgenden Worten:

»Wenn mein Plan gelingt und meine Information richtig ist, werden wir diese Kampagne mit einer Summe Geldes beenden;

keine große Summe, aber genug, um uns für unsere Mühe zu belohnen. Ich schlage vor, sie gleichmäßig unter uns zu verteilen, und hoffe, daß es darüber keinen Streit geben wird. Es kann gut sein, daß die Teilung des Prisengeldes in großer Eile vor sich gehen muß. Es kann auch sein, daß wir uns dann trennen, die meisten von Ihnen wollen ja Portugal auf der kürzesten Route über Sevilla und Huelva erreichen. Deshalb will ich jetzt Lebewohl sagen. Ich muß Ihnen allen für Ihre Hilfe danken. Wir haben miteinander Gefahren durchgemacht. Wir haben eine lange ermüdende Reise unternommen. Wir haben eine Information erlangt, die für unsere Admiräle von Wert sein kann. Ich hoffe nun auch, daß wir am Ende etwas Geld gewinnen werden. Danach möge es uns gelingen, Spanien ohne Verzögerung zu verlassen, die meisten von Ihnen auf dem Wege nach Portugal und ich über einen kleinen Hafen südlich von Cadiz. Viel Glück für Sie alle! Ich vertraue darauf, daß wir uns eines Tages wieder begegnen werden und ich Sie alle gesund und wohlhabend antreffen möge. Beim Bier wollen wir uns dann der seltsamen Abenteuer erinnern, die wir zur See und zu Lande bestanden haben. Leben Sie wohl und viel Glück!«
»Leben Sie wohl, Sir!« ertönte es im Chor. Die Männer drängten sich um Delancey und schüttelten ihm die Hand. »Sie waren ein guter Skipper«, meinten sie. Nur Hodder wollte ihm nicht Lebewohl sagen. »Ich halte bei Ihnen aus, Sir, wie ich versprochen habe.«

Konteradmiral de Grados Kutsche hatte Marchena verlassen und fuhr meist bergab auf die Stadt Utrera zu, wo der Admiral die Nacht zum 14. September zubringen wollte. Er war in heiterer Laune, denn der Tag war schön und die Straße in verhältnismäßig gutem Zustand. Er hatte Grund zur Zufriedenheit, weil seine Karriere, die er bereits an ihrem Ende geglaubt hatte, plötzlich wiederbelebt worden war. Er war bekannt, so schmeichelte er sich selbst, als tüchtiger Administrator, wenn auch nicht als Admiral im Gefecht. Man hatte ihm trotzdem gestattet, in Pension zu gehen, seine Dienste waren anscheinend nicht begehrt gewesen. Jetzt hatte man ihn mit einer wichtigen Mission betraut. Wenn er diese gut erledigte, könnte man ihm eine weitere Aufgabe stellen und eine höhere Position geben, vielleicht (wer könnte es sagen?) eine Beförderung. Während der letzten paar Tage hatte er oft und unvermeidlich bei der Fahrt durch die Mancha an Cervantes gedacht – der übrigens auch in der spanischen Flotte gedient hatte. Er würde bald nach seiner Ankunft an die Beamten der Werft eine Ansprache halten müssen. Ob es wohl passend sei, fragte er sich, dabei Cervantes als Held zu erwähnen? Er entschloß sich, diesen Gedanken seinem Adjutanten Pedro de Lares nahezulegen.

»Bei meiner Rede auf der Werft hatte ich vor, eine Bemerkung über unsere Fahrt durch die Mancha vorbei an der Sierra Morena zu machen. Ich könnte mit einer Anspielung auf Don Quichote schließen. Was meinen Sie, wie man es aufnehmen würde?«

»Sicherlich sehr gut, Admiral!« erwiderte de Lares. »Eine weitere Erwähnung Lope de Vegas und Calderons könnte den Eindruck noch verstärken, den Sie machen würden.« Pedro fragte sich innerlich, ob es klug von dem alten Admiral war, Vergleiche mit Don Quichote zu ziehen, aber er behielt seine Zweifel für sich. Von einem Adjutanten erwartet man nicht, daß er Einwände macht, sondern daß er hilfreich ist und applaudiert.

»Es ist gut, daß wir schneller vorwärtskommen«, fuhr der Admiral fort. »Aber die Hügel senken sich zur Küste hin, und ich kann das Meer bereits riechen! Kennen Sie Cadiz, Pedro?«

»Nein, Sir.«

»Ich bin seit Jahren nicht dort gewesen, aber ich erinnere mich daran. Eine hübsche, alte Stadt, auf einer Insel erbaut, gut befestigt, und die Kathedrale überragt die Wälle. Fast ein Venedig, die Stadt hat einen irgendwie orientalischen Charakter.«

»Ich war einmal dort, Sir«, sagte Diego Escalante, der Sekretär des Admirals. »Es war im Sommer, und ich erinnere mich, wie angenehm es dort war, verglichen mit der Hitze und dem Staub von Sevilla.«

»Es kann heiß genug werden«, sagte der Admiral. »Aber nicht um diese Jahreszeit. Es wird wohl dort während der Zeit unseres Besuches angenehm sein.«

In diesem Augenblick hielt die Kutsche, und der Adjutant blickte hinaus, um nachzusehen, was los sei. An der Straßenkreuzung vor ihnen stand eine Kutsche, die die Hauptstraße blockierte. Da irgendeine Auseinandersetzung im Gange zu sein schien, entschloß sich der Adjutant nachzuforschen. »Mit Verlaub, Sir«, sagte er zu dem Admiral. »Ich will den Kutscher fragen, warum er angehalten hat.«

Pedro de Lares marschierte vor und erfuhr von dem Kutscher nicht mehr, als daß eine Verhaftung vorgenommen werde. Noch zwei Kutschen folgten der des Admirals, und ein Trupp Kavallerie ritt weiter hinterdrein. Hauptmann Garcia, der Kommandant der Eskorte, sprengte gleichzeitig nach vorn. Er und de Lares waren überrascht, als sie sahen, daß ein französischer Armeeoffizier sich im Griff von zwei spanischen Soldaten wehrte.

»Wie können Sie es wagen, mich zu verhaften?« brüllte der Franzose. »Nehmen Sie Ihre dreckigen Hände von mir!«

»Sie sind verhaftet, Señor, weil Sie Ihre Rechnung im Gasthaus von Paradas nicht bezahlt haben. Ich soll Sie dorthin zum Verhör zurückbringen.«

»Eine verdammte Frechheit! Ich unterbrach die Reise dort, weil es kein Gasthaus auf der Hauptstraße gab. Ich habe die Rechnung bezahlt und bin in einer offiziellen Angelegenheit auf dem Weg nach Madrid. Wenn Sie mich aufhalten, so geschieht das auf Ihre eigene Gefahr!«

Das Geschrei ging in einer Mischung aus Französisch und Spanisch weiter. Der Franzose verlangte freigelassen zu werden, die Spanier wiederholten immer nur, daß sie ihren Befehlen gehorchen müßten. Schließlich mischte sich der Adjutant ein, indem er den Franzosen bat, seinen Namen anzugeben.

»Ich bin Jean Pelletier«, erwiderte er, »Hauptmann in der Armee der französischen Republik, diene aber seit kurzem zur See unter Admiral Richery als Offizier der Marinesoldaten der *Intrepide*. Ich bin auf dem Weg zur französischen Gesandtschaft in Madrid.« Pedro de Lares stellte eine oder zwei Fragen und berichtete dann dem Admiral, daß ein französischer Offizier der Seesoldaten verhaftet werden solle, weil er seine Rechnung nicht bezahlt habe, obschon er behauptete, sie voll und ganz bezahlt zu haben.

»Wir können ihn nicht in Haft lassen«, sagte der Admiral. »Die Franzosen sind unsere Verbündeten, und eine solche Affäre könnte die schlimmsten Folgen haben. Es könnte einen internationalen Zwischenfall geben! Sagen Sie Hauptmann Garcia, er solle mit den Leuten verhandeln und wenn nötig Gewalt anwenden.«

»Ich schlug das bereits Hauptmann Garcia vor, aber es widerstrebte ihm, in dieser Art vorzugehen. Er glaubt, daß Ihr Einfluß ausreichend sein sollte, um die Freilassung des Offiziers zu gewährleisten. Die Anwendung von Gewalt würde Sie bei diesem Stand der Dinge ins Unrecht setzen. Er glaubt, daß irgendein Irrtum vorgekommen sei und daß ein Wort mit dem Bürgermeister das Mißverständnis aufklären werde. Paradas liegt nur ein kleines Stück seitwärts von der Hauptstraße – es ist fast zu sehen.«

»Vor ein paar Minuten«, sagte der Admiral, »hätte ich behauptet, daß nichts – aber auch nichts – mich davon abhalten würde, Cadiz auf dem kürzesten Weg zu erreichen. Eine Aufgabe von größter Wichtigkeit erwartet mich in der Werft. Meine technischen Kenntnisse werden benötigt, und ich muß unbedingt so bald wie irgend möglich dort sein. Aber wenn es eine dringende Bitte gibt, die ich nicht überhören darf, ist es diese – die Bitte eines verbündeten Offiziers, der ungerecht beschuldigt wird und in Gefahr schwebt, eingesperrt zu werden. Es könnte sein, daß ich für ein höheres Kommando bestimmt werde. Wenn ich meine Flagge hisse, wünsche ich bekanntzugeben, daß ich Loyalität erwarte, daß ich aber auch loyal gegenüber jenen bin, die unter meinem Kommando dienen. Wenn ein Mann über Bord fällt, werde ich nicht alle Segel setzen! Ich werde meine Topsegel backholen und ein Boot niederlassen. Das ist es, was ich jetzt tun werde. Sagen Sie diesem Offizier von Paradas, er solle dorthin zurückkehren und seinen Gefangenen mitnehmen. Sagen Sie Hauptmann Garcia, er solle mit seiner Truppe in die Straße einbiegen – eine Schau der Macht mag nützlich sein. Was mich anbelangt, ich werde mit dem Bürgermeister sprechen und ihn auf seine Pflicht hinweisen.«

Ehe diese Befehle befolgt werden konnten, kam der für die Verhaftung verantwortliche spanische Armeeoffizier zur Kutsche des Admirals und entschuldigte sich für die Scherereien, die er verursacht habe. Er gehorche nur seinen Befehlen und könne sich denken, daß ein Irrtum vorgekommen sei. Er hoffe, daß die ganze Angelegenheit in einer Stunde aufgeklärt sein werde. Der Admiral antwortete höflich. Und dann machte der spanische Armeeoffizier einen nützlichen Vorschlag. Da der Admiral höchstens eine Stunde in Paradas aufgehalten werde – möglicherweise sogar weniger –, sei es gewiß nicht nötig, daß die beiden anderen Kutschen auch die Hauptstraße verließen. Wenn sie langsam nach Utrera weiterfahren sollten, wären sie bereits mit dem Gepäck dort, wenn der Admiral ankäme. Die Pferde würden überdies weniger ermüdet, und das Gasthaus hätte Zeit, sich auf den Empfang des Admirals vorzubereiten. Admiral de Grado nahm diesen Vorschlag, der dem gesunden Menschenverstand entsprach, sofort an. Obendrein wurde ihm versichert, daß die Hauptstraße an dieser Stelle völlig sicher sei und patrouilliert werde. Also fuhr Hauptmann Pelletiers Kutsche nach Paradas zurück. Sie wurde von dem spanischen Offizier und seinem Untergebenen bewacht, die beide nebenher ritten, und voran eilte Hauptmann Garcias Trupp der Kavallerie. Die Kutsche des Admirals bildete den Schluß der Kolonne. Die anderen beiden Kutschen, eine für die Bediensteten und eine für das Gepäck, blieben auf der Hauptstraße und fuhren in Richtung Utrera weiter. Sie konnten in etwa zwei Stunden dort sein.

Die Kavalkade auf der Nebenstraße überquerte eine Holzbrücke über eine tiefe Schlucht und sichtete, nachdem sie den gegenüberliegenden Abhang erklommen hatte, bald darauf Paradas. An dieser Stelle entdeckte der Untergebene des spanischen Armeeoffiziers, daß er seinen hinter dem Sattel zusammengerollten Mantel verloren hatte. Es wurde ihm befohlen, umzukehren und ihn zu holen, und er kehrte danach im Galopp zurück. Die Kavalkade bewegte sich weiter bis Paradas und hielt draußen vor dem Gasthof an, um zu entdecken, daß es sich in der Tat um ein Mißverständnis gehandelt hatte. Die Rechnung des französischen Offiziers war wirklich bezahlt worden. Der Wirt hatte keinerlei Klage vorzubringen. Der spanische Offizier war verwirrt und entschuldigte sich. Er habe den Namen auf dem schriftlichen Befehl falsch gelesen – er könne nun erkennen, daß der Name Pelissier sei. Er drückte seine ergebensten Entschuldigungen gegenüber allen jenen aus, die belästigt worden waren, besonders gegenüber dem Admiral. Sein bisheriger Gefangener konnte es sich leisten, großzügig zu sein, und gab zu, daß der Name auf dem Befehl, den er prüfen durfte, tatsächlich wie Pelletier aussah. Er betrat mit seinem Häscher den Gasthof, um zu fragen, ob ein Offizier namens Pelissier sich dort habe sehen lassen. Weder der Admiral noch Hauptmann Garcia sah sie wieder, denn die unmittelbare Diskussion – in deren Verlauf der Irrtum dem Admiral mitgeteilt worden war – fand durch eine Explosion in der Ferne ihr Ende. Sie kam aus der Richtung der Straße – der einzigen Straße –, auf der man Paradas erreichen konnte. Garcia schickte ein paar Kavalleristen hin, um nachzusehen, was los sei. Sie waren in einer halben Stunde wieder zurück und berichteten, daß die Holzbrücke in die Luft geflogen sei. Völlig verwirrt fragte der Admiral Hauptmann Garcia: »Warum sollte jemand so etwas tun, bei Gott?« Der Kavallerist war genauso verwirrt:

»Ja, warum eigentlich?« sagte er und zuckte mit den Schultern.

»Aber was auf Erden hatten denn die Verbrecher dabei zu gewinnen?« beharrte der Admiral.

»Ich kann es mir nicht denken – vielleicht Zeit . . .«

Mittlerweile kamen die beiden Kutschen, die erste mit den Bediensteten und die zweite mit dem Gepäck, in Utrera an. Sie gelangten in eine Stadt, deren enge, gewundene Straßen von starkem Verkehr zeugten. Wie es leicht an einem solchen Ort geschehen kann, bog ein schwer beladener Wagen ein, trennte die beiden Kutschen und konnte dann nicht weiter, wobei es der ersten noch möglich war, die nächste Biegung der Straße zu nehmen. Die beiden Männer des anderen Wagens, der Kutscher und sein zweiter Fahrer, fluchten über den Besitzer des Karrens, der betrunken zu sein schien, konnten aber keine Möglichkeit finden, an dem Hindernis vorbeizukommen. Zum Glück half ihnen ein Armeeoffizier aus der Patsche, der von irgendwoher auftauchte, neben den Fahrer kletterte und ganz entschieden auf eine Abzweigung nach links zeigte. Der Kutscher vermutete sofort, daß diese Gasse sie zu der Straße nach Sevilla bringen würde, wo die andere Kutsche wahrscheinlich auf sie wartete. Weit entfernt davon zog sich aber die Straße durch ein armseliges Stadtviertel und endete schließlich in einer stillen, toten Sackgasse. Ihr Führer war betrübt und entschuldigte sich, er sei offensichtlich nach der falschen Seite abgebogen. In der verlassenen Gasse gäbe es niemanden, den sie fragen könnten, und es sei vielleicht das Beste, den Weg zurückzufahren, den sie gekommen waren. Plötzlich erschien doch noch ein anderer Mann, und der Kutscher lehnte sich vom Bock hinab, um ihn nach dem Weg zu fragen. Der Fremde schlug ihm daraufhin einen mit Sand gefüllten Strumpf über den Kopf. Er taumelte auf die Straße, wo sich sofort die bewußtlose Gestalt seines Gefährten einfand. Er war auf ähnliche Weise von dem Offizier betäubt worden, der sich als schlechter Führer erwiesen hatte. Die beiden Männer lagen noch regungslos da, als die Kutsche mit ihren beiden Angreifern auf dem Kutschbock davonfuhr.

»Fahr zu!« brüllte Delancey Hodder an, nachdem die Kutsche umgedreht hatte. Bald ließen sie die Stadt hinter sich und holperten eine Nebenstraße entlang, die zu einer Stelle in den Vororten führte, wo Bisson, jetzt wieder nüchtern, auf den Kutschbock sprang. Die Kutsche erreichte gleich darauf die Hauptstraße, und bald danach hörte man den Laut, den Delancey gefürchtet hatte – das ferne Signal einer Kavallerietrompete. Mit den nach einem langen Tag übermüdeten Pferden konnte Flucht nicht in Frage kommen. Auf einer schnurgeraden Straße, die eine öde Ebene durchzog, gab es aber auch keine Hoffnung auf ein Versteck. Die Reiter waren bereits als winzige, sich bewegende Staubwolke zu erspähen. Irgend etwas war doch noch an einem Tage schiefgegangen, an dem bereits alles in bester Ordnung zu sein schien. War dieser Kutscher schon wieder bei Bewußtsein und hatte er um Hilfe gerufen, seine Angreifer beschrieben und sogar richtig vermutet, welchen Weg sie eingeschlagen hatten? Sollte es dafür Zeit gegeben haben? Oder hatte der Admiral das Komplott durchschaut und war kurz vor der Brücke umgedreht, die nach

Paradas führte? Eines stand mit Sicherheit fest, daß in diesem Falle die Verbrecher, er und seine Männer, niemals als Kriegsgefangene behandelt werden würden. Sie hätten Glück, wenn man sie erschoß und nicht hängte. Was für ein Tod, wo es nur noch ein paar Meilen bis zur Rettung waren! Als Delancey die Straße zurückblickte, konnte er die Reiter deutlich unterscheiden und den fernen Hufschlag hören. Sollten er, Bisson und Hodder, sich auf ein Gefecht einlassen? Was hätte es für einen Sinn? Es mochten mindestens zwanzig Reiter sein. Würde es der Sache dienen, wenn er drei davon tötete? Er konnte keinen Sinn darin sehen. Einer plötzlichen Eingebung folgend, ließ Delancey die Kutsche umdrehen. Noch bestand Aussicht auf Rettung. Nun konnte er bereits die Uniformen unterscheiden, die Gesichter, die Offiziere an der Spitze, den Trompeter dahinter. Sie kamen näher und näher ... Was hatte Colonel Altamirano gesagt? »Wenn der Tod kommt aus Madrid ...?« Hier sah man dem Tod ins Auge, unausweichlich. Er kam rasch. Man zog nicht die Degen – jetzt –, aber sein Leben maß eher nach Sekunden als nach Stunden. Ein Befehl wurde gerufen, und der Trupp hielt an. Delancey fest ansehend, brüllte der Offizier eine Frage. Die Worte sagten ihm nichts, aber ihr Sinn mochte etwa sein: »Welchen Weg« – oder »Haben Sie sie gesehen?« oder etwas Ähnliches. Delancey ergriff die Gelegenheit und rief zurück: »Dort entlang!« und zeigte in die Richtung, in der sie ritten. Es folgte wieder ein scharfer Befehl, und der Trupp galoppierte weiter. Schon verbarg ihn Staub, der Lärm der Hufe wurde schwächer und erstarb schließlich. Stille. Delancey wischte sich den Schweiß von der Stirn und sagte zu Hodder, er solle weiterfahren. Für diesen Zwischenfall sollte er nie eine Erklärung erhalten. In einem kleinen Wald südlich von Utrera traf die Kutsche mit drei Reitern zusammen. Die Operation war beendet.

Es stellte sich heraus, daß der Admiral nicht mit einer riesigen Summe betraut worden war. Delancey verteilte das Silber in sechs Haufen, während die Männer zusahen. Er fügte bei fünfen noch ein paar andere Wertgegenstände hinzu und behielt dann den besten Degen des Admirals für sich. »Nun?« fragte er schließlich. »Ist es fair?« Die anderen stimmten mit Dankesworten zu – und erinnerten ihn daran, daß der Anteil des Führers wenigstens das Doppelte hätte betragen dürfen. »Gut also, Mr. Rigault, führen Sie die Gruppe an, die nach Portugal reitet. Bleiben Sie immer noch bei mir, Hodder? Gut! Ihr anderen sitzt auf und reitet wie der Teufel davon! Ihr habt hundert Meilen vor euch und solltet sie in drei Tagen schaffen. Fort mit euch – und viel Glück!«

»Viel Glück auch für Sie!« ertönten ihre Stimmen im Chor, und sie ritten davon.

»Nehmen Sie die Zügel, Hodder, und weiter! Wir wollen auf die Straße nach Lebrija, aber ich bin im Zweifel, ob wir heute abend noch weiterfahren sollten. Cadiz liegt gleich dahinter. Unsere Reise endet an einem Punkt etwas südlich von dieser Stadt. Ich hatte gehofft, morgen dort sein zu können, am 15. also, aber es ist unmöglich. Ein paar Tage noch, und unsere Mission ist erfüllt.«

»Nun, Sir, Sie wissen, was für ein Gewerbe ich hatte. Ich hätte nie gedacht, daß ich mich eines Tages im Feindesland als Spion bewegen und das Leben riskieren würde. Und Sie haben wohl nicht erwartet, daß Sie die Reise mit einem Manne wie mich als einzigem Kameraden beenden würden. Wie seltsam ist doch das Leben, ganz gewiß!«

»In welcher Hinsicht, Hodder?«

»Nun – nehmen Sie mich als Beispiel!«

Es war noch eine Entfernung von vielleicht siebzig Meilen. Delancey und Hodder machten ihre Sache gut, denn sie kamen am Nachmittag des 17. in Cadiz an. Zuvor hatten sie ihre Kutsche in einem Wald verborgen und ihre Reise zu Pferde beendet. Sie hatten Unterkunft in einem kleinen Gasthaus gefunden, von wo aus man den Hafen überschaute.

Als Delancey auf das Meer in der Ferne blickte, war er seltsam gerührt. In den vergangenen Wochen war er von seinem Lebenselement getrennt gewesen. In früheren Jahren hatte er sich manchmal gefragt, ob er Seemann durch Zufall oder eigene Wahl geworden sei. Daß er so lange dem Meer fernbleiben mußte, sollte ihn davon überzeugen, und hatte es schließlich auch getan, daß es für ihn keine andere Karriere geben konnte.

Und dann erinnerte er sich beim Anblick von Cadiz an die andere Flotte, in der er eigentlich dienen sollte. Dort vor seinen Augen lag endlich die spanische Flotte mit Langaras Flagge auf der *Principe de Asturias.* Diese großen Schiffe machten einen herrlichen Eindruck im herbstlichen Sonnenschein, wie sie da in exakter Formation aufgestellt waren, und bei dem regen Hin und Her der Boote rings um sie. Delancey lieh sich vom Gastwirt ein Fernrohr und konnte nun erkennen, daß die Flotte bereit, oder fast bereit, zum Auslaufen war, denn alle Marsstangen waren beschickt, und fast alle Rahen waren gekreuzt. Soviel würde auch der britische Admiral in Gibraltar wissen, dessen Fregatten irgendwo draußen vor dem Hafen waren. Aber wie sollte man den Admiral darüber informieren, daß Langara nach Toulon segeln würde?

16. Kapitel

Im Dienst des Königs

Nach dem Essen am Abend ihrer Ankunft in Cadiz (17. September) meinte Delancey zu Hodder, ihr nächstes Problem bestehe darin, im Hafen von Léon an Bord zu gehen. Sollte es gelingen, die Nachricht, die er gewonnen hatte, schnell nach Gibraltar zu bringen, so würde sie mehr Wert besitzen als jede andere, auf die er noch in Cadiz hoffen könnte. Er und Hodder sollten die Reise deshalb schleunigst fortsetzen, und zwar schon am folgenden Tag.

»Sehr richtig, Sir«, sagte Hodder. »Sie legen alles sehr klar dar, und ich bin ganz Ihrer Meinung.«

»Es freut mich, so etwas zu hören. Da unser Ziel jetzt nur darin besteht, Spanien zu verlassen, möchte ich gern auch Ihre Ansicht darüber erfahren, wie wir am besten weiter vorgehen. Unser beider Leben steht auf dem Spiele, und der Gedanke ist mir schrecklich, daß Sie das Ihre durch einen Fehler von mir verlieren könnten. Der Ort für unsere Einschiffung ist etwa zehn Meilen entfernt, und wir könnten recht gut morgen dort sein. Sagen Sie mir, was Sie für richtig halten.«

»Ich danke Ihnen, Kapitän, für Ihre freundliche Rücksichtnahme. Vor allem sollten Sie meiner Meinung nach Zivilkleidung anlegen. Diese französische Uniform ist bisher nützlich gewesen, aber jetzt wird sie zu einer Gefahr.«

»Ich muß gestehen, daß ich daran nicht gedacht hatte.«

»Ja, Sir, es würde auffallen. Cadiz muß in jüngster Zeit voll von französischen Offizieren gewesen sein, und einige sind vielleicht auch hier auf dieser Straße gereist, um zu ihren Schiffen zu gelangen. Sie könnten sehr gut als einer von jenen gelten, die zu spät eingetroffen sind, und ich dazu als Ihr Diener. Unser Gastwirt fragte nicht einmal, woher Sie kämen oder zu welchem Schiff Sie gehörten. Aber ein französischer Marineoffizier, der hier abreist und nach Süden geht . . . das muß schon mehr Aufmerksamkeit erregen. Die Leute stellen sich gern die Frage, warum.«

»Sie haben ganz recht. Ich war zu sehr mit Langara beschäftigt, um mißtrauische Blicke zu beachten, die sich auf mich richteten. Aber Sie haben recht. Wäre ich ein französischer Offizier, der auf einem bereits ausgelaufenen Kriegsschiff dient, würde ich sofort nach Madrid weiterreisen.«

»So ist es, Sir.«

»Aber wenn ich jetzt als Zivilist auftrete, wird es noch verdächtiger wirken.«

»Dem kann abgeholfen werden, Sir; und der Wirt versteht auch zuwenig Französisch, um Fragen zu stellen.«

»Das stimmt. Wie aber weiter?«

»Ich glaube, wir brauchen Musketen. Sollte es zu einem Gefecht kommen, sind wir mit Ihrem Degen und einem Paar Pistolen für jeden zu schlecht bewaffnet.«

»Das meine ich auch, aber wie soll man Musketen unbemerkt tragen?«

»Auch daran habe ich gedacht, Kapitän. Angenommen, wir verkaufen eines unserer beiden Pferde und erwerben für das Geld einen kleinen Wagen. Wir können ihn mit allem beladen, was wir brauchen, ganz zu schweigen von ein paar Laternen, um mit ihnen dem Lugger zu signalisieren.«

»Eine gute Idee. Weiter?«

»Wir brauchen eine Geschichte, die unsere Handlungsweise erklärt. Wir wollen vielleicht fischen gehen und möchten ein Boot mieten.«

»Fischen mit Musketen?«

»Vielleicht wollen wir Diebe fassen oder einen entflohenen Gefangenen suchen.«

»Entflohen von wo?«

»Nun ja, Sir, wir brauchen eben irgendeine Geschichte.«

»In der Tat, Mr. Hodder, und ich werde Ihnen sagen, was für eine. Wir sind französische Agenten, die Deserteure jagen. Die französische Flotte war vor kurzem hier, aber als ihre Schiffe ausliefen, wurden einige Matrosen vermißt.«

»Wird der Gastwirt das glauben?«

»Ich sehe nicht ein, warum er es nicht tun sollte. Die Deserteure in Cadiz sind jetzt alle gefangen, aber wir glauben, daß sich in der Gegend noch einige versteckt halten. Wir suchen nach ihnen in den Nachbardörfern.«

»Er wird denken, man sollte uns lieber auf See einsetzen.«

»So sollte es auch sein, aber wir müssen unseren Befehlen gehorchen.«

»Zu Befehl, Sir.«

Am nächsten Tag verwirklichte Delancey diese vorsorglichen Maßnahmen, indem er ein Pferd verkaufte und einen kleinen Wagen anschaffte. Es zeigte sich, daß Musketen nicht erhältlich waren, aber er brachte es fertig, zwei Jagdflinten mit Munition zu kaufen, die zwar nicht so tödlich trafen wie Musketen, deren Besitz sich aber leichter begründen ließ. Der Kauf von Laternen stellte keine Schwierigkeit dar, und Delancey erwarb auch einige Holzlatten, aus denen man einen Rahmen herstellen konnte, an dem die Laternen aufgehängt werden sollten. Zu dieser Ausstattung fügte er noch ein gebrauchtes Fernglas, ein Messer, eine Axt, eine Säge, einen Hammer, Nägel und ein Knäuel Garn hinzu. Zuletzt kaufte er aus zweiter Hand einen Anzug aus blauem Tuch, wie ihn Kapitäne kleiner Handelsschiffe tragen, nicht als Uniform, aber als Anzug nach seemännischer Art. Dazu einen Hut, wie ihn ein Bootsmann an Land trug. Schließlich erzählte er dem Gastwirt von seiner Jagd auf Deserteure, und daß er mit seinem Diener in zwei Tagen zurückkehren werde. Er benutzte einen anderen Gast bei dieser Geschichte als Dolmetscher, da seine eigenen Kenntnisse des Spanischen – sie hatten sich in letzter Zeit gebessert – dafür zu begrenzt waren und höchstens ausreichten, um nach dem Weg zu fragen oder eine Mahlzeit zu bestellen. Der Gastwirt war natürlich nur an der Bezahlung der Rechnung interessiert. Als er über diesen Punkt beruhigt war, zeigte er kein großes Interesse an Delanceys Plänen.

Delancey wäre tatsächlich ohne aufzufallen davongekommen,

wäre nicht Pierre Marigny, der Proviantmeister der *Duguay-Trouin* eingetroffen. Marigny kam am Dienstagabend in das Gasthaus, nachdem er sein Schiff um etwa eine Woche verpaßt hatte. Und während der Gastwirt nichts dabei gefunden hatte, in Delancey einen Franzosen zu sehen, war Monsieur Marigny von Anfang an mißtrauisch. Was sollte dieser Hauptmann von der Armee wohl tun? Deserteure aufspüren? Kein Hauptmann würde je damit betraut werden. Das war etwas für einen Bootsmannsmaat! Sobald Fragen gestellt wurden, geriet Delancey in Gefahr. Er konnte bei Spaniern als Franzose gelten. Er konnte sogar als Spanier unter Franzosen ankommen. In einer gemischten Gesellschaft aus Franzosen und Spaniern war er offensichtlich ein Ausländer, und Hodder müßte sich stocktaub oder schwachsinnig stellen, was noch weniger anging. Als Delancey in Gegenwart des Gastwirts mit Marigny im Gastzimmer zusammentraf, versuchte er seinen Akzent damit zu erklären, daß er jahrelang in den Vereinigten Staaten gelebt habe. Dann entschuldigte er sich, er müsse am nächsten Morgen zeitig aufbrechen. Er war sich dessen bewußt, daß ihm seltsame Blicke folgten, als er hinausging, und er war daraufhin entschlossen, noch früher aufzubrechen, als er geplant hatte.
Delancey verließ den Gasthof bei Tagesanbruch, nachdem er seine Rechnung am Abend zuvor bezahlt hatte. Hodder führte ihr verbliebenes Pferd zu dem Mietstall, wo sie den Wagen und ihre aufbewahrten Jagdflinten und Laternen abholten. Delanceys Personaldokumente, die eines französischen Armeeoffiziers, genügten dem Sergeanten am Stadttor, und sie befanden sich alsbald auf der Straße nach Léon. Es herrschte stürmischer Westwind, der Himmel war bedeckt. Delancey und Hodder paßte das, weil sie sich in ihre Mäntel einhüllen und ihre Hüte tief ins Gesicht ziehen konnten.
»Ich bin froh, daß wir von Cadiz fort sind«, sagte Hodder mit einem Seufzer der Erleichterung. »Wir hätten jede Minute eingesperrt werden können. Ich gebe offen zu, Kapitän, daß ich in der letzten Nacht nicht schlafen konnte, weil ich immerfort auf ein Klopfen an der Tür wartete. Im Hof fragte mich so ein Bursche allerlei. Ich stellte mich taub wie gewöhnlich, aber er ließ

mir keine Ruhe. Ich war froh, als ich ihm entwischen konnte, aber ich habe das unangenehme Gefühl, daß man uns verfolgt. Auch dieser Sergeant am Stadttor wird sich an uns erinnern. Man ist hinter uns her, Sir, denken Sie an meine Worte.«

»Ich danke Ihnen für die Warnung. Ich fürchte, Sie haben recht. Aber ich nehme an, daß wir ein oder zwei Stunden Vorsprung besitzen. Wir haben also Zeit genug, um nachzusehen, ob die *Dove* im Hafen liegt. Wenn sie nicht da ist, muß ich fragen, ob sie da war und wann sie möglicherweise zurückkommt. Danach müssen wir uns auf der entlegenen Seite von der Stadt entfernen, eine falsche Spur hinterlassen und uns dann irgendwo an der Küste verbergen, wo wir auf die See hinaus Signale geben können.«

Eine Fahrt von zwei Stunden brachte sie zu der kleinen Stadt Léon, deren Häuser sich um einen Fischerhafen gruppierten und zur höher gelegenen Kirche und dem Rathaus nach Osten anstiegen.

Der Hafen war klein, aber leicht anzulaufen. Er hatte Wasser genug für Schiffe mit durchschnittlichem Tiefgang. Er war länglich. Die dem Meer zugewandte Seite besaß zwei Wellenbrecher. Ein aus Steinen erbauter Kai begrenzte die übrigen drei Seiten. Zwischen dem Ufer und den Lagerhäusern und übrigen Gebäuden war Raum genug zum Entladen vorhanden. Landeinwärts, also auf der Ostseite, standen Häuser und Läden weiter zurück um einen offenen Platz, der als Fischmarkt oder Jahrmarkt dienen konnte. Im Augenblick standen dort keine Buden, dafür lag eine Anzahl Boote da, die man vielleicht zum Verkauf oder zur Reparatur hergebracht hatte. Gegen den Norden der Stadt zu gab es eine oder zwei benachbarte Buchten, eine von ihnen mit weißem Sand und ein paar aus dem Wasser gezogenen Booten. Der starke Wind von der See her verursachte eine leichte Brandung, und die Wellen brachen sich am Strand. Die besseren Häuser standen in dem Raum zwischen der Kirche und dem Hafen. Man gelangte durch so etwas wie eine Hauptstraße vom Norden her zu ihnen. Delancey fuhr mit seinem Wagen aus dieser Richtung in die Stadt ein, hielt kühn vor dem größten Gasthaus und gesellte sich zu den wenigen Gästen, die sich drinnen bereits um das Feuer versammelt hatten. Er bestellte Rum und verursachte dadurch leise Bestürzung. Der Ausschenker sagte, er habe keinen.

»Keinen Rum?« wiederholte Delancey. »Bei Gott, Sie können doch nicht alles ausgetrunken haben, was der Lugger hier an Land gebracht hatte!« Die Bürger und Seeleute tauschten miteinander Blicke aus, und der arme Ausschenker sagte, er werde seinen Herrn rufen.

»Wenn wir welchen haben, so wird es der Herr wissen.« Es gab eine halblaute Besprechung im Hinterzimmer, und dann erschien der Wirt in Person und gab zu, ein paar Worte Französisch zu verstehen.

»Der Señor fragte nach Rum? Aber dieser ist, wie Sie wissen müßten, in Kriegszeiten nicht erhältlich. Wir haben etwas Kognak, den ich empfehlen kann.« Einer der Seeleute ließ ein unterdrücktes Kichern hören, und der Wirt blickte mit gerunzelter Stirn in seine Richtung.

»Seltsam!« sagte Delancey. »Ein Freund von mir trank erst gestern welchen hier. Er wurde doch kürzlich von einem französischen Schiff namens *Dove* an Land gebracht . . .« Es trat atemlose Stille ein, unterbrochen vom Gastwirt, der vorher hastig in die Runde blickte, als ob er sehen wollte, ob ihm alle Anwesenden bekannt wären.

»Sie sind wohl ein Freund von Señor Davila?« Diese Frage wurde nur flüsternd ausgesprochen.

»Er ist der Mann, den ich hier treffen will. Deshalb bin ich hergekommen.« Die Spannung löste sich fast sichtbar, und der Gastwirt war offensichtlich erleichtert.

»Für einen Freund von Señor Davila freut es mich, einen ganz besonderen Kognak herholen zu können.« Man lächelte ringsum, als er eingoß.

»Und wo ist Señor Davila zu finden?« fragte Delancey.

»Um diese Tageszeit wird er in der Schenke ›Barco de Vela‹ an der Wasserkante sein. Er kommt nur abends her. Er ist ein guter Freund von mir, Señor, und hier sehr bekannt.«

»Auf Señor Davila!« sagte Delancey und hob sein Glas. »Und ist die *Dove* im Hafen?«

»Nein Señor, heute nicht. Sie kann morgen oder übermorgen hier sein. Wer weiß es?«
»Wer weiß es?« wiederholte Delancey. »Vielleicht Señor Davila. Ich bin sein Freund, aber er hat auch Feinde. Es wäre gut, meinen Namen keinem gegenüber zu erwähnen, der zu viele Fragen stellen sollte.«
»Ich kenne Ihren Namen nicht, Señor.«
»Dann wird es für Sie um so leichter sein zu leugnen, daß Sie mich gesehen haben.«
»Nichts leichter als das, Señor. Ich bin einzigartig unaufmerksam, wie sich meine Frau immer beklagt. Aber es bekümmert mich, daß Señor Davila Feinde haben sollte. Hier sind wir alle seine Freunde.«
»Kein Zweifel daran. Aber es gibt überall Neider.«
»Leider ist das wahr.«
Delancey sagte Lebewohl und fand sich wieder bei Hodder ein, der indessen geduldig den Kopf des Pferdes gehalten hatte. »Wir müssen hinunter zum Kai gehen und die Schenke ›Barco de Vela‹ aufsuchen. Die *Dove* ist hier gewesen und wird wieder erwartet. Ich möchte wissen, wann.«
Der Karren fuhr weiter und hielt das nächste Mal in der Straße der Fischhändler an. Man konnte sehen, wie sich die Wogen an den Wellenbrechern brachen, und Delancey bezweifelte, ob die *Dove* überhaupt versuchen würde einzulaufen, bevor der Wind nachließ. Ein heftiger Regenschauer setzte ein, als er hinüber zur Schenke ›Barco de Vela‹ ging und kühn nach Señor Davila fragte. Ein kleiner dunkler Mann von blühendem Aussehen sonderte sich von der Gruppe am Fenster ab, und Delancey nahm ihn rasch als alten Freund in Anspruch.
»Señor Davila! Freut mich, Sie schauen aber gut aus! Die Heiligen behüten Sie eben, das kann man sehen.«
Davila sah einen Augenblick verblüfft drein, begriff dann aber rasch, welche Rolle er spielen sollte.
»Mein lieber Freund! Was für eine angenehme Überraschung! Kommen Sie ans Feuer, damit Ihr Mantel trocknet. Ein Glas Kognak vielleicht?« Davila schob Delancey in einen Winkel, wo sie Französisch miteinander sprechen konnten, ohne belauscht zu werden.

»Kapitän Delancey? Was für eine Erleichterung, Sie zu sehen! Wir hatten Sie fast aufgegeben.«

»Sie arbeiten mit Sam Carter zusammen, Señor?«

»Wir machen miteinander Geschäfte, und ich erwarte ihn morgen oder aber, wenn dieser Sturm aufgehört hat. Die *Dove* ist hier gewesen, mußte aber wieder in See stechen. Señor Carter hatte nach Ihnen in einem Dorf gefragt, das genau nördlich von hier liegt. Er ließ Señor Alvarez bei mir zurück – ein sehr nützlicher Mann. Er und ich werden uns um Sie kümmern. Ich darf noch hinzufügen, daß es in unserem eigensten Interesse liegt, darauf zu achten, daß Sie sicher auf die *Dove* kommen. Was ich wissen möchte: Werden Sie verfolgt?«

»Ich halte es durchaus für wahrscheinlich.«

»Dann müssen Sie an einen Ort draußen auf dem Lande gehen, südlich von hier, den ich kenne. Sie müssen so bald wie möglich dorthin und im Versteck bleiben, bis die *Dove* zurückkehrt, vielleicht morgen, vielleicht übermorgen.«

»Sehr gut, aber wie komme ich hin?«

»Sie sollen einen Führer kriegen.«

Davila ging rasch zur Vordertür und kam mit einem jungen Mann namens Marco zurück.

»Er ist mein Reitknecht und kennt den Weg. Ich werde Sie nach Einbruch der Dunkelheit besuchen. Gehen Sie jetzt bitte, rasch!«

Delancey und Marco eilten zum Wagen; Hodder folgte Marcos Anweisungen und verließ Léon auf einer Nebenstraße, die zu den Hügeln abbog. Es war höchste Zeit, denn als Marco zurückblickte, stammelte er: »Soldaten!« Delancey blickte sich flüchtig um und sah einen Trupp Kavallerie, der unten am Kai Aufstellung nahm. Vor der Schenke ›Barco de Vela‹ war ein Offizier abgesessen. Es sah aus, als ob die Jagd losginge. Delancey konnte sich denken, daß der Konteradmiral nach dem Verlust seines Gepäcks in ekelhafter Stimmung war. Die Einwohner von Léon würden zwar nicht gewillt sein, einen Schmuggler zu verraten, mit dem sie Geschäfte machten. Sie würden aber einem englischen Spion gegenüber nicht so tolerant sein, und der Ort war viel zu klein, als daß Delanceys Ankunft unbemerkt geblieben wäre.

Hodder trieb das Pferd mit der Peitsche zum Galopp an, als die Straße eben wurde, und eine Stunde später bog er rechts in einen Weg ein, der plötzlich nur zu einer Wagenspur wurde. Nirgends waren Bauern zu erblicken, und Delancey merkte, daß sie sich einem trostlosen Teil der Küste näherten. Die Spur endete bei einer Hüttenruine ohne Dach, hinter der die Klippen steil in ein sturmgepeitschtes Felsengewirr abfielen. Es herrschte immer noch starker Wind, der das Tosen der Brandung laut herübertrug. Das Versteck war gut gewählt, aber man konnte von dort aus kein Boot besteigen. Als der Wagen anhielt, erzählte Marco Delancey, hier sei man sicher, denn dieser Ort werde von keinem besucht. Delancey hielt es nicht für wahrscheinlich, noch längere Zeit ungestört zu bleiben, doch glaubte er nicht, daß er unterwegs gesehen worden war, jedenfalls bestimmt nicht, seit sie die Straße verlassen hatten. Eine allgemeine Durchsuchung des Landstrichs würde freilich seinen Aufenthalt im Laufe eines Tages verraten, aber eine solche Operation war nicht zu erwarten, mindestens nicht mit der kleinen Gruppe, die dafür zur Verfügung stand. Delancey hatte nicht mehr als einen einzigen Trupp von höchstens zwanzig Dragonern gesehen, die zwar eine Verhaftung vornehmen konnten, keineswegs aber ausreichten, um das Land abzusuchen. Mindestens im Augenblick waren er und Hodder sicher und konnten es sich bequem machen.

Marco sagte Lebewohl und verließ sie auf dem gleichen Weg, den sie gekommen waren. Delancey schickte sich an, ein Obdach für die Nacht zu errichten. Dazu wählte er den windgeschützten Winkel der Ruine, die er mit Hodder von lockerem Gestein und Abfall säuberte. Sie zerlegten den Karren, benutzten seine Räder als zwei Seitenwände, den Boden als Dach und die Deichseln, um einen vorläufigen Schutz für das Pferd zu errichten. Schließlich band Delancey einige Hölzer zu einem Rahmen für seine Laternen zusammen. Nach Einbruch der Dunkelheit würde es mindestens technisch möglich sein, der *Dove* Signale zu geben. Ob sie erkannt werden würden, war zweifelhaft, denn Sam war kein Mann von der Kriegsmarine, und Mr. Evans' seemännische Kenntnisse würden auch nur begrenzt sein. Mit einem Blick aufs Meer konnte Delancey ein oder zwei Segel in der Ferne sehen, aber das waren höchstwahrscheinlich Fischerboote oder Küstenfahrer. Die *Dove* würde erst bei Dunkelheit zurückkommen. Eines stand fest, er und Hodder würden in Léon an Bord gehen müssen; wie sollten sie aber eine Stadt passieren, in der jeder höchstwahrscheinlich ihre Beschreibung kannte und wo Truppen auf sie Jagd machten?

Am Abend erschien Señor Davila, der aus der Stadt gelaufen kam. Er wurde von José Alvarez begleitet, den er als seinen Geschäftspartner vorstellte. Sie brachten Fleisch, Brot, Butter, Käse und eine Flasche Wein. Davila setzte sich zu ihnen, während sie bei ihrem verborgenen Lagerfeuer aßen, trank ein Glas Wein und teilte ihnen die Neuigkeiten mit. Zuallererst sagte er, die Kavallerie sei ausgesandt worden, um sie zu verfolgen; ein Offizier und vierundzwanzig Dragoner. Der Leutnant sei jung und unerfahren und habe im Gasthaus von Léon kaum Informationen sammeln können und in der Schenke ›Barco de Vela‹ überhaupt keine. Er habe den Leuten erzählt, ihm sei befohlen worden, ein paar Spione zu verhaften. Aber die seefahrenden Leute glaubten ihm nicht, denn sie nähmen an, daß er in Wirklichkeit Schmuggelwaren suche – von denen der Ort voll sei. Auf die Fragen der Soldaten hin hätten die Leute von Léon nichts gesehen, nichts gehört und wüßten von nichts. Unglücklicherweise habe der Garnisonskommandant seinem Kavallerietrupp eine ganze Kompanie Infanterie unter einem Hauptmann namens Miguel de Passamonte folgen lassen. Seit seiner Ankunft am späten Nachmittag habe er das Kommando über die Kavallerie übernommen und die Suche verstärkt.

»Ist er auch ein so junger Kerl ohne Erfahrung?« fragte Delancey.

»Miguel de Passamonte? Nein, Señor, das ist ein alter Soldat, der von der Pike auf gedient hat, ein Mann, der sein Handwerk versteht. Seine Patrouillen sind damit beschäftigt festzustellen, wer am Ort bekannt und wer fremd ist. Es ist eine höchst unglückliche Sache, Señor. Bis heute war es eine friedliche Stadt. In keiner Weise gab es Schwierigkeiten. Ein Mann konnte sein Geschäft machen, ohne Gerede fürchten zu müssen. Jetzt ist alles durcheinander, und wir fangen an, uns gegenseitig zu mißtrauen. Passamonte ist heute abend in der Schenke ›Barco de Vela‹, und wer weiß, was ihm von Leuten erzählt werden wird, die zuviel getrunken haben? Sie und ich wurden zusammen gesehen, denken Sie daran. Ganz offen gesagt, Señor, ich weiß nicht, was ich tun soll!«

»Darf ich Ihnen vorschlagen, daß wir ein Problem nach dem anderen besprechen? Das erste dreht sich wohl um die *Dove*. Wagen wir es, sie in den Hafen zu holen? Ich nehme an, daß Sie Mittel haben, sie zu warnen, wenn sie draußen bleiben soll?«

»Ja, es ist ein Signal vereinbart. Ich glaube, daß sie unter französischer Flagge sicher in den Hafen einlaufen kann. Die Zollbeamten sind meine Freunde, und an sie wird Passamonte seine Fragen über die *Dove* richten. Sie selbst wird sicher sein, aber Passamonte wird Posten am Kai aufstellen. Man wird den Lugger beobachten, dessen können wir gewiß sein.«

»Sehr richtig. Das nächste Problem betrifft den Umfang von Passamontes Informationen. Was weiß er?«

»Er weiß, daß Sie in der Stadt gewesen sind. Er hat die Gewißheit, würde ich sagen, daß Sie jetzt nicht mehr dort sind. Er wird folgern, daß Sie sich irgendwo in der Nachbarschaft befinden, und zwar dort, wo Sie an Bord zu gehen beabsichtigen. Er wird abwarten und sich auf die Lauer legen.«

»Aber woher weiß er denn, daß ich mich ausgerechnet hier an Bord begeben will? Ich könnte doch die Küste weiter hinabgehen und nach Gibraltar zu entkommen suchen. Ich könnte es immer noch tun. Der Plan bietet sich geradezu an.«

»Ich stimme mit Ihnen überein, Señor, aber Passamonte befaßt sich nicht mit dem, was in Tarifa geschieht – dort hat ein anderer Offizier die Verantwortung. Seine Befehle beziehen sich auf diesen Ort, und er muß annehmen, daß Sie hier Spanien verlassen wollen.«

»Also wäre es für mich am besten, weiter nach Süden zu gehen . . .?«

»Aber die anderen Garnisonen werden gewarnt worden sein, und Sie hätten anderweitig keinen Freund an der Küste.«

»Sie glauben, daß Passamonte die *Dove* mit Mißtrauen betrachten wird?«

»Ja, aber nicht so, daß er sich einmischt. Sie wird für ihn der Köder sein, auf ihrer Laufplanke soll sich die Falle schließen.«

»Ich wundere mich darüber, daß sie an dieser Küste verweilen konnte: Sie hat doch den Hafen gewiß mehr als einmal besucht?«

»Sie ist bereits dreimal hier gewesen, und ihre Besuche waren für mich und meine Freunde einträglich. Bei dieser Gelegenheit wird sie zur See von einer britischen Fregatte beschützt, von der *Medusa,* die fast außer Sichtweite bleibt.«

»Die *Medusa*? Kapitän Morris?«

»Ich kenne den Namen des Kapitäns nicht.«

»Wie hält denn die Fregatte den Kontakt?«

»Die *Dove* hat sich einen Satz Signalflaggen und einen Fähnrich ausgeliehen, der den Code kennt. Sie besitzt auch Raketen und blaue Leuchtkugeln für den Notfall.«

»Gut! Was für andere Schiffe liegen im Hafen? Etwas von Interesse?«

»Nur die *Aguila,* die als Kaperschiff mit zehn Kanonen ausgestattet werden soll. Aber die Besitzer konnten noch keine Mannschaft für sie finden.«

»Noch eine Frage: Gibt es einen Anlegeplatz außer dem eigentlichen Hafen?«

»Es gibt an der Nordseite so etwas wie eine Bucht, die Playa Blanco genannt wird, wo man an einem ruhigen Tag landen kann, aber es ist äußerst gefährlich bei Seegang – zum Beispiel unmöglich an einem Tage wie dem heutigen. Dort werden manchmal Fischerboote repariert.«

»Gut! Wenn sich der Wind legt, glaube ich, daß wir morgen nacht Spanien verlassen können. Während der nächsten Stunden werde ich versuchen, der *Dove* zu signalisieren. Wenn Señor Carter weiß, daß ich hier bin, wird er den Lugger morgen in den Hafen bringen. Wenn er es tun sollte, möchte ich gern, daß Sie an Bord gehen, ihm meine freundlichen Grüße bestellen, die Lage erklären und sagen, er solle mich kurz vor dem Beginn der Ebbe erwarten. Um welche Stunde würde das sein?«

»Um halb zwei morgens.«

»Dann möchte ich noch, daß Sie den signalkundigen Fähnrich als

Spanier verkleidet hierherbringen, mit einer Rakete, seinen Flaggen und dem Code. Ich möchte mit der *Medusa* von hier aus in Verbindung treten.«

»Sehr gut, Señor – das alles ist möglich, sogar unter den Augen der Posten.«

»Ich danke Ihnen für Ihre Hilfe, Señor Davila, und nicht zuletzt für das Abendessen. Die kritische Zeit dürfte in zwei Tagen vorüber sein, und Sie wären dann wieder im Geschäft.«

»Was ich getan habe, ist nicht der Rede wert. Sie in Sicherheit zu wissen, soll meine Belohnung sein. Verzeihen Sie, wenn ich jetzt gehe.«

»Können Sie Ihre Wohnung erreichen, ohne von den Posten belästigt zu werden?«

»Oh, ja, Señor. Ich kenne diese Stadt genau und habe gute Freunde in jeder Straße.«

»Gute Nacht und vielen Dank!«

»Gute Nacht, Señor. Gott behüte Sie!«

Nachdem Davila und Alvarez gegangen waren, fragte Hodder Delancey, ob er glaube, daß man den Spaniern trauen könne. Er selbst sei darüber mehr als im Zweifel. »Ich mag den Blick Davilas nicht, ich mag ihn gar nicht. Diese Südländer sind alle gleich, Sir, einer wie der andere. Jeder würde tagtäglich die Seite wechseln, wenn er glaubte, daß es sich für ihn auszahlte.«

»Das will ich meinen; aber in diesem Falle würde es sich nicht auszahlen. Er ist hier als Schmuggelagent im Geschäft. Er und Alvarez arbeiten mit Sam Carter zusammen. Carter ist der Mann, dem er nichts abzuschlagen wagt, und Sam ist mein Freund.«

»Hoffentlich haben Sie recht, Sir, und hoffentlich betrachten Sie auch mich als Ihren Freund. Mein Leben ist nicht immer ehrbar gewesen, wie Sie wissen oder vermutet haben, aber ich habe in den letzten Wochen etwas gelernt, ich weiß nicht genau, was. Ich will England erreichen, Sir, und ich bewundere die Art, mit der Sie ohne Zaudern an Ihrem Ziel festhalten. Sie sind ein Gentleman, Sir, und können mir vertrauen wie Ihrem Bootsmann oder Kanonier. Wenn wir uns hier durchkämpfen müssen, werde ich nicht so leicht aufstecken.«

»Ich weiß das, Mr. Hodder – und ich danke Ihnen. Es ist jetzt an der Zeit, der *Dove* zu signalisieren. Weiß Gott, ob sie in Sichtweite ist!«

Delancey hatte gehofft, einen Baum zu finden, an dem er sein Gestell mit den Laternen aufhängen konnte, einem Baum ohne Zweige, der sich wie ein Mast benutzen ließ. Alle Bäume in Sicht waren aber verkümmerte Eichen, die geeignetsten davon noch dazu verdeckt durch andere. Schließlich wählte er einen kräftigen Busch, der genau auf einer Felsenhöhe wuchs, so daß er den Rahmen vor der Klippenwand hinabhängen lassen konnte; es war keine ideale Lösung, aber sie gewährleistete, daß das Signal von keiner anderen Seite erblickt werden konnte. Er befestigte nun mit Hodder sechs der acht Laternen am Rahmen, und zwar in einem Muster, das als Erkennungszeichen der Kanalflotte galt (oder gegolten hatte). Die Laternen wurden angezündet, und die plumpe Vorrichtung wurde sachte an der Klippe bis zu einem Punkt hinabgelassen, wo ein Vorsprung sie nach der Seite verdeckte. Während der nächsten zwei Stunden zog Delancey den Rahmen immer wieder für ein paar Minuten hoch. Das Signal mochte verstanden werden oder nicht, aber es würde wenigstens als Signal zu erkennen sein. Die Stunden vergingen ohne Antwort, und es war schon kurz vor der Morgendämmerung, als Hodder ausrief: »Sehen Sie nur, Sir!« Er deutete auf eine blaue Leuchtkugel in der Ferne, die sich einen Augenblick zeigte und wieder verlöschte. Delancey zog den Rahmen wieder hoch und ordnete die Laterne aufs neue an, indem er noch zwei hinzufügte und alle acht benutzte, um den Buchstaben »D« zu bilden. Er hoffte, daß es Sam etwas besagen werde. Es stieg eine Leuchtkugel als Antwort auf, und von keiner Seite erfolgte ein weiteres Signal. Delancey und Hodder legten sich zur Ruhe.

Sie erwachten beide am hellen Tag und nahmen als Frühstück zu sich, was vom gestrigen Abendbrot übriggeblieben war. Danach gingen sie zu einem Landvorsprung im Norden, von dem man einen besseren Blick auf Léon hatte. Der Wind hatte sich gelegt, und dort war die *Dove*, ganz deutlich! Sie war im Begriff, bei Tageslicht in den Hafen einzulaufen. Und weiter draußen auf dem Meer war noch ein Segelschiff, offensichtlich die *Medusa.*

Den Anblick dieser fernen Segel empfand Delancey wie ein Wunder. Der Austausch der Lichtsignale hatte ihm Grund zur Hoffnung gegeben. Beim Anblick der *Dove* kamen ihm die Tränen in die Augen. Er wischte sie ungeduldig weg. Aber seine Hände zitterten, als er das Fernglas hob. Er merkte mit Erschütterung, daß er nicht wirklich damit gerechnet hatte, aus Spanien zu entkommen. Und – weiß Gott – Delanceys Aussicht zu überleben war immer noch zweifelhaft. Aber die *Dove* war da, und als er sein Fernglas genau einstellte, zeigte sich, daß sie ihre Segel senkte, als sie seitlich zur anderen Seite des Kais trieb. Er konnte genau sehen, wie ein Tau an einem Poller in der Nordostecke des Hafens festgemacht wurde. Dieser Fleck auf dem Vorderdeck würde Evans sein, bei dieser Entfernung nicht zu erkennen, aber er befand sich dort, wo der Obermaat sein mußte, wenn das Schiff an den Ankerplatz geholt wurde. Dort waren sogenannte Kriminelle dabei, ihr Schiff und ihr Leben zu riskieren, um einen Freund zu retten... Er hörte, daß Hodder etwas sagte.

»Das ist ein Anblick, Sir, der tut mir mächtig gut. Ich bin kein Seemann, wissen Sie, aber es ist nervenberuhigend, wie man sagen könnte, die alte *Dove* wiederzusehen.«

Delancey konnte nicht antworten, sondern richtete sein Fernglas auf die *Medusa*. Er konnte nicht viel erkennen, aber er erinnerte sich an einiges. Sie war fünfter Klasse mit 36 Kanonen und mochte etwas über 900 Tonnen bei einer Länge von 145 Fuß, oder so ungefähr, auf dem Kanonendeck haben. Sie war wohl mit Achtzehnpfündern bestückt, dachte er, und könnte bei Buckler's Hard erbaut sein. Oder war sie den Franzosen abgenommen worden? Von Morris hatte er gehört, als man ihn als früheren Kapitän einer Schaluppe erwähnte, wohl eines Schwesterschiffes der *Kalypso*. Er stellte sich einen Augenblick lang die befehlsmäßige Routine an Bord vor. Die Mannschaft würde zweihundertvierundsechzig Mann betragen, und Morris würde aus ihnen unterdessen tüchtige Seeleute gemacht haben. Sie würden gerade mit Deckreinigen fertig sein. Die Messingbeschläge würden poliert und die Seile zusammengerollt sein. Jetzt würde durch Pfeifensignale befohlen: »Hängematten hoch!« Bald würde acht Glasen sein und Zeit zum Frühstück. Vor Jahren hatte er sich einmal über den unerbittlichen Drill des täglichen Dienstes bei der Flotte geärgert. Jetzt verlieh ihm der bloße Anblick dieser Segel in der Ferne eine Empfindung, als ob er heimgekommen wäre. So lange hatte er dieses Gefühl der Sicherheit entbehrt, das ihm andere Männer in seiner Nähe durch ihre Leistung und Pflichterfüllung gaben. Zum erstenmal seit dem Verlassen der *Royalist* spürte er Heimweh.

Da sie nichts mehr zu tun hatten, gingen sie zu ihrem Lagerplatz zurück, wo noch vor Mittag Señor Davila und José Alvarez eintrafen, die etwas zu essen und den Signalfähnrich von der *Dove* in Verkleidung mitbrachten. Er trug seine Flaggen in einem Bündel. Dieser junge Mann namens O'Keefe war ein rothaariger Typ, in dessen Gegenwart sich Delancey wie im Exil vorkam. War es Wochen oder Monate her, seit er mit einem Mann von einem Kriegsschiff gesprochen hatte? Er zwang sich dazu, seine ganze Aufmerksamkeit auf Davila zu richten, der voller Neuigkeiten und Sorgen war. Handzettel mit einer Beschreibung der beiden Spione seien gedruckt worden, auf denen man sie steckbrieflich suchte und eine Belohnung für Informationen aussetzte, die zu ihrer Verhaftung führen könnten. Es gäbe überall Soldaten, und die *Dove* werde streng beobachtet. Sam Carter lasse grüßen und ausrichten, sein Lugger sei nach Einbruch der Dunkelheit zum Auslaufen bereit, und zwar in einer Frist von Minuten. O'Keefe verstand sich auf das geläufige System numerischer Signale. Außer den Flaggen, deren Last er mit Alvarez geteilt hatte, brachte er mehrere Raketen mit. »Eine würde es nicht tun«, erklärte er, »um die Botschaft zu übermitteln. Ohne Aufeinanderfolge von Farben bleiben Signale unverständlich.«

»Sie reden mich mit Sir an«, sagte Delancey.

»Verzeihung, Sir«, erwiderte O'Keefe. »Das Zeichen für die Bitte um Hilfe ist eine rote und eine blaue Rakete. Sie würden am besten helfen, die *Medusa* so nahe heranzuholen, daß wir mit Flaggen signalisieren können.«

»Sehr gut, Mr. O'Keefe. Bereiten Sie die Raketen zum Abfeuern vor und richten Sie sich darauf ein, daß Sie den Busch als Mast benutzen.« Er erklärte, wie das Gerüst an der Vorderseite der Klippe, beschwert durch einen Stein, hängen solle.

Davila drückte seine Beunruhigung aus: »Aber die Raketen werden in Léon gesehen werden, Señor! Wir werden in einer Stunde die Kavallerie hier haben!«

»Nicht, wenn unser Freund Alvarez seine Rolle gut spielt. Die Zeit ist nämlich gekommen, Hauptmann Passamonte Informationen zu geben. Sagen Sie ihm, wenn Sie nach Léon zurückgekehrt sind, daß die Männer, die er jage, sich in einem Versteck landeinwärts von der Stadt befänden – Sie wüßten aber nicht genau wo. Wenn deren Freunde, die hier lagerten, das Schiff sähen, das sie retten solle – einen Schoner, der jetzt draußen auf hoher See sei –, würden Sie bestimmte Raketen abfeuern. Das sei das Signal für die beiden Flüchtlinge, bei Einbruch der Nacht hierherzukommen. Es sei aber gleichzeitig das Signal für den Schoner, der sich in der Dunkelheit nähern und ein Boot zur Playa Blanco schicken werde, der Bucht auf der Nordseite des Hafens. Sagen Sie Passamonte, für ihn sei es gewiß am besten, wenn er diese Stelle hier umzingele, kurz vor Sonnenuntergang, den Flüchtlingen hier herzukommen gestattete, und wenn er dann um zwei Uhr diese Hütte umstellte, um die beiden Spione und ihre beiden Komplizen an Land zu fangen. Gleichzeitig solle er an der Bucht Playa Blanco einen Hinterhalt legen und bereit sein, auf das Boot zu schießen, das mit der letzten Flut hereinkommen werde. Wenn die Spione gefaßt würden, beanspruchten Sie die Belohnung. Wenn sie nicht hier gefangengenommen werden sollten, würden sie am Landungsplatz erwischt.«

»Aber was wird mit mir geschehen, weil doch der Plan fehlschlägt?«

»Er wird nicht ganz fehlschlagen. Die Soldaten werden den Beweis finden, daß hier ein Lager gewesen ist. Noch glühende Kohlen und ein Signalgerüst am Baum. Auch wird ein Boot den Versuch machen, in der Bucht zu landen, die Sie angeben. Das wird Beweis genug dafür sein, daß Sie die richtige Information erteilt haben.«

»Und woher soll ich das alles gewußt haben?«

»Sie haben eine Information erhalten. Dieser Punkt hier sei ihnen bekannt, und Sie könnten die Truppen herführen.«

»Und was haben Sie in Wirklichkeit vor?«

»Ich hoffe, daß mir irgendein Plan einfallen wird. Ich werde es ganz bestimmt vermeiden, noch nach Sonnenuntergang hier zu sein!«

Nachdem Davila und Alvarez gegangen waren und das Pferd als Abschiedsgeschenk mit sich genommen hatten, besprach Delancey mit O'Keefe die Botschaft, die er der *Medusa* übermitteln wollte. Vor allem wünschte er, daß sie in dieser Nacht auf der Höhe des Hafeneinganges sein solle. Weiter wollte er über die *Aguila* berichten, und schließlich sollte in der Bucht Playa Blanco um zwei Uhr morgens eine Scheinlandung vorgenommen werden.

»Beginnen Sie mit dem Wort ›ergebenst‹«, sagte Delancey, »denn Morris ist im Rang höher als ich.« Mit Hodder als Auslug auf der Landseite postiert, begann er an den Problemen des Signalisierens zu arbeiten. Nach einiger Schwierigkeit wurden sie gelöst, Worte waren in Buchstaben zerlegt worden, und anderthalb Stunden nach Davilas Weggang wurden die zwei Raketen abgefeuert. Es herrschte nur eine leichte Brise, und anfangs gab es kein Anzeichen einer Reaktion auf der *Medusa*. Dann zeigte sich, daß sie mit vollen Segeln aufs Land zulief und in einer halben Stunde in der Lage sein würde, Signale zu empfangen.

»Schicken Sie jetzt das erste Gestell hoch, Mr. O'Keefe«, sagte Delancey, »sie wird daraus erkennen, wo wir sind.« Er schritt ungeduldig auf und ab und überließ es O'Keefe, mit dem Fernrohr zu beobachten, ob eine Antwort erfolgte. Es schien Stunden zu dauern, bis der junge Mann erregt ausrufen konnte: »Signal erkannt, Sir!«

Als die Signale dann durchgegeben worden waren, erteilte er O'Keefe den Auftrag, zur *Dove* zurückzukehren und Sam Carter die Lage zu erklären. »An seiner Stelle«, schloß Delancey, »würde ich Sie nach Einbruch der Dunkelheit mit einem Boot zur *Medusa* schicken, um seine schriftliche Botschaft zu ergänzen.«

Indessen sprach Alvarez in der Schenke ›Barco de Vela‹ mit

Hauptmann Passamonte, einem grauhaarigen Veteranen mit grimmigem Gesicht, dessen erste Reaktion skeptisch war.
»Warum sind Sie nicht früher zu mir gekommen?«
»Ich habe erst heute diese Information erhalten.«
»Von wem?«
»Ich habe meinem Informanten versprochen, seinen Namen nicht zu verraten.«
»Warum sprach er gerade mit Ihnen?«
»Weil er wußte, daß ich die Belohnung ehrlich mit ihm teilen würde.«
»Warum diese Geheimniskrämerei?«
»Mein Informant ist mit anderen Dingen beschäftigt, die er nicht gern bekannt werden lassen möchte.«
»Mit anderen Worten, er ist ein Schmuggler. Warum soll ich ihm trauen? Warum soll ich überhaupt Ihnen trauen?«
»Mir, Hauptmann? Ich bin hier gut bekannt. Fragen Sie jedermann! Fragen Sie den Zolleinnehmer oder den Hafenmeister. Aber warum soll ich Sie übrigens betrügen?«
»Ich weiß es nicht. Ich will mich auch nicht an Ihre Informationen halten, bis das Signal gesehen wird, die Leuchtkugel, Rakete oder was es ist. Wenn ich diese Meldung erhalte, werde ich vertrauensvoller sein.«
Alvarez beklagte sich darüber, daß man ihm auf keiner Seite traue. Er wurde aber durch die Ankunft des stellvertretenden Zolleinnehmers getröstet, der in die Gaststätte schaute, als ob er einen Freund suchte. Alvarez rief ihn prompt an und bat um Hilfe.
»Wollen Sie bitte dem Hauptmann sagen, daß ich ein hier wohlbekannter Kaufmann bin und gute Geschäfte mache?«
»Das sind Sie, Señor! Es geht Ihnen so gut wie jedem und besser als den meisten. Wir alle kennen Señor Alvarez, Hauptmann; er ist Partner von Señor Davila, der in dieser Stadt sehr geachtet ist.«
Man unterhielt sich noch eine Weile, und Passamonte nahm mit einem Anflug von Herzlichkeit ein Glas Wein an. Der Wein hatte überhaupt keine Wirkung auf ihn, und Alvarez vermutete, daß er auch noch nach einer ganzen Gallone eine sichere Hand behal-

ten würde, doch sein mißtrauischer Zug milderte sich etwas, und er verschwand gänzlich, als die Meldung kam, daß die Raketen gesehen worden seien. Sein Leutnant brachte diese Nachricht. Er war offensichtlich von der Mole hergerannt:

»Zwei Raketen, abgefeuert von der Küste südlich der Stadt, Herr Hauptmann; eine rote und eine blaue.«

»Danke Ihnen, Tomas. Haben Sie das Schiff gesehen, dem das Signal gegolten hat? Einen Schoner etwa?«

»Nein. Draußen ist ein Schiff, aber sehr weit weg, unmöglich zu identifizieren.«

»Seltsam«, bemerkte Passamonte, »ich hatte einen Schoner erwartet.«

»Sie vergessen«, sagte Alvarez, »daß die Raketen von Klippen abgefeuert wurden, die zweihundert Fuß höher sind als die Stadt. Ein Posten kann von dort oben viel weiter sehen als wir.«

Von da an schien Passamonte überzeugt. Er ging mit dem Leutnant nach draußen und erteilte seine Befehle für die Nacht. Von seiner Infanterie würde etwa die Hälfte (also dreiundvierzig Mann) rund um die Bucht Playa Blanco in Stellung gehen. Vom Rest würden zwanzig Mann die Umgebung der Stadt zu viert patrouillieren, und der Leutnant würde mit zweiundzwanzig Mann weiter am Hafen Wache halten.

»Ich habe Informationen erhalten«, erklärte er, »daß die beiden gesuchten Männer sich um zwei Uhr morgens in der Bucht Playa Blanco einschiffen wollen. Das ist durchaus möglich, denn um zwei Uhr ist der Gezeitenwechsel, Beginn der Ebbe. Wir werden Mondschein haben, und es ist wichtig, unsere Soldaten außer Sicht zu halten. Ich werde diese Gruppe anführen und aufpassen, daß die Männer weder gesehen noch gehört werden. Ich werde in der Dunkelheit Kavallerie mit diesem Alvarez als Führer aussenden. Sie soll das Lager umzingeln, von dem diese Raketen abgefeuert wurden. Die Spione, die wir fangen sollen, müßten entweder dort oder an der Bucht Playa Blanco gefaßt werden. Aber ich habe immer noch meine Zweifel über die erhaltene Information. Sie wurde mir zu leicht gemacht.«

»Ich verstehe nicht ganz, wie Sie es meinen, Herr Hauptmann.«

»Diese Information wurde mir geschenkt. Ich ziehe Informationen vor, die ich aus den Leuten herausholen muß.«

»Tatsächlich?«

»Ich habe also meine Zweifel. Die Geschichte, die mir erzählt worden ist, soll uns vielleicht in dem Moment vom Hafen ablenken, wenn die Spione an Bord gehen.«

»Aber ich werde ja da sein, Herr Hauptmann.«

»Ja, Sie werden dort sein. Aber ich möchte nicht, daß Sie oder Ihre Männer gesehen werden. Ich möchte zwei Posten am Kai aufstellen, die jederzeit Alarm geben können. Sie und Ihre Männer müßten aber an einer Stelle verborgen sein, von der aus Sie die Posten sehen. Können Sie das alles tun?«

»Mit Leichtigkeit, Herr Hauptmann, Ich werde das Lagerhaus benutzen, das Alonzo Perez gehört, zehn Meter die Gasse hinauf am Kai. Sie können es fast von hier sehen.«

»Sie würden aber die Posten von dort aus nicht erblicken.«

»Nein, die Männer nicht. Aber ich werde im Haus an der Ecke bleiben. Ich kann die Posten von dort beobachten, und wenn ich an das andere Fenster trete, kann der Sergeant mich sehen.«

»Sehr gut. Gehen Sie also nach Einbruch der Nacht dorthin, immer nur zwei oder drei Männer gleichzeitig, und zwar so, als ob sie dienstfrei hätten. Halten Sie sich aber bereit zuzuschlagen, wenn Sie etwas Verdächtiges merken. Wir würden es vorziehen, die beiden Männer lebendig zu erwischen, aber es würde auch nicht allzuviel ausmachen, wenn sie getötet werden. Gebrauchen Sie das Bajonett, und feuern Sie erst, wenn Sie beschossen werden. Lassen Sie Ihre Ordonnanz jetzt de Garay holen.«

Am Abend waren alle Vorbereitungen getroffen, und Hauptmann Passamonte war bereit, den Kavallerietrupp fortzuschikken, nachdem er durch die Meldung eines Spähers ermutigt worden war, daß Rauch von einem fernen Lagerfeuer gesehen worden sei. Erst nach Einbruch der Dunkelheit rückte der Trupp aus, aber Alvarez, der mit de Garay ritt, war der Weg vertraut. »Wir werden sie zwischen Ihrer Kavallerie und dem Meer in der Falle haben«, erklärte er.

Während Passamonte seine Truppen verteilte, lagen Delancey und Hodder versteckt in einem unbenutzten Rinderstall in der Umgebung südlich der Stadt. Sie waren sozusagen beim Einexerzieren. Nachdem Delancey festgestellt hatte, daß Hodder keine Erfahrung mit Feuerwaffen hatte, lehrte er ihn die elementaren Dinge, erklärte dann aber, daß er selber der Schütze sein werde und Hodders Aufgabe darin bestehen solle, für ihn zu laden. Mit zwei Flinten und vier Pistolen, die rasch geladen wurden, konnte Delancey fast ständiges Feuer unterhalten. Hodder konnte nicht plötzlich ein guter Schütze werden, aber er besaß Handfertigkeit, vom lebenslangen Umgang mit Dietrich und Schloß. Er meisterte schnell die Folge Patrone, Ladepfropf, Kugel, Ladepfropf und Ladestock, und bei der wiederholten Übung wurde es immer besser, bis Delancey sogar zufrieden war. »Wenn es zu einem Gefecht kommt«, schloß er, »werden die Gegner ziemliche Verluste haben.« Wenn jedoch alles gut ging, bestand die Aussicht, ohne Kampf auf die *Dove* zu gelangen. »Falls Alvarez seine Geschichte überzeugend vorgetragen hat, werden die Dragoner unser Lager umzingeln, und die Infanterie wird an der Bucht Playa Blanco aufpassen. Der Kai sollte unbewacht sein.«

»Hoffen wir es, Käpt'n. Aber dieser Infanterieoffizier ist nicht von gestern.«

»Deswegen diese kleine Probe hier. Wollen wir es noch einmal versuchen? Ich werde es der Reihe nach zeigen: Flinte, Pistole, Flinte, Pistole, Pistole, Flinte. Sie nehmen eine Pistole als Reserve für Ihre eigene Verteidigung. Recht so? Also los!« Die letze Probe war vorüber, sie aßen, was sie an Brot und Fleisch noch hatten, und legten sich dann bis Mitternacht zur Ruhe.

Als die Uhr der Stadtkirche zwölf schlug, begannen sich Delancey und Hodder langsam dem Hafen zu nähern, indem sie jeden Schritt von Türschwelle zu Toreingang, von einem Schatten zum nächsten überlegten. Für ihre Absicht schien der Mond zu hell, und einmal beunruhigte sie das ständige Gebell eines Hundes. Kaum hatte der Hund sie vergessen, als sie sich vor einer kleinen Kirche oder Kapelle befanden, aus der überraschenderweise Gebetsworte zu hören waren. Kerzenschein erhellte die Fenster, und Delancey vermutete, daß man den Vorabend des Gedenktages eines Heiligen feierte. Er hatte nur eine vage Vorstellung vom katholischen Ritus, nahm aber an, daß die Messe bei besonderen Anlässen zu jeder Stunde gelesen werden konnte. Er war in diesem Moment dafür dankbar, denn mit Frömmigkeit könnten er und Hodder ihre Anwesenheit auf der nächtlichen Straße erklären.

Während Delancey überlegte, was als Nächstes zu tun wäre, hörte er in der Ferne das Geräusch, das er gefürchtet hatte, den Marschtritt einer Patrouille. Die Soldaten kamen näher, und die Kirche bot das einzige Versteck. Er winkte Hodder zu, ging auf Zehenspitzen zur Kirchentür, öffnete sie und glitt hinein, während Hodder die Tür hinter sich schloß.

Die Kirche war sehr dunkel bis auf die Kerzen am Hochaltar, und es konnten kaum mehr als sechs Leute anwesend sein. Trotzdem mußten er und Hodder untertauchen, ehe die Patrouille ankam. Es war ungewiß, ob sie in die Kirche blicken würde, aber ein gewissenhafter Korporal mochte es tun.

»Ich will dort hinübergehen«, flüsterte Delancey Hodder zu und zeigte auf einen Beichtstuhl. »Sie knien sich davor hin, als ob Sie warteten, bis Sie an die Reihe kommen.« Eine Minute später war er im Begriff, seine Beichte abzulegen, indem er seine Sünden einem Priester zuflüsterte, der gar nicht da war.

Aber damit hatte er einen Fehler begangen. Eine Stimme fragte durch das Gitter: »Ja, mein Sohn?« Und einige Segensworte folgten. Delancey zerbrach sich den Kopf nach geeigneten Gründen zur Beichte und begann in Spanisch, um bald ins Französische überzugehen. Dabei lauschte er auf die Schritte der Patrouille, die vor der Kirchentür haltgemacht hatte. »Ich habe schwer gesündigt, Vater, durch übermäßiges Trinken, unerlaubten Handel mit Umgehung des Zolls, durch lüsterne Blicke auf Frauen, sogar auf verheiratete, durch . . .« Die Kirchentür hatte sich leise geöffnet, und ein Korporal trat ein und sah sich forschend im Raum um. Verzweifelt nach neuen Sünden suchend, weil die bekannten Sünden nicht ausreichten, verfiel Delancey auf allerlei Geschichten, wie er beim Kartenspiel betrogen habe, ein Pferd für mehr Geld verkauft habe, als es wert war, wie er gehofft habe, daß seine Schwiegermutter sterben würde, und daß er für die Armen nichts gespendet habe. Der Korporal war wieder gegangen, und die Tür der Kirche schloß sich. Dann war Delancey mit seiner Weisheit am Ende, aber er konnte hören, daß die Patrouille weitermarschierte. »Ich habe eine Nachbarin verleumdet, die krank ist, aber ich behauptete, sie sei schwanger. Ich erzürnte mich über einen Jungen, der auf seinem Botengang Fehler gemacht hatte. Ich habe seit drei Wochen nicht die Messe besucht . . .«

Die Beichte endete jäh, und Delancey hörte nicht und hätte sowieso nicht vertanden, welche Buße ihm auferlegt wurde. Indem er etwas stammelte, das er für angebracht hielt, erhob er sich und ging ruhig zur Tür.

Eine Minute später befanden sich Hodder und er draußen und gingen auf das Innere der Stadt zu. Eine Patrouille hatten sie jetzt zwar hinter sich, aber es mochte wohl noch andere geben. Gewiß standen auch am Kai Posten. Als der Hafen in Sicht kam, schlug die Stadtuhr eins.

Mit leisen Schritten erreichte Delancey das Ende einer Gasse und überblickte von dort aus den offenen Platz, der auf der Landseite vor dem Hafenbecken lag. Auf den beiden anderen Seiten wurde der Hafen von dem aus Steinen erbauten Kai mit dicht daran liegenden Lagerhäusern flankiert. Es gab dort eine Menge Fischerboote, und an der näheren Seite des Kais eine Brigg von ziemlicher Größe. Sicher war es die *Aguila*. Es herrschte fast Flut, die Wellen leckten leicht an den Steinen. Auf der abgelegenen Seite erblickte er mit einem Erschauern des Wiedersehens die *Dove*. Zwei Posten schritten gegenüber der Stelle, wo sie vertäut war, auf dem Pflaster auf und ab. Kein Licht zeigte sich in den Häusern, aber der Mond beschien die Szenerie mit erbarmungsloser Deutlichkeit.

Vom taktischen Gesichtspunkt aus gefiel Delancey gar nicht, was er sah. Der offene Platz, wo sicherlich der Markt abgehalten wurde, erschien ihm allzu offen, denn er bot überhaupt keine Deckung. Mehrere Boote waren aus dem Wasser gezogen worden und lagen am Rande des Kais, aber in großen Zwischenräumen und weit entfernt von der Stelle, an der er sich befand. Wenn er zurückging und einen Bogen nach links zu schlagen versuchte, könnte er mit etwas Glück bei der *Aguila* herauskommen; aber dann hätte er den Hafen zwischen sich und der *Dove*. Bog er nach rechts ein, müßte er mitten in die Stadt geraten und wahrscheinlich in die Arme einer anderen Patrouille laufen. Falls er die Boote am Hafenrand erreichen könnte, fände er hinter

ihnen Deckung und wäre auf halbem Wege zur *Dove*, ehe er wieder gesehen werden konnte. Er zögerte und wog das Risiko ab. Ihn beunruhigte, daß vom Gegner nichts zu merken war. Das Vorwärtskommen schien so leicht zu sein – zu leicht –, um wirklich harmlos zu sein. Doch den nächsten Schritt bestimmte für ihn der Zufall. Als er sich in den Schatten eines Toreingangs kniete, spürte er, wie sein Schuh an etwas stieß, das fortrollte. Als er hinunterblickte, sah er, daß es eine leere Flasche war. Ihm kam ein Gedanke, und er wandte sich plötzlich mit Ungeduld an Hodder: »Können Sie etwas Spanisches singen?«
Verwundertes Schweigen. Dann flüsterte Hodder: »Ich kenne die Melodien, die alle Straßenjungen in Cadiz singen, aber ich kenne nicht die Worte. Etwas wie ›Hasta la vista, caro mio‹.«
»Richtig«, sagte Delancey. »Wir sind beide betrunken, aber ich bin der Betrunkenere von uns. Stecken Sie Ihre Flinte unter den Mantel. Geben Sie mir Ihren rechten Arm, damit ich nicht hinfalle. Fertig? Also los!«
Die Flasche in der rechten Hand schwingend, stolperte Delancey auf den Platz hinaus. Gleichzeitig begann Hodder zu singen »caro mio«, und Delancey stimmte in der Parodie eines Betrunkenen ein. Sie schwankten und fielen fast miteinander hin, erholten sich aber so weit, daß sie immer wieder die Stellen grölen konnten, die Hodder von dem Lied kannte. Sie machten beide einen entsetzlichen Spektakel; anscheinend genug, um jeden Verdacht derer zu entkräften, die im Hinterhalt lauerten. »Hasta la vista!« sang Delancey, als sie mitten auf dem Marktplatz standen, und dort ließ er seine Flasche fallen, daß die Scherben nur so klirrten. »Caro mio!« brüllte Hodder, als er Delancey gerade wieder vor einem Sturz bewahrt hatte. Immer noch singend und stolpernd legten sie ein Dutzend Schritte zurück und kamen schließlich zu den umgedrehten Booten am Kai. Delancey setzte sich auf den Kiel des nächsten, wo er sich umblicken und feststellen konnte, was er mit seinen gesanglichen Bemühungen erreicht hatte. Ein oder zwei Fenster hatten sich geöffnet, aber wieder geschlossen, als das Grölen verstummt war.
Delancey redete laut in Spanisch, wobei er die nächste Phase der Trunkenheit erreichte, zu Boden glitt und dort liegen blieb. Hin-

ter der Deckung der Boote begann er geräuschlos zur entgegengesetzten Hafenseite zu kriechen, zu dem Kai, wo die *Dove* vertäut war. Hodder folgte ihm genauso unauffällig, bis sie sich im Schatten des letzten und massigsten der umgedrehten Boote befanden. Es fehlten noch etwa fünfzig Meter bis zum Winkel des Beckens und von dort gut hundert Meter bis zur Laufplanke der *Dove*, vor der die beiden Posten auf den Pflastersteinen auf und ab schritten.

»Was machen wir jetzt?«, flüsterte Hodder. »Warten!« erwiderte Delancey, der den Himmel beobachtete. Die Nacht war nicht wolkenlos, und für Delancey schien es nur eine Frage der Zeit zu sein, bis der Mond sich verbarg. Fünf Minuten größerer Dunkelheit waren alles, was er sich wünschte, aber die über den Himmel wandernden Wolken schienen den Mond absichtlich zu vermeiden. Zehn Minuten vergingen, fünfzehn Minuten, und die Kirchenuhr schlug die halbe Stunde. Endlich erschien eine nützliche Wolke, die den richtigen Kurs zu nehmen schien. Sie kam dem Mond näher und näher, bis sie ihn verdunkelte.

Delancey stand auf und nahm seinen üblichen Schritt an, Hodder auf seinen Fersen. Im gleichen Augenblick wurde er von dem nächsten Posten erblickt, der ihn anrief. Um die Sache noch schlimmer zu machen, löste sich die Wolke, die momentan geholfen hatte, in trügerische Fetzen auf. Sie waren beide plötzlich sichtbar, und der Posten, der kein Risiko eingehen wollte, feuerte seine Muskete auf sie ab.

Von der abgelegenen Seite des Marktplatzes her vernahm man daraufhin Befehlsrufe, und plötzlich waren Soldaten da, die sofort ausschwärmten. Delancey wußte keinen anderen Ausweg, als zu dem umgedrehten Boot zurückzukehren. Er nahm dahinter Deckung und riß seine Flinte hoch. Hodder ließ sich neben ihn fallen wie bei ihrer Probe, und das Gefecht begann.

Delanceys erster Flintenschuß hatte Wirkung, denn die vorrückende Linie geriet ins Wanken. Sein nächster Schuß aus der Pistole ging fehl, verursachte aber erneutes Zögern. Der nächste Flintenschuß verwundete einen Mann, der stöhnend zusammenbrach. Die ganze Linie fiel zurück in den Schatten der Gebäude, von wo man die Stimme eines Offiziers hören konnte. Wahr-

scheinlich befahl er seinen Männern zu laden. Dann kam eine verstreute Salve. Die meisten Geschosse gingen zu hoch, doch einige bohrten sich in das Holz des Bootes.
Wieder wurde ein Befehl geschrien. Die Soldaten gingen resoluter vor, aber Delancey erster Schuß schien den Sergeanten verwundet und sein zweiter Schuß den Offizier um Haaresbreite verfehlt zu haben. Zwei weitere Schüsse genügten, um die Vordringenden zum Halten zu bringen und dann in den Schatten zurückzutreiben, aus dem sie gekommen waren. Delancey hatte den Eindruck, daß diese Männer nie zuvor im Feuer gewesen waren.
Während er darauf wartete, was sie als Nächstes tun würden, hörte er aus der Ferne Gefechtslärm. Die Scheinlandung war auf den Hinterhalt gestoßen, würde aber wenigstens die übrigen Truppen dort eine Zeitlang binden. Er hatte Pech, daß er im Stadtzentrum auf den Gegner gestoßen war, aber es waren nur zwanzig Mann und wahrscheinlich ein unerfahrener Subalternoffizier. Es erfolgte kein weiterer Angriff, aber seine unmittelbaren Gegner begannen wahllos von da zu schießen, wo sie sich in Deckung befanden.
Delancey fragte sich jetzt, was die Posten tun würden, die ihn mit Leichtigkeit von hinten angreifen konnten. Als er zurückblickte, sah er, daß sie beide auf dem Kai lagen. Ihre Musketen lagen neben ihnen. Es sah fast so aus, als ob die Posten vom Feuer der eigenen Leute getötet worden wären. An Bord der *Dove* gab es kein Lebenszeichen, der Lugger wirkte wie verlassen. Das Feuer hielt an, sowohl in der Nähe als auch in der Ferne, aber das eigentliche Gefecht schien zum Stillstand gekommen zu sein.
Gerade als die Kirchenturmuhr zwei geschlagen hatte, schien sich die Situation plötzlich zum Schlimmen zu wenden. Das Feuer war unstet und völlig wirkungslos, aber ein Geschoß traf den Hintersteven des Bootes, das sie als Deckung benutzten. Holzsplitter flogen nach allen Richtungen. Hodder stöhnte auf, und Delancey sah, daß seine Hosen und Socken mit Blut getränkt waren. Delancey riß einen Ärmel seines Hemdes ab und versuchte den Schenkel des Verwundeten zu verbinden, aber mit nur wenig Erfolg. Hodder war außer Gefecht und drohte zu verbluten.

»Kümmern Sie sich nicht um mich, Kapitän«, sagte der Verwundete. »Geben Sie mir Ihre Flinte, und ich werde den Feind aufhalten, während Sie an Bord des Luggers gehen. Ich bin sowieso am Ende, aber es lohnt sich, Ihr Leben zu retten.«
»Ich komme zurück. Feuern Sie weiter, während ich Hilfe hole.«
In diesem Augenblick hatte Delancey wenig Hoffnung, die *Dove* lebendig zu erreichen, aber er bemerkte plötzlich eine neue Entwicklung der Dinge, irgendwo rechts von ihm. Er hörte Hurrarufe und einen Feuerstoß aus leichten Waffen. Längs der *Aguila* war wie aus dem Nichts das Beiboot eines Schiffes aufgetaucht. Männer schwärmten über das Kaperschiff und schoben es bereits vom Kai weg. Die Soldaten auf der abgelegenen Seite des Marktplatzes feuerten nun auf die gekaperte *Aguila.* Allerdings hatten die Schüsse wegen der großen Entfernung keine besondere Wirkung. Der Subalternoffizier mochte es gemerkt haben, weil er noch einmal den Versuch machte vorzurücken. Er fiel jedoch unter einem Schuß von Hodder. Seine Männer gingen wieder in Dekkung und blieben dort, bis das Scharmützel vorüber war. Delancey erfaßte indessen seine Gelegenheit, rannte zur Ecke des Hafens, bog hinter den beiden Toten links ein und lief den Kai entlang zur *Dove.* Sam Carter erschien auf der Laufplanke, eine Muskete in der Hand, und der Rest der Mannschaft stand mit gleicher Bewaffnung an der Schiffseite und jubelte, als er aufs Deck sprang. Die Männer waren schon im Begriff loszuwerfen, aber Delancey hielt sie an und zeigte auf Hodder, der noch kämpfte. »Rettet ihn!« rief er atemlos und führte sie zu dem umgedrehten Boot an.
Sie kamen zu spät, denn Hodder war nochmals getroffen worden. Er starb, ehe sie ihn aufheben konnten. In diesem Augenblick rannte eine Gestalt wie rasend über den offenen Platz auf sie zu. Die Soldaten waren augenscheinlich zu überrascht, um den Mann anzuhalten oder abzuschießen. Es war Alvarez, der atemlos rief: »Nehmen Sie mich mit – kann nicht bleiben – nicht nach dem hier!« Um sich durch einen letzten Einsatz in Sicherheit zu bringen, teilten sie sich in zwei Gruppen, die abwechselnd schossen und rannten, aber es war kaum notwendig, denn ihre Gegner waren demoralisiert. Es blieb fast still.

Kaum waren sie auf der *Dove*, zog man die Laufplanke ein und warf die Taue los. Langsam und leise begann der Lugger mit der Ebbe aus dem Hafen zu gleiten, die Segel füllten sich sanft mit der Brise vom Land her.

Während es auf der *Dove* still war, herrschte in der Stadt ein Höllenspektakel. Die Kaperung der *Aguila* war nicht schwierig gewesen, aber sie konnte nur ein Segel setzen, und nichts Brauchbares war zur Hand. Sie lag jetzt unter Feuer aus einer anderen Richtung, weil die Dragoner von ihrer fruchtlosen Suche zurückgekehrt und dem Gefechtslärm entgegengeritten waren. Sie waren nun abgestiegen, feuerten aus einer Deckung längs der Südseite des Hafenbeckens und erschwerten die Lage der Leute auf dem Kaperschiff.

Auch von der Nordseite des Beckens her setzte plötzlich Feuer ein, als die Infanterie von der Bucht Playa Blanco zurückkam und auf der Seite des Kais erschien, an der die *Dove* gelegen hatte. Die Mannschaft des Luggers erwiderte das Feuer, als die Distanz größer wurde. Dabei versuchten Delancey und O'Keefe, Hauptmann Passamonte zu treffen, aber ohne Erfolg. Die *Dove* hätte durch das neue Infanteriefeuer schlimm beschädigt werden können, doch da mischte sich Kanonendonner in das Krachen der Musketen. Als Delancey draußen vor der Hafenmündung aufzuckende Flammen sah, wußte er, daß die Fregatte das Feuer mit ihrer Breitseite eröffnet hatte, um den Rückzug zu decken. Als diese Kugelladungen über den südlichen Kai fegten, ließ das Schießen mit den leichten Feuerwaffen nach und hörte allmählich ganz auf. Die nächste Breitseite hatte eine ähnlich entmutigende Wirkung auf die Dragoner. Mehrere Häuser standen bereits in Flammen, der Rauch trieb auf die See hinaus und mischte sich mit dem Pulverqualm. Einige Straßen wurden durch den Schein der Flammen jäh sichtbar, und Delancey erblickte verstörte Bürger. Sie reichten sich Wassereimer zu oder versuchten, die Straßen gegen eine erwartete Landung zu verbarrikadieren. Allmählich hörte das Schießen auf, und die Schlacht war vorbei. In der Stadt hörte man nur noch das Prasseln der Flammen und das Jammern ihrer Einwohner. Der erste Schimmer der Morgendämmerung offenbarte eine leere See, geschwärzte Ruinen, Hunderte zerbrochener

Fensterscheiben und eine Anzahl von Leichen, die auf die Bestattung warteten. Stimmen wurden gegen die Briten laut, deren Verhalten übereinstimmend als Piraterie bezeichnet wurde. Vergeblich war die Suche nach Señor Alvarez. Er war verschwunden, als hätte es ihn nie gegeben.

Bei dem Tumult durch das Bombardement war die *Dove* ohne Behinderung aus dem Hafen entkommen. Sie glitt nun an dem verlassenen Pierkopf und unter dem Bug der *Medusa* vorbei, halb verborgen im Rauch ihrer letzten Breitseite. Und hinter dem Heck des Luggers kam die *Aguila* mit Focksegel und Stütztau, geschleppt von dem Beiboot und offensichtlich unbeschädigt. Bald nachdem die *Medusa* das Boot aufgenommen hatte, segelte sie weiter nach Gibraltar, mit der *Dove* und der *Aguila* im Kielwasser. An Bord der *Dove* schlief Delancey tief bis in den späten Morgen hinein und wurde endlich durch Sam Carter gestört, der ihm mitteilte, er werde an Bord der Fregatte verlangt. »Es gab schon früher ein Signal«, sagte er, »aber ich entschied mich dazu, es zu ignorieren.«
»Wie kann ich Ihnen danken, Sam?« fragte Delancey. »Sie haben ein großes Risiko auf sich genommen, um mich aus Spanien wegzubringen. Es hätte Sie Ihre *Dove* oder Ihr Leben oder sogar beides kosten können.«
»Was hätte man von mir in St. Peter Port gedacht, wenn ich Sie in einem spanischen Gefängnis hätte umkommen lassen? Nein, Dick, wir mußten Sie irgendwie rausholen.«
»Und prächtig haben Sie es gemacht. Ich werde immer stolz darauf sein, Sie meinen Freund nennen zu dürfen.«
Delancey wusch und rasierte sich, lieh sich ein sauberes Hemd und frühstückte. Und währenddessen lief die *Dove* der *Medusa* voraus und ließ schließlich ein Boot hinab, das die Fregatte übernehmen konnte. Delancey trat zur Eingangsluke ein, wo ein Marinesoldat Posten stand und salutierte. Er berührte seinen Hut, stand einen Augenblick da und schaute sich um. Das Deck war makellos, die Kanonen genau in Reihe, der Anstrich frisch, die Enterhaken glitzerten, und die Musketenläufe waren blank. Er nahm seinen Weg zum Achterdeck, berührte seinen Hut, wie

der Brauch es seit undenklichen Zeiten vorschrieb, und meldete seine Anwesenheit dem Offizier der Wache. Es geschah zunächst nichts. Wie er sehen konnte, war es ein Augenblick, in dem jeder beschäftigt war. Die Kapitänsmaate und Fähnriche hatten ihre Sextanten herausgebracht und waren mit dem Visieren beschäftigt. Der Kapitän meldete, als die Sonne den Meridian erreichte, acht Glasen wurden geschlagen, und ein Bootsmannsmaat pfiff die Matrosen zum Dinner. Erst als die Zeremonie beendet war, konnte ein Fähnrich erübrigt werden, um Delancey in die Kabine des Kapitäns zu führen. Beim Blick auf die steife Biegung des Segels, auf die musterhafte Ordnung und die Gesichter der Männer rings um ihn wußte Delancey, daß er hierher gehörte. Das war sein Dienst.

Von Kapitän Morris wußte Delancey, daß er den Ruf eines tüchtigen Seemanns genoß, der auf strenge Disziplin hielt. Er hörte schweigend zu, während Delancey seinen lakonischen Bericht gab. »Von der Gruppe, die mit mir landete«, schloß er, »sind alle, wie ich hoffe, nach Portugal entkommen, mit Ausnahme von Mr. Hodder, der während des Scharmützels in Léon getötet wurde. Ich habe allen Grund, Mr. Alvarez dankbar zu sein, ohne dessen Hilfe ich nicht hier wäre, um den Bericht zu geben. Ich kann auch lobend von Mr. O'Keefe sprechen, der sich an Land sehr gut hielt. Und was mich anbelangt, Sir, ich verdanke es Ihnen, daß ich noch am Leben bin und melden kann, was ich über die Absichten des spanischen Admirals weiß.«

Kapitän Morris antwortete nachdenklich und langsam, indem er seine Worte mit Sorgfalt wählte. »Ich stelle fest, daß das, was Sie mir berichtet haben, im groben Umriß die Geschichte einer erstaunlichen Leistung ist, selbst dann, wenn bloß die Reise durch das feindliche Territorium berücksichtigt wird. Das Dokument, das Sie abgefangen haben, muß sofort zum Oberkommandierenden gelangen. Es ist nicht meine Sache, seine Bedeutung zu beurteilen. Ob es sich als entscheidend oder unbedeutend erweist, Sie haben getan, was nur wenige andere Männer gewagt hätten. Ich bin stolz darauf, Anteil daran gehabt zu haben, Ihre Flucht aus Spanien endgültig zu sichern.« Kapitän Morris hielt inne und nahm ein Blatt Papier auf, das vor ihm auf dem Pult lag. »Ich habe hier eine Liste unserer Verluste bei der gestrigen Aktion. Ein Leutnant, vier Matrosen und zwei Marinesoldaten sind gefallen, ein Offizier und neun Matrosen sind verwundet, zwei von ihnen ernstlich. Ich möchte hinzufügen, daß schwerere Verluste als diese meiner Meinung nach als Preis für Ihre Sicherheit nicht zu hoch gewesen wären.«

Delancey war einfach zu überwältigt, um mehr sagen zu können als ein lahmes Wort des Dankes und bescheidener Zurückweisung des Lobes.

Morris sprach über den Wortlaut seines Berichtes weiter. »Sie werden verstehen, daß mein schriftlicher Bericht nur die Kaperung der *Aguila* behandeln wird. Ich werde nichts über Sie sagen, nichts über Mr. Alvarez, nichts über die *Dove*. Über diese anderen Aspekte der Operation werde ich Konteradmiral Griffin mündlich berichten. Ich kann Ihnen in anderer Art nicht gerecht werden.«

»Verstanden, Sir.«

»Ich hoffe, daß die Admiralität sich an diese gefährliche Mission und ihr erfolgreiches Resultat erinnern und Sie bei künftiger Gelegenheit für Ihre Teilnahme an einem Gefecht von vielleicht geringerer Bedeutung doppelt belohnen wird.«

»Ich danke Ihnen, Sir.«

»Bleibt noch die Frage Ihrer unmittelbaren Unterbringung. Ich weiß einiges aus Ihrer jüngsten Karriere und bin für diese Information Mr. Carter, dem Kapitän der *Dove*, verpflichtet. Ich entnahm daraus, daß Sie gegenwärtig ohne Stellung sind. Falls es so ist, bin ich glücklich, Ihnen eine freigewordene Leutnantsstelle an Bord dieser Fregatte anzubieten, so daß Sie Leutnant Halsted ersetzen, der im letzten Gefecht gefallen ist. Ich sehe aus der Liste, daß diese Position sie nächst dem Rang des Ersten Leutnants einstuft. Sie werden verstehen, daß diese Ernennung von dem Oberkommandierenden, Sir John Jervis, bestätigt werden muß, aber ich wage vorauszusagen, daß er es auf die Empfehlung von Konteradmiral Griffin hin tun wird. Darf ich Sie fragen, ob ein solcher Posten für Sie annehmbar ist?«

»Ich bin glücklich, Ihr Angebot anzunehmen, Sir, und ich freue mich darauf, unter Ihrem Kommando zu dienen.«

»Ich heiße Sie freudig willkommen. Bleibt noch die Angelegenheit Mr. Carter und die *Dove*. Würde er eine Ernennung zum Kapitänsmaat annehmen?«
»Ich glaube nicht, Sir. Er ist wohl zu erfolgreich in seinem gegenwärtigen Handel.«
Später an diesem Nachmittag sollte die *Dove* Abschied nehmen, sie segelte nach Norden und ließ die *Medusa* zur Begegnung mit Konteradmiral Griffin zurück. Sam Carter hatte mit Kapitän Morris zu Mittag gespeist, Rothery (Erster Leutnant), Delancey (Zweiter) und Maltby (Wundarzt) waren die anderen Gäste. Beim Wein schickte der Kapitän seinen Steward mit einigen schriftlichen Zeilen fort und beendete bald danach die Geselligkeit. »Wir dürfen Sie nicht länger aufhalten, Mr. Carter – nicht bei einem so günstigen Wind nach Ushant – aber wir wollen auf Ihre Gesundheit trinken, ehe Sie gehen.« Man verabschiedete sich förmlich, als die Topsegel backgeholt wurden, und Delancey begleitete Sam zu seinem Boot. Dabei merkte er, daß die ganze Mannschaft auf der Schiffsseite aufgestellt war. Als Sam einen Augenblick verwundert stehenblieb, rief der Bootsmann dreimal »Hurra!«. Rasch duckte sich Sam in seinem Boot und stand mit gezogenem Hut da, als sich die Ruderer in die Riemen legten. Während die Mannschaft immer noch auf der Schiffsseite stand, das kleine Boot auf der Dünung tanzte und es sich vom Achterschiff der Fregatte entfernte, erdröhnte der prächtige Takt eines Drei-Kanonen-Saluts.
»Gut!« sagte Rothery. » Carter dürfte der erste Schmuggler sein, der je von einem Kriegsschiff Salut erhielt.«
»Vielleicht sollten wir das häufiger tun«, erwiderte Delancey. »Manchmal ist es nützlich, einen Schmuggler an seiner Seite zu haben.«

Colin Forbes
Target V
320 Seiten, Leinen

»Auf den schwimmenden Eisinseln – den Targets – ringen sowjetische und amerikanische Forscher um wissenschaftliche Erkenntnisse, aber ebenso um Machtpositionen. Hier kommt es auch zu einer harten Konfrontation zwischen Spionageexperten aus Ost und West. Vor diesem Hintergrund ist dieser Abenteuerroman voll eiskalter Spannung angesiedelt. Beaumont – ein unvergleichlicher Kenner der Eislandschaften – soll einem russischen Experten die Flucht in den Westen ermöglichen. Sein Kampf gegen das schwarze Eis – das Gespenst gefrorener Luft – erweist sich als Kampf ums Überleben, der den Leser von der ersten bis zur letzten Seite in seinen Bann schlägt.«
Madame

»Die äußeren Umstände der Arktis, die Kälte, die treibenden Eisberge und der tödliche Eisnebel geben diesem Schachspiel um Leben und Tod dramatische Akzente, weil sie Menschen, Flugzeuge, Hubschrauber und Eisbrecher bedrohen.«
Norddeutscher Rundfunk